Code as Creative Medium
A Handbook for Computational Art and Design

아티스트와 디자이너의 새로운 창작 프로세스,
크리에이티브 코딩

Code as Creative Medium:
A Handbook for Computational Art and Design

by Golan Levin and Tega Brain

아티스트와 디자이너의 새로운 창작 프로세스, 크리에이티브 코딩

초판 1쇄 발행 2024년 11월 6일 **지은이** 골란 레빈, 테가 브레인 **옮긴이** 심규하 **펴낸이** 한기성 **펴낸곳** (주)도서출판인사이트 **편집** 정수진 **영업마케팅** 김진불 **제작·관리** 이유현 **용지** 월드페이퍼 **인쇄·제본** 천광인쇄사 **후가공** 이레금박 **등록번호** 제2002-000049호 **등록일자** 2002년 2월 19일 **주소** 서울시 마포구 연남로5길 19-5 **전화** 02-322-5143 **팩스** 02-3143-5579 **ISBN** 978-89-6626-452-0 책값은 뒤표지에 있습니다. 잘못 만들어진 책은 바꾸어 드립니다. 이 책의 정오표는 https://blog.insightbook.co.kr에서 확인하실 수 있습니다.

아티스트와 디자이너의 새로운 창작 프로세스, 크리에이티브 코딩

Code as Creative Medium A Handbook for Computational Art and Design

골란 레빈 · 테가 브레인 지음 | 심규하 옮김

인사이트

차례

1부   과제   30

2부   연습 문제   230

3부   인터뷰   298

부록   338

옮긴이의 글

저는 2022년에 한국으로 돌아와 한국예술종합학교에서 디자인을 가르치고 있습니다. 해외와 비교했을 때 국내의 기술 변화 속도는 빠르지만, 창의적 관점에서 기술과 디자인을 융합하고자 하는 이들을 위한 정보나 서적은 상대적으로 부족한 편입니다. 인공 지능 시대에 '크리에이티브 코딩'은 아트, 디자인, 건축을 포함한 다양한 창의 분야에서 중요한 탐구 영역이 되고 있습니다. 이는 프로그래밍을 통해 컴퓨테이셔널한 방식으로 사고를 구조화하는 접근법으로, 창의적 표현의 새로운 가능성을 열어줍니다. 이러한 시대적 요구에 부응하려면 이 책이 국내의 학생과 교육자, 실무자 들에게 꼭 필요하다고 판단해 《아티스트와 디자이너의 새로운 창작 프로세스, 크리에이티브 코딩》의 번역을 결심했습니다. 이 책은 코드를 단순한 기술이 아닌 창의적 아이디어를 표현하는 도구이자 언어로 바라보며, 그 교육과 학습 방법에 대한 가이드를 담고 있습니다. 더불어 이 책은 기술의 사회적, 문화적 맥락에 대한 질문을 던지도록 유도합니다. 이를 통해 독자들은 기술 매체 자체보다는 그 영향과 의의에 대해 깊이 있게 고찰할 수 있습니다. 이 책이 시각 예술, 디자인, 디지털 미디어, 디자인 컨버전스 등 창의적 실천에 관심 있는 교육자, 학생, 실무자 들에게 많은 영감을 줄 것이라 생각합니다. 나아가 창의적인 분야에서 컴퓨테이션을 활용하는 더 많은 연구와 실험에 영향을 줄 수 있으면 좋겠습니다.

이 책은 코드와 밀접하게 연관이 있지만, 프로그래밍 문법을 직접 설명하지는 않습니다. 일반적인 코딩 관련 책들은 '어떻게 코딩하는가'에 초점을 맞추는 반면, 이 책은 여러 사람들이 컴퓨테이션이라는 매체를 창의적으로 해석한 방식을 보여줍니다. 지난 수십 년간의 미디어 아트와 디자인 작업을 살펴보면서 그 양상과 흐름을 제시하고, 역설계(reverse engineering)하듯 질문을 던지는 접근법을 취해 기술을 접목하고 활용한 창작에서 볼 수 있는 다양한 관점을 공유합니다. 증강 현실(AR), 가상 현실(VR), 인공 지능(AI), 빅 데이터 등 동시대의 중요한 트렌드와 연관된 작업을 소개할 뿐만 아니라, 역사적 맥락을 통해 기술적 측면을 넘어 사고를 확장하는 도구로 코드를 다루기 때문에 독자들은 컴퓨테이션을 창의적인 맥락에서 어떻게 적용하고 새롭게 해석할 수 있는지 배우게 됩니다.

이 책은 제가 CMU(카네기멜론대학교)에서 교수로 재직할 당시(2015~2022), 가까운 동료였던 골란 레빈(Golan Levin) 교수와 함께 NEA(National Endowment for the Arts, 미국연방예술기금)의 후원을 받아 2020년에 진행한 컴퓨테이셔널 디자인 프로젝트의 결과물이기도 합니다. 당시 저의 연구는 컴퓨테이션을 통해 새로운 디자인 프로세스나 결과물을 만드는 부분에 초점을 두고 있었는데, 이 프로젝트는 '만약 책을 코드로 디자인한다면 출판 과정에 어떤 새로운 가능성과 인터랙션을 가져올까?'라는 질문에서 출발하여, 저자, 편집자, 디자이너가 새로운 방식으로 협력할 수 있는 구조를 제시했습니다.[1]

디자이너는 시각 정보를 편집할 때 어도비 인디자인(Adobe InDesign)이라는 프로그램을 많이 쓰는데, 이 책의 편집에도 인디자인을 사용하되 새로운 관점으로 접근했습니다. 인디자인 스크립트를 통해 텍스트와 이미지 데이터를 자동으로 가져오고, 데이터의 위계 및 구분에 따라 미리 코드로 정의해둔 레이아웃, 타이포그래피 규칙이 적용되는 컴퓨테이셔널 조판 방식을 사용했습니다. 구조적으로는 CMS를 기반으로 웹 사이트를 디자인할 때 데이터와 스타일 관련 코드를 분리하는 것과 유사합니다. 그간 출판 업계는 전자책을 포함하여 많은 부분이 디지털화되었지만, 편집 디자인 프로세스에서는 큰 변화나 혁신이 이루어지지 않았는데, 이 프로젝트에서는 반복적인 일을 줄이면서 빠르고 정확하게 처리하고자 콘텐츠 레이아웃 시스템을 컴퓨터 알고리즘으로 재구성했습니다. 전통적으로 아날로그 방식이었던 편집 디자인 과정의 전산화를 통해 컴퓨테이셔널 디자인의 실제적인 영향력을 탐구했습니다.

특히, 출판 협업 과정에 큰 변화가 있었습니다. 저자들은 구글독스에서 문서를 작성하고, 원할 때마다 이 스크립트를 실행하여 실시간으로 결과를 확인할 수 있었습니다. 또한 저자, 편집자, 디자이너 간의 소통이 더욱 원활해져 책의 내용과 스타일에 대해 지속적이고 빈번한 의견 교환이 가능해졌습니다. 이러한 새로운 작업 방식은 '출판'과 '편집 디자인' 프로세스에 대한 기존의 인식을 변화시켰습니다. 그러나 이 방식이 기술만능주의를 의미하는 것은 아닙니다. 오히려 워크플로 디자인에서 알고리즘으로 해결하기 어려운 부분은 여전히 인간의 시각적 판단과 보정에 맡깁니다. 그러한 점에서 이 프로젝트는 기술 혁신과 인간의 전문성이 조화롭게 결합하여 창의적인 작업 과정을 향상시키는 좋은 사례가 되었다고 생각합니다.

이 프로젝트에서 인디자인 스크립팅을 위해 사용한 오픈 소스 라이브러리 Basil.js에 대한 짤막한 일화가 있습니다. 일반적으로 프로그래밍 도구 라이브러리는 작업을 간소화해 주지만 때로는 기능적 오류가 발생하고, 대부분의 경우 이러한 오류는 다음 업데이트에서 수정됩니다. 이 프로젝트를 진행할 때

Basil.js의 중요한 기능이 오류로 인해 작동하지 않는 상황에 직면했습니다. 처음에는 개발자들과 소통하며 업데이트를 기다렸지만, 시간이 지나도 해결되지 않았습니다. 결국에는 프로젝트 진행을 위해 직접 그 부분을 새로 만들었습니다. 코드를 통한 창작 프로세스에서는 타인의 코드를 사용하면서도, 필요에 따라 직접 제작해야 하는 경우가 많습니다. 이는 프로그래밍이 단순히 기존 도구를 사용하는 것을 넘어, 창의적인 문제 해결 능력을 요구하는 분야임을 잘 보여주는 예라고 할 수 있습니다.

이 책이 독자들에게 크리에이티브 코딩과 컴퓨테이셔널 프로세스의 무한한 가능성을 발견하는 계기가 되었으면 합니다. 코드가 단순한 기능 구현을 위한 도구가 아니라 문제를 창의적으로 탐구하고 해결할 수 있는 매체로 인식되기를 바랍니다. 특히 인공 지능과 공존하게 될 우리의 미래에서는, 새로운 기술을 맹목적으로 수용하기보다 다양한 맥락을 이해하고 비평적으로 사고하는 능력이 더욱 중요해질 것입니다. 이를 위해서는 기술의 영향력에 대한 고찰이 필수적입니다. 이 책이 독자들에게 그런 사고의 기회를 제공하고, 예술, 디자인, 기술을 보다 의미 있는 방식으로 융합하는 데 도움이 되기를 바랍니다. 마지막으로 훌륭한 책을 집필한 저자 골란과 테가, 그리고 한국어판 출간에 도움을 주신 모든 분들께 깊은 감사를 전합니다.

추천의 글

제가 처음 코딩을 배울 때 이 책이 있었더라면 큰 도움이 되었을 것입니다. 저는 3년 동안 코딩을 공부했는데(혼자 공부하다가 1997년부터는 야간 보충 수업으로 코딩 수업을 들었습니다), 당시에는 시각 예술 맥락에서의 코딩에 관한 자료가 전혀 없었습니다. 제가 들었던 수업에서는 수학, 텍스트와 관련된 프로그래밍 예제와 연습 문제만 제공했습니다(최종 과제는 가상의 은행에서 사용하는 회계 시스템을 만드는 것이었습니다). 이런 식의 수업이 쉽지 않은데다 따분하기까지 했지만 제가 만들고 싶은 것을 만들려면 프로그래밍 기술이 필요하다는 것을 알고 있었습니다.

수업이 끝나고 마침내 시각적인 무언가를 만들 수 있을 만큼 C를 알게 되었을 때 모든 것이 바뀌었습니다. 동기 부여가 되었고 이전 몇 달 동안 배운 것보다 더 많은 것을 몇 주 만에 배웠습니다. 그 결과물인 *Reactive 006*이라는 실험적인 작업의 모음을 통해 1999년 MIT 미디어 랩 존 마에다(John Maeda) 교수의 ACG(Aesthetics+Computation Group, 미학+컴퓨테이션 그룹)에 합류할 수 있는 기회가 열렸습니다. ACG는 제가 꿈꾸던 곳이었습니다. 다양한 예술가, 디자이너, 코더가 모인 소규모 그룹으로, 각 영역을 넘어서는 새로운 융합을 탐구했습니다. 이러한 초기 실험 중 일부는 2001년에 벤 프라이(Ben Fry)와 제가 배포한 프로세싱(Processing) 1.0의 초기 예제 세트로 발전했습니다. ACG에서의 2년은 제 미래를 명확하게 해주었고, 처음으로 코드를 가르치는 경험으로 이어졌습니다.

제 경험상 컴퓨터 공학에서 코딩을 가르치는 교육 방식은 시각 예술 전공 학생들에게는 거의 효과가 없다고 생각했기 때문에, 저희는 시각 예술과 디자인 전공 학생들이 이러한 사고와 제작 방식에 몰입할 수 있는 새로운 접근 방식을 고안했습니다. 이는 기존의 교육 방법을 해체하고 새로운 방식으로 다시 구축하는 것을 의미했습니다. 저는 존 마에다의 《Design by Numbers》(MIT Press, 2001)에 있는 연습 문제에서 시작해서, 교실에서 어떤 것이 효과가 있을지 고민하고 코드와 아이디어 사이의 균형을 파악하면서 과제를 더하고 줄이며 해마다 커리큘럼을 천천히 개선해 나갔습니다. 시간이 지남에 따라 기존 컴퓨터 공학 커리큘럼과는 매우 다른 무언가가 만들어지기 시작했습니다.

2011년 미니애폴리스에서 열린 제1회 아이오(Eyeo) 페스티벌은 예술가, 디자이너, 교육자, 기술자들로 느슨하게 엮여 있던 온라인 네트워크가 처음으로 직접 만나는 매우 중요한 순간이었습니다. 2013년에는 교육자 그룹이 모인 첫 번째 "Code+Ed" 서밋을 지원했습니다. 테가와 골란은 하루 종일 창의적인 코딩 커리큘럼에 대한 새로운 아이디어를 공유하고 기록하는 이 행사에 참여했고, 이 자리에서 수많은 교육자들의 교육 기법과 전략을 연구하고 수집하기 시작했습니다. 이 책은 이러한 커뮤니티의 지혜를 한곳에 모아 새로운 세대의 강사와 더 잘 공유하기 위한 첫 번째 작업입니다.

위대한 예술 작품은 기억되지만, 그런 작품을 만든 예술가를 교육하는 방법은 기억되지 않습니다. 이 분야의 교육자들이 축적한 온라인 강의 자료는 보존에 취약해서 URL과 서버가 변경됨에 따라 매달 점점 더 많은 자료가 사라지고 있습니다. 이 책은 요하네스 이텐(Johannes Itten)이 《Design and Form》(Wiley, 1975)을 집필하여 바우하우스 교육론의 창을 열었던 것과 같은 방식으로 중요한 의미를 지닙니다. 이 책은 예술 교육과 관련해 우리 모두가 함께 고민하고 있는 이 전환기에 과제와 연습 문제를 보존하고 있습니다.

다른 많은 사람들과 마찬가지로 저도 책을 읽으며 코딩을 처음 배웠지만, 그때나 지금이나 코딩에 관한 모든 책은 문제 해결을 위해 특정 언어의 사용법에 집중했습니다. 파이썬, 자바, C++, 자바스크립트? 어떤 언어를 선택하든 특정 교육자와 학습자 그룹이 배제되고 대상 독자가 좁아집니다. 테가와 골란은 이 딜레마를 해결하기 위해 책에 코드를 포함하지 않음으로써《아티스트와 디자이너의 새로운 창작 프로세스, 크리에이티브 코딩》을 언어에 구애받지 않는 책으로 만들었습니다. 이 결정 덕분에 이 책은 코딩의 기초를 설명할 필요 없이 코드와 예술과 관련된 더 높은 수준의 개념에 집중할 수 있었습니다. 색, 그림, 풍경, 자화상과 같은 주제가 핵심이 되고 변수, 함수, 배열과 같은 기술적인 주제는 부차적인 문제가 됩니다. 이것은 중요하고 흥미로운 반전입니다. 금방 구식이 되지 않는 창의적인 코딩 책이 있으니 얼마나 신선한가요!

어떻게 하면 '창의적인 사람들'을 코드라는 낯선 글쓰기 방식에 참여시킬 수 있을까요? 어떻게 하면 '코딩하는 사람들'을 정교한 시각 예술 커리큘럼에 참여시킬 수 있을까요?《크리에이티브 코딩》은 시각 예술 교육 분야에서 30년 이상 탐구해온 내용을 큐레이팅하여 이러한 어려운 문제를 해결합니다. 이 책은 학생을 참여시키는 새로운 방법에 대한 지침을 제공할 뿐만 아니라 강사 자신도 도전과 영감을 얻을 수 있습니다. 20년 동안 시각 예술 전공 학생들을 가르친 저도 이 책의 모든 페이지에서 새로운 것을 배웠습니다. 여러 다양한 과정의 커리큘럼을 구축하기에 충분한 자료가 담겨 있으며 주말 워크숍에서 가르치거나 고등학생을 위한 창의적인 코딩 모듈을 만들 때, 새로운 전문 과정을 구성하는 데 사용할 수 있습니다. 빠르게 진화하는 분야에 필수적인 리소스라 할 수 있습니다.

확장해 나가는 커뮤니티에 사려 깊고 귀한 선물을 준 테가와 골란에게 감사한 마음입니다. 지난 20년 동안 우리가 얼마나 멀리 왔는지 놀랍습니다. 이 책을 길잡이로 삼아 앞으로 우리는 훨씬 더 멀리 나아갈 수 있을 거라 믿습니다.

－2020년, 케이시 리스(Casey Reas)

감사의 말

8년 전에 이 프로젝트를 시작할 때는 짧은 잡지나 가이드북으로 출판할 계획이었죠. 과제, 참고 자료, 연습 문제를 모으면서 한 권의 책으로 성장했습니다. 대부분의 노력이 그러하듯, 이 책도 여기에 일일이 열거할 수 없을 만큼 많은 분들의 아낌없는 노력이 있었기에 가능했습니다. 많은 동료들이 직접적으로 기여했으며, 더 많은 사람들이 현장에서 일하며 우리의 길을 밝혀주었습니다.

추천의 글을 집필해 주신 케이시 리스에게 큰 빚을 지고 있습니다. 이 분야에 대한 그의 비할 데 없는 관점은 벤 프라이와 함께 프로세싱을 만든 매우 중요한 작업과 그의 교육 및 예술 제작에서 잘 드러납니다. 또한 케이시, 벤, 골란의 스승인 존 마에다의 기초 작업과 영향력 있는 지도가 오늘날에도 이 분야를 형성하는 데 큰 영향을 미치고 있는 것에 대해서도 감사를 표하고 싶습니다. 존과 함께 뉴미디어 아트와 디자인에 대한 폭넓은 이해로 지지해 준 Christiane Paul, Ellen Lupton, Chris Coleman에게도 감사의 마음을 전합니다.

서가에 꽂혀 있는 수많은 출판물을 마법처럼 엮어낸 카피 에디터이자 구세주인 Shannon Fry와 이 책을 디자인하는 데 컴퓨테이셔널 기법을 사용해 독특하고 놀라운 성과를 거둔 디자이너 심규하, 어민선 씨 등 책 제작팀에 감사드립니다. 본문이 정말 멋집니다. 이 특별한 프로젝트에 흔쾌히 응해준 편집자 Doug Sery, Noah Springer, Gita Manaktala, 디자이너 Yasuyo Iguchi, Emily Gutheinz,, 프로덕션 코디네이터 Jay McNair에게 감사의 마음을 전합니다. 인터뷰에 응해주신 최태윤, Heather Dewey-Hagborg, R. Luke DuBois, De Angela Duff, Zachary Lieberman, Rune Madsen, Lauren McCarthy, Allison Parrish, Phœnix Perry, Dan Shiffman, Winnie Soon, Tatsuo Sugimoto, Jer Thorp 등 모든 분들께 감사드립니다. 시간, 관점, 에너지를 아낌없이 나눠주셨습니다. 자료를 제공하고 원고에 대한 피드백과 조언을 아끼지 않은 동료들 Daniel Cardoso-Llach, Matt Deslauriers, Benedikt Groß, Jon Ippolito, Sam Lavigne, Joel Gethin Lewis, Ramsey Nasser, Allison Parrish, Paolo Pedercini, Caroline Record, Tom White에게도 감사드립니다. 이 책에서 자신의 작품을 공유할 수 있도록 기꺼이 허락해 주신 많은 아티스트, 디자이너, 연구원, 전(前) 학생 여러분께 진심으로 감사드립니다.

이 책에 소개된 많은 프로젝트는 창의적인 코딩 커뮤니티와 이들이 개발한 오픈 소스 툴킷 덕분에 가능했고, 성장했습니다. 프로세싱 재단, 프로세싱 커뮤니티, p5.js 커뮤니티에 깊은 감사를 표합니다. 다양성, 접근성, 커뮤니티 구축에 대한 여러분의 헌신은 우리 모두에게 표준을 제시해 주었습니다. 이 분야를 가능하게 한 창의적 코딩 툴킷을 만들고 버그와 이슈를 해결하고 유지 관리하느라 애쓰는 Zach Lieberman, Theo Watson, Arturo Castro, Kyle McDonald, 그리고 오픈프레임웍스 커뮤니티의 구성원들과 기타 많은 오픈 소스 기여자들에게도 감사의 말씀을 전합니다. 또한 이러한 커뮤니티의 많은 교육 롤모델에게도 감사드립니다. 뉴 미디어 아트 교육자로서 공익에 크게 기여한 Daniel Shiffman, 가장 특별한 형태의 교육 기관 설립 사례를 공유한 최태윤과 SFPC, 오픈 소스 예술 클리닉을 신설하여 우리 분야를 지속적으로 지원해 주신 덴버 대학의 Chris Coleman 교수님께도 감사드립니다.

이 책은 2013 아이오 페스티벌 코드＋에듀케이션 서밋에서 구상되었습니다. 이 교류의 장을 마련하고 크리에이티브 커뮤니티를 모으고, 활력을 불어넣고, 지원해 준 아이오 페스티벌의 디렉터인 Jer Thorp, Dave Schroeder, Wes Grubbs, Caitlin Rae Hargarten에게 감사의 뜻을 전합니다. 또한, Resonate 페스티벌의 전 큐레이터이자 공동 큐레이터인 Filip Visnjic과 더 많은 대중에게 커뮤니티의 노력을 알릴 수 있는 매우 가치 있는 플랫폼을 제공한 Creative Applications.net 블로그의 Greg J. Smith에게도 감사드립니다.

이 프로젝트는 미국 국립예술기금의 미디어 아트 프로그램에서 아트웍스 보조금 #1855045-34로 일부 자금을 지원받았습니다. 이 귀중한 공공 기금을 공유하는 데 리더십을 발휘해 준 NEA와 검토자, 특히 미디어 아트 디렉터 Jax Deluca에게 감사드립니다. 이 책은 또한 CMU(카네기멜론대학교)의 Frank-Ratchye STUDIO for Creative Inquiry에서 관리하는 프랭크-라치예 예술 기금(Frank-Ratchye Fund for Art at the Frontier)의 보조금을 지원받았으며, Edward H. Frank와 Sarah Ratchye에게 깊은 감사를 표합니다. 이 책에 대한 추가 지원은 NYU(뉴욕대학교) 탠돈 공과대학의 통합 디지털 미디어 프로그램의 대학원 조교 지원을 통해 제공되었습니다.

이 책은 CMU의 창의적 탐구를 위한 프랭크-라치예 스튜디오의 헌신적인 스태프 Thomas Hughes, Linda Hager, Carol Hernandez, and Bill Rodgers의 물류 및 행정 지원을 통해 실현되었습니다. 또한 관료적 절차에 도움을 준 CMU 미술대학 후원 프로젝트 사무실의 직원인 Jenn Joy Wilson과 January Johnson에게도 빚을 지고 있습니다. 웹에서 수천 개의 과제를 정리해 준 Sarah Keeling과 코드 샘플 준비 및 포팅, 인용 서식 지정, 이미지 사용 권한 확보 등 중요한 작업을 도와준 Najma Dawood-McCarthy, Chloé Desaulles, Cassidy Haney, Andrew Lau, Tatyana Mustakos, Cassie Scheirer, Xinyi (Joyce) Wang, T. James Yurek등 CMU와 NYU의 학생 연구 조교에게도 감사를 전합니다.

우리는 컴퓨테이셔널 아트와 디자인 교육에 관한 훌륭한 책을 저술한 동료 교육자들의 발자취를 따르고 있음을 인정합니다. 여기에는 John Maeda, Casey Reas, Ben Fry, Daniel Shiffman, Lauren McCarthy, Andrew Blauvelt, Koert van Mensvoort, Greg Borenstein, Andrew Glassner, Nikolaus Gradwohl, Ira Greenberg, Benedikt Groß, Hartmut Bohnacker, Julia Laub, Claudius Lazzeroni, Carl Lostritto, Rune Madsen, Nick Montfort, Joshua Noble, Kostas Terzidis, Jan Vantomme, Mitchell Whitelaw, Mark Wilson 및 Chandler McWilliams 등이 포함됩니다. 이 책에 수록된 많은 예제는 p5.js 웹 편집기 및 *OpenProcessing.org* 저장소의 공개 온라인 강의실에 게시된 프로젝트에서 수정한 것으로, 이러한 중요한 커뮤니티 리소스를 만들고 유지 관리해 준 Cassie Tarakajian과 Sinan Ascioglu에게 특별히 감사의 마음을 전합니다.

또한 이 책에 의도적이든 그렇지 않든 창의적인 에너지를 기부해 주신 많은 교육자와 학생들, 여러 동료들에게도 감사드립니다: Alba G. Corral, Andreas Koller, Art Simon, Arthur Violy, Barton Poulson, Bea Alvarez, Ben Chun, Ben Norskov, Brian Lucid, Caitlin Morris, Caroline KZ, Cedric Kiefer, Chris Sugrue, Chris G Todd, Christophe Lemaitre, Christopher Warnow, Claire Hentschker, Clement Valla, Connie Ye, Felix Worseck, Florian Jenett, Francisco Zamorano, Gabriel Dunne, Gene Kogan, Herbert Spencer, 김현철, Isaac Muro, Joan Roca Gipuzkoa, Jeremy Rotsztain, Jim Roberts, Joey K. Lee, John Simon, Juan Patino, 주승 스티븐 리, Kasper Kamperman, Kenneth Roraback, Lali Barriere, Luiz Ernesto Merkle, Marius Watz, Marty Altman, Matt Richard, Michael Kontopoulos, Monica Monin, Nick Fox-Gieg, Nick Senske, Nidhi Malhotra, Ozge Samanci, Paul Ruvolo, Pinar Yoldas, Rose Marshack, Ryan D'Orazi, Seb Lee-Delisle, Sheng-Fen Nik Chien, Stanislav Roudavski, Steffen Fiedler, Steffen Klaue, Tami Evnin, Thomas O. Fredericks, and Winterstein / Riekoff.

마지막으로, 이 끝이 보이지 않는 프로젝트 내내 피드백, 격려, 그리고 변함없는 인내로 우리를 지지해준 가족, 파트너, 그리고 친한 친구들, 특히 Andrea Boykowycz와 Sam Lavigne에게 감사의 마음을 전합니다.

서문

어느 여름이 끝날 무렵, 우리 두 사람은 다음 학기에 가르칠 강의 계획서를 준비하면서 컴퓨팅 아트와 디자인 과목과 관련해 무엇이 좋고 무엇이 나쁜지에 대해 이야기하게 되었습니다. 학생들에게 제시할 연습 문제에 대한 아이디어를 교환하던 중, 우리 둘 다 시간의 흐름을 동적으로 표현하는 프로젝트의 소재로 '시계'를 선택했다는 것을 알게 되었습니다. 우리는 서로 다른 나라(골란은 미국, 테가는 호주)에서 교육을 받았지만 많은 소재가 공통된 과제로 다루어지고 있다는 것도 알게 되었습니다. 마치 구전 설화처럼 전 세계적으로 예술과 디자인 분야에서의 코드 교육을 하는 사람들 사이에 공유되고 있었습니다. 그러나 우리의 책장에 꽂혀 있는 프로그래밍 기초 교재에서는 이러한 교습법의 전통을 다루고 있지 않습니다. 이러한 책들은 주로 코드를 어떻게 작성할 것인가를 다룰 뿐 코딩을 배워서 무엇을 만들 것인가, 그리고 왜 만들 것인가는 다루지 않습니다. 이 책은 그 단절된 부분의 중요성에 대한 저자들의 의견 표명이며, 창작 분야에서 진화해 가고 있는 '코드'라는 전문 용어의 모습을 포착하고자 하는 시도입니다. 이 책은 이미 프로그래밍을 창작 도구(creative medium)로 활용하고 있거나 그렇게 하고 싶은 아티스트, 디자이너, 대중에게 무엇인가를 전달코자 하는 시적 상상력이 풍부한 사람들을 위한 책입니다. 또한 좀 더 제한이 없고 풍부한 표현 스킬을 발휘하고 적용하고 싶은 컴퓨터 공학자, 소프트웨어 개발자, 기술자 들을 위한 책입니다. 이 책은 이 분야에 몸담은 모든 교육자를 위한 교재이자 한 학기의 여정을 계획하는 데 도움이 될 동반자이고, 학생들이 창의적이고 깊이 있게 생각하며, 궁극적으로는 컴퓨팅을 통해 변화를 가져오도록 하는 안내서입니다. 이 책의 내용은 그간의 연구와 축적된 교육 자료를 바탕으로 하며, 수업과 창작 작업에서 기술(engineering)과 시적 상상력(poetry)의 융합을 모색하는 열정적인 커뮤니티의 실천가 그리고 교육자 들의 솔직한 직접 경험에 근거합니다.

21세기에 컴퓨테이셔널 리터러시(computational literacy)의 중요성은 아무리 강조해도 지나치지 않습니다. 과거에는 공학과 비즈니스 분야에서 소수만 사용하는 기술이라고 여기던 프로그래밍이 이제는 미술, 디자인, 건축, 음악, 인문학, 저널리즘, 사회·정치적 실천, 시적 감정이나 정서의 표현, 그 외 많은 창의적 분야에서 널리 활용되고 있습니다. 하지만 학교에서의 프로그래밍 교육이 이러한 다양한 목적과 학습 스타일을 가진 학생들에 맞춰 바뀌어 왔다고 보기 어렵습니다. 반세기에 걸쳐 많은 컴퓨터공학과가 프로그래밍 교육 과정의 설계와 문화, 표준을 정해왔지만 결과적으로 전통적인 컴퓨터 코드 교육과 디자인/예술을 배우는 학생 간의 간극은 큰 과제로 남았습니다. 디자이너이자 엔지니어인 리아 뷰클리(Leah Buechley)의 말처럼, 전통적인 컴퓨터 공학 강좌에서는 추상적인 개념보다 구체적인 경험을 통해 배우는 유형의 학생들이 뒤처질 우려가 있습니다. 이런 유형의 학생들은 공식을 따르기보다는 즉흥적인 방식을 선호하고, 실용적인 것보다는 풍부한 표현에 초점을 둔 작품을 만들고자 합니다.[1] 우리는 알고리즘 이론과 최적화에 중점을 둔 전통적인 컴퓨터 공학의 교육 방식과 현재 각 분야에서 실용적으로 적용되고 있는, 현실적인 스킬로서의 컴퓨터 프로그래밍 사용 방식 사이의 괴리를 목격하고 있습니다. 또한 이전에는 교육 혜택을 받지 못한, 보다 다양한 영역의 사람에게 프로그래밍이 교육이 이루어져야 한다는 사회적 이해가 커지고 있습니다. 이러한 교육 수요와 현실의 차이를 극복하기 위해서는 이전과는 다른, 문화적으로 강력하고 효과적인 교육 방법이 필요합니다.[2] 다행히도 그러한 대안 교육 방법이 '크리에이티브 코딩'이라는 문화적 실천의 성장을 통해 등장하게 되었습니다. 아트 중심의 프로그래밍 툴킷, 수업을 통한 지도나 학습 과제, 커뮤니티를 통한 지원 체제 등이 그것입니다.

> 프로세싱(Processing)은 재능 있는 디자이너를 익숙한 도구들에서 떠나 프로그래밍과 컴퓨팅의 세계로 인도하여 커리어를 망치도록 하고, 엔지니어, 컴퓨터공학자를 예술과 디자인의 영역으로 유인하여 수입이 적은 아티스트와 디자이너가 되도록 만든다.[3]
>
> — 벤 프라이(Ben Fry)와 케이시 리스(Casey Reas)

'크리에이티브 코더(Creative coders)'는 프로그래밍이나 전문 소프트웨어를 도구로 사용하는 아티스트, 디자이너, 건축가, 뮤지션, 시인 들을 말합니다. 이러한 사람들은 예술, 디자인과 과학, 공학의 구분을 흐리게 하며, 이렇게 다학제적인 영역을 넘나드는 그들을 말로 표현한다면 '형상의 창조자(creators of form)'라는 뜻의 독일어 '게슈탈텐(Gestaltern)'이 가장 적절할 수 있습니다. 이들이 선택하는 도구는 프로세싱, 아두이노, 유니티, 신더, 오픈프레임웍스, P5.js, Tracery, Max/MSP/Jitter 등의 프로그래밍 환경입니다. 이러한 도구들은 시각-공간적, 음악-리듬적, 언변-언어적, 그리고 신체-운동 감각적 지능을 가진 전문

1   리아 뷰클리(Leah Buechley), "Expressive Electronics: Sketching, Sewing, and Sharing", wats: ON? Festival에서의 강연, CMU, 2012년 4월, *https://vimeo.com/62890915*

2   마크 거즈디얼(Mark Guzdial), "Computing Education Lessons Learned from the 2010s: What I Got Wrong", Computing Education Research Blog, 2020년 1월 13일, *https://computinged.wordpress.com/2020/01/13/computing-education-lessons-learned-from-the-2010s-what-i-got-wrong*

3   벤 프라이(Ben Fry)와 케이시 리스(Casey Reas), "Processing 2.0(or: The Modern Prometheus)", 아이오 페스티벌에서의 강연, 2011년 6월, *https://vimeo.com/28117873*

4 하워드 가드너(Howard Gardner), 《지능이란 무엇인가》 (사회평론, 2019)

가와 학생들의 특정한 요구와 작업 스타일을 돕기 위해 개발되었습니다.[4] 위에 소개한 크리에이티브 코딩 툴킷 대부분은 오픈 소스로, 협동과 참여를 기반으로 개발되었고 누구나 사용할 수 있어, 프로그래밍이 문화적 탐구의 유력한 수단으로 자리잡게 되었습니다. 이 책의 연습 문제와 과제는 학생이 이러한 창조적 코딩 도구 중 하나를, 또는 그와 유사한 것을 사용하고 있다는 전제 아래 만들어졌습니다.

대상 독자

이 책은 코드라는 창조적인 도구의 사용을 교육하고 학습하기 위한 지침서이자 소스북입니다. 그리고 프로그래밍을 더욱 역동적인 문화적 맥락에서 탐구하기 위한 것입니다. 이 책은 소프트웨어를 예술적인 재료로 간주하고 그 구조와 구성, 강점과 한계를 이해하기 위한 경로를 제공합니다. 우리는 이 책이 대학에서의 교육자(미디어 아트, 디자인, 정보, 미디어 연구, 인간-컴퓨터 상호작용 등의 전공 분야)나 고등학교에서 컴퓨터 프로그래밍을 가르치는 사람들, "비전공자를 위한 컴퓨터공학" 과정과 같이 대학에서 일반 교양 수업을 강의하는 사람들 사이에서 활용되기를 바랍니다. 또 메이커 스페이스, 해커 스페이스, 코딩 학교, 성인 교육 프로그램 등에서 워크숍을 진행하는 경우에도 도움이 되리라 믿습니다. 이에 더해 독학으로 크리에이티브 소프트웨어 프로젝트를 시도하면서 힌트를 필요로 하는 작가, 디자이너에게도 유용할 것이라 생각합니다.

5 미미 오누오하(Mimi Onuoha), "ON ART AND TECHNOLOGY: THE POWER OF CREATING OUR OWN WORLDS", Knight Foundation, *https://knightfoundation.org/author/mimi-onuoha*

나에게 아티스트란 타이틀은 매체, 메시지 또는 형식과 관련이 없습니다. 그보다는 세상을 사유함에 있어 유연하고 폭넓게 접근하는 것을 말합니다.[5]

— 미미 오누오하(Mimi Onuoha)

이 책은 가르치는 사람들에게도 유용합니다. 기본적인 컴퓨팅 아트나 디자인을 가르치는 책이라면 이미 많이 있지만, 놀랍게도 가르치는 쪽을 염두에 두고 쓰여진 것은 거의 없습니다. 우리는 다음 세대를 양성하고 지도하기 위해 가르치고, 예술과 디자인 활동을 지원하기 위해 가르치며, 우리 자신과 여러모로 다른 사람들과의 대화를 즐거워할 수 있도록 가르칩니다. 최근의 기업화된 대학교는 대부분의 수입을 수업에 의존하면서도, 교수진에게 어떻게 하면 수업을 잘 할 것인지에 대한 교육은 제공하지 않습니다. 그래서 대학원을 마치고 강단에 서게 될 때 자신이 좋아하던 선생님의 교육 방법을 역으로 참고하여 구성하는 경우가 많습니다. 프로그래밍을 창의적으로 가르치는 맥락에서 어떻게 수업을 진행했는가? 시간은 어떻게 관리했는가? 어떻게 과제를 설계하고 있었는가? 이 책은 이와 같은 질문을 가지고 있는 독자에게 실제로 적용할 수 있는 많은 패턴을 제공합니다. 이는 두 저자의 교육자로서의 경험과 12명 이상의 동료들의 경험을 모은 것이고, 수백 명의 동료들이 온라인에 올려둔 강의 계획서 및 기타 자료에서 추출한 내용에 기반합니다.

무엇을 만들어야 하는가? 그 이유는 무엇일까?

크리에이티브 코딩은 여러 예술 및 디자인 교육 과정에서 정규 수업으로 지정되는 추세입니다. 이러한 변화는 일상 생활에서 우리의 삶에 불쑥 들어온 컴퓨팅의 영향은 물론 현재 진행형인 소프트웨어 아트 도구와 교육 방법의 발전, 관련 커뮤니티의 형성을 반영한 것입니다. 우리는 수십 년에 걸쳐서 다듬어진, 다양한 학습 스타일을 지원하면서 문법이 분명하고 폭넓고 포괄적인 문서화를 지원하는 툴킷들에 빚지고 있습니다. 그동안 크리에이티브 코딩 커뮤니티의 관심사가 더 많은 사람이 코딩에 쉽게 접근할 수 있도록 저변을 확대하는 것이었다면, 이제는 코딩을 이용해 무엇을 만들어야 하는지, 그리고 왜 만들어야 하는지에 대한 질문이 중요하게 대두되고 있습니다.

> 우리에게 가장 큰 도전은 사람들의 감성을 건드리는 작업을 만드는 것이지, 창작에 사용한 기술이 무엇이고 어떻게 만들어졌는지 궁금하게 만드는 게 아닙니다. 우리가 만드는 것은 기술 자체를 보여주려는 시연 목적의 데모 같은 게 아닙니다. 짧지만 밀도 있고, 리듬감 있고, 의미가 가득한 시와 같은 것이어야 합니다.[6]
> — 재커리 리버만(Zach Lieberman)

6 "YesYesNo", *IdN Magazine* 19, 5호, 2012년 10월

컴퓨테이셔널 아트와 디자인에서 '무엇(what)'과 '왜(why)'에 대한 대답은 역사적으로 절차, 연결, 추상화, 저작권, 시간의 본질 및 우연의 역할에 중점을 둔 창의적 질문과 결을 같이 하고 있습니다. 이러한 형식적, 개념적인 부분을 고민하면서 컴퓨팅이라는 표현 매체를 활용하여 새로운 방법과 심미적 감성을 만들어냈으며, 컴퓨팅 자체의 능력과 흐름에 대해 더 잘 이해하게 되었습니

7   줄리 페리니(Julie Perini), "Art as Intervention: A Guide to Today's Radical Art Practices", *Uses of a Whirlwind: Movement, Movements, and Contemporary Radical Currents in the United States*, AK Press, 2010, *http://sites.psu.edu/comm292/wp-content/uploads/sites/5180/2014/10/Perini-Art_as_Intervention.pdf*

8   클레어 에반스(Claire Evans, @YACHT), "저희를 초대해 주셔서 정말 감사합니다! 몇 달 전 NYC에서 주최한 패널에서 '예술은 AI의 유일한 윤리적 사용'이라는 멋진 표현을 해준 @aparish에게 모든 공을 돌립니다. 이 말은 우리의 주문(mantra)이 되었습니다.", 트위터, 2019년 12월 3일

9   스코트 스니비(Scott Snibbe)와 골란 레빈(Golan Levin)의 개인적인 대화. 골란 레빈(@golan)의 트위터 참조. "@snibbe는 '노래만큼 유용하다'고 말하곤 했습니다. 사건 종료." 트위터. 2018년 9월 5일

10   주석 7참조

11   (옮긴이) 스페큘레이티브 디자인은 미래 가능성에 대한 상상력을 자극하고 논의를 일으키는 도구로서의 디자인입니다. 《스페큘레이티브 디자인: 모든 것을 사변하기》(안그라픽스, 2024)를 보면 여기서 이들은 기술의 쉬움, 매력, 소비 가능성에만 초점을 맞추는 대신, 디자인을 통해 물리적인 물건뿐만 아니라 아이디어를 창출하는 것을 제안합니다. '만약'이라는 질문을 던지며 미래를 상상하고 원하는 미래를 위한 논의와 토론을 촉진합니다. 이를 통해 우리가 바라는 미래를 실현하는 가능성을 높일 수 있다고 주장합니다.

12   (옮긴이) 크리티컬 디자인(Critical Design)은 사회적, 문화적, 윤리적 문제를 비판적으로 탐구하고 토론을 촉진하기 위해 고안된 디자인 접근법입니다. 이를 통해 기존의 가치관에 의문을 제기하고 미래 시나리오를 상상하게 합니다.

13   헤더 듀이 해그보그(Heather Dewey-Hagborg)," SCI-FI CRIME DRAMA WITH A STRONG BLACK LEAD", The New Inquiry, 2015년 7월 6일, *https://thenewinquiry.com/sci-fi-crime-drama-with-a-strong-black-lead*

다. 크리에이터들도 컴퓨터를 통한 작업의 가능성과 한계에 대해 이해가 높아져 적절히 대응하게 되었습니다. 미디어 아티스트, 컴퓨테이셔널 디자이너, 그리고 기타 크리에이티브 코더들은 생성적이고 상호 작용적인 시를 통해 새로움을 만들고 교감을 나누는 음유시인이라고 할 수 있습니다. 줄리 페리니(Julie Perini)의 말을 인용하자면, 그들은 작업을 통해 '치유가 절실한 사회 영역을 세상과 연결'합니다.[7]

아트는 유일하게 인공 지능을 윤리적으로 사용할 수 있는 분야입니다.[8]

— 앨리슨 패리시(Allison Parrish)

내 앱(App)은 노래만큼이나 편리합니다.[9]

— 스코트 스니비(Scott Snibbe)

컴퓨테이셔널 아티스트와 디자이너들은 점차 눈에 띄게 정치적 함의를 담은 작업을 실행하고 있으며 사회의 기술적 전환을 예측하고 그에 부응하는 창작 기법을 다양하게 개발하여 왔습니다. 이는 '새롭게 보고 살고 관계를 맺는 방식을 실험할 수 있는 기회'뿐만 아니라 저항 운동을 위한 혁신적인 전략과 도구를 개발할 수 있는 기회를 제공합니다.[10] 또한, 스페큘레이티브 디자인(speculative design)[11]이나 크리티컬 디자인[12], 관계 미학, 크리티컬 엔지니어링 등의 방법론을 도입하거나 조합함으로써, 새로운 테크놀로지가 가져오는 변화와 그것들이 개인이나 공동체에 가져오는 각종 영향에 대해 재고하도록 자극합니다. 이 책의 학습 과제와 연습은 기술적 스킬에 더하여 미학적 문제, 사회적 영향에 대한 생각의 단서를 제공하도록 설계했습니다.

우리에게는 예술, 과학, 이론, 실습을 결합한 다면적이고 단일 학문 분야에 국한되지 않는 접근 방식이 필요합니다. 미디어는 그것이 어떻게 작동하는지에 대해 말할 것입니다. 그러나 전체적으로 이해하고 다른 사람들을 잘 교육하고, 적절한 정책을 수립하려면, 혹은 저항 전략을 세우려면 그것이 어떻게 깨지는지 알아야 합니다.[13]

— 헤더 듀이 해그보그(Heather Dewey-Hagborg)

마셜 매클루언(Marshall McLuhan)은 예술이 '기존의 전통 문화에 새롭게 시작되

고 있는 것들을 전달하는 원격 조기 경보 시스템'[14]과 같은 것이라고 말했습니다. 컴퓨팅과 신기술을 예술에 접목시키는 작업은 언젠가 일상이 될 우리 미래의 모습을 SF 소설이나 영화보다 더욱 현실적으로 보여줍니다.[15] 이러한 통찰은 어떤 이들을 위해 있는 것일까요? 대표적인 컴퓨터 공학 연구소(벨 연구소, 제록스 연구소, MIT 미디어 랩, 구글 ATAP 포함)에서는 기술을 잘 다루는 아티스트들과 함께 50여 년간 "미래 발명(inventing the future)"이라는 프로젝트를 진행하며 예술적 질문을 활용했습니다. 스튜어트 브랜드(Stewart Brand)는 MIT에서의 레지던시 기간을 되돌아보며 이렇게 말했습니다. "계약은 명확했습니다. 연구소가 아티스트를 위해 있는 것이 아니었습니다. 아티스트가 연구소를 위해 있었습니다. 그들의 업무는 과학자와 엔지니어를 세 가지 중요한 관점에서 보완하는 것이었습니다. 그들은 선구적 인지를 제공해야 하고, 모든 데모가 예술적인 결과물로 표현되도록 하며, 또 문화적 혁신성이 있어야 했습니다."[16]

디지털 아트와 디자인은 기술을 문화로 재구성하고, 기술을 문화로 다시 읽어냅니다. 더 나아가 그것들은 오적용과 적응, 재구성과 해킹, 의사기능성(pseudo-functionality)과 우발성을 허용하면서 기술의 구체적인 응용을 시도합니다. 그리고 기술 문화적 재료는 이종(heterogeneous)의 관심과 아젠다, 미적 감각, 적용 방법, 프로젝트 등에 따라 수백만의 가짓수로 분해되어 창조적으로 적용됩니다.[17]

— 미첼 화이트로(Mitchell Whitelaw)

소셜 미디어의 등장 후 찢어져 나뉜 시민 생활, 디지털 권위주의의 악의적 성장, 조용히 다가오는 환경 재해의 위험 등과 함께 실리콘 밸리의 광채가 떨어져 쇠퇴하고 기술 해결주의의 어리석음이 드러나게 되었습니다. 우리가 후기 자본주의의 틀 안에서 지속적으로 새로운 미래를 프로토타입하려던 것과 매클루언이 말한 예술이 '경보 시스템'이라는 개념을 연결 지어 생각해 보면, 아티스트나 디자이너가 기술 관련 정책이 논의되는 공식적인 장에 참여하는 것은 매우 중요합니다. 마이클 나이마크(Michael Naimark)가 주장한 것처럼, "아티스트는 너드 문화의 치명적인 약점, 즉 기술 낙관주의나 기술에 대한 과도한 열광과는 다른 관점의, 사회 환경에 대한 비판적인 시각을 제공할 수 있습니다."[18] 기술적인 이해도가 높은 예술가나 디자이너는 이렇게 사회의 부정적인 충동에 대응하는 데 중요한 역할을 합니다. 그들은 자유나 상상력이 위기에 처해 있을

14 마셜 매클루언(Marshall McLuhan), 《미디어의 이해: 인간의 확장》 (2012, 커뮤니케이션북스)

15 골란 레빈, "New Media Artworks: Pre-quels to Everyday Life", Flong(블로그), 2009년 7월 19일, *http://www.flong.com/blog/2009/ new-media-artworks-prequels-to -everyday-life*

16 스튜어트 브랜드(Stewart Brand), "Creating Creating", *WIRED*, 1993년 1월 1일, *https:// www.wired.com/1993/01/creating*

17 미첼 화이트로(Mitchell Whitelaw), *Metacreation: Art and Artificial Life*, The MIT Press, 2004 에서 허가를 받아 인용, 아래 트윗 (@mtchl)도 참조. "내가 더 젊고 이상적일 때 쓴 것이다. 만약 지금 다시 쓴다면 '예술'을 포함하여 더 넓은 범위의 실천(디자인 포함)으로 확장할 것이다. 사라 [헨드렌] (Sara Hendren)에게 감사드립니다!" 트위터, 2020년 4월 29일

18 마이클 나이마크(Michael Naimark), 골란 레빈과의 개인적 대화, 2014년

때 경종을 울릴 수 있을 뿐 아니라, 엘비아 윌크(Elvia Wilk)가 쓴 것처럼 그들의 능력을 이용하여 '주관적 경험을 지지하고 인간의 표현 범위를 확장하는' 시스템을 만들어 갈 수도 있습니다. 예술가들은 그들이 가진 힘을 이용해서 우리의 대화나 제도에 다양한 시각이 존재할 수 있는 공간들을 만들어 냅니다.[19]

19 엘비아 윌크(Elvia Wilk) "What Can WE Do? The International Artist in the Age of Resurgent Nationalism", The Towner, 2016년 9월 11일

의학과 과학이 인간의 모든 병과 일상의 문제들을 치료할 것인가에 많은 관심이 쏠리고 있지만, 예로부터 '쓸모 없는 것'으로 간주되어 온 예술이 우리가 더 오래도록 풍요롭게 살게 하는 데 획기적인 역할을 하게 될 것이라고 믿습니다. 예술은 삶을 즐기는 과학입니다.[20]

— 존 마에다(John Maeda)

20 존 마에다(John Maeda), "VOICES; JohnMaeda", The New York Times, 2003년 11월 11일, https://www.nytimes.com/2003/11/11/science/voices-john-maeda.html

우리는 기술이 세상을 예측 가능하고 통제할 수 있는 상태로 만들어 줄 것이라는 환상에 빠질 수 있지만, 나는 기술이 세상의 혼란함과 불확실성을 받아들이고, 기술을 통해 경이, 호기심, 매혹, 놀라움, 등의 경험을 양성하는 대안적 비전을 선호합니다. 이는 일상의 삶에서 우리를 둘러싼 수많은 경이로운 일 중 아주 작은 일부로 자신을 여기는 데서 출발합니다.[21]

— 로라 데벤도프(Laura Devendorf)

21 로라 데벤도프(Laura Kay Devendorf), "Strange and Unstable Fabrication", UC 버클리 박사 논문, 2016, https://escholarship.org/uc/item/40z5g3sz

이 책은 하이브리드 스킬과 열린 마음을 가진 크리에이터들의 중요성에 대해 이야기합니다. 우리는 엔지니어링 영역에서 예술을 이해하는 것, 예술의 영역에서 엔지니어링에 대해 이해하는 것이 매우 가치 있고, 이를 실현하는 것은 이 시대에 매우 중요한 의미가 있다고 믿습니다. 교육 시스템이 인간 본래의 힘인 비판적 사고, 상상력, 공감력, 그리고 정의와 같은 능력을 키우기보다 기업의 관심 사항에 초점을 맞추는 것을 점점 더 우선시하는 현시점에, 이러한 아트와 엔지니어링 리터러시의 가치에 대한 상호 이해가 매우 중요하다고 믿습니다.[22] 예술에 대한 이해는 기술에 수반되는 정치적 역학 관계에 대해 올바르게 인식하는 힘을 줍니다. 그리고 기술이 강화해 나가는 가치나 테크놀로지가 우선시하는 것들에 대해서 반복적으로 의문을 제기합니다.[23] 세상은 컴퓨터가 아니고, 최적화해야 하는 시스템도 아닙니다. 그리고 세계는 잘 정리되고 반영구적으로 고정된 가치 체계가 되기를 거부합니다.[24] 예술 교육은 이 혼란스러운 세계를 헤쳐나갈 수 있게 능력을 키워주고, 동시에 세계를 양이 아닌

22 오리트 할펀(Orit Halpern), "A History of the MIT Media Lab Shows Why the Recent Epstein Scandal Is No Surprise", Art in America, 2019년 11월 21일, https://www.artnews.com/art-in-america/features/mit-medialab-jeffrey-epstein-joi-ito-nich-olasnegroponte-1202668520

23 Danielle Allen, "The Future of Democracy", HUMANITIES, Vol. 37, No. 2, 2016년 봄, https://www.neh.gov/humanities/2016/spring/feature/the-future-the-humanities-democracy

24 테가 브레인(Tega Brain), "The Environment Is Not a System", A Peer-Reviewed Journal About 7, no.1, 2018년

질로 파악하는 힘을 길러 줍니다. 소프트웨어가 우리의 삶에 스며들수록 우리는 그것의 전후 맥락을 이해하고, 문제점을 질문하고 수정하며, 소프트웨어와 함께 만들어 가는 세상에 대한 공유된 이해를 쌓아가는 문화를 만들어야 합니다. '모든 사람이 코딩을 배워야 한다'는 말과 마찬가지로, 모든 사람은 예술이라는 지적 사고의 도구를 익혀야 합니다. 이 책에서 모아 정리한 것과 같은, 예술과의 접점을 갖는 크리에이티브 코딩에서의 교육은 이 두 가지를 함께 할 수 있는 다채로운 방법을 제공합니다.

> 인문학 전공자들은 교육을 통해 현대 과학에 대한 깊은 이해를 갖추어야 합니다. 과학자와 기술자 들은 인문학 교육에 흠뻑 젖을 필요가 있습니다. 그리고 모든 교육은 나날이 진화하는 우리 문화에 기술이 가져올 다양한 영향에 대한 폭넓은 관심으로 이어져야 합니다.[25]
>
> — 제롬 B. 위스너(Jerome B. Wiesner)

25 "Momentum", MIT Media Laboratory, 2003년, *http://momentum. media.mit.edu/dedication.html*

교육자를 위한 현장 가이드

이 책은 우리 분야(창의적인 맥락에서 컴퓨테이션을 활용하는 분야)에서 좋은 과제, 좋은 강의, 좋은 강의실을 구축하기 위한 자료와 실습 예제들을 제공합니다. 이 책은 우리가 공유하는 가치를 응축한 결과물로, 프로젝트 기반의 학습을 위한 교육 도구, 다양한 메이커 그룹의 여러 접근 방식에서 흥미로운 부분을 모은 강의 구성 자료, 흥미로운 수업을 진행하기 위한 전략을 제시합니다.

프로젝트 기반의 학습은 예술 분야의 핵심적인 교육 방법입니다. 대부분의 프로그래밍 교재와는 달리, 이 책에서 다루는 학습 과제는 개방적이고 제한이 없는(open-ended) 맥락에서 호기심에 기반해서 그 아이디어를 바로 코드로 작성해 보는 방법을 장려하고 있습니다.

> 왜 프로젝트에 집착하는가? 우리는 코딩과 글쓰기에 유사한 점이 있다고 생각합니다. 글 쓰는 것을 배울 때 철자나 문법, 구두점을 외우는 것만으로는 부족합니다. 이야기를 통해 자신의 생각을 전하는 법을 배우는 것이 중요합니다. 코딩에서도 마찬가지입니다.[26]
>
> — 미첼 레즈닉(Mitchel Resnick)

26 미첼 레즈닉(Mitchel Resnick), "Computational Fluency", Medium, 2018년 9월 17일, *https://mres. medium.com/computational -fluency-776143c8d725*(그의 책 *Life- long Kindergarten*, MIT Press, 2018에서 발췌), 야스민 카파이(Yasmin Kafai)와 미첼 레즈닉(Mitchel Resnick)이 공저한 *Constructionism in Practice: Designing, Thinking, and Learning in A Digital World*, Routledge, 1996 도 참고하세요.

우리가 생각하는 좋은 과제란 적당한 제약이 있어서 이를 통해 학생들이 필요한 기술을 배울 수 있어야 하고, 동시에 다양한 발상을 유발하여 학생들의 작업물에 대한 생산적인 비교, 평가가 가능하게 하는 것입니다. 또한 파올로 페데르치니(Paolo Pedercini)가 쓴 것처럼 좋은 과제는 '중요한 문제로의 진입점'이 되어야 하며, 시의적절한 사회적 질문을 탐구하는 길이 되어야 합니다.[27] 특히 컴퓨테이셔널 아티스트나 디자이너에게는 비판적 시점이나 상상력이 스며들 여지를 남기고, 그들이 기술과 그 가능성에 대해 풍부한 표현을 통해 재고할 수 있어야 합니다. 좋은 크리에이티브 코딩 과제는 기술을 기존의 시각에서 벗어나 새로운 관점, 맥락에서 보고 재해석할 수 있는 계기를 제공해야 한다고 믿습니다. 우리가 그러한 '만듦을 통해 사회적 관계 속에서의 교육'을 하는 선구자는 아닙니다. 개척자를 예로 들면, 이디트 하렐(Idit Harel)과 시모어 패퍼트(Seymour Papert) 그리고 셰리 터클(Sherry Turkle)과 미첼 레즈닉(Mitchel Resnick)이 '상황적 구성주의(Situated Consructionism)'의 비전 아래 기술 교육을 이어 왔지만, 수십 년이 지난 지금에도 그 비전이 실현되었다고 말하기는 어렵습니다.[28]

학습 과제는 다음 중 하나를 충족시키는 것이 중요합니다. ① 중요한 문제의 진입점이 될 것, ② 응용 가능한 스킬을 익힐 수 있는 것(예: 아두이노로 LED를 점멸시키는 것 자체는 지루하지만 중요한 개념을 배울 수 있습니다), ③ 학생들이 개인적으로 중요한 작품을 만들 수 있게 되고, 전공과 관계없이 자신의 창작 방법을 개발하거나 포트폴리오 작품을 만들 계기가 되어 주는 것.[29]

— 파올로 페데르치니(Paolo Pedercini)

여기서의 과제는 단순히 내적/외적 삶에서 차별적인 디자인 형태에 도전하는 것만이 아니라, 집단의 자유와 발전을 향한 노력의 일부로 다른 사람들과 함께 현재 기술의 대안을 상상하고 만들어 내는 것입니다.[30]

— 루하 벤자민(Ruha Benjamin)

이 책에서 다루는 학습 과제는 이러한 생각의 기초 위에서 개인화, 낯설게 하기(weirding), 곰곰이 생각하게 하기(debating), 도전과 전복(queering) 등의 기회를 제공하도록 선택하였습니다. 각 과제는 문화적인 요소와 기술적인 요소를 포함하고 있고 기술에 대한 이해도, 학습 목표에 따라 변형할 수 있도

27 파올로 페데르치니와 골란 레빈의 개인적 대화, 2020년 6월 16일

28 이디트 하렐(Idit Harel), 시모어 패퍼트(Seymour Papert), "Situating Constructionism", *Constructionism*, Ablex Publishing, 1991, *http://web.media.mit.edu/~calla/web_comunidad/Reading-En/situating_constructionism.pdf*

29 파올로 페데르치니, 2020년 6월 16일

30 루하 벤자민, *Captivating Technology: Race, Carceral Technoscience, and Liberatory Imagination in Everyday Life*, Duke University Press, 2019

록 설계했으며 다양한 학습 목적을 충족시킬 수 있도록 만들었습니다. 또한 교육적인 관점에서 컴퓨테이셔널 기술과 문화 간의 상호 영향에 대한 이해, 코딩 기술, 실천자의 주관성, 역사적 관점에서의 인식을 기반으로 다양한 작품이 만들어지길 장려합니다. 결과적으로 학생들에게 또 다른 은행용 소프트웨어를 만들라고 요구하기보다는 그들의 신념과 호기심, 번뜩이는 아이디어, 비판 정신을 기반으로 작업할 수 있는 환경을 목표로 합니다. 또한 이 책에서의 과제는 특정 프로그래밍 언어에 의존하지 않기 때문에 학생은 자신이 선호하는 프로그래밍 도구를 사용하여 작품을 만들 수 있습니다.

이러한 과제에 접근할 수 있는 길을 보여주기 위해, 엄선하여 모듈들을 구성하고 설명하였습니다. 아트 및 디자인 프로젝트들은 교육적 가치, 즉 프로젝트로서의 우수성뿐만 아니라 교실 환경에서 얼마나 쉽게 설명할 수 있는지를 기준으로 선택하였습니다. 이 예시들은 기준이 되는 컴퓨테이셔널 아트 작품과 디자인 프로젝트들을 늘어놓으려는 것이 아니라 과제의 표준 형식을 제시하기 위한 것입니다. 바로 이러한 이유 때문에 굳이 미디어 아트나 디자인에서의 고전적이고 영향력 있는 작품들을 포함시키지 않았습니다. 또한, 설명 가능성에 높은 가치를 둠으로써 학생들에게 잘 알려지지 않은 프로젝트를 포함시켰습니다.

소프트웨어 기반의 크리에이티브 작업이 이 책에서 다루는 범위보다 훨씬 더 광범위하다는 것을 잘 알고 있습니다. 이러한 주제에 접근할 수 있는 방법도 마찬가지입니다. 각 과제를 설명하기 위한 예시를 선택할 때 최대한 다양한 범위의 실무자를 고려하였습니다. 하지만 앞으로 해결해야 할 일이 훨씬 더 많습니다. 헤더 듀이 해그보그는 '예술과 기술의 교차점에서는 양쪽의 가장 나쁜 점이 배가된다'고 하였습니다. "기술 업계는 지극히 남성 우위, 백인 우위이고, 예술계 역시 백인 남성을 우선시합니다. 이 두 가지를 합치면 마치 그게 전부인 냥 보이게 됩니다."[31] 이는 코딩을 이용해 창의적으로 작업하는 사람들이 백인 남자들이라는 암시를 줄 수 있기 때문에, 우리는 현재의 다양성 관련 문제에 강력하게 대처하고자 했습니다. 강의 계획서나 강연자 목록에 다양한 사람들을 포함시키는 것이 예술과 기술의 교차점에 위치한 크리에이티브 코딩 분야의 조직과 문화 안에 존재하는 구조적 인종 차별과 성차별을 해소하는 데 중요한 역할을 한다고 생각합니다.[32]

31 헤더 듀이-해그보그, "Hacking Biopolitics", The Influencers 2016: Unconventional Art, Guerrilla Communication, Radical Entertainment에서 강연, 2016년 10월, *https://vimeo.com/192627655*

32 프리아스 일렉트로니카 상 (Prix Ars Electronica) 시상식에서 성 편견에 대해 지적한 캠페인과 프로젝트 참조. *https://refreshart.tech* (옮긴이) 프리아스 일렉트로니카는 현대 미디어 아트, 디지털 문화, 테크놀로지 분야의 성과를 인정하는 국제적인 상입니다. 컴퓨터 그래픽스, 인터랙션, 음악, 디지털 커뮤니케이션 등 다양한 부문에서 혁신적이고 창의적인 작품들이 수상합니다.

33 캐서린 디그나치오(Cather-
ine D'Ignazio)와 로렌 F. 클라인
(Lauren F. Klein)은 그들의 책 *Data
Feminism*, The MIT Press, 2020
에서 이것을 '특권 위험(previliged
hazard)'이라고 부르고 있습니다.

34 카말 싱클레어(Kamal
Sinclair), "Democratize Design,"
Making a New Reality, 2018년 5월
19일, *https://makinganewreality.
org/democratize-design-86d23858
65bd*

다양한 목소리와 관점을 수용할 여지를 만드는 것은 권력을 가진 사람들이 만들어 내는 잠재적 위험이나 해악에 대응하는 것뿐만 아니라,[33] 카말 싱클레어(Kamal Sinclair)가 말한 '미래를 위한 상상의 민주화'라는 관점에서도 중요합니다.[34] 이 두 가지 모두 컴퓨팅과 상상력이 결합되는 하이브리드 영역에서 시급히 다루어야 할 과제입니다. 그러나 이러한 편견을 따로 떼어내어 해결하려는 시도에는 또 다른 단점이 있습니다. 예를 들어 미국 동부의 엘리트 대학에 소속되어 이 책을 집필하는 입장에서, 우리는 이 책이 우리의 특정한 맥락에서 나온 것이며, 우리가 참여하는 커뮤니티의 근시안적일 수도 있는 시점에 근거한다는 것을 인정합니다. 그럼에도 우리는 예술계에서 물려받은 어휘와 가치 기준이 우리의 길을 제대로 안내할 수 있다고 믿습니다. 예술은 우리에게 편향성을 드러나게 하고, 주관성을 인정하며, 보는 방식을 변화시키고, 부당한 권력 관계를 해결할 수 있는 도구를 제공합니다. 포용성을 출발점으로 하는 창의적인 코딩 교육 방식은 역사와 미래를 다룰 수 있는 힘을 제공해 줄 것이며, 프로그래밍 기술 교수 방법의 다양성을 확보하면서 프로그래밍 기술이 중요한 이유를 널리 알리고 사용자층, 프로그래밍 기술을 사용할 대상과 방법 등의 폭을 넓힐 수 있을 것입니다.

모든 학생은 그들만의 무언가를 가지고 있습니다. [사람]들은 빈 그릇이 아닙니다. 그들은 공동체와 문화에서 흡수한 가치 있는 무언가를 가지고 있습니다. 학생들이 가지고 있는 것과 하고 싶은 것 사이에 다리를 놓아주고 도와줄수록 학생들은 그것에 더 집중하고 더 오래 지속할 수 있습니다. 우리는 그 연결을 만들어야 합니다.[35]

— 네트리스 개스킨스(Nettrice Gaskins)

35 "The Technologists in the
Studio: Nettrice Gaskins High-
lights the Connections between
Communities, Cultures, Arts, and
STEM", Wogrammer, 2019년 4월 24
일, *https://wogrammer.org/stories/
nettrice*

이 책은 과제와 강의를 위한 리소스를 제공할 뿐만 아니라 좌절을 최소화하고 실수할 수 있는 자유를 극대화하는 교실을 만들기 위한 전략도 제공합니다. 새로운 미디어에 대해 능숙해지려면 자기 자신을 비판하는 마음을 일단 억제해야 합니다. 적어도 잠깐은 그럴 필요가 있겠죠. 기술 습득, 특히 컴퓨테이셔널 기술은 좌절스러울 정도로 다루기 어렵고 비인간적이어서 창의적인 작업을 더욱 어렵게 만듭니다. 교육 환경에서는 전통적인 컴퓨터 공학 수업의 방법론(예: 독방에서 혼자서 작업할 것을 강조하거나 코드를 표절했는지 검사하는 탐지기에 의해 단속되는 작업)은 개인을 좌절하게 하거나 집단의 사기를 떨어

뜨릴 수 있습니다.[36] 창의적인 코딩 교육자는 학제 간 기술을 설명하고 영감을 주는 프로젝트를 보여주는 것 외에도 교실과 학생의 분위기에 민감해야 합니다. 저자이자 교육자인 벨 훅스(bell hooks)가 지적했듯이, 교실의 정서적 측면을 적극적으로 조율해야 할 필요성을 간과하는 경우가 많습니다. 훅스의 지적처럼, '집단적 노력에 의해 생성된' 흥분은 서로의 작업에 대한 그룹의 상호 투자를 강화하고 학습, 권한 부여 및 변화에 도움이 되는 환경을 구축하는 데 핵심적인 요소입니다.[37] 이 책의 수업 기법과 인터뷰 섹션에는 수업에서 커뮤니티를 구축하고 개인이 좌절에 빠지지 않도록 돕는 방법에 관한 수많은 교육자의 지혜가 담겨 있습니다. 이 섹션에서는 스스로를 프로그래머로 생각하지 않는 예술 실무자들이 처음 겪는 두려움과 피할 수 없는 좌절감을 극복할 수 있도록 안내하는 방안을 공유합니다.

이 책의 구성 방식

이 책은 크게 과제, 연습, 인터뷰의 세 섹션으로 구성되어 있습니다.

1부 "과제"는 강의 계획서 모듈을 모은 것입니다. 각 강의 계획서는 개방형 과제 또는 프로젝트 개요를 중심으로 구성했습니다. 이 모듈들은 20년이 넘는 기간 동안 고등 교육 분야에 종사한 수십 명의 동료와 멘토 들로부터 수집하고, 테스트하고, 적용하고, 관찰한 내용들로 반복적이고 '고전적인' 프로젝트 개요입니다. 모듈은 대략적으로 난이도에 따라 정렬해 놓았지만, 컴퓨테이셔널 아트와 디자인의 주요 관심사에 따라 다음과 같이 분류할 수도 있습니다.

생성성(generativity)
반복 패턴, 얼굴 생성기, 풍경 만들기, 모듈식 알파벳, 파라메트릭 오브젝트(parametric object)

상호 작용성(interactivity)
가상 크리처, 드로잉 머신, 원버튼 게임, 대화 머신

트랜스코딩과 트랜스미디어
시계, 커스텀 픽셀, 데이터 자화상, 측정 장치, 공감각 기기

연결성
봇, 집단 기억, 실험적 채팅, 브라우저 확장, 크리에이티브 암호화

신체와 가상
증강 프로젝션, 개인 보철, 가상 공공 조형물, 신체의 재해석

36 제임스 W. 말라지타(James W. Malazita), 코린 레세타(Korryn Resetar), "Infrastructures of Abstraction: How Computer Science Education Produces Anti-Political Subjects", *Digital Creativity* Vol 30, no. 4(2019년 12월), 300~312, *https://doi.org/10.1080/146262 68.2019.1682616*. 말라지타와 레세타는 유비쿼터스가 어떻게 존재하는지 논의합니다. 컴퓨터 공학에서 표절 도구를 사용하면 인프라적으로 협업, 토론 및 지식 공유가 방해됩니다. 이는 CMU 입문 프로그래밍 과정 15-110을 위해 개발된 데이비드 코스비(David Kosbie)의 자동 표절 탐지 도구 튜토리얼에서 확인할 수 있습니다. *https://www.youtube.com/watch?v=LdU0dTPaueU*

37 벨 훅스(bell Hooks), *Teaching to Transgress*, Routledge, 2014, 7~8.

1부의 각 모듈은 다음과 같이 구성되어 있습니다. "개요"는 과제에서 해야 할 예술적 작업을 정리하고 "학습 목표"에서는 이 모듈을 통해 배우는 기술이나 지식의 목표를 정합니다. "변주와 활용"에서는 과제를 간단하게 실행하거나 한층 더 깊이 있게 실행하는 방법을 소개합니다. 마지막 "의미 있는 작품 만들기"는 그 학습 과제의 중요성, 도전 과제 및 잠재적인 접근 방법을 이해하는 데 도움이 되는 짧은 에세이입니다. 시금석이라 할 수 있는 과거 및 현대 프로젝트에 주석을 첨부한 예시 모음은 이전에 다양한 예술가와 학생들이 과제의 전제 조건에 어떻게 접근했는지 보여줍니다. 이 과제의 역사와 (가능한 경우) 원저자에 대한 자세한 정보도 제공합니다.

2부 "연습"은 각각의 토픽과 관련이 있으면서 아티스트나 디자이너에게 관용적으로 중요한 특정 기술의 스킬을 익히는 데 도움이 되는 짧은 프로그래밍 예시로 구성됩니다. 이러한 연습은 시각적(경우에 따라 청각적 또는 텍스트적) 패턴과 형태를 제어하기 위해 프로그래밍을 사용하는 학생의 기초적인 스킬을 개발하며, 숙제 또는 수업 중 활동에 사용할 수 있습니다. 세부 사항은 학생들의 자유에 맡기고 절대적인 정답은 없는 연습이지만, 미적 평가와 기술적 평가가 모두 가능하도록 작성되었습니다. 예를 들어, 반복을 테마로 하는 연습에서는 학생에게 체커 보드의 정사각형을 변형시키는 코드를 만들도록 합니다. 연습 문제는 조건부 테스트, 반복, 타이포그래피, 시각화 등 주제별 섹션으로 구성되어 있으며 난이도도 다양합니다.

1부 "과제"와 2부 "연습"의 큰 틀을 만들면서 다음의 선행 사례로부터 영감을 받고 일부를 도입했습니다: 두쉬코 페트로비치(Dushko Petrovich)와 로저 화이트(Roger White) 《Draw It with Your Eyes Closed: The Art of the Art Assignment》(n+1 Foundation, 2012), 니나 파임(Nina Paim), 에밀리 바그마르크(Emilia Bergmark), 코린 지젤(Corinne Gisel)의 《Taking a Line for a Walk: Assignments in Design Education》(Spector Books, 2016), 제이슨 풀포드(Jason Fulford)와 그레고리 할펀(Gregory Halpern)의 《The Photographer's Playbook: 307 Assignments and Ideas》(Aperture, 2014), 그리고 에밀 하이넨(Emiel Heijnen)과 멜리사 브레머(Melissa Bremmer)의 《Wicked Arts Assignments: Practising Creativity in Contemporary Art》(Valiz, 2021)가 있습니다. 이 책들은 한 권의 책이 어떻게 창의적 프로젝트, 연습 문제, 현장의 접근 방식을 한데 모을 수 있는지 보여줬습니다. 이 책들은 또한 커리큘럼 설계나 수업 운영에 있어 만능인 방법은 없

음을 보여줍니다. 이는 3부에서 소개되는, 너무 다양해서 서로 모순되어 보이기까지 하는 연구자들의 조언을 통해 확인할 수 있습니다.

3부 "인터뷰"에서는 주제별로 13명의 저명한 교육자와 진행한 대화를 소개합니다. 이 섹션에서는 대니얼 시프먼(Dan Shiffman), 로렌 매카시(Lauren McCarthy), 최태윤과 같은 강사들이 소프트웨어 개발 도구라는 편하지 않은 도구 세트를 활용해 표현적이고 비판적 스튜디오 아트를 가르치는 데 있어서의 실용적, 철학적, 정신적 도전에 대해 이야기합니다. 우리들이 던진 많은 질문은 '어떻게 하면 교육을 통해 과학과 인문학 사이의 간극을 메울 수 있는가'에 대한 관심을 기반으로 하고 있습니다.[38] 어떻게 하면 기술적인 부분을 교육하면서 '감각과 열정'을 북돋울 수 있을까? 또 어떻게 하면 아티스트들에게 효과적으로 기술적인 내용을 가르칠 수 있을까? 어떻게 하면 다양한 기술을 가진 학생들을 한데 모을 수 있을까? 이러한 질문은 컴퓨테이셔널 아트나 디자인의 혼합적 특성과 교육자가 미술과 수학을 자주 오가며 가르치는 상황에서 두드러집니다. 3부에서는 코드를 통한 소프트웨어 예술 교육에 대한 핵심적인 조언과 학제 간 교육을 위한 폭넓은 전략을 제공합니다.

38 C.P. 스노우(C. P. Snow)가 *The Two Cultures*, University of Cambridge, 1959에서 밝힌 내용

이 책과 함께 실행하기

언뜻 보기에는 코딩 교육에 관한 책에 코드가 없다는 것이 의아할 수 있습니다. 이런 분들을 위해 Github에 2부의 연습 문제에 대한 답변 샘플 코드를 몇 가지 언어로 작성해 제공하고, 이와 더불어 자유롭고 제약이 없는(open-end) 과제에 착수하기 위한 기본 템플릿 코드도 제공합니다. 이 책에서 실제 코드를 제공하지 않는 이유는 두 가지입니다. 코드를 제공하면 학생들이 쉽게 시작할 수 있지만, 경험상 이렇게 하면 학생들의 상상력과 결과물인 프로젝트의 범위가 크게 좁아집니다. 보다 중요한 두 번째 이유는 이 책을 얼마나 오래 사용할 수 있느냐는 점입니다. 과제를 특정 프로그래밍 언어나 개발 환경에 묶어두지 않음으로써 작업 환경이 변화하는 상황에서도 이 책이 유효했으면 합니다. 기술 변화에 따라 온라인 코드 저장소를 업데이트할 예정이며, 예제를 우리 전문 분야 외의 주제와 툴킷으로 이식하거나 확장하고자 하는 분들의 기여를 환영합니다.

코드 저장소 *https://github.com/golanlevin/exercises*

여러분이 크리에이티브 코딩을 가르치는 입장이든지 배우는 입장이든지, 주방에서 읽든지 고등학교나 대학에서 읽든지에 관계없이, 그리고 STEM 분야에 있든지 아트 프로그램에 있든지, 또 혼자인지 동료들과 함께인지에 관계없이 우리는 여러분이 이 책에서 여러분의 경험을 풍부하게 하는 무언가를 얻을 것이라고 믿습니다. 여러분과 여러분의 학생들이 만든 작품을 빨리 보고 싶습니다.

Code as Creative Medium
A Handbook for Computational Art and Design

01 과제

반복 패턴 텍스타일 같은 디자인 생성하기

이탈리아 디자인 에이전시인 Todo는 *Spamgetto*(2009)에서 수천 통의 스팸 메일 텍스트를 포함하여 구성한 컴퓨테이셔널 생성 배경 화면을 선보였습니다.

반복 패턴 텍스타일 같은 디자인 생성하기

개요

벽지나 직물, 타일과 같이 반복되는 패턴이나 구조를 생성하는 코드를 작성해 보세요. 대칭, 리듬, 색상, 다양한 크기에서의 디테일과 형태의 정확한 제어, 유기적인 형태와 기하학적 형태의 균형 등 심미적 관점을 고려해야 합니다.

여기서 만든 패턴은 무한히 확장해서 사용할 수 있어야 합니다. 집 벽이나 바닥 혹은 자신의 옷에 적용한다고 생각하고 패턴을 디자인해보세요. 결과물은 고해상도로 추출하여 가능한 한 크게 인쇄한 다음 다른 친구들에게 리뷰를 받도록 합시다. 처음에는 스케치부터 시작해야 합니다.

학습 목표

- 데카르트 좌표계(2차원 x,y/3차원 x, y, z)에 다양한 드로잉 함수를 정의하여 시각 결과물을 만듭니다.
- 기능을 모듈 구조로 추상화하여 조합 가능하도록 합니다.
- 반복을 통해 이음매가 없는 대칭적인 시각 구조를 디자인하고 평가합니다.

1 (옮긴이) 테셀레이션 (Tessellation)은 평면을 격자나 다각형으로 나누는 과정이나 결과물을 가리킵니다. 컴퓨터 그래픽스에서는 3D 모델의 표면을 삼각형 또는 사각형으로 분할하여 표현하는 작업을 말하며, 렌더링, 애니메이션, 게임 등에서 널리 사용됩니다. 효율적인 테셀레이션은 시각적 품질과 성능을 향상시키는 데 중요합니다.

마라케시의 젤리지 테라코타 타일(17세기)은 끝에서 끝까지, 정칙 및 기타 테셀레이션[1]으로 구성되어 있습니다.

변주와 활용

- 회전, 확대·축소, 반전 등 이차원 시각 요소의 다양한 변형을 통해 실험해 보세요.
- 반복문을 중첩하여 이차원 평면의 리듬이나 격자 무늬와 같은 시각적 구조를 만들어 보세요.
- 디자인 전반에 걸쳐 복잡한 시각 요소(꽃, 동물, 과일, 백합 문장[2] 등)를 추상화하여 그려보고 다시 사용할 수 있는 함수로 만들어 보세요.
- 기존의 텍스타일이나 벽지 디자인을 코드만으로 재현해 보세요.
- 거울처럼 대칭적인 패턴 구조에 사진이나 비디오 영상을 적용해 만화경을 만들어 보세요.
- 실제 천이나 포장지에 패턴을 프린트해 보세요. 컴퓨터로 제어할 수 있는 출력 기기나 서비스를 검토해 보는 것도 좋습니다(예: 레이저 커팅기, 편물기(니팅 머신), 레이스 직조기 등).
- 반복되는 애니메이션을 제작하여 화상 회의에서 가상 배경으로 적용해 보세요. 디자인이 다양한 해상도에서 제대로 표시될 수 있도록 크기 조절 기능을 만드세요.[3]

2 (옮긴이) fleur-de-lis. 붓꽃을 양식화한 의장을 뜻합니다.

3 이 활용법은 톰 화이트(Tom White, @dribnet)가 제공했습니다.

케이시 리스(Casey Reas)의 *One Non-Narcotic Pill A Day*(2013)는 비디오 녹화에서 생성한 역동적인 콜라주 패턴을 보여줍니다.

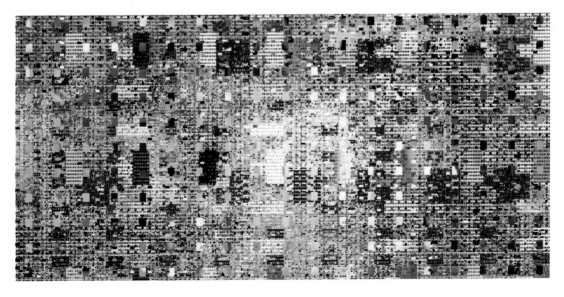

의미 있는 작품 만들기

패턴은 우리가 세상의 규칙을 인식할 수 있는 출발점입니다. 기능적이고 장식적이면서 표현력이 풍부한 패턴은 오래전부터 존재했으며 모자이크, 달력, 태피스트리, 퀼팅, 보석, 캘리그라피, 가구, 건축 등에서 찾아볼 수 있습니다. 이 학습 과제는 패턴 디자인, 시각적 리듬, 기하학, 수학, 알고리즘 사이의 밀접한 관계에 대한 창작자의 이해를 높이는 것을 목표로 합니다. 이 과제를 변형하여 생성한 패턴을 디지털 프린트나 패브리케이션[4]을 통해 특이한 재료나 예상치 못한 크기로 물성화할 수 있습니다. 이는 스크린 기반의 작업을 주로 하는 아티스트나 디자이너에게 촉각적, 물리적으로 작업을 실체화할 수 있는 중요한 기회가 될 것입니다.

4 (옮긴이) 디지털 패브리케이션은 컴퓨터를 사용하여 디자인을 만들고, 3D 프린터, CNC 머신 등의 컴퓨터 제어 기계로 자동으로 제조하는 프로세스를 의미합니다. 이를 통해 디자인의 디지털화와 자동화된 생산이 가능하기 때문에, 프로토타입 제작부터 맞춤형 제품 제조에 이르기까지 다양한 산업 분야에서 활용됩니다. 디지털 패브리케이션은 제조 과정을 더욱 효율적으로 만들어 주고, 더욱 창의적인 디자인을 가능하게 합니다.

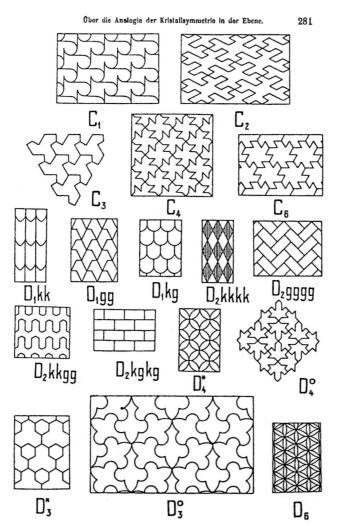

죄르지 포여(Goerg Polya)가 그린, 동일한 패턴이 반복되는 17가지 평면 대칭군에 대한 일러스트(1924)는 에셔(M. C. Escher)의 알고리즘 패턴 제작에 커다란 영향을 주었습니다.

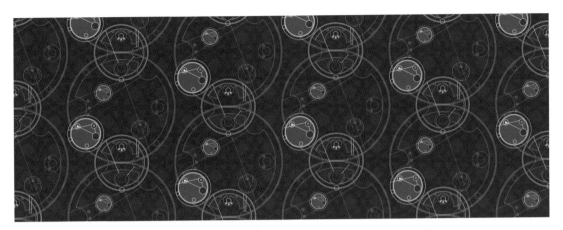

CMU 학생인 앨리슨 건데크(Alison Gondek)가 만든 패턴. 프로그래밍 입문 과정을 공부하면서 p5.js를 사용하여 이 패턴을 만들었습니다. 이 패턴은 *닥터* 후에 나오는 "Circular Gallifreyan" 문자에서 영감을 받았습니다.

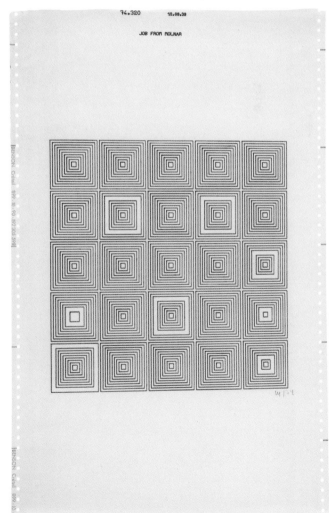

베라 몰나르(Vera Molnár)는 최초의 컴퓨테이셔널 아티스트 중 한 명입니다. 그녀의 제목 없는 플로터 그림(1974)은 절차적 반복과 무작위 생략 사이의 상호 작용에서 발생하는 패턴을 보여줍니다.

추가적으로 참고할 만한 프로젝트

Dave Bollinger, *Density* 시리즈(2007), 생성 이미지 시리즈.

Liu Chang, *Nature and Algorithm*(2016), 알고리즘 이미지, 위성 이미지, 종이에 잉크.

Joshua Davis, *Chocolate, Honey and Mint*(2013), 생성 이미지 시리즈.

Saskia Freeke, *Daily Art*(2010-2020), 생성 이미지 시리즈.

Manolo Gamboa Naon, *Mantel Blue*(2018), 종이에 잉크.

Tyler Hobbs, *Isohedral III*(2017), 종이에 잉크젯 프린트, 19×31″.

Lia, *4jonathan*(2001), 생성 이미지 시리즈.

Holger Lippmann, *The Abracadabra* 시리즈(2018), 생성 이미지 시리즈.

Jonathan McCabe, *Multi-Scale Belousov-Zhabotinsky Reaction Number Seven*(2018), 생성 이미지 시리즈.

Vera Molnár, *Structure de Quadrilateres*(1987), 종이에 잉크.

Nontsikelelo Mutiti, *Thread*(2012-2014), 리놀륨 타일에 스크린 프린트.

Nervous System, *Patchwork Amoeba Puzzle*(2012) 레이저컷 합판.

Helena Sarin, *GANcommedia Erudita*(2020), 잉크젯 인쇄 도서.

Mary Ellen Solt, *Lilac*(1963), 구상시(具象詩).

Jennifer Steinkamp, *Daisy Bell*(2008), 비디오 프로젝션.

Victor Vasarely, *Alom(Rêve)*(1966), 합판에 콜라주, 99 1/5×99 1/5″.

Marius Watz, *Wall Exploder B*(2011), 벽 드로잉, 9×3.6 m.

참고 자료

David Bailey, David Bailey's World of Tessellations, 2009, *http://www.tess-elation.co.uk*

P. R. Cromwell, *The Search for Quasi-Periodicity in Islamic 5-fold Ornament*(이슬람 5겹 장식의 준주기성 검색), The Mathematical Intelligencer Vol. 31(2009): 36-56.

Anne Dixon, *The Handweaver's Pattern Directory: Over 600 Weaves for 4-shaft Looms*, Interweave Press, 2007

Ron Eglash, *African Fractals: Modern Computing and Indigenous Design*, Rutgers University Press, 1999

Samuel Goff, "Fabric Cybernetics", Tribune (블로그), 2020년 8월 23일

Branko Grünbaum, G. C. Shephard, *Tilings and Patterns*, Dover Publications, 2016.

"Wallpaper Collection", Historic New England, *https://www.historicnewengland.org/explore/collections-access/wallpaper*

Owen Jones, *Grammar of Ornament*, Bernard Quaritch Ltd., 1868

Albert-Charles-Auguste Racinet, *L'Ornement Polychrome*, Firmin Didot et Cie, 1873

Casey Reas 외, "{Software} Structures", 2004-2016, *https://whitney.org/exhibitions/software-structures*

Petra Schmidt, *Patterns in Design, Art and Architecture*, Birkhäuser, 2006

리아 뷰클리(Leah Buechley)는 컴퓨테이션과 공예의 교차점을 탐구합니다. 프로세싱(Processing)으로 만든 그녀의 레이저 컷 커튼 (2017) 디자인은 다양한 형태의 반복과 통제된 무작위성을 특징으로 합니다.

페이스 제너레이터 파라미터로 얼굴 그리기

마티아스 되르펠트(Matthias Dörfelt)의 *Weird Faces*(2012)는 손으로 그린 것처럼 보이지만 맞춤형 소프트웨어만 사용하여 생성했습니다.

페이스 제너레이터 파라미터로 얼굴 그리기

개요

얼굴의 이미지를 최소 3개 이상의 파라미터를 통해 정의하고 이를 코드로 작성해 보세요. 예를 들어 눈, 코, 입의 크기, 위치, 색상 또는 기타 시각적 특성을 지정하는 변수가 있을 수 있습니다. 이러한 특징의 변형을 사용하여 얼굴의 표정(행복, 슬픔, 화남)이나 아이덴티티(존, 마리아), 또는 종(고양이, 원숭이, 좀비, 외계인)을 변경할 수 있습니다. 코, 턱, 귀, 광대뼈의 곡선과 같은 얼굴 부분의 정확한 모양과 피부색, 수염, 헤어스타일, 잡티, 눈동자 간 거리, 안면 비대칭과 같은 특성을 제어하는 데 특히 유의하세요. 연속형 파라미터(예: 이목구비의 크기 및 위치)와 불연속형 파라미터(예: 피어싱 유무 또는 눈동자 수)를 구분합니다. 당신이 만들 얼굴은 2D인가요, 3D인가요? 얼굴이 정면, 옆모습 아니면 반측면으로 표시되나요? 당신이 만드는 시스템은 사용자가 버튼을 누를 때마다 새로운 얼굴을 생성해야 합니다.

학습 목표

- 드로잉 함수와 데카르트 좌표계를 사용하여 파라미터들로 형태의 구조를 디자인합니다.
- 제너레이티브 디자인[1]의 원칙을 적용하여 풍부한 캐릭터를 표현합니다.
- 메타 디자인(결과물을 디자인하는 시스템을 디자인하는 것)을 만듭니다.

1 (옮긴이) 제너레이티브 디자인은 컴퓨터 프로그램이나 알고리즘을 활용하여 자동적으로 혹은 상호 작용적으로 디자인을 생성하는 과정입니다. 디자이너가 일정한 규칙이나 파라미터를 설정하고, 이를 기반으로 컴퓨터가 디자인을 만들어냄으로써, 무한한 변형과 가능성을 가진 창의적인 결과물을 얻을 수 있습니다. 이는 예술, 그래픽 디자인, 제품 디자인 등 다양한 분야에서 적용되고 있으며, 신선하고 혁신적인 아이디어를 발견하고 시각화하는 데 활용됩니다.

헤더 듀이 해그보그의 *Stranger Visions*(2012)에서는 DNA 조각을 바탕으로 한 알고리즘 기반의 법의학적 3D 초상화가 계산됩니다.

변주와 활용

- 소프트웨어를 사용하여 가상의 영웅이나 몬스터가 등장하는 수집용 트레이딩 카드(예: 포켓몬 또는 야구 카드) 덱(deck)을 생성하고 인쇄해 보세요.
- 새로운 얼굴을 생성할 때 랜덤 함수가 아닌 실제 데이터를 사용해 보세요.
- 사람들이 만화 스타일로 자화상을 만들 수 있는 인터랙티브 도구를 만들어 보세요. 예제와 함께 소프트웨어를 문서화하세요.
- 이미 만들어진 다양한 소스(콧수염, 코 등)를 조합해서 얼굴을 만드는 디자인과 지속적으로 변하는 곡선과 형태로 얼굴을 생성하는 디자인을 비교해 보고 각각의 장점을 생각해 보세요.
- 얼굴이 오디오, 마이크 또는 음성 입력에 반응하도록 기능을 추가해 보세요.

의미 있는 작품 만들기

인간은 얼굴에 대한 정교한 감수성을 갖추고 있습니다. 유아기부터 얼굴을 쉽게 인식하고 매우 미묘한 표정의 변화를 감지할 수 있으며, 컴퓨터로는 불가능한 방식으로 얼굴에서 미세한 기분 변화와 진심을 파악할 수 있습니다. 또한 가족 간에 얼굴이 닮은 점을 쉽게 식별하거나 군중 속에서 친구를 알아볼 수 있습니다. 얼굴은 시각적 인식의 중심이기 때문에 "얼굴을 인식하는 능력에 문제가 있는 경우 장애로 간주되며, 무의식적으로 얼굴이 없는 무언가에서 얼굴을 보는 것은 거의 보편적인 변상증(Pareidolia)입니다."[2]

이 과제는 'Chernoff face'라는 데이터 시각화 기법에서 영감을 얻었습니다. 이 기법은 민감한 얼굴 인식 능력을 활용하여 얼굴을 여러 개의 변수들과 그 관계를 통해 표현합니다. Chernoff face에서는 모양, 크기, 배치 및 방향 등의 데이터로 눈, 귀, 입, 코와 같은 특징들을 나타냅니다. 허먼 체르노프(Herman Chernoff)가 18개의 변수를 사용하여 얼굴을 구성한 반면, 폴 에크만(Paul Ekman)과 월리스 프리센(Wallace Friesen)의 시스템은 서로 다른 얼굴 근육에 대응하는 46개의 변수를 사용하여 얼굴을 분석합니다.

얼굴을 생성하는 작업은 가족 앨범이나 고등학교 졸업 앨범, 또는 수집용 카드 속 얼굴 등의 초상화를 이용해서 다양한 맥락을 생각해 볼 수 있는 좋은 기회를 제공합니다.

2 카일 맥도널드(Kyle McDonald), "Face as Interface(인터페이스로서의 얼굴)", NYU ITP(Appropriating New Technologies)를 위한 GitHub 저장소, 2017년 5월 11일에 마지막으로 수정됨. (옮긴이) 변상증(Pareidolia)은 영상이나 소리 등 패턴이 없는 자극을 명확하고 식별할 수 있는 것으로 인식하려 하는 심리적 현상을 말합니다. 달의 표면을 채우고 있는 얼룩무늬를 보면서 토끼가 방아를 찧고 있다고 생각한 것을 예로 들 수 있습니다.

케이트 컴튼(Kate Compton)의 소프트웨어 *Evolving Faces with User Input*(2009)에서는 유전자 알고리즘이 사람들의 얼굴을 결정하고, 각각은 부동소수점 숫자의 배열로 설명됩니다. 좋아하는 얼굴을 선택하는 상호 작용을 통해 사용자는 집단의 진화를 탐험할 수 있습니다.

마이크 펠레티어(Mike Pelletier)의 *Parametric Expression*(2013)에서는 얼굴 모델의 표현을 제어하는 값이 정상 범위를 넘어섰습니다.

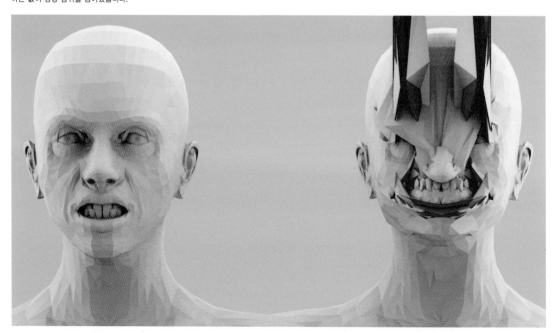

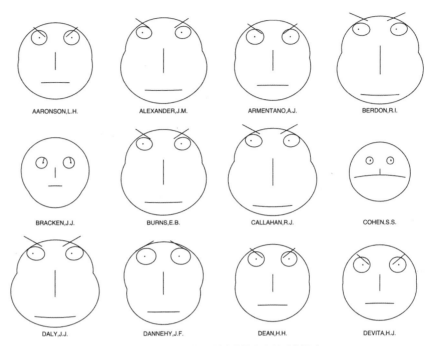

Chernoff faces(1973)는 얼굴 부분의 모양, 크기, 위치 및 방향을 파라미터화하여 다변량 데이터를 나
타냅니다.

카롤리나 소베카(Karolina Sobecka)의 *All the Universe Is Full of the Lives of Perfect Crea-tures*(2012)에서 방문객은 자신의 얼굴 움직임으로 아바타를 조종합니다.

추가적으로 참고할 만한 프로젝트

Zach Blas, *Facial Weaponization Suite*(2011~2014), 집계된 얼굴 데이터를 이용해 컴퓨터로 모델링한 마스크

Lorenzo Bravi, *Bla Bla Bla*(2010), 소리 반응형 전화 애플리케이션.

Joy Buolamwini, *Aspire Mirror*(2015), 거울과 얼굴 생성 시스템.

Heather Dewey-Hagborg, *How Do You See Me*(2019), 적대적 과정(adversarial process)[3]을 통해 생성된 자화상.

Adam Harvey와 Jules LaPlace, *Megapixels*(2017), 예술 및 연구 프로젝트.

Hyphen-Labs, Adam Harvey, *HyperFace*(2017), 컴퓨터 비전 카무플라주 섬유.

Mario Klingemann, *Memories of Passersby I*(2018), 신경망을 사용한 인물 사진 합성 시스템.

Golan Levin과 Zachary Lieberman, *Reface[Portrait Sequencer]*(2007), 얼굴 합성 생성 시스템.

Jillian Mayer, *IMPRESSIONS*(2017), 얼굴 분석 및 광고판 캠페인.

Macawnivore, *Nose Chart*(2014), 디지털 그림.

Kyle McDonald와 Arturo Castro, *Face Substitution*(2012), 얼굴 교환 앱이자 설치 미술.

Orlan, *The Reincarnation of Saint ORLAN*(1990-1993), 퍼포먼스로서의 안면 수술.

Ken Perlin, *FaceDemo*(1997), 인터랙티브 얼굴 시뮬레이션.

참고자료

Greg Borenstein, "Machine Pareidolia: Hello Little Fella, Meets Facetracker", Idea for Dozens(블로그), *https://blog.gregborenstein.com/2012/01/14/ machine-pareidolia-hello-little-fella-meets-face tracker*, 2012년 1월 14일.

Charles Darwin, *The Expression of Emotions in Man and Animals*, John Murray, 1872. 국내에는 《인간과 동물의 감정 표현》(사이언스북스, 2020)으로 출간되었습니다.

Heather Dewey-Hagborg, "Sci-Fi Crime Drama with a Strong Black Lead(강력한 흑인 주연의 SF 범죄 드라마)", The New Inquiry, 2015년 7월 16일.

Paul Ekman과 Wallace Friesen, *Facial Action Coding System*, FACS, 1976.

Zachary Lieberman, "Más Que la Cara Overview", Medium.com, 2017년 4월 3일.

Bruno Munari, *Design as Art*, Penguin Books Ltd., 1971.

Jean Robert와 Francois Robert, *Face to Face*, Lars Müller, 1996.

George Tscherny, *Changing Faces*, Princeton Architectural Press, 2004.

3　(옮긴이) GANs (Generative Adversarial Networks)는 생성자와 판별자로 구성된 인공 지능 네트워크입니다. 생성자는 실제와 구별할 수 없는 가짜 데이터를 생성하고, 판별자는 이를 식별합니다. 이들은 서로 경쟁하며 성능을 향상시키며, 높은 품질의 가짜 데이터를 생성할 수 있게 됩니다. GANs는 이미지 생성, 음성 합성, 자연어 처리 등 다양한 분야에서 활용됩니다.

Prescribed to Death(죽음에 대한 처방)은 인간의 얼굴이 새겨진 22,000개의 알약으로 구성된 벽 기념물로, 2017년 오피오이드(Opioid, 마약성 진통제) 중독으로 사망한 미국인을 상징합니다. Rhino Grasshopper 스크립트가 매 24분마다(미국 내 오피오이드로 인한 사망 빈도) 현장의 CNC 기계에 지시하여 추가 알약에 새 얼굴을 조각하도록 합니다. 이 프로젝트는 아티스트 집단인 Hyphen-Labs, Energy BBDO, MssngPeces, 터커 월쉬(Tucker Walsh)가 NSC(국가안전보장회의)의 "Stop Everyday Killers" 캠페인을 위해 개발했습니다.

시계 시간 나타내기

리 바이런(Lee Byron)의 *Center Clock*(2007)은 몇 개의 통통 튀는 원으로 시간을 표시합니다. 1분이 지날 때마다 60개의 흰색 '초' 원이 하나로 합쳐져 새로운 보라색 '분' 원이 됩니다.

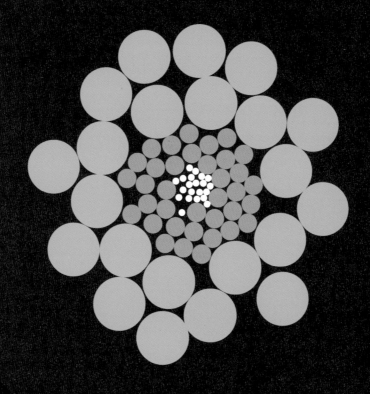

시계 시간 나타내기

개요

참신하고 색다른 방식으로 시간을 표시하는 시각 시스템을 디자인하세요. 시계는 하루 중 모든 시간을 다르게 표시해야 하며, 24시간마다(또는 필요에 따라 다른 관련 주기를 적용) 모양이 반복되어야 합니다. 숫자를 사용하지 않고 시간을 전달하는 데 도전하세요.

시간이 어떻게 흘러가는지 인식되고 표현되는지에 대한 기본적인 가정에 의문을 제기하는 것이 좋습니다. 생물학적 시간(시간 생물학), 태양과 달의 주기, 천체 시간과 항성시, 십진법 시간, 미터법 시간, 지질학적 시간, 역사적 시간, 심리적 시간, 주관적 시간 등의 개념을 깊이 생각해 보세요. 시간 기록 시스템과 장치의 역사가 사회에 미친 영향에 대해 알아보며 디자인하세요.

유시 엥게슬레바(Jussi ängeslevä)와 로스 쿠퍼(Ross Cooper)의 *Last Clock*(2002)은 슬릿 스캔 (slit scan)[1] 기술을 사용하여 1분, 1시간, 1일의 세 가지 다른 시간 단위로 라이브 비디오 피드의 활동 추적을 제공합니다.

1 (옮긴이) 슬릿 스캔(slit scan)은 물체가 움직이는 동안 고정된 슬릿 카메라로 찍힌 이미지를 나란히 배치하여 시간의 흐름을 시각적으로 보여주는 기술입니다. 이는 공간적인 차이를 감지하여 물체의 운동을 시각화하거나, 예술적 효과를 내는 데에 활용됩니다.

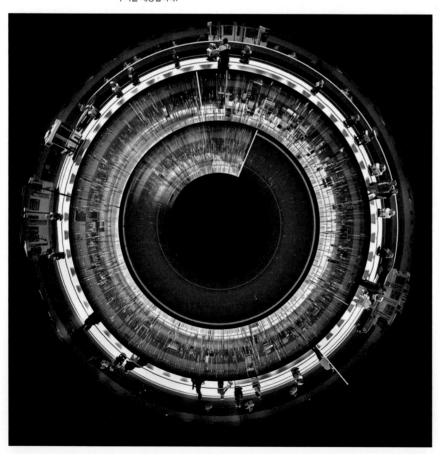

학습 목표

• 시간을 기록하는 방법, 장치 및 시스템이 역사적으로 어떻게 변화했는지 검토하고 조사합니다.

• 기존의 시각화 방법을 뛰어넘는, 시간 표현을 위한 그래픽 개념과 기술을 고안합니다.

• 프로그래밍을 통해 모양, 색상, 형태 및 움직임을 제어할 수 있는 시스템을 디자인합니다.

• 순간의 정보를 표현하는 데 모션 그래픽 기법을 활용합니다.

변주와 활용

• 투명도, 색상, 사운드, 역동성, 물리적 작동 등 속성을 조절해서 자유롭게 실험해보세요. 커서에 따라 시계가 반응할지는 선택 사항입니다.

• 로마 숫자, 아라비아 숫자, 한자를 사용하지 않고 시간을 읽을 수 있도록 디자인하세요. 가령, 숫자 비트 패턴을 시각화하거나 반복을 사용하여 계산 가능한 그래픽 요소를 표시할 수 있습니다.

• 월, 계절 또는 인간의 수명에 따라 변화하는 등, 훨씬 느린 주기로 작동하는 시계를 만들어 보세요.

• 휴대폰, 스마트 시계, 피트니스 트래커(스마트 팔찌) 또는 소형 디스플레이가 있는 기타 독립형 컴퓨터와 같은, 휴대 가능하고 착용할 수 있는 시계를 개발해 보세요. 사용자의 이미지, 움직임, 체온, 심장 박동 등 디바이스에 내장된 센서에서 수집한 다른 데이터를 통합하여 디자인하는 것도 고려해 보세요.

• 데스크톱이나 노트북 화면에서 벗어나 원하는 상황을 설정하고 그에 맞는 시계를 디자인하세요. 디자인한 시계를 어디에 배치하고 싶은지 생각해 보세요. 건물 옆면, 가구, 주머니, 혹은 피부에 디지털 문신처럼 비추는 방식 등 상상한 시계를 공간에 적용한 모습을 그림이나 렌더링 또는 모형으로 만들어 보여주세요.

의미 있는 작품 만들기

시간을 표시하려는 시도는 수천 년 전으로 거슬러 올라가며, 초기의 시간 측정 기술로는 지시침(gnomon), 해시계, 물시계, 음력 달력 등이 있습니다. 시와 분을 60으로 나눈 오늘날의 표준 시간 표시 방식도 60진법을 사용하던 고대 수메르인들의 유산입니다.

시간 기록의 역사는 경제적, 군사주의적 맥락에서 정밀도, 정확도를 높이고 동기화하고자 하는 욕구가 이끌어낸 것입니다. 시간을 측정하는 능력이 향상되면서 과학, 농업, 항해, 통신, 그리고 언제나 그렇듯이 전쟁에 지대한 영향을 미쳤습니다.

비록 기계적인 표준이 널리 채택되었지만 시간을 이해하는 데에는 다양한 방법이 있습니다. 심리적 시간은 주의나 집중에 따라 변하고, 생물학적 주기는 우리의 기분과 행동에 영향을 미치며, 생태학적 시간은 종과 자원의 변천에서 관찰할 수 있고, 지질학적 혹은 행성의 리듬은 수천 년에 걸쳐 지속될 수 있습니다. 20세기에 아인슈타인의 상대성 이론은 시간이 일정한 방식으로 흐르지 않고 측정하는 위치에 따라 달라진다는 것을 보여줌으로써 시간에 대한 기존의 인식을 뒤집어 놓았으며, 이를 통해 관찰자가 다시금 중요해졌습니다.

마크 포마넥(Mark Formanek)의 *Standard Time*(2003)은 70명의 작업자가 현재 시간을 표시하는 대형 목재 '디지털' 디스플레이를 끊임없이 만들고 해체하는 24시간 공연입니다.

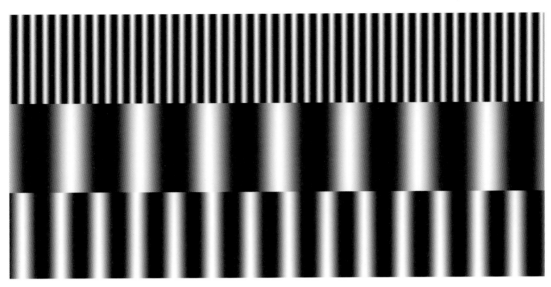

골란 레빈의 *Banded Clock*(1999)에서는 일련의 셀 수 있는 줄무늬로 현재 시간의 초, 분, 시를 표시합니다.

엄청난 양의 트윗 데이터베이스를 바탕으로 조나단 퍼키(Jonathan Puckey)와 스튜디오 모니커(Studio Moniker)가 제작한 *All the Minutes*(2014)는 현재 시간에 대한 언급을 다시 게시하는 트위터 봇입니다.

 Carly Schaber
@Carly_Schaber   Follow

It's 11:04 AM and I want to go home.
12:03 PM - 3 Sep 2015

   1 ♥ 4

 Aman Arora
@amanarora__   Follow

it's 11:04 AM and i'm filled with so much love i want to cry
12:04 PM - 29 Aug 2015

   1 ♥

오스카 디아즈(Oscar Diaz)의 *Ink Calendar*(2009)는 종이에 퍼지는 잉크의 모세관 작용을 사용하여 날짜를 표시합니다.

추가적으로 참고할 만한 프로젝트

Maarten Baas, *Real Time: Schiphol Clock*, 2016, 퍼포먼스 및 비디오, 암스테르담 스키폴 공항.

Maarten Baas, *Sweepers' clock*, 2009, 퍼포먼스 및 비디오, MoMA.

Marco Biegert 및 Andreas Funk, *Qlocktwo Matrix Clock*, 미국 특허 D744,862 S, 2009년 5월 8일 출원, 2015년 12월 8일 발행.

Jim Campbell, *untitled(For The Sun)*, 1999, 광 센서, 소프트웨어 및 LED 숫자 표시, White Light Inc., 샌프란시스코.

Bruce Cannon, *Ten Things I Can Count On*, 1997-1999, 디지털 디스플레이가 있는 계산 기계.

Mitchell N. Charity, *Dot Clock*, 2001, 온라인 애플리케이션

최태윤, 강이룬, *Personal timekeeper*, 2015, 인터랙티브 하드웨어 및 소프트웨어 시스템, 로스앤젤레스 미술관, 로스앤젤레스.

Revital Cohen과 Tuur Van Balen, *Artificial Biological Clock*, 2008, 데이터 기반 기계 조각.

Skot Croshere, *Four Letter Clock*, 2011, 수정된 전자 알람시계.

Daniel Duarte, *Time Machine*, 2013, 맞춤형 아날로그 전자 장치.

Ruth Ewan, *Back to the Fields*, 2016, 식물 설치.

Daniel Craig Giffen, *Human Clock*, 2001~2014, 웹사이트.

Danny Hillis 외, *The Clock of the Long Now*, 1986, 기계 시스템, 텍사스.

Masaaki Hiromura, *Book Clock*, 2013, 비디오, 무인양품 시부야, 도쿄.

Tehching Hsiehm, *one year performance(Time Clock Piece)*, 1980-1981, 퍼포먼스.

Humans Since 1982, *The Clock Clock*, 2010, 알루미늄 및 아날로그 전자 장치.

Humans Since 1982, *A Million Times*, 2013, 알루미늄 및 아날로그 전자 장치.

Natalie Jeremijenko, Tega Brain, Jake Richardson 및 Blacki Migliozzi, *Phenology Clock*, 2014, 계절학 데이터, 소프트웨어 및 하드웨어 시스템.

Zelf Koelman, *Ferrolic*, 2015, 소프트웨어, 하드웨어 및 페롤릭 유체(ferrolic fluid)

Rafael Lozano-Hemmer, *Zero Noon*, 2013, 디지털 디스플레이를 갖춘 소프트웨어 시스템.

George Maciunas, *10-Hour Flux Clock*, 1969년, 오프셋 문자판이 삽입된 플라스틱 시계, MoMA.

John Maeda, *12 O' Clocks*, 1996, 소프트웨어.

Christian Marclay, *The Clock*, 2010, 영화, 24:00, 화이트 큐브, 런던.

Ali Miharbi, *Last Time*, 2009, 아날로그 벽시계 및 인터랙티브 하드웨어.

Mojoptix, *Digital Sundial*, 2015, 3D 프린팅 형태.

Eric Morzier, *Horloge Tactile*, 2005, 인터랙티브 소프트웨어 및 화면.

Sander Mulder, *Pong Clock*, 2005, 반전된 LCD 화면 및 소프트웨어.

Sander Mulder, *Continue Time Clock*, 2007, 기계 시스템.

Bruno Munari, *L'Ora X Clock*, 1945년, 플라스틱, 알루미늄 및 스프링 메커니즘, MoMA

Yugo Nakamura, *Industrious Clock*, 2001, 플래시 프로그램 및 설치.

Katie Paterson, *Time Pieces*, 2014, 수정된 아날로그 시계, Ingleby Gallery, 에딘버러.

Random International, *A Study Of Time*, 2011, 알루미늄, 구리, LED 및 소프트웨어, Carpenters Workshop Gallery, 런던.

Saqoosha, *Sonicode Clock*, 2008, 2008, 오디오 파형 발생기.

Yen-Wen Tseng, *Hand in Hand*, 2010, 수정된 아날로그 전자시계.

Laurence Willmott, *It's About Time*, 2007, 언어 데이터, 소프트웨어 및 하드웨어.

Agustina Woodgate, *National Times*, 2016, 수정된 전기 시계 시스템.

참고 자료

Donna Carroll, It's About Time: A brief History of the Calendar and Time Keeping(네덜란드 마스트리히트 대학교 마스트리히트 대학교 강의), 2016년 2월 23일.

Johanna Drucker, "Timekeeping", *Graphesis: Visual Forms of Knowledge Production*, Harvard University Press, 2014.

John Durham Peters, "The Times and the Seasons: Sky Media II (Kairos)", *The Marvelous Clouds: Toward a Philosophy of Elemental Media*, University of Chicago Press, 2015.

Joshua Foer, "A Minor History of Time without Clocks", *Cabinet Magazine*, 2008년 봄.

Amelia Groom, *Time(Documents of Contemporary Art)*, MIT Press, 2013.

Golan Levin, "Clocks in New Media", GitHub, 2016.

Richard Lewis, "How Different Cultures Understand Time", *Business Insider*, 2014년 6월 1일.

Leo Padron, *A History of Timekeeping in Six Minutes* 2011년 8월 29일, 비디오, 6:37

풍경 만들기 자신만의 세계 제작하기

대니얼 브라운(Daniel Brown)은 프랙털[1] 시리즈인 *Traveling by Numbers*(2016)에서 디스토피아적인 주거의 모습을 솜씨 있게 그려냈습니다.

1   (옮긴이) 프랙털 아트(fractal art)는 수학적으로 반복적인 패턴을 사용하여 만들어진 예술 작품입니다. 프랙털 기하학의 원리에 따라 간단한 형태가 반복되면서 복잡하고 아름다운 그림이 만들어집니다. 이러한 아트는 자연의 모습과 비슷하거나 현실에서 볼 수 없는 환상적인 이미지를 창조합니다.

풍경 만들기 자신만의 세계 제작하기

개요

풍부한 상상력을 바탕으로 끊임없이 변화하는 '풍경'을 표현하는 시스템을 만들어 봅시다. 나무, 건물, 차량, 동물, 사람, 음식, 신체 부위, 머리카락, 해초, 우주 쓰레기, 좀비 등 콘셉트에 적합한 형상들로 풍경을 채우세요.

풍경 변화의 깊이나 정도를 고려해 보세요. 예측 가능한 풍경이 되기까지 얼마나 걸릴까요? 가능한 한 오래도록 예측 가능하지 않도록 만들려면 어떻게 해야 할까요? 일관성을 유지하면서 지속적인 변화를 통해 매력적인 풍경을 생성하려면 어떻게 해야 할까요?

전경, 중경, 배경의 레이어, 거시적/미시적인 규모의 변화, 자연과 인간이 만든 형상, 유토피아, 디스토피아, 헤테로토피아, 운동 시차(motion parallax)[2]를 통한 몰입감, 드물게 나타나는 형상들의 배치를 통해 놀라움을 만들어낼 수 있는지 여부 등을 고려하세요.

2 (옮긴이) 운동 시차는 눈앞의 물체가 움직일 때, 먼 곳의 물체는 빠르게 움직이고 가까운 물체는 느리게 움직이는 것처럼 보이는 현상을 말합니다. 이것은 뇌가 깊이와 거리를 인식하는 데 중요한 정보를 제공합니다.

크리스틴 자네 솔리에(Kristyn Janae Solie)의 *Lonely Planets*(2013)는 미니멀리즘과 사이키델릭 사이를 오가는 스타일화된 3D 지형입니다. 이 작품은 케이시 리스가 진행하는 학부 과정인 Live Cinema through Creative Coding을 위해 제작되었습니다.

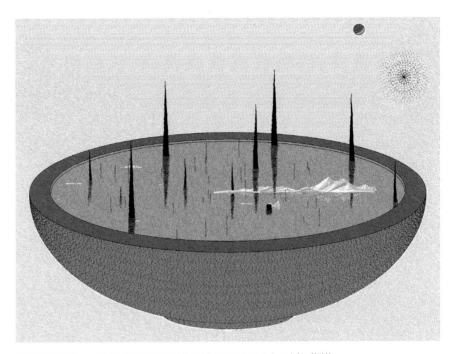

에베레스트 핍킨(Everest Pipkin)은 시적이고 신비한 느낌을 주는 *Mirror Lake*(2015)라는 황량한
화분 풍경을 만들었습니다.

학습 목표

- 지형, 경치, 또는 상상의 세계에 제너레이티브 디자인의 원리를 적용합니다.
- 랜덤한 정도에 편향성을 부여해 형상이나 특징의 확률을 세밀하게 조절합니다.
- 메타 디자인 프로세스(디자이너는 시스템을 만들고 시스템이 결과물을 생성하는 과정)를 수행합니다.

변주와 활용

- 사람, 나무, 건물의 요소 중 하나 이상을 사용하여 풍경을 채우세요. 융 심리학에 따르면, 이 세 가지 요소는 풍경의 심리학적 특징을 정의하는 요소들입니다.
- 풍경이 '카메라'를 스쳐지나가는 방식에 주의를 기울이세요. 예를 들어 기차 창밖을 바라보는 것처럼 지나가거나, 1인칭 시점에서 운전하거나 롤러코스터를 타는 것처럼 접근할 수 있습니다. 바닥이 유리로 된 비행기에서 밖을 바라보는 것처럼 밑으로 떨어져내리듯이 접근하는 것도 가능합니다. 자유로운 회전과 이동이 가능한 카메라를 고려해 보세요.

- 외부 장면, 실내 장면(컨베이어 벨트 위의 물체 등), 또는 완전히 꿈같은 장면을 묘사하세요.
- 노이즈를 통해 3D 지형을 생성하거나, 2D 공간에서 가로 방향으로 스크롤하는 비디오 게임, 2.5D 시점의 레이어 공간, 직교 투영, 비선형, 또는 비-데카르트 좌표계의 기하학적 구조를 이용하여 실험해 보세요.
- 사운드의 활용을 고려하고, 시청각적 동시성이 주는 가능성에 대해서 생각해 보세요(예: 기타 히어로(Guitar Hero) 게임).
- 당신이 만든 풍경에서 생명체, 차량 또는 기타 캐릭터가 자율적으로 돌아다니도록 만들어 보세요.
- 시간의 흐름에 따라 형상들이 성장, 진화 또는 침식되는 기능을 구현하세요.

IBM의 브누아 만델브로(Benoît Mandelbrot)와 리처드 보스(Richard F. Voss)가 개발한 *"Fractional noise" mountains*(1982)는 수학을 이용해 지형을 합성한 획기적 사건이었습니다.

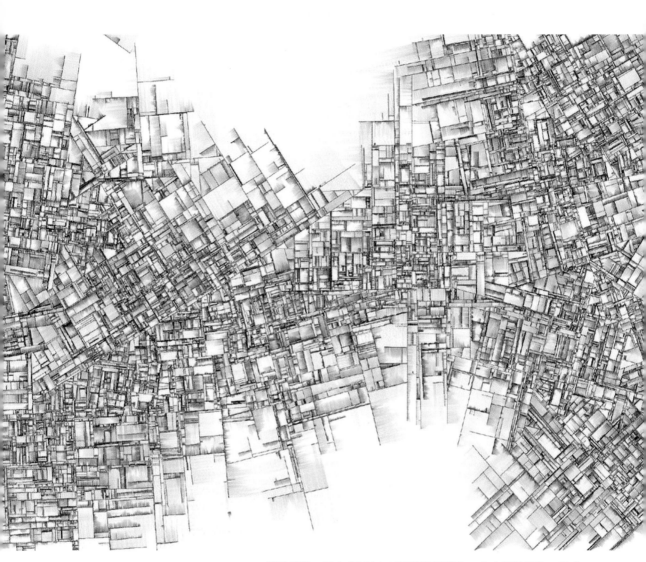

제러드 타벨(Jared Tarbell)은 *Substrate*(2003)에서 덧붙이고(accretion), 가지를 치고(branching), 되먹이는(feedback) 기본 원리를 바탕으로 도시 구조를 시뮬레이션했습니다.

의미 있는 작품 만들기

인간은 이동하는 생물이며, 항상 새로운 지평을 찾아 여행하고자 하는 강한 욕망이 있습니다. 현대처럼 이동 수단이 발전하기 전에는 풍경화가 머나먼 땅을 보여주고 정신적으로 그곳으로 도피할 수 있게 해주는 좋은 방법이었습니다.

오늘날 8살 아이들이 마인크래프트에서 좋아하는 세상의 '시드'[3]를 얻는 것에서 볼 수 있듯 비디오 게임에서 절차적인 방식으로 배경을 생성하는 것이 일반화되었습니다. 이렇게 새로운 풍경을 알고리즘으로 생성하는 것은 경제적으로 계속 플레이하기 위한 필수 조건이 되었습니다. 메타 디자이너나 아티스트-프로그래머에게 세계 속 세계를 창조하는 것은 그야말로 신의 위치에 서는 것과 같습니다. 전부 CGI로 작업한 장편 영화 최초의 장면이 〈스타 트렉 II〉(1982)에서 행성 전체의 창조를 묘사한 '제네시스 시퀀스'임은 우연이 아닐 것입니다.

언뜻 보기에 제너레이티브 디자인 시스템은 얼굴, 풍경, 생물, 의자 등 그 무엇에 대해서도 무한한 가능성을 가져다 주는 것 같습니다만 케이트 컴튼이 말한 '만 그릇의 오트밀 문제'에 주의를 기울일 필요가 있습니다. "저는 위치나 방향이 다른 만 그릇의 오트밀을 쉽게 만들어낼 수 있고, 수학적으로 말하면 이 오트밀은 모두 완전히 다른 것으로 볼 수 있습니다. 하지만 사용자가 보기에는 그저 오트밀이 아주 많다고만 볼 것입니다." 컴튼이 지적했듯이, 메타 디자인의 도전과 기회는 지각적 고유성(perceptual uniqueness)을 제공하는, 따라서 유의미하게 구별되는 시스템을 설계하는 데 있습니다.

이 과제에서는 당신의 상상을 통해 세계를 구현하도록 요구합니다. 또는 컴퓨터 코드를 통해 실제 장소를 정확하게 재현하고, 그에 더해 많은 변형을 만들어낼 수 있을 것입니다.

3 (옮긴이) 마인크래프트 게임에서 새로운 세상을 생성할 때 사용되는 난수를 위한 시드 값. 마인크래프트에서는 값을 수동으로 설정함으로써 (알고리즘이 변경되지 않는 한) 같은 세계를 생성할 수 있습니다.

추가적으로 참고할 만한 프로젝트

Memo Akten과 Daniel Berio, *Bozork Quest*, 2013, 프래그먼트 셰이더로 생성된 장면.

Tom Beddard, *Surface Detail*, 2011, 진화하는 프랙털 풍경.

Tom Betts, *British Countryside Generator*, 2014, 절차적 세계를 생성하는 엔진.

Ian Cheng, *Emissaries*, 2015~2017, 진화하는 애니메이션 세계 3부작.

Char Davies, *Osmose*, 1995, 인터랙티브 VR.

Field.io, *Interim Camp*, 2009, 생성 소프트웨어와 영화.

Simon Geilfus, *Muon glNext*, 2014, 조경 생성 소프트웨어.

Chaim Gingold, *Earth: A Primer*, 2015, 인터랙티브 도서 앱.

Beatrice Glow, *Mannahatta VR: Envisioning Lenapeway*, 2016, 몰입형 시각화.

Michel Gondry, *Chemical Brothers "Star Guitar"*, 2003년, 비디오 클립.

Vi Hart 외, *Float*, 2015, 가상 현실 게임.

Hello Games, *No Man's Sky*, 2016, 멀티플레이어 비디오 게임.

Robert Hodgin, *Audio-Generated Landscape*, 2008, 오디오 생성 풍경 시스템.

Robert Hodgin, *Meander*, 2020, 절차적 맵 생성기.

Anders Hoff, *Isopleth*, 2015, 가상 풍경 생성기.

Joanie Lemercier, *La Montagne*, 2016-2018, 종이와 프로젝션에 디지털 프린트.

Jon McCormack, *Morphogenesis* 시리즈, 2001-2004, 컴퓨터 모델 및 사진 출력.

Joe McKay, *Sunset Solitaire*, 2007, 소프트웨어 프로젝션 및 퍼포먼스.

Vera Molnár, *Variations St. Victoire*, 1989-1996, 캔버스에 실크스크린 인쇄.

Anastasia Opara, *Procedural Lake Village*, 2017, 제너레이티브 3D 풍경.

Paolo Pedercini와 Everest Pipkin, *Lichenia*, 2019, 도시 건설 게임.

Planetside Software, *Terragen*, 2008, 풍경 생성 소프트웨어.

Davide Quayola, *Pleasant Places*, 2015, 디지털 페인팅.

Jonathan Zawada, *Over Time*, 2011, 3D 모델링 후 캔버스에 유채.

참고 자료

Kate Compton, Joseph C. Osborn 및 Michael Mateas, *Generative Methods*(2013년 5월 그리스 하니아에서 열린 게임의 절차적 콘텐츠 생성에 관한 제4차 워크숍에서 발표된 논문).

Ian Cheng, "Worlding Raga: 2 – What is a World?" Ribbonfarm, Constructions in Magical Thinking(블로그), 2019년 3월 5일.

Philip Galanter, "Generative Art Theory", *A Companion to Digital Art*, John Wiley & Sons, Inc., 2016, 146–175.

Robert Hodgin, Default Title, Double Click to Edit(아이오 페스티벌에서의 강의, 2014년 6월).

Jon McCormack 외, "Ten Questions Concerning Generative Computer Art", *Leonardo 47*, no. 2 (2014년 4월), 135–141.

Paolo Pedercini, SimCities and SimCrises(강의, 제1회 국제 도시 게임 컨퍼런스, 네덜란드 로테르담, 2017).

가상 생명체 인공의 삶 디자인하기

브렌트 와타나베(Brent Watanabe)의 *San Andreas Streaming Deer Cam*(2015~2016)은 *Grand Theft Auto V*의 수정 버전을 실행하는 컴퓨터의 라이브 비디오 스트림입니다. 아티스트의 모드는 자율 사슴을 생성하고 가상의 도시를 돌아다니는 사슴을 따라갑니다. 주변 환경 및 게임의 AI 캐릭터와 상호 작용합니다. 스트리밍 에피소드 중 하나에서 사슴은 달빛이 비치는 해변을 따라 헤매다가 주요 고속도로에서 교통 체증을 일으키고, 갱들의 총격전에 휘말려 경찰에 쫓기게 됩니다.

가상 생명체 인공의 삶 디자인하기

개요

프랑켄슈타인 박사, 당신의 임무는 새로운 생명을 창조하는 것입니다. 감각을 지닌 생물, 무리를 지어 역동적으로 움직이는 사람이나 짐승, 인공 세포 배양, 새로운 식물 또는 생태계 등 가상 유기체의 종을 프로그래밍하세요. 소프트웨어를 통해 새로운 생명체의 형태와 행동을 알고리즘으로 생성하십시오. 그 새로운 생명체는 잠을 자거나 번식하고, 죽고, 서로를 잡아먹을 수 있나요? 종 개체 간의 관계를 고려하고 서로를 끌어당기거나 배척하는 가상의 힘을 시뮬레이션하여 상호 작용을 개발하세요. 비생물적 요소, 가령 환경이나 생태계에 어떤 제약이나 가능성을 추가하는 것도 좋을 것입니다.

생명체가 문화적 오브젝트로서 기능할 수 있을지에 대해서도 생각해 봅시다. 은유적인 접근을 사용하거나 인간의 필요와 관심을 반영함으로써 문화와 특별한 관련성을 가질 수 있을까요?

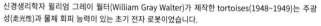

신경생리학자 윌리엄 그레이 월터(William Gray Walter)가 제작한 tortoises(1948~1949)는 주광성(走光性)과 물체 회피 능력이 있는 초기 전자 로봇이었습니다.

테오 왓슨(Theo Watson)과 에밀리 고베이유(Emily Gobeille)가 속한 Design IO의 *Connected Worlds*(2015)는 뉴욕의 Great Hall of Science를 위해 개발된 대규모 인터랙티브 설치 작품입니다. 이 작품은 벽과 바닥을 에워싼 6가지 환경을 제공해 방문객들이 물의 흐름과 상호 작용하고, 다양한 생태계에서 물의 순환이 어떤 역할을 하는지 배울 수 있도록 합니다. 왓슨과 고베이유는 이 공간에 거주하며 공명(共鳴)하는 수십 종의 생물 종을 고안했습니다.

학습 목표

- 여러 종류의 유기적인 움직임을 실현하기 위한 함수를 검토하고 논의하고 코드로 작성합니다.
- 객체 지향 프로그래밍 방식을 사용하여 프로그램을 설계, 구현합니다.
- 오브젝트 간의 상호 작용(예: 충돌)을 프로그래밍합니다.

변주와 활용

- 포식과 피식, 공생 등 어떤 형태로든 서로 반응하는 생물의 한 쌍 또는 이를 포함하는 생태계를 만듭니다.
- 생물의 외형이 행위에 의해 결정되거나 그 반대가 되도록 프로그램하세요. 예를 들어, 아메바의 돌기는 몸의 시각적 경계인 동시에 향성(向性, tropism)[1]의 표현이기도 합니다. 생물체의 몸 형태는 기본 입자 시뮬레이션, 래그돌 물리 엔진[2] 효과 또는 강화 학습 시스템에서 나온 것일 수 있습니다.
- 자신의 생물종의 특성을 캡슐화[3]하고 이를 대표하는 객체 지향 코드를 작성해 보세요. 본인이 만든 생물의 프로토콜(먹기, 잠자기, 수렵 및 채집 등)과 유사한 프로토콜을 지닌 생물을 구현한 다른 학생과 본인의 코드를 교환하세요. 최소 두 종의 다른 생물을 모으고 여기에 본인의 작업을 더해 생태계를 구성하세요. 이 변형은 깃허브와 같은 버전 관리가 가능한 도구를 사용하여 진행할 수 있으며, 이를 통해 소프트웨어의 공동 개발과 코드 주석을 통한 소통의 중요성에 대한 통찰력을 키울 수 있습니다.
- 디지털 프로젝션을 통해 당신이 만든 생태계를 특정 표면에 투영해 증강 현실을 표현해 보세요. (가상) 생명체는 당신이 선택한 위치의 물리적 공간의 특성에 반응할 수 있을까요?

1 (옮긴이) 생물이 외부 자극에 따라 성장하거나 운동하는 생물학적 현상.

2 (옮긴이) 래그돌(Ragdoll) 물리 엔진은 캐릭터의 뼈대 구조를 기반으로 현실적인 물리 효과를 구현하는 기술입니다. 이 엔진은 캐릭터가 힘을 받았을 때 자연스러운 움직임과 충돌 반응을 자동으로 계산해 줍니다. 주로 게임과 시뮬레이션에서 캐릭터의 비정형적인 동작을 표현하는 데 사용됩니다.

3 (옮긴이) 생물종의 특성을 캡슐화한다는 것은 그 종의 유전적, 생태적, 행동적 특징을 정의하고 요약하는 과정을 의미합니다.

의미 있는 작업 만들기

피그말리온, 골렘, 프랑켄슈타인의 신화에서 알 수 있듯이 인공 생명체(Artificial Life, AL)를 창조하려는 신과 같은 욕망은 예로부터 지금까지 우리 문화 전반에 걸쳐 이어지고 있습니다. 이러한 충동은 일본의 카라쿠리(からくり, 자동 인형)나 투리아노(Turriano)의 '기도하는 수도사'(1560년경), 드 보캉송(Jacques de Vaucanson)의 '배변하는 오리'(1738년)와 같은 유럽의 초기 오토마타에서 시작된, 특정 몸짓을 기계적으로 자동화한 로봇 공학의 역사와도 연관지어 볼 수 있습니다. 컴퓨터 코드를 사용하면 제너레이티브 시스템 기반의 시뮬레이션을 통해 행동과 상호 작용을 프로그래밍하고 다중 에이전트(multi-agent) 시스템[4]으로 확장할 수 있습니다. 이러한 시스템 중 대부분은 많은 행위자가 따르는 단순한 규칙에서 자의적, 지능적이며 조절된 행동을 보이는 이머전스(emergence)[5] 현상을 보입니다.

4 (옮긴이) 다중 에이전트 시스템은 여러 독립적인 에이전트들이 상호 작용하며 공동의 목표나 문제를 해결하는 컴퓨터 시스템입니다. 이 시스템에서 각 에이전트는 자신만의 지식, 목표, 능력을 가지고 있으며, 협력하거나 경쟁하면서 복잡한 작업을 수행합니다.

5 (옮긴이) 이머전스(Emergence)는 구성 요소들이 개별적으로 가지지 않은 새로운 성질이나 행동이 집합적 상호 작용을 통해 나타나는 현상입니다. 이는 단순한 물리 법칙으로 설명할 수 없으며, 더 높은 수준의 학습을 촉진하는 쌍방향 되먹임을 통해 발생합니다.

칼 심스(Karl Sims)의 *Evolved Virtual Creatures*(1994)는 유전자 알고리즘을 사용하여 매력적이고 특이한 이동 방법을 진화시키는 시뮬레이션된 생물을 보여줍니다.

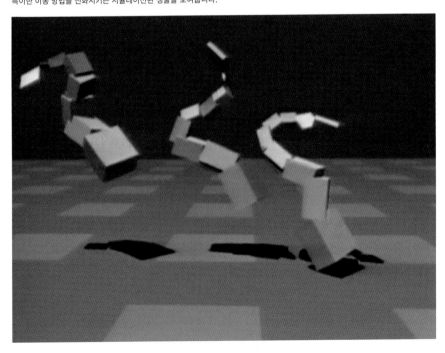

매체가 하드웨어이든 소프트웨어이든, 인공 생명체의 목표는 엔지니어링된 시스템이 살아있다는 인상을 주는 것입니다. 시각적 표현에 중점을 두는 '캐릭터 디자인'에서의 창작 작업과 달리, 이 과제는 환경과의 상호 작용에 따라 반응하는 역동적인 행태의 생명체를 구성해 내는 것에 중점을 두고 있습니다. 이를 강조하기 위해 교수자는 학생들에게 한 쌍의 직사각형과 같이 몸체가 극히 단순한 형태의 생명체에 사실적인 반응, 행동을 디자인하도록 할 수 있습니다.

맥락이 없는 생명체의 움직임은 지루합니다. 할 것도 없고, 아무도 그걸로 뭔가 하려 하지 않습니다. 에이전트가 인공 생명체 안에서 작동하거나 인공 생명체를 둘러싼 환경에서 비슷하게 행동을 취할 때, 스토리가 생기고 캐릭터가 인식되고 의미가 형성됩니다. 생명체가 외부의 힘이나 대상, 특히 상호 작용하는 사용자의 행동에 피드백을 받도록 함으로써, 외로움을 덜어주고 감정이 있는 것처럼 느껴지는 말동무를 만들거나 기운이 없어 보이도록 해서 감정 이입을 자아내는 다마고치 같은 가상 애완동물, 또는 예상 못할 방식으로 진화하는 탁월한 생태계를 만들어 낼 수 있습니다.

추가적으로 참고할 만한 프로젝트

Ian Cheng, *Bob(Bag of Beliefs)*, 2018-2019, 진화하는 인공 생명체의 애니메이션.

James Conway, *Game of Life*, 1970, 셀룰러 오토마톤(cellular automaton)

Sofia Crespo, *Neural Zoo*, 2018, 신경망으로 생성된 생물.

Wim Delvoye, *Cloaca*, 2000-2007, 대규모 소화 기계.

Ulrike Gabriel, *Terrain 01*, 1993, 광반응 로봇 설치.

Alexandra Daisy Ginsberg, *The Substitute*, 2019, 비디오 설치와 애니메이션.

Edward Ihnatowicz, *Senster*, 1970, 인터랙티브 로봇 조각.

William Latham, *Mutator C*, 1993, 제너레이티브 3D 렌더링.

Golan Levin 외, *Single Cell and Double Cell*, 2001-2002, 온라인 우화집.

Jon McCormack, *Morphogenesis* 시리즈, 2002년, 컴퓨터 모델 및 사진 매체에 인쇄.

Brandon Morse, *A Confidence of Vertices*(2008), 제너레이티브 애니메이션.

Adrià Navarro, *Generative Play*, 2013, 제너레이티브 캐릭터와 카드 게임.

Jane Prophet 및 Gordon Selley, *TechnoSphere*, 1995~2002, 온라인 환경 및 제너레이티브 설계 도구.

Matt Pyke(Universal Everything), *Nokia Friends*, 2008, 제너레이티브 스퀴시 캐릭터.

Susana Soares, *Upflanze*, 2014, 가상의 식물 원형.

Christa Sommerer와 Laurent Mignonneau, *A-Volve*, 1994-1995, 인터랙티브 설치.

Christa Sommerer와 Laurent Mignonneau, *Lifewriter*, 2006, 인터랙티브 설치.

Francis Tseng과 Fei Liu, *Humans of Simulated New York*, 2016, 참여 경제 시뮬레이션.

Juanelo Turriano, *Automaton of a Friar*, c. 1560년, 스미소니언 연구소, 국립 미국사 박물관.

Jacques de Vaucanson, *Canard Digérateur*, 1739, 오리 형태의 자동 장치.

Lukas Vojir, *Processing Monsters*, 2008~2010, 온라인 우화집.

Will Wright와 Chaim Gingold 외, *Spore Creature Creator*, 2002-2008, 생물 구성 소프트웨어.

참고 자료

Jean Baudrillard, *Simulacra and Simulation*, University of Michigan Press, 1994.

Valentino Braitenberg, *Vehicles: Experiments in Synthetic Psychology*, MIT Press, 1984.

Bert Wang-Chak Chan, "Lenia: Biology of Artificial Life" *Complex Systems* Vol. 28, no. 3(2019), 251-286.

Ian Cheng 외, *Emissaries Guide to Worlding*, Koenig Books, 2018.

Craig W. Reynolds, "Steering Behaviors For Autonomous Characters", *Proceedings of the Game Developers Conference*1999, 763-782.

Daniel Shiffman, *The Nature of Code: Simulating Natural Systems with Processing*, 자체 출판, 2012. 국내에는 《Nature of Code》(한빛미디어, 2015)로 출간되었습니다.

Mitchell Whitelaw, *Metacreation: Art and Artificial Life*, MIT Press, 2006.

커스텀 픽셀 디스플레이 재구상하기

아람 바르톨(Aram Bartholl)의 *0,16*(2009)은 반투명 종이를 사용하여 방문객의 그림자를 대규모 픽셀로 변환하는 완전한 아날로그 조명 설치물입니다.

커스텀 픽셀 디스플레이 재구상하기

개요

픽셀은 비트맵 이미지와 디지털 디스플레이의 기본 구성 요소입니다. 일반적으로 픽셀은 정사각형이고 균일하며 정적인 데카르트 그리드에 고정되어 있습니다. 이미지를 재구성하는 방법을 직접 고안하고 코드로 작성하여 이러한 가정에 도전해 보세요. 픽셀이 육각형이라면 어떨까요? 불규칙한 격자로 배열할 수도 있을까요? 픽셀이 겹치거나 움직이거나 크기가 다양하다면 어떨까요? 이미지 자체를 다른 이미지의 조각이나 작은 아이콘, 기호, 깃발 또는 이모티콘의 데이터베이스로 구성한다면 어떨까요? '픽셀 개념'과 변형하기로 선택한 이미지 사이의 관계에 대해 신중하게 생각해 보세요. 어떤 경우에도 원본 이미지가 직접적으로 보여서는 안 됩니다.

직조, 뜨개질, 니들포인트[1]와 같은 텍스타일 아트는 픽셀 논리의 고대 문화적 관행입니다. *South of The Border*(1958)와 같은 작품에서 텍스타일 디자이너이자 바우하우스 교육자인 아니 알버스(Anni Albers)는 독창적인 실 조합을 사용하여 맞춤형 픽셀을 제작했습니다.

1 (옮긴이) 빳빳하게 펼친 캔버스에 실을 꿰매는 자수 형태를 말합니다.

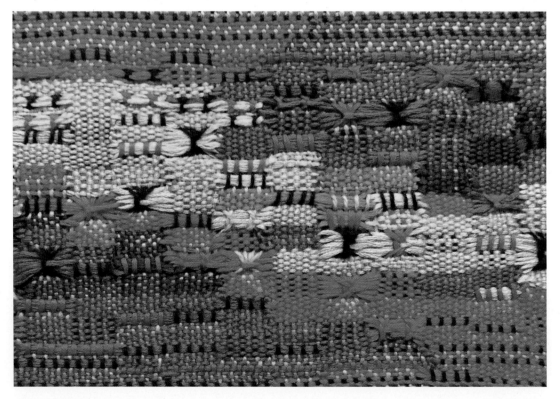

제니 오델(Jenny Odell)은 자신의 *Garbage Selfie*를 "2014년 2월 10일부터 3월 1일 사이에 내가 버렸거나 재활용했거나 퇴비로 만든 모든 것으로 구성한 자화상"이라고 설명합니다.

레온 하몬(Leon Harmon)과 켄 놀턴(Ken Knowlton)의 *Studies in Perception #1*(1966)은 놀턴이 만든 프로그래밍 언어 BEFLIX를 사용하여 작은 크기의 과학적 심벌을 누드 형태로 배열한 모자이크 작품입니다. 이 작품은 1967년 10월 11일 뉴욕타임스 1면에 실렸고, 1968년 MoMA에서 개최된 전시회 The Machine as Seen at the End of the Mechanical Age에서 처음으로 컴퓨테이셔널 아트를 미국 대중에 소개했습니다.

학습 목표

- 예술, 디자인 및 디지털 이미징에서 이미지의 구성과 인식에 대해 생각해 봅니다.
- 이미지와 그 구성 요소 간의 관계를 살펴봅니다.
- 픽셀 데이터의 세부적인 정보에 대해 알아봅니다.

변주와 활용

- 대비되는 2~3개의 패치로 그림 요소를 구성한 다음 이를 이용해서 본인만의 방식으로 화면을 분할묘법으로 표현하세요.
- 정사각형 픽셀 대신 극좌표를 사용하여 동심의 링 형식으로 이미지를 구성합니다.
- 브러시 스트로크를 제어하는 속성인 '두께', '불규칙성'과 같이 매개 변수를 사용하여 그림 요소를 디자인합니다. 이러한 요소가 어떻게 더 높은 수준의 시각적 특징(예: 원본 이미지의 가장자리, 그라데이션, 반점 등)을 재현할 수 있을까요? 브러시 스트로크로 이러한 특징의 방향을 포착할 수 있나요?
- 비디오 또는 라이브 웹캠 스트림을 해석하도록 코드를 수정하고, 프레임 간 차이와 깜박임을 줄일 수 있는 방법을 고민해 보세요. 어떤 종류의 주제가 당신의 알고리즘에 가장 적합할까요?
- 실제 물리적 대상(예: 조약돌이나 사탕)을 움직이거나 재배열하여 이미지를 생성하는 디스플레이를 만들어 보세요.
- 일부 이미지 압축 알고리즘은 특수하게 설계된 그림 요소를 사용하여 작동합니다. 쿼드트리, 런렝스 부호화(Run-length encoding, RLE), 8×8픽셀 JPEG 블록, 가버 웨이블릿(Gabor wavelet)에 대해 읽어 보고 이러한 기술 중 하나에서 영감을 얻은 압축 알고리즘을 고안해 보세요. 고안한 알고리즘의 미학과 아티팩트[2]는 무엇인가요?

2 (옮긴이) 아티팩트 (artifact)는 인간의 활동이나 문화적 맥락에서 만들어진 물건이나 유물을 의미합니다. 고고학에서는 과거 문명의 도구, 예술품, 건축물 조각 등을 포함하며, 디지털 분야에서는 데이터나 소프트웨어의 오류로 인해 생성된 비정상적인 결과물을 지칭하기도 합니다. 이 맥락에서는 알고리즘으로 생성된 결과물을 가리킵니다.

찰스 게인스(Charles Gaines)는 표현의 구성적 본질을 탐구하기 위해 불확정성과 기타 수학적 원리를 사용해 사진을 격자로 분해해서 손으로 그립니다. 여기의 그림과 확대한 부분(오른쪽)은 *Numbers and Trees: Central Park Series II: Tree #8, Amelia*(2016)로, 플렉시글라스에 아크릴로 작업한 작품입니다.

의미 있는 작업 만들기

새로운 픽셀로 구성된 작품은 말 그대로 '새로운 미디어'이며, 매체(그 자체)가 곧 메시지라는 매클루언의 오랜 격언을 잘 보여줍니다. 그러나 새로운 이미징 기법이 주제에 대한 고려 없이 적용되면 메시지의 영향력이 약화될 수 있습니다. 프로젝트가 '단순한 디스플레이'일 뿐인가요? 이 장르의 작업에서 의미를 생산하기 위한 핵심 경로는 형식과 내용, 즉 디스플레이를 구성하는 그림 요소의 특성과 그것이 묘사하는 주제 사이의 관계를 의도적으로 만들어내는 것입니다. 가령 크리스 조던(Chris Jordan), 엘 아나추이(El Anatsui), 제니 오델(Jenny Odell)의 작품은 가치 있는 무언가가 쓰레기나 잔해로 만들었음이 밝혀질 때 발생하는 개념적 모순을 보여줍니다.

대니얼 로진(Daniel Rozin)은 수십 년간 나무, 모피, 심지어 장난감 펭귄까지 상상할 수 있는 모든 재료로 수제 픽셀을 제작해 왔습니다. *Peg Mirror*(2007)는 650개의 작은 나무 조각으로 만들어진 예술작품입니다. 각 나무 조각은 전동식으로 움직여서, 중앙의 카메라가 포착한 이미지를 빛과 그림자를 이용해 재현합니다. 나무 조각들이 회전하며 변화하는 모습을 통해 보는 이에게 카메라 앞의 장면을 다른 방식으로 보여줍니다.

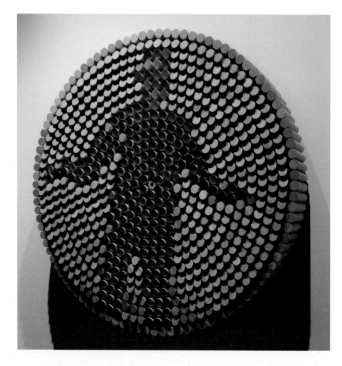

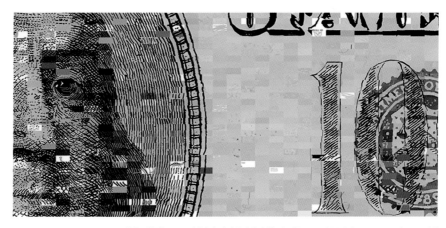

에런 코블린(Aron Koblin)과 타카시 가와시마(Takashi Kawashima)의 *10,000 Cents*(2008, 여기 서는 이 작품의 디테일을 보여주고 있습니다)는 미국 100달러 지폐 모양을 크라우드소싱 시스템으로 그렸습니다. 이들은 다음과 같이 썼습니다. "맞춤형 그리기 도구를 사용하여 수천 명의 개인이 전체 작업에 대한 지식 없이 서로 고립되어 작업하면서 지폐의 아주 작은 부분을 그렸습니다. 참여자들은 아마존 Mechanical Turk를 통해 1인당 1센트의 급여를 받았습니다." 프로젝트의 생산 및 분배 조건 은 분산된 노동 시장의 불평등을 드러냅니다.

특별히 만든(custom) 그림 요소는 다양한 척도로 흥미를 유발할 수 있으며, 보는 사 람으로 하여금 이미지를 달리 해석하도록 해 새로운 관점에서 볼 수 있도록 합니다. 이전에는 순간적인 현상("나는 그것을 보았다")이었던 것이 면밀히 관찰하는 인터랙 티브 프로세스로 바뀝니다("나는 그것을 조사했다"). 일반적인 전략은 시각적 모호 함을 번갈아 가며 생성하고 해소하는 것입니다. 예를 들어, 포토모자이크 기법으로 구성된 이미지는 팬들이 좋아하는 피사체를 '줌인'하여 추억에 잠길 수 있는 몰입감 있는 수단을 제공합니다. 반면 19세기 후반의 점묘파 화가들은 그림의 주제를 인식 하기 위해 보는 사람이 '줌아웃'하여 마음속으로 색의 점들을 적극적으로 융합시켜 야 그림의 주제를 인식할 수 있는 그림을 만들었습니다. 다중 척도(multi-scale)의 작 품들은 또한 쉽게 재현하긴 거의 불가능하기에 작품의 아우라가 더욱 커집니다.

그림 요소를 특별히 만들어 사용하면 이미지 제작 조건에 대한 성찰을 유도할 수 있 습니다. 비잔틴[3]의 마이크로 모자이크를 자세히 들여다보면 타일 하나하나를 만 들고 배치하는 데 들어간 노동력에 혀를 내두르게 됩니다. 에런 코블린(Aron Koblin) 과 타카시 가와시마(Takashi Kawashima)의 *10,000 Cents*와 같은 현대 미술 작품은 이러 한 조건을 정면에서 마주 대하며, Mechanical Turk[4]와 같이 네트워크화된 노동 시장 을 활용하는 시대에 디지털 경제와 저작권의 본질에 대해 의문을 제기합니다.

3 (옮긴이) 비잔틴 미술은 동로마 제국 당시 비잔티움(지금의 이스탄불) 을 중심으로 번성했던 미술 양식을 말합니다. 이 비잔틴 미술을 대표하는 것이 모자이크입니다.

4 (옮긴이) 아마존의 Mechanical Turk는 크라우드소싱 마켓 플레이스로, 개인이나 기업은 그들의 프로세스와 작업을 온라인을 통해 모집한 분산된 노동력에 아웃소싱할 수 있습니다. 컴퓨터보다 사람이 수행하기 쉬운 작업, 예를 들어 데이터 검증, 연구, 내용 검토 등에 유용합니다. 이 플랫폼은 대규모 참가자 풀에 유연하고 수요에 따른 접근을 제공하여, 인간 지능이 필요한 작업에 소중한 도구가 됩니다.

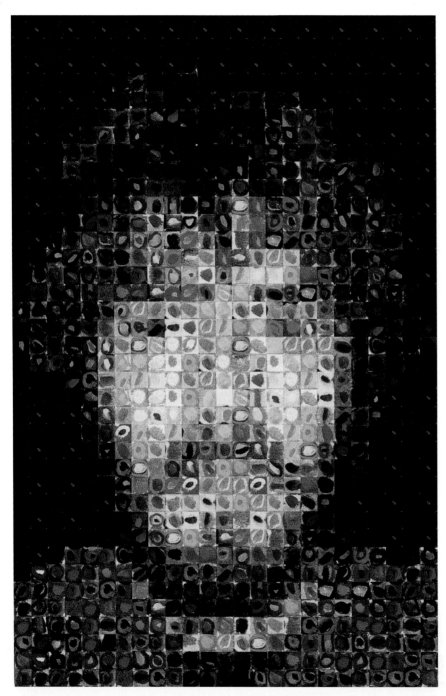

스코트 블레이크(Scott Blake)의 *Chuck Close Filter* 소프트웨어(2001~2012)는 모든 이미지를 척 클로스(Chuck Close)의 그림과 같은 픽셀화된 스타일로 변환합니다. 소프트웨어 출시 후 블레이크는 소프트웨어가 자신의 예술을 하찮게 만들고 생계를 위협한다고 주장한 클로스로부터 법적 조치를 취하겠다는 위협을 받았습니다. 블레이크의 *Portrait Made with Lucas Tiles*(2012)는 클로스의 작품 *Lucas*(1991)에서 가져온 정사각형으로 전체를 구성했습니다.

추가적으로 참고할 만한 프로젝트

El Anatsui, *Earth Shedding Its Skin*, 2019, 알루미늄 및 구리선.

Angela Bulloch, *Horizontal Technicolor*, 2002, 모듈형 조명 조각.

Jim Campbell, *Reconstruction* 시리즈, 2002-2009, 맞춤형 전자 제품, LED 및 주조 수지 스크린.

Evil Mad Scientist Laboratories, *StippleGen*, 2012, 이미지 처리 소프트웨어.

Frédéric Eyl과 Gunnar Green, *Aperture*, 2004-05, 인터랙티브 파사드.

Kelly Heaton, *Reflection Loop*, 2001, Furby 픽셀을 사용한 키네틱 조각.

Chris Jordan, *Running the Numbers II: Portraits of Global Mass Culture*, 2009–, 다양한 재료.

Rafael Lozano-Hemmer, *Pareidolium*, 2018, 소프트웨어, 카메라 및 초음파 분무기.

Vik Muniz, *Pictures of Garbage*, 2008, 쓰레기 배열 사진.

Everest Pipkin, *Unicode Birds*, 2013~2019, 유니코드 및 트위터 봇.

Gonzalo Reyes-Araos, *RGB Paintings*, 2018, 종이에 유채, 알루미늄 위에 장착, KINDL 베를린.

Elliat Rich, *What Colour Is The Sky*, 2011, 인쇄된 알루미늄 견본과 강철 프레임.

Peiqi Su, *The Penis Wall*, 2014, 키네틱 조각.

Tali Weinberg, *0.01% of vacant potential homes*, 2012, 종이에 아카이벌 피그먼트 프린트.[5]

참고 자료

Scott Blake, "My Chuck Close Problem", Hyperallergic, 2012년 7월 9일.

Meredith Hoy, *From Point to Pixel: A Genealogy of Digital Aesthetics*, Dartmouth College Press, 2017.

Christopher Jobson, *People as Pixels*, This Is Colossal, 2012년 2월 24일.

Julius Nelson, *Artyping*. Artyping Bureau, 1939.

Omar Shehata, "Unraveling the JPEG", *Parametric Press issue 1*, 2019년 봄.

Rob Silvers, *Photomosaics: Putting Pictures in their Place*, 석사 논문, MIT, 1996.

Barrie Tullett, *Typewriter Art: A Modern Anthology*, Laurence King Publishing, 2014.

5 (옮긴이) Archival pigment print, 장기간 보존이 가능하도록, 광물성 소재를 가공해 만든 안료 잉크로 인쇄하는 방식을 말합니다.

드로잉 머신 낙서 및 묘사를 위한 도구 만들기

애디 바겐크네흐트(Addie Wagenknecht)의 *Alone Together* 시리즈(2017)의 그림은 Roombadomestic 로봇이 예술가가 기대어 있는 몸 주위를 따라가면서 International Klein Blue 페인트를 문지르는 방식으로 제작되었습니다. 이 작품은 기술화된 노동 자동화 그리고 여성의 몸이 때때로 붓으로 사용되었던 액션 페인팅의 역사 양쪽 모두에 대한 응답으로 제작되었습니다.

드로잉 머신 낙서 및 묘사를 위한 도구 만들기

개요

그림의 개념이나 행위를 확장/확대하고 뒤섞고, 복잡하게 만들고 질문하고, 분석하고 망치고, 훼손하고 개선하고, 가속화 또는 기타 방식으로 변경하는 프로그램을 만듭니다. 프로젝트가 도구인지, 장난감인지, 게임인지, 연주 도구인지 등 시스템의 의도를 명확히 합니다. 적어도 세 개를 시리즈로 그려 고유한 속성을 검증합니다.

학습 목표

- 드로잉의 과정을 깊이 있게 살펴봅니다.
- 창의적 도구가 사용자에게 어떤 가능성을 제공하는지, 그 결과로 어떤 창작물이 만들어지는지 분석합니다.
- 제스처 데이터의 기록, 저장, 조작을 위한 적절한 데이터 구조를 사용합니다.

팀 놀스(Tim Knowles)는 *Tree Drawings*(2007)를 만들기 위해 나뭇가지에 연필을 매달고 그 결과로 나온 마크를 종이에 담습니다.

스웨덴 에이전시 Front Design의 *Sketch Furniture*(2007) 시스템은 모션 캡처와 디지털 제작을 결합합니다. 디자이너는 이 시스템을 사용하여 종래의 틀에 얽매이지 않는 가상 가구의 3차원 도면을 1:1 비율로 기록한 다음, 이 형태를 대규모 3D 프린터를 사용하여 제작할 수 있습니다.

변주와 활용

* 그림에 생명을 불어넣는 시스템을 만들어 보세요.

* 자신의 움직임을 통해 그림을 그리고 있다는 사실을 알지 못하는 개체(예: 보행자, 거북이, 연)의 행동에서 마크 메이킹(mark making)[1]을 이끌어내 보세요.

* 손을 쓰지 않고 사용자의 얼굴, 목소리, 또는 신체의 다른 부분으로 작동시키는 도구를 만들어 보세요.

* 그림 그리기는 보통 혼자서 하는 활동이라고 생각합니다. 두 사람이 작동해야 하는 드로잉 머신을 만들어 보세요.

* 오리만 그릴 수 있는 도구와 같은, '단일 목적'의 드로잉 머신을 만들어 보세요.

* 그림은 평평한 표면에 그린다는 개념, 그림은 오래도록 남을 수 있는 기록물이라는 개념, 그림은 '완성'될 수 있다는 개념, 그림은 텍스트와 구별된다는 개념 등 그림에 대한 다른 기본 가정에 대해 알아보고 이의를 제기해 보세요.

* 정확성, 사실성, 유용성이라는 기술적 필수 조건을 거부하고 표현력, 재현 불가능성, 기발함을 우선시하는 등 비판적으로 기능하는 도구를 만드세요.

* 드로잉 데이터베이스를 분석하고 인사이트를 도출하는 시스템을 개발해 보세요.

1 (옮긴이) 마크 메이킹(mark making)은 예술에서 표면에 표시를 생성하는 행위입니다. 그림이나 스케치, 다양한 미술 작업에서 볼 수 있는 기본적인 요소로, 특정 도구를 사용해 선, 점, 형태, 질감 등을 만들어 내는 것을 포함합니다.

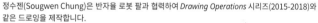

정수젠(Sougwen Chung)은 반자율 로봇 팔과 협력하여 *Drawing Operations* 시리즈(2015-2018)와 같은 드로잉을 제작합니다.

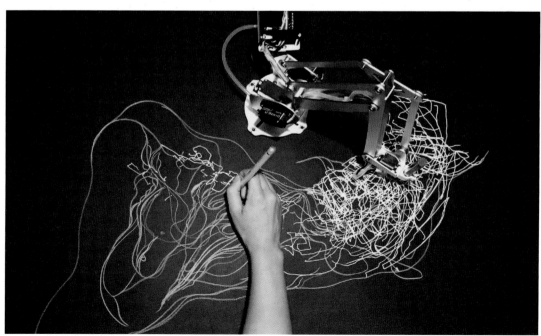

의미 있는 작품 만들기

'나만의 붓 만들기'는 학생들이 신체의 일부분이나 주변에서 구할 수 있는 재료로 도구를 만들도록 장려하는, 미술 학교의 고전적인 과제입니다. 이 연습은 마크 메이킹을 개인화하고 낯설게 만들며, 도구와 기술이 예술적 표현을 형성하는 방식에 대해 더 깊이 생각해 보도록 유도합니다. 드로잉 머신 과제는 소프트웨어 영역에서 이러한 정신을 포착하여 인간과 기계의 협업에서 제약, 자율성, 증강에 대한 질문을 던집니다.

Graffiti Research Lab은 예술가와 시위자들을 위해 도시 커뮤니케이션 도구로 오픈 소스 기술을 제공하는 집단입니다. 그들의 프로젝트 중 하나인 *L.A.S.E.R. Tag*(2007)는 사용자가 휴대용 레이저 포인터를 사용하여 건물 크기의 태그를 만들 수 있도록 하는 컴퓨터 비전 시스템입니다. 사용자는 대형 비디오 프로젝션을 사용하여 공공 공간에 메시지를 시각적으로 표현할 수 있습니다.

그리는 행위는 장치를 통해 몸의 제스처를 페이지로 옮깁니다. 오늘날의 컴퓨테이셔널 드로잉 도구의 원조는 1963년 이반 서덜랜드(Ivan Sutherland)가 MIT 박사 학위 논문의 일부로 개발한 스케치패드(Sketchpad)로, 사람과 컴퓨터가 "선 그리기 도구를 통해 **빠르게** 대화할 수 있게 해 주었습니다."[2] 최초의 그래픽 사용자 인터페이스로 널리 알려진 스케치패드는 스크린을 페이지로 만들고 가상 형태의 무한한 가변성을 처음으로 활용했습니다. 스케치패드의 후손으로 볼 수 있는 오토캐드, 어도비 포토샵, 일러스트레이터는 이제 성숙한 제품이 되었으며, 프로그램에서 사용하는 툴이나 용어는 표준화되고 보편화되어 당연한 것으로 받아들여지고 있습니다. 이제 이 분야에서 혁신을 이루려면 드로잉에 대한 핵심 가정을 깨거나 익숙하지 않은 맥락에서 마크 메이킹을 실험해야 합니다.

2 이반 서덜랜드(Ivan E. Sutherland), "Sketchpad: A Man-Machine Graphical Communication System," *Simulation 2*, no. 5(1964), R-3.

줄리앙 메어(Julien Maire)의 *Digit* 퍼포먼스(2006)에서는 작가가 흰 종이 위에 손가락을 훑으면 손가락 끝 아래에 시적 텍스트가 마법처럼 나타납니다. 열전사 프린터의 메커니즘이 그의 손 밑에 은밀하게 숨어 있습니다.

조나 워렌(Jonah Warren)의 *Sloppy Forgeries*(2018)는 플레이어가 컴퓨터 마우스와 단순한 색상 팔레트를 사용하여 명화의 복제품을 최대한 비슷하게 그리기 위해 경쟁하는 게임입니다.

추가적으로 참고할 만한 프로젝트

Akay, *Tool No.10: Robo-Rainbow*, 2010, 무지개 스프레이 페인팅 장치.

Peter Edmunds, *SwarmSketch*, 2005, 협업 디지털 캔버스.

Free Art and Technology(F.A.T.) Lab, *Eyewriter*, 2009, 시선 추적 그리기 도구.

William Forsythe, *Lectures from Improvisation Technologies*, 1994, 비디오 시리즈.

Ben Fry, *FugPaint*, 1998, 반대로 작동하는 페인트 프로그램.

Johannes Gees, *Communimage*, 1999, 디지털 협업 콜라주.

David Ha, Jonas Jongejan 및 Ian Johnson, *Sketch-RNN Demos*, 2017, 신경망 그리기 실험.

Desmond Paul Henry, *Serpent*, 1962년, 펜과 잉크로 그린 기계 도면, 런던 V&A 박물관.

Jarryd Huntley, *Art Club Challenge*, 2018, 그리기 게임 iOS 앱.

Jonas Jongejan 외, *Quick, Draw!*, 2017, 신경망을 이용한 그리기 게임.

So Kanno와 Takahiro Yamaguchi, *Senseless Drawing Bot*, 2011, 혼란스럽게 움직이는 드로잉 로봇.

권순호, Harsh Kedia, Akshat Prakash, *Anti-Drawing Machine*, 2019, 반대로 작동하는 드로잉 머신.

Louise Latter와 Holly Gramazio, *Doodle*, 2020, Birmingham Open Media(BOM)에서 소프트웨어 아트 전시회.

Jürg Lehni, *Viktor*, 2011, 확장 가능한 로봇 드로잉 기계.

Golan Levin, *Yellowtail*, 1998, 시청각 애니메이션 소프트웨어.

Zachary Lieberman, *Drawn*, 2005, 인터랙티브 설치.

Zachary Lieberman, *Inkspace*, 2015, 가속도계 기반 그리기 앱.

John Maeda, *Timepaint*, 1993, 드로잉 소프트웨어 데모.

폴 해벌리(Paul Haeberli)의 *DynaDraw*(1989)는 초기 컴퓨테이셔널 드로잉 환경입니다. 여기서 브러시는 시뮬레이션된 질량, 속도 및 마찰을 사용하여 탄력 있는 물리적 개체로 모델링됩니다. 효과를 부풀린 가상 물리학과 다양하게 조정이 가능한 파라미터를 통해 드로잉 프로세스가 강화되면서 새로운 형태의 몸짓과 캘리그래피 놀이가 탄생했습니다.

Kyle McDonald와 Matt Mets, *Blind Self-Portrait*, 2011, 기계를 이용한 드로잉 시스템.

JT Nimoy, *Scribble Variations*, 2001, 드로잉 소프트웨어.

Daphne Oram, *Oramics Machine*, 1962, '소리 그리기'를 위한 사진 입력 합성기.

James Paterson과 Amit Pitaru, *Rhonda Forever*, 2003~2010, 3D 그리기 도구.

Pablo Picasso, *Light Paintings*, 1950년, Gjon Mili의 장노출 사진, MoMA.

Amit Pitaru, *Sonic Wire Sculptor*, 2003, 3D 드로잉과 구성을 위한 앱.

Eric Rosenbaum과 Jay Silver, *SingingFingers(Finger Paint with Your Voice)*, 2010, 소리를 이용한 핑거 페인팅 소프트웨어.

Toby Schachman, *Recursive Drawing*, 2012, 드로잉 소프트웨어.

Karina Smigla-Bobinski, *ADA*, 2011, 아날로그 인터랙티브 설치.

Alvy Ray Smith와 Dick Shoup, *SuperPaint*, 1973~75, 8비트 페인트 시스템.

Scott Snibbe, *Bubble Harp*, 1997, Voronoi 다이어그램을 구현하는 드로잉 소프트웨어.

Scott Snibbe, *Motion Phone*, 1995-2012, 네트워크 애니메이션 시스템.

Scott Snibbe 외, *Haptic Sculpting*, 1998, 물리적 매개 햅틱 조각을 위한 프로토타입 소프트웨어.

Laurie Spiegel, *VAMPIRE*, 1974-1979, 컬러 음악 믹싱 소프트웨어.

Christine Sugrue and Damian Stewart, *A Cable Plays*, 2008, 시청각 공연.

Ivan E. Sutherland, *Sketchpad: A Man-Machine Graphical Communication*, 1964, 드로잉 프로그램.

Clement Valla, *A Sequence of Lines Traced by Five Hundred Individuals*, 2011, 비디오.

Jeremy Wood, *GPS Drawings*, 2014, GPS 데이터를 사용한 도면.

Iannis Xenakis, *UPIC*, 1977, 그래픽 음악

참고 자료

Pablo Garcia, *Drawing Machines*, DrawingMachines.org, 2020년 4월 14일

Jennifer Jacobs, Joel Brandt, Radomír Mech, Mitchel Resnick, "Extending Manual Drawing Practices with Artist-Centric Programming Tools", Proceedings of the 2018 CHI Conference on Human Factors in Computing Systems(Association for Computing Machinery, 2018), 1–13.

Golan Levin, 2학년 2학기 Drawing수업, 인터랙티브 아트 및 컴퓨테이셔널 디자인, CMU, Spring 2016.

Zach Lieberman, "From Point A to Point B" (아이오 페스티벌에서의 강연, 2015년 6월), 비디오, 7:20–19:00.

Scott Snibbe and Golan Levin, "Instruments for Dynamic Abstraction," *Proceedings of the Symposium on Nonphotorealistic Animation and Rendering*, Association for Computing Machinery, 2000.

모듈식 알파벳 공통 모델로 문자 형태 구조화하기

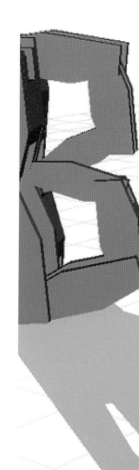

니키타 파셴코프(Nikita Pashenkov)의 *Alphabot*(2000)은 자신의 모양을 바꿔 영어 알파벳 문자를 형성함으로써 인간과 소통하는 Transformer와 비슷한 가상 로봇입니다. 3D 로봇은 경첩으로 이어진 8개의 부분으로 구성되어 있으며 모양을 어떤 글자 형태로든 부드럽게 다시 접을 수 있습니다.

모듈식 알파벳 공통 모델로 문자 형태 구조화하기

개요

알파벳의 모든 문자가 동일한 소프트웨어 파라미터와 그래픽 로직으로 구조화되도록 서체를 디자인합니다(원하는 그래픽 기본 요소 사용). 예를 들어, 모든 글자가 3개의 호, 4개의 직사각형 또는 작은 사각형 격자로만 구성된 알파벳을 디자인할 수 있습니다. 모든 글자를 디자인한 후에는 전체 알파벳을 한눈에 볼 수 있도록 단일 이미지로 조판합니다.

필수적인 기술적 목표는 글자에 대한 설명 파라미터를 일종의 배열 또는 객체 지향 데이터 구조에 저장한 다음 이 데이터에서 요청받은 글자를 렌더링하는 단일 함수를 만드는 것입니다. 각 글자를 그리기 위해 개별 함수를 작성하고 있다면 뭔가 잘못하고 있는 것입니다.

학습 목표

- 동적 타이포그래피에 대한 그래픽 개념을 구상하고 평가할 수 있습니다.
- 파라미터를 사용하여 글꼴을 조작하고, 애니메이션을 적용합니다.
- 메타 디자인의 원리를 글꼴 디자인에 적용합니다.
- 배열을 사용해 기하학적 데이터를 저장합니다.

메리 황(Mary Huang)의 *Typeface: A Typographic Photobooth*(2010)는 실시간 얼굴 추적기의 신호에 의해 파라미터(예: 경사, x 높이 등)가 제어되는 글꼴입니다.

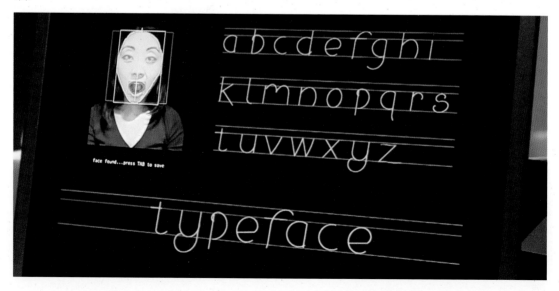

피터 조(Peter Cho)의 고전 *Type Me, Type Me Not*
(1997)에서 각 문자는 두 개의 "팩맨(Pac-Man)" 호
로 구성되며 단 10개의 숫자로 표시됩니다.

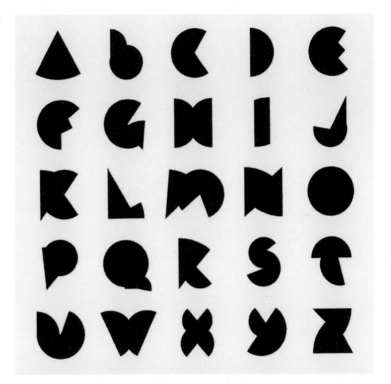

데이비드 루(David Lu)의 *Letter 3*(2002)는 단일 복
합 베지어 곡선의 제어점을 조작하여 문자를 형성하
는 인터랙티브 알파벳입니다. 각 문자는 다른 문자
로 유동적으로 변형합니다.

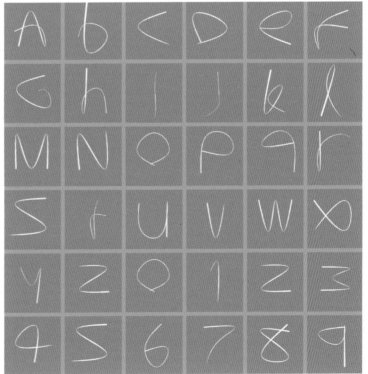

브루노 무나리(Bruno Munari)의 어린이 알파벳 책인 *ABC with Imagination*(1960)에는 글씨 만들기 놀이를 위한 모듈식 조각 세트가 포함되어 있습니다.

변주와 활용

- 서체 디자인과 특별한 관계가 있는 단어를 신중하게 선택하여 조판하세요.
- 글자에 본질적으로 불안정한 속성을 부여하세요. 사인 곡선의 흔들림, 펄린 노이즈[1] 또는 실시간 상호 작용을 통해 제어점을 편향시켜 글자에 애니메이션을 적용합니다.
- 글자 사이의 전환에 애니메이션을 적용하는 시스템을 만들어 보세요. 애니메이션을 적용하면 어떤 글자가 다른 글자로 부드럽게 전환되도록 할 수 있습니다. 키를 누르면 이전 글자에서 원하는 다음 글자로 전환하는 애니메이션 전환(약 1초 길이)이 시작되어야 합니다.

  교수자를 위한 조언: 입문 학생의 경우 글자 형태 간 전환을 위한 템플릿을 제공하는 것이 도움이 될 수 있습니다.
- 이동하는 입자들이 남긴 흔적으로 글자를 형성하는 디자인을 상상해 보세요. 이 입자들의 경로는 어트랙터(attractor, 유인체)와 리펄서(repulsor, 반발력체)의 다양한 공간 구성에서 오는 힘에 영향을 받습니다.
- forced aligner는 오디오 파일과 그 대본을 가져와 매우 정밀한 타이밍 정보를 반환하는 컴퓨터 프로그램입니다. 서체와 forced aligner(예: 오크혼 & 호킨스의 Gentle)를 사용하여 음성 파일과 완벽하게 동기화될 뿐만 아니라 화자의 음성에 파라메트릭 방식으로 반응하는, 시간 동기화 동적 타이포그래피를 만들 수 있습니다.

1   (옮긴이) Perlin Noise, 구름이나 풍경, 대리석처럼 자연계의 불규칙한 노이즈를 컴퓨터 그래픽으로 표현하는 방법입니다.

의미 있는 작품 만들기

아드리안 프루티거(Adrian Frutiger)의 *Univers*(1954), 도널드 커누스(Donald Knuth)의 METAFONT(1977), 어도비의 MM(Multiple Master) 폰트(1994)에서 확장되어 정적 서체의 경직된 한계를 훨씬 뛰어넘는, 적응성이 뛰어난 서체 시스템을 디자인하는 것이 점점 더 보편화되고 있습니다. 페테르 빌락(Peter Bil'ak)은 다음과 같이 적고 있습니다. "*Univers* 이전에 서체 디자이너들은 같은 세트에 속한 문자 간의 관계, 'A'와 'B'가 어떻게 다른지에 관심을 가졌습니다. *Univers*는 개별 글자를 디자인하는 작업을 넘어서, 서로 다른 모양의 집합 사이에 특정한 파라미터를 공유하는 관계의 체계를 만들려고 시도했습니다."[2]

2 페테르 빌락(Peter Bil'ak), " Designing Type Systems", 2012, *ilovetypography.com*

이 과제는 제약이 주는 창의적 가치를 우선시합니다. 파라미터를 공유하는 글꼴을 디자인하는 제한 조건이 있기 때문에 모듈성, 경제성, 형태에 대한 독창성이 필요합니다. 또 학생들이 흔히 당연하게 여기는 형태의 다양성과 복잡성도 요구합니다. 우발적이고 상호 작용적이며 시간에 따라 미묘하게 변하는 양식 시스템의 표현 잠재력을 간과해서는 안 됩니다. 잠시 자신의 타입 시스템에 대해 생각해 보세요. 어떤 글자의 구조화 패턴이 가장 성공적이었나요? 또는 어떤 글자가 가장 힘들었고 실패했다고 생각하나요?

1878년, Fraktur blackletter[3] 활자체가 널리 사용되는 가운데, 발명가인 프레드리히 소네켄(Friedrich Soennecken)은 독일의 활자체와 서체를 현대화하고 합리적으로 개선하려고 노력했습니다. 소네켄은 호와 직선만으로 문자 모양을 구성하는 방법인 Schriftsystem을 개발했습니다. 수십 년 후, 그의 시스템은 현재 독일 전역에서 다양한 목적으로 사용되는, 독일표준협회(DIN)의 DIN 1451 Engschrift 서체 디자인에 영향을 미쳤습니다.

3 (옮긴이) Fraktur blackletter 활자체는 16세기에 독일에서 시작된 고딕 서체의 한 형태입니다. 특징적인 각진 선과 복잡한 장식이 매력적인 이 서체는 책, 문서 등에 널리 사용되었습니다.

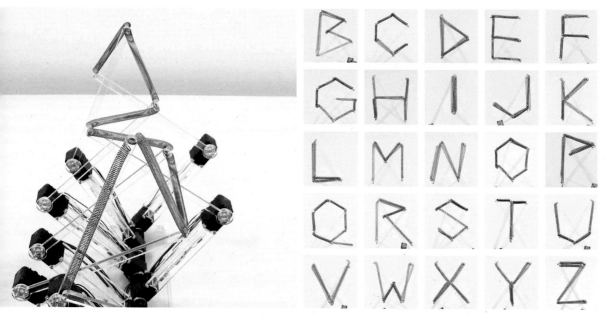

카츠모토 유이치로(Yuichiro Katsumoto)의 *Mojigen & Sujigen* (2016)에서는 상호 연결된 6개의 전기 기계 요소가 서로 다른 위치로 이동하여 알파벳 글자를 형성합니다.

FREGIO MECANO

(Carattere scomponibile)

Minimo Kg. 2,50

Si vendono anche figure separate : minimo Kg. 1 per figura

Fregio Mecano(기계 장식)는 문자와 이미지를 매우 유연한 방식으로 구성하기 위한 20개의 모듈식 기하학적 모양 세트입니다. 1930년대 초 이탈리아의 줄리오 다 밀라노(Giulio da Milano)가 고안한 이 글꼴은 네비올로 활자 주조소에서 출시되었습니다.

율리우스 포프(Julius Popp)의 *bit.fall*(2001-2016)은 일련의 정확한 시간에 맞춰 컴퓨터로 제어되는 솔레노이드 밸브를 통해 물방울을 방출하여 순간적으로 텍스트를 생성합니다.

추가적으로 참고할 만한 프로젝트

Agyei Archer, *Crispy*, 2017, 가변 글꼴.

Erik Bernhardsson, *Analyzing 50K Fonts Using Deep Neural Networks*, 2016, 기계 학습 글꼴.

Michael Flückiger 및 Nicolas Kunz, *LAIKA: A Dynamic Typeface*, 2009, 인터랙티브 글꼴.

Christoph Knoth, *Computed Type*, 2011, 인터랙티브 타이포그래피 시스템.

Donald Knuth, *METAFONT*, 1977-1984, 글꼴 디자인 시스템.

Urs Lehni, Jürg Lehni 및 Rafael Koch, *Lego Font Creator*, 2001, 글꼴.

John Maeda, *Tangram Font*, 1993, 글꼴.

JT Nimoy, *Robotic Type*, 2004, 로봇형 인쇄 시스템.

Michael Schmitz, *genotype*, 2004년, 유전학적 타이포그래피 도구.

심규하(Q), *Code & Type*, 2013, 도서 및 웹사이트.

Joan Trochut, *Supertipo Veloz*, 1942년, Andreu Balius와 Àlex Trochut가 2004년 디지털화한 모듈형 시스템.

Julieta Ulanovsky, *Montserrat*, 2019, 가변 글꼴.

Flavia Zimbardi, *Lygia*, 2020, 가변 글꼴.

참고 자료

Johanna Drucker, *The Alphabetic Labyrinth: The Letters in History and Imagination*, Thames and Hudson, 1995.

C. S. Jones, "What Is Algorithmic Typography?", Creative Market(블로그), 2016년 5월 2일.

Christoph Knoth, *Computed Type Design*, 석사 논문, École Cantonal d'Art de Lausanne, 2011.

Donald Knuth, "The Concept of a Meta-Font", *Visible Language* 16, no. 1 (1982): 3–27.

Jürg Lehni, "Typeface As Programme", Typotheque.

Ellen Lupton, *Thinking with Type: A Critical Guide for Designers, Writers, Editors, & -Students*, Princeton Architectural Press, 2010.

Rune Madsen, Typography, NYU(프로그래밍 디자인 시스템) 강연.

modular typography, 텀블러.

François Rappo와 Jürg Lehni, *Typeface as Programme*, École Cantonal d'Art de Lausanne, 2009.

Dexter Sinister, "Letter & Spirit", 서빙 도서관 게시판 3(2012).

Alexander Tochilovsky, *Super-Veloz: Modular Modern*(강의, 샌프란시스코 공공 도서관, 2018년 3월 13일).

데이터 자화상 정량화된 셀카

산 황(Shan Huang)이 CMU에 재학 중일 때 개발한 *Favicon Diary*(2014)는 그녀가 몇 달 동안 방문한 모든 웹 사이트의 파비콘 (favicon)을 연대순으로 정리한 것입니다. 황은 자신의 데이터 자 화상을 제작하는 것과 같은 작업을 다른 사람들도 수행할 수 있도 록 구글 크롬 브라우저 확장 프로그램을 공개했습니다.

데이터 자화상 정량화된 셀카

개요

자신에 대한 데이터 집합을 통해 인사이트를 제공하는 비주얼리제이션(visualization, 시각화)을 만듭니다. 기존 데이터(예: 이메일 기록, 피트니스 트래커 데이터 등)를 사용하거나 삶의 한 단면에 대한 데이터를 수집하기 위해 특별히 새로운 시스템을 만들 수 있습니다. 수집하는 데이터가 반드시 일시적인 것이어야 할 필요는 없습니다. 예를 들어 옷장을 서로 관련된 항목의 데이터베이스로 생각할 수 있습니다. 이전에 아무도 보거나 생각하지 못한 현상에 대해 데이터를 수집할 수 있나요?

이 비주얼리제이션은 자신에 대한 질문의 답을 찾는 데 도움이 되는 도구입니다. 기존의 측정 기술을 사용하거나 새로운 수동/자동 데이터 수집 기술을 고안할 수도 있습니다. 필수적인 것은 아니지만 여러 데이터 소스를 조합하여 흥미로운 비교를 만들어 보기를 권합니다.

학습 목표

- 데이터 수집, 구문 분석 및 정리에서 표현, 추출 및 상호 작용에 이르기까지 정보 시각화의 전체 파이프라인을 구현합니다.
- 기본적인 데이터 구조를 식별하고 사용해 봅니다.
- 정보 미학(Information Aesthetics)에 대해 깊이 있게 생각해 봅니다.

변주와 활용

- 데이터를 활용해서 좀 더 구체적인 작업을 해 보세요. 때로는 데이터의 하위 집합에 초점을 맞추는 것이 더 간단할 뿐만 아니라 훨씬 더 흥미로울 수 있습니다. 예를 들어 모든 문자 메시지를 시각화하는 대신(문자 메시지 행동에 대한 연구), 특정 사람과 주고받은 문자 메시지만 조사한다면(관계에 대한 연구) 어떨까요?
- 타임스탬프가 찍힌 데이터를 타임라인과 관계없는 데이터로 처리해 보세요. 이메일을 생각해 보세요. 타임라인(예: 하루에 처리하는 이메일 수)으로 시각화할 수도 있지만, 그래프(예: 연락처로 본 사회적 관계망) 또는 히스토그램(예: 자주 사용하는 단어)으로도 볼 수 있습니다.
- 새로운 센서를 사용하거나 예상치 못한 장소에 센서를 장착하여 자신에 대한 데이터를 모을 수 있는 맞춤형 장치를 구축하세요.

1년 동안 진행된 프로젝트인 *Dear Data*(2016)에서 조르지아 루피(Giorgia Lupi)와 스테파니 포사벡(Stephanie Posavec)은 그들이 문을 몇 번 열고 들어갔는지, 몇 번이나 웃었는지와 같은 삶의 일부분을 수량화하여 시각화한, 손으로 그린 엽서를 매주 서로에게 우편으로 보냈습니다.

페르난다 비에가스(Fernanda Viégas)의 *Themail*(2006)은 이메일의 내용을 분석하여 각 관계를 특징짓는 중요한 단어를 보여줍니다.

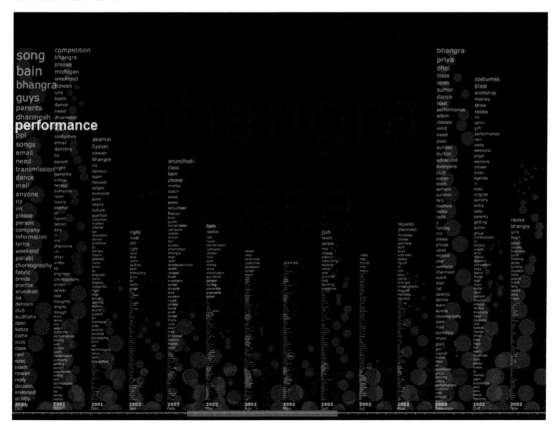

- 데이터 캡처 시스템을 친구에게 주고 2주 동안 데이터를 수집해 달라고 부탁해 보세요. 에드워드 터프티(Edward Tufte)가 '스몰 멀티플즈'[1]라고 명명한, 유사한 시각 구조의 다양한 차트로 만들어 친구들의 데이터를 비교하여 보세요.
- 인터랙티브 비주얼리제이션을 만듭니다. 프로젝트에서 확대/축소, 정렬, 필터링 또는 쿼리와 같은 작업을 허용할 수 있는 방법을 고려합니다.

의미 있는 작품 만들기

데이터베이스는 우리의 디지털 커뮤니케이션, 검색 기록, 거래, 걸음 수, 수면 패턴, 여행 등을 통해 쌓입니다. 이 '데이터 배출(data exhaust)'[2]을 어떻게 이해하고 이를 통해 자신에 대한 이해를 어떻게 바꿀 수 있을까요? 어떤 데이터가 수집되고 어떤 데이터가 수집되지 않나요? 어떤 종류의 활동이 정량화 및 측정에 저항하며 그 이유는 무엇일까요? 이 과제는 정량화의 시대에 있어서 자신의 초상과 자기 표현에 대한 깊은 탐구를 이끌어냅니다.

1 (옮긴이) 에드워드 터프티의 '스몰 멀티플즈 (small multiples)'는 다양한 데이터 집합을 유사한 디자인과 규모를 가진 여러 작은 차트나 그래프로 나누어 표시하는 정보 시각화 방식입니다. 이 기법은 시각적 일관성을 유지하면서도 다른 조건이나 시간에 따른 데이터 변화를 한눈에 비교하고 분석할 수 있게 합니다.

2 (옮긴이) 데이터 배출 (data exhaust)은 디지털 활동 과정에서 의도치 않게 생성되고 대부분 무시되는 대량의 정보를 말합니다. 이 정보는 사용자의 행동 패턴, 선호도 등을 분석하는 데 유용하게 활용될 수 있습니다.

트레이시 에민(Tracey Emin)의 *Everyone I Have Ever Sleep With 1963-1995*(1995)는 에민의 연인들의 이름을 안쪽에 수놓은 텐트입니다.

기업과 정부의 감시는 개인적, 사회적 관점에서 우리의 삶을 변화시키고 있습니다. 우리의 삶이 기록되고 있다는 사실이 우리의 삶을 어떻게 변화시킬까요? 처음에는 정량화된 개인적 자아[3] 커뮤니티에서 새로운 인사이트를 제공한다는 이유로 환영 받았던 피트니스 트래킹이 나중에 보험 업계에서 적극적으로 홍보되고, 경우에 따라서는 고용주가 자료 제출을 요구하는 과정을 생각해 보세요. 마찬가지로, 주요 소셜 미디어 플랫폼에서 데이터를 수집하고 이 데이터가 타깃 광고에 어떻게 활용되는지, 온라인 콘텐츠의 표현 알고리즘의 구성에 어떻게 관여되는지, 그리고 이런 것들이 어떻게 필터 버블[4]과 같은 현대적 현상을 만들어 내는지 그 과정을 생각해 보세요.

3 (옮긴이) 정량화된 자아(quantified-self)은 기술을 사용해 신체 활동, 수면 패턴, 식습관 등 일상 생활의 다양한 측면을 추적, 분석함으로써 자기 자신을 더 잘 이해하고 건강이나 생산성을 향상시키려는 움직임입니다.

4 (옮긴이) 필터 버블(filter bubble)은 사용자의 이전 온라인 활동을 기반으로 정보를 필터링하여, 사용자가 동의하는 의견이나 관심사만 접하게 되는 현상입니다. 이로 인해 다양한 관점이 배제되고, 정보의 편향성이 강화될 수 있습니다.

1970년대 후반 신체의 자연스러운 일주기 리듬에 대한 관심이 급증하자 소냐 라포트(Sonya Rapoport)의 *Biorhythm Audience Participation Performance*(1981)을 통해 상업용 키트를 사용하여 일일 바이오리듬을 예측한 다음 자신의 경험을 컴퓨터가 내놓은 예측과 비교했습니다.

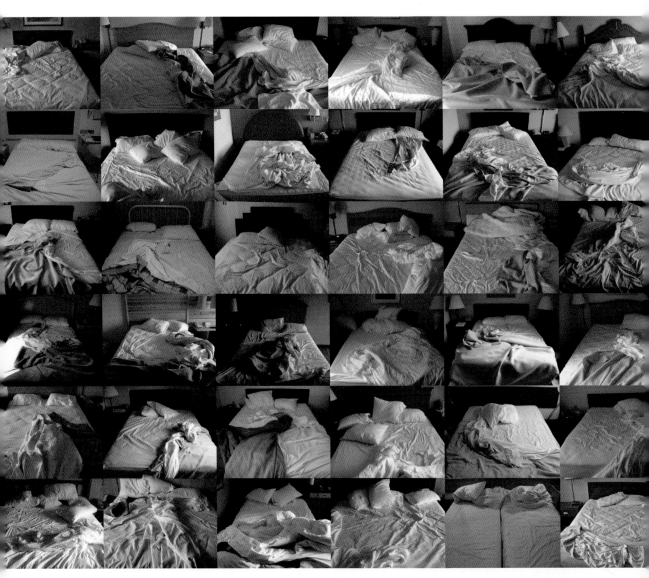

Stay(2011)는 하산 엘라히(Hasan Elahi)가 자신의 일상을 담은 사진을 모아 선제적으로 FBI에 보내는 '자기 감시' 작업의 한 예입니다.

추가적으로 참고할 만한 프로젝트

Rachel Binx, *Wi-Fi Diary*, 2014, 이미지 캡처
소프트웨어.

Beatriz da Costa, Jamie Schulte, Brooke Singer,
Swipe, 2004, 퍼포먼스 및 설치.

Hang Do Thi Duc 및 Regina Flores Mir, *Data Selfie*,
2017, 브라우저 확장.

W. E. B. Du Bois, 파리세계박람회의 'Exhibit of
American Negros' 전시를 위한 차트, 1900년, 포스터
보드에 잉크.

Luke DuBois, *Hindsight Is Always 20/20*, 2008,
라이트 박스, 소프트웨어 및 대통령 연설 기록.

Takehito Etani, *Masticator*, 2005년, 시청각 피드백을
갖춘 전자 웨어러블.

Nick Felton, *Annual Reports*, 2005~2014, 활판 인쇄
및 석판화.

Laurie Frick, *Time Blocks* 시리즈, 2014-2015, 목재
기반 데이터 시각화.

Brian House, *Quotidian Record*, 2012, 비닐 레코드.

Jen Lowe, *One Human HeartBeat*, 2014, 온라인
생체 인식 시각화.

Katie McCurdy, *Pictal Health: Health History
Visualization*, 2014, 건강 데이터 소프트웨어.

Lam Thuy Vo, *Quantified Breakup(blog)*, 텀블러,
2013년 10월 23일~2015년 9월 25일.

Stephen Wolfram, "The Personal Analytics of my
Life", Stephen Wolfram: Writings(블로그), 2012년
3월 8일.

참고 자료

Witney Battle-Baptiste 및 Britt Rusert 편집, *W. E. B.
Du Bois's Data Portraits: Visualizing Black America*,
Chronicle Books, 2018.

Robert Crease, "Measurement and its
Discontens", *New York Times*, 2011년 10월 22일.

Judith Donath 외, "Data Portraits", *Proceedings of
SIGGRAPH* 2010 회보, Association for Computing
Machinery 2010, 375-83.

Ben Fry, *Visualizing Data: Exploring and Explaining
Data with the Processing Environment*, O'Reilly
Media, Inc., 2008.

Giorgia Lupi, "Data Humanism: The
Revolutionary Future of Data Visualization",
Printmag, 2017년 1월 30일.

Chris McDowall과 Tim Denee, *We Are Here: An
Atlas of Aotearoa*, Massey University Press, 2019.

Scott Murray, *Creative Coding and Data
Visualization With P5.js Drawing on the Web With
Javascript*, O'Reilly Media, Inc., 2017.

Gina Neff와 Dawn Nafus, *Self-Tracking*, MIT Press,
2016.

Maureen O'Connor, "Heartbreak and the
Quantified Selfie", *NY Magazine*, 2013년 12월 2일.

Brooke Singer, "A chronology of tactics: Art
tackles Big Data and the environment", *Big Data
and Society 3*, no. 2(2016년 12월).

Edward R. Tufte, *The Visual Display of Quantitative
Information*, Graphics Press, 2001.

Jacoba Urist, "From Paint to Pixels", *The Atlantic*,
2015년 5월 14일.

증강 프로젝션 조명의 개입

크지슈토프 보디치코(Krzysztof Wodiczko)는 의 여성의 불평등한 사회적 지위에 관심을 모으기 위해 폴란드 자헹타 국립 미술관의 파사드에 *Warsaw Projection*(2005)을 투사했습니다. "Artibus(예술을 위해)"라고 새겨진 엔타블러처(entablature, 기둥으로 지지되는 부분의 총칭)를 지지하는 여성의 모습이 마치 건축물의 카리아티드(Caryatid, 여인상으로 된 기둥)처럼 보이도록 만들었습니다. © Krzysztof Wodiczko, Galerie Lelong & Co. 제공

증강 프로젝션 조명의 개입

개요

물리적 장소나 물체에 투사할 데칼[1]을 디자인합니다. 빈 스크린이 아닌 다른 대상을 비추기 위해 특별하게 만들어진, 시간 기반의 그래픽스나 비디오 디스플레이 같은 것을 만들어 볼 수 있습니다. 전원 콘센트, 문 손잡이, 수도꼭지, 엘리베이터 버튼 또는 창틀과 같이 벽에 있는 평범한 건축적 특징과 연관된(그리고 새로운 의미를 이끌어낼 수 있는) 이미지들을 생각해 볼 수 있습니다. 특정 물체를 위한 프로젝션을 디자인할 수도 있고, 가능하다면 차량이나 공연자의 신체와 같은 움직이는 사물에 투사할 프로젝션을 디자인할 수도 있습니다.

투사할 곳의 기하학적, 구조적, 역사적 또는 정치적 특징과 관련된, 시적이거나 재미있는 이미지를 떠올릴 수 있는 콘셉트를 스케치하세요. 콘셉트를 코드로 만들고 대상이나 개체에 이미지를 투영하면서 특히 문구에 주의를 기울이세요. 만드는 디자인이 가상 공간과 실제 공간을 정밀하게 정렬해야 하는 경우에는 프로젝터 보정 및 키스톤(Keystone) 보정을 위한 도구가 필요할 것입니다. 키스톤(프로세싱용), ofxWarp(오픈프레임웍스용), Cinder-Warping(신더용)과 같은 라이브러리, 또는 Millumin이나 TouchDesigner와 같은 소프트웨어를 고려해 보세요.

1 (옮긴이) 데칼(decal)은 프로젝션에서 특정 이미지나 텍스처를 3D 모델의 표면에 부착하는 기법을 말합니다. 이를 통해 복잡한 디테일을 모델링하지 않고도 리얼한 효과를 추가할 수 있습니다.

마이클 나이마크(Michael Naimark)의 *Displacements*(1980)에서는 꾸며 만들어 둔(그리고 사람이 거주하는) 거실 영상이 천천히 회전하면서 동일한, 그러나 흰색으로 칠해진 물체에 투영됩니다.

학습 목표

- 프로젝터 작업에 필요한 기술들을 검토합니다.
- 코드와 조명을 사용하여 현실과 가상, 물리적 공간과 디지털 공간 간의 관계를 형성합니다.
- 특정 장소에서 맞춤형의 예술적 콘셉트 또는 실험을 설계하고 실현합니다.

조 맥케이(Joe McKay)는 *Sunset Solitaire*(2007)에서 특별히 제작한 소프트웨어를 사용하여 지속적으로 일몰과 '일치하는' 프로젝션을 만듭니다.

HeHe(헬렌 에반스(Helen Evans)와 하이코 한센(Heiko Hansen))의 *Nuage Vert*(2008)는 레이저 윤곽선을 투영하여 발전소의 에너지 소비를 시각화합니다.

변주와 활용

- 퐁, 스네이크, 킥스, 팩맨과 같은 고전 아케이드 게임을 재해석하여 특정 벽을 게임 화면으로 사용하세요. 이때 벽의 창문과 기타 요소들을 장애물로 게임에 통합합니다.
- 컬러 프로젝션으로 실제 환경의 요소들이 활성화되는, 음악과 동기화된 시청각 프레젠테이션을 만들어 보세요.
- 대상에 대한 정보를 해당 대상에 투영하는 '현장 데이터 시각화'를 제작해 보세요.
- Box2D와 같은 물리 라이브러리를 사용하여 투사된 그래픽스와 실제 물리적 대상의 특징 간에 사실적으로 보이는 '충돌'을 만들어 낼 수 있습니다.
- 규모를 고려하세요. 작아도 괜찮습니다.
- 컴퓨터 비전을 사용하여 특징 감지, 프로젝터 보정 및 정렬을 지원합니다.
- Flocking(군집)과 같은 시뮬레이션 원리를 사용하여 가상 생물의 생태계를 만듭니다. 선택한 벽의 특징에 생물이 반응하도록 만듭니다.

Scenic Jogging(2010)에서 질리언 메이어(Jillian Mayer)는 움직이는 차량에서 투사한 풍경을 배경으로 달립니다.

의미 있는 작품 만들기

조명으로 투영하는 가상 레이어가 실제 세계에 겹쳐지면 다양하고 새로운 의미가 생겨납니다. 프로젝션은 해설이나 비평, 또는 건물이나 기념물의 역사적, 정치적 차원의 환경에서 쓰일 수 있습니다. 다른 용도로 프로젝션은 정보 시각화, 또는 장소나 물체의 내부 구조, 이와 관련하여 발생하는 활동 등을 표현하는 역할을 합니다. 공연 환경에서 프로젝션은 반응형 세트 디자인, 그림자 연극, '디지털 의상' 안무(공연자의 신체와 움직임에 밀접하게 연결된 반응형 프로젝션 디스플레이)를 위한 새로운 기회를 창출했습니다. 증강 프로젝션은 건물을 반짝이는 것처럼 보이게 하는 거대하고 화려한 착시 효과부터 사람의 얼굴 크기로 만든 친밀하고 시적인 제스처까지 다양합니다.

핵심 과제는 현실과 가상, 즉 투사된 빛과 투사되는 특정 사람, 장소 또는 사물 사이에 강력한 결합을 만드는 것입니다. 모범이 되는 작품들은 대상과 형식적, 개념적인 측면에서의 조화로운 결합을 통해 이를 달성합니다. 투사할 대상과 투사할 내용에 대한 선택은 동시에 이루어집니다.

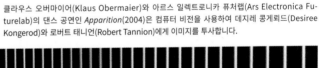

클라우스 오버마이어(Klaus Obermaier)와 아르스 일렉트로니카 퓨처랩(Ars Electronica Futurelab)의 댄스 공연인 *Apparition*(2004)은 컴퓨터 비전을 사용하여 데지레 콩게뢰드(Desiree Kongerod)와 로버트 태니언(Robert Tannion)에게 이미지를 투사합니다.

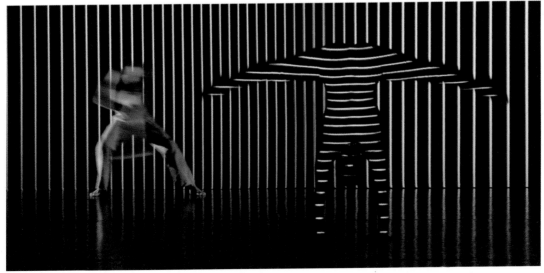

Keyfleas(2013)는 학부 1학년인 마일즈 히루 페이튼(Miles Hiroo Peyton)이 개발한 인터랙티브 프로젝션입니다. 작은 생물 떼가 컴퓨터 키보드 표면에 서식하는 것처럼 보이며, 키를 누르면 그 키를 조사하기 위해 떼지어 모입니다.

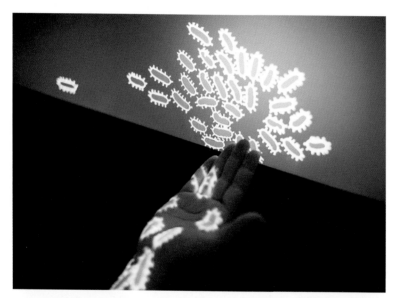

크리스틴 수그루(Christine Sugrue)의 *Delicate Boundaries*(2006)는 투사된 유기체가 '화면을 떠나' 오버헤드 카메라로 감지한 관람자의 뻗은 팔 위로 올라가는 상호 작용을 보여줍니다.

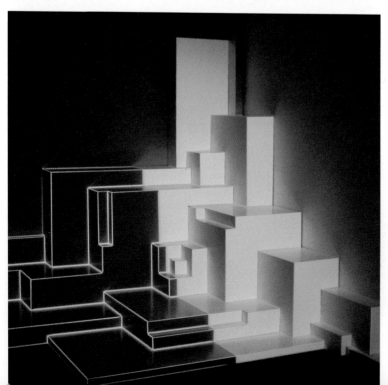

파블로 발부에나(Pablo Valbuena)의 주요(influential) 작품인 *Augmented Sculpture*(2006-2007)에서는 단순한 직사각형 더미가 가상으로 투영되는 빛을 받는 물리적 기반을 형성하며, 이 빛은 밑에 놓인 사각 덩어리들의 기하학적 구조를 변형시키는 것처럼 보입니다.

추가적으로 참고할 만한 프로젝트

Emily Andersen 외, *The Illuminator*, 2012-2020, 장소 특정 프로젝션.

AntiVJ(Romain Tardy와 Thomas Vaquié), *O(Omicron)*, 2012, 사운드 및 장소별 프로젝션, Hala Stulecia, 브로츠와프, 폴란드.

Chris Baker, *Architectural Integration Tests*, 2009, 온라인 비디오.

Toni Dove, *Mesmer: Secrets of the Human Frame*, 1990, 컴퓨터 기반 슬라이드 설치.

Eric Forman, *Perceptio Lucis*, 2009, 비디오 프로젝터, 소프트웨어 및 채색한 목재.

Benjamin Gaulon과 Arjan Westerdiep, *DePong*, 2003년, 프로젝션 게임.

GMUNK(Bradley Munkowitz), *BOX*, 2013년 9월, 비디오, 5:15.

Michael Guidetti, *Bounce Room*, 2009년, 애니메이션 디지털 프로젝션을 사용한 캔버스에 수채화, Jancar Jones 갤러리.

Andreas Gysin과 Sidi Vanetti, *Casse*, 2006, 프로젝션, 사운드 및 스피커.

YesYesNo, *Night Lights*, 2011, 인터랙티브 조명 프로젝션.

참고 자료

Gerardus Blokdyk, *Projection mapping A Complete Guide*, 5STARCooks, 2018.

Justin Cone, "Building Projection Round-Up", Motionographer.com, 2009년 7월 24일.

Donato Maniello, *Augmented Reality in public spaces. Basic Techniques for video mapping*, Le Penseur, 2015.

Ali Momeni와 Stephanie Sherman, *Manual for Urban Projection*, 자체 출판, Center for Urban Intervention Research, 2014.

Francesco Murano, *Light Works: Experimental projection mapping*, Aracne Publishing, 2014.

Studio Moniker, *The Designer's Guide to Overprojection*, 포스터 프로젝션, 타이포잔치: 제3회 국제 타이포그래피 비엔날레, 서울, 대한민국, 2013년 8월 30일~10월 11일에서 발표.

카롤리나 소베카(Karolina Sobecka)의 *Wildlife*(2006)에서는 움직이는 자동차에서 도시의 표면으로 달리는 호랑이를 투사합니다. 호랑이의 속도는 센서에 의해 결정되는 자동차 바퀴의 속도에 비례합니다. 차가 멈추면 호랑이도 멈춥니다.

원버튼 게임 엄격한 제약 내에서 디자인하기

인기 모바일 게임 *Flappy Bird*는 2013년 동응옌(Dong Nguyen)이 출시했습니다. 화면을 탭하면 작은 새의 비행 속도가 빨라져 새가 공중에 머물며 스크롤할 때 장애물을 피하는 데 도움이 됩니다.

원버튼 게임 엄격한 제약 내에서 디자인하기

개요

이번 과제는 인터페이스가 버튼 하나로 제한된 게임을 만드는 것입니다.

버튼에는 눌렀을 때와 놓았을 때의 두 가지 상태가 있습니다. 이 두 상태만으로 어떻게 핵심 게임 메커니즘을 디자인할 수 있을까요? 이 동작들로 움직임(달리기, 점프, 비행), 액션(공격, 변신) 또는 환경 변화(중력, 날씨, 마찰)를 제어할 수 있습니다. 멀티플레이어 게임의 경우 시스템에서 플레이어당 단순한 버튼 하나를 사용할 수 있습니다. 플레이어의 아바타가 구덩이와 장애물을 뛰어넘는, 가장 일반적인 원버튼 게임 메커니즘인 '러너' 게임을 넘어서는 새로운 것이 가능한지 생각해 보세요.

학습 목표

- 타이트한 디자인 제약 내에서 게임을 디자인하고 구현합니다.
- 단일 이진 입력으로 가능한 다양한 게임 메커니즘에 대해 토론하고, 차별화하며, 평가합니다.
- 게임에 몰입감과 흥미를 더할 수 있도록 미적으로 다듬고 스토리를 만듭니다.

Finger Battle(2011)의 공동 창작자인 아티스트 라파엘 로젠달(Rafaël Rozendaal)은 다음과 같이 설명합니다. "게임은 매우 간단합니다. 두 명의 플레이어가 최대한 빨리 탭하면 가장 빠른 태퍼가 승리합니다." 각 플레이어는 자신의 영역(파란색 또는 빨간색)에서만 탭할 수 있습니다. 플레이어가 상대보다 빠르게 탭하면 해당 영역의 크기가 커지므로 화면을 탭하기가 더 쉬워지고 게임 종료 속도가 빨라집니다.

아베 카호(Kaho Abe)의 *Hit Me!*(2011)는 각 플레이어가 머리에 버튼을 착용하는, 화면 없는 물리적 게임입니다. 목표는 상대방이 당신의 버튼을 탭하기 전에 상대방의 버튼을 탭하는 것입니다.

버튼 하나로 횡 스크롤(side-scroller)만 할 수 있는, 메이저 부에노(Major Bueno)가 만든 *Moon Waltz*(2016)에서는 플레이어가 캐릭터를 직접 제어하지 않습니다. 대신 게임의 버튼은 원인과 결과의 사슬에서 내러티브 기능을 수행합니다. 버튼을 누르면 구름이 갈라지고 달이 드러나며 주인공이 늑대인간으로 변신하여 새로운 공격 모드가 가능해집니다.

조나단 루복(Jonathan Rubock)의 *One Button Nipple Golf*(2016)는 탭 앤 홀드 상호 작용과 부분 자동화를 사용하여 플레이어 퍼팅의 방향과 강도를 둘 다 제어합니다. 퍼팅 전에 회전 표시기가 티 주위를 계속해서 선회합니다. 플레이어는 버튼을 누르는 시점을 통해 이 표시기로 퍼팅 방향을 결정합니다. 플레이어의 퍼팅 강도는 버튼을 누르고 있는 시간에 따라 조절됩니다. 골프장은 젖꼭지가 골프 홀인 인간 몸통의 풍경입니다.

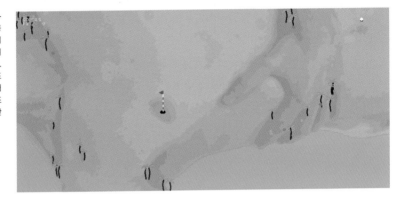

변주와 활용

1 (옮긴이) 회로 기판, 악어 클립, USB 케이블로 구성된 장치로, 전기가 통하는 모든 물체를 컨트롤러로 만들 수 있습니다.

- 메이키 메이키(Makey-Makey)[1]와 같은 키보드 에뮬레이터를 사용하면 바나나 플레이도(Play-Doh, 어린이용 점토) 같은, 집에서 쉽게 구할 수 있는 재료로 기발한 버튼 컨트롤러를 빠르게 제작할 수 있습니다. 키보드 에뮬레이터를 사용하여 옷, 가구 또는 건축물의 일부가 되는 맞춤형 게임 컨트롤러를 만들어 보세요.
- 관례적으로 플레이어가 제어하던 상호 작용을 없애고 '자동화'하여 클래식 아케이드 게임을 원버튼 게임으로 변환해 보세요. 예를 들어, 스페이스 인베이더는 두 가지 컨트롤 세트를 사용합니다. 하나는 플레이어의 레이저 대포를 앞으로 움직이고 또 하나는 내려오는 외계인을 향해 발사하는 용도입니다. 설계된 움직임에 따라 자동으로 앞뒤로 움직이도록 함으로써 원버튼 게임으로 변경할 수 있습니다.
- 게임에서 슬라이더, 스위치, 조도 센서, 마이크 등 단일 센서를 통해 연속적으로 입력되는 데이터를 사용하도록 문제 범위를 수정합니다.

의미 있는 작품 만들기

원버튼 게임은 사용자 상호 작용이 단일 이진 입력으로 제한되는 고전적인 게임 카테고리에 속합니다. Tiny Wings와 Flappy Bird의 인기에서 알 수 있듯이, 이 카테고리는 특히 소형 모바일 디바이스의 맥락에 적합합니다. 하지만 컴퓨팅 리소스가 풍부한 오늘날의 게임 환경은 화려한 시청각 자료에 초점을 맞추도록 하는 경향이 있어, 엄격한 디자인 제약이 직관적인 느낌과 달리 얼마나 몰입도 높은 경험을 만들어내는지 간과하기 쉽습니다. 앤디 닐런, 아담 솔츠먼, 에디 박서먼이 관찰한 바와 같이 간단한 입력, 좁은 선택지, 최소한의 그래픽 등의 요소는 디자이너가 '시스템과 가장 관련성이 높은 규칙, 메커니즘, 표현에 집중할 수 있도록 도와주면서 동시에 매우 큰 가능성을 제공'[2]할 수 있습니다.

타이밍 조작을 통해 간단한 버튼 하나로 놀라울 정도로 광범위한 표현의 상호 작용이 가능하고, 이를 통해 게임 디자인 전략을 세울 수 있습니다. 예를 들어, 버튼을 누르는 동안의 시간을 가상의 게임 오브젝트에 가해지는 '에너지'의 양을 조절하는 데 사용할 수 있습니다(예: 배터리 충전 또는 새총 고무줄 늘이기). 게임 메커니즘은 플레이어가 단위 시간 내에 버튼을 누르는 빈도(예: 초당 탭 수)를 세거나, 플레이어의 리듬감의 정밀도(예: 주기적인 탭의 펄스 발생율을 얼마나 정확하게 달성할 수 있는지)를 측정하거나, 플레이어의 타이밍 감각(예: 다른 게임 이벤트와 비교하여 버튼 탭이 빠르거나 늦었는지)을 정량화하여 작동할 수 있습니다. 연속으로 버튼을 길고 짧게 누르게 하고 여기에 모스 부호를 적용하여 텍스트를 전달하는 데에 사용할 수도 있을 것입니다.

원버튼 게임의 도발적인 잠재력은 컨트롤러를 의도적으로 세상에 배치하고 새로운 물리적 형태로 해석할 때 발휘됩니다. 아베 카호(Abe Kaho), 커트 비그(Kurt Bieg), 램지 나세르(Ramsey Nasser)와 같은 디자이너가 보여준 것처럼 컨트롤러를 신체의 다른 부위에 부착하면 새로운 멀티플레이어 인터랙션을 연출하고 민첩성을 테스트할 수 있습니다. 엄격한 제약 조건의 활용을 통해 디자이너가 매력적이고 참신한 게임 플레이를 만들어 낼 수 있습니다.

2 앤디 닐런(Andy Nealen), 아담 솔츠먼(Adam Saltsman), 에디 박서만(Eddy Boxerman), "Towards Minimalist Game Design", 디지털 게임 기초에 관한 제6차 국제 컨퍼런스, ACM Digital Library, 2011, 38-45.

추가적으로 참고할 만한 프로젝트

Kaho Abe와 Ramsey Nasser, *Shake it Up!*, 2013, 2인용 물리적 게임.

Atari, *Steeplechase*, 1975, 아케이드 게임.

Stéphane Bura, *War and Peace*, 2010, 온라인 게임.

Peter Calver(Supersoft), *Blitz*, 1979, Commodore용 비디오 게임.

Bill Gates와 Neil Konzen, *DONKEY.BAS*, 1981, 오리지널 IBM PC와 함께 배포된 비디오 게임.

Andreas Illiger, *Tiny Wings*, 2011, 모바일 게임.

Kokoromi Collective, Gamma IV Showcase: One Button Games, 2009, one-button game competition 웹사이트.

Konami, *Badlands*, 1984, 레이저디스크 카우보이 테마의 슈팅 게임.

Paolo Pedercini(Molleindustria), *Flabby Physics*, 2010, 온라인 게임.

Adam Saltsman(Atomic), *Canabalt*, 2009, 비디오 게임.

SMG Studio, *One More Line*, 2015, 온라인 및 모바일 게임.

Phillipp Stollenmayer, *Zip-Zap*, 2016, 모바일 게임.

참고 자료

Barrie Ellis, "Physical Barriers in Video Games", *OneSwitch.org.uk*, 2020년 4월 14일 액세스.

Berbank Green, "One Button Games", *gamedeveloper.com*.

Paolo Pedercini, Experimental Game Design 강의 계획서(CMU School of Art, 2010-2020 가을).

Paolo Pedercini, "Two Hundred Fifty Things a Game Designer Should Know", *Molleindustria.org*.

George S. Greene, "Boys Can Have a Carnival of Fun with This Simply Built High Striker," *Popular Science*, 1933년 9월, 59–60.

Katie Salen과 Eric Zimmerman, *Rules of Play: Game Design Fundamentals*, MIT Press, 2005.

커트 비그(Kurt Bieg)와 램지 나세르(Ramsey Nasser)는 버튼을 신체의 다른 부위로 이동하여 매우 도발적인 플레이를 만들어냄으로써 아베 식의 핵심 게임 메커니즘을 확장합니다. *Sword Fight* (2012)에서 각 플레이어는 아타리(Atari) 스타일 조이스틱을 사타구니에 묶고 상대방의 액션 버튼을 누르려 시도합니다. 어색한 웃음이 이어집니다.

봇 자율 예술 에이전트

Art Assignment Bot @art
Make an even

↩   ↻ 1

Art Assignment Bot @art
Produce an as
on Tue, Jan 02

↩   ↻

Art Assignment Bot @art
Make a 3D pri
minutes.

↩   ↻

Art Assignment Bot @art
Produce a wel
seconds.

↩   ↻

Art Assignment Bot @arta
Make a linocut
Jan 1.

↩   ↻ 1

Art Assignment Bot @arta
Construct a po
on Mon, Jan 1

↩   ↻

Art Assignment Bot @arta
Construct a du
challenging mu
2018.

↩   ↻

Art Assignment Bot @arta
Produce a prin
tomorrow.

↩   ↻ 1

Art Assignment Bot @arta
Produce an ins
4 seconds.

↩   ↻ 1

Art Assignment Bot @arta
Produce an etc
in 46 seconds.

↩   ↻ 1

Art Assignment Bot @arta
Produce an oil
in 24 seconds.

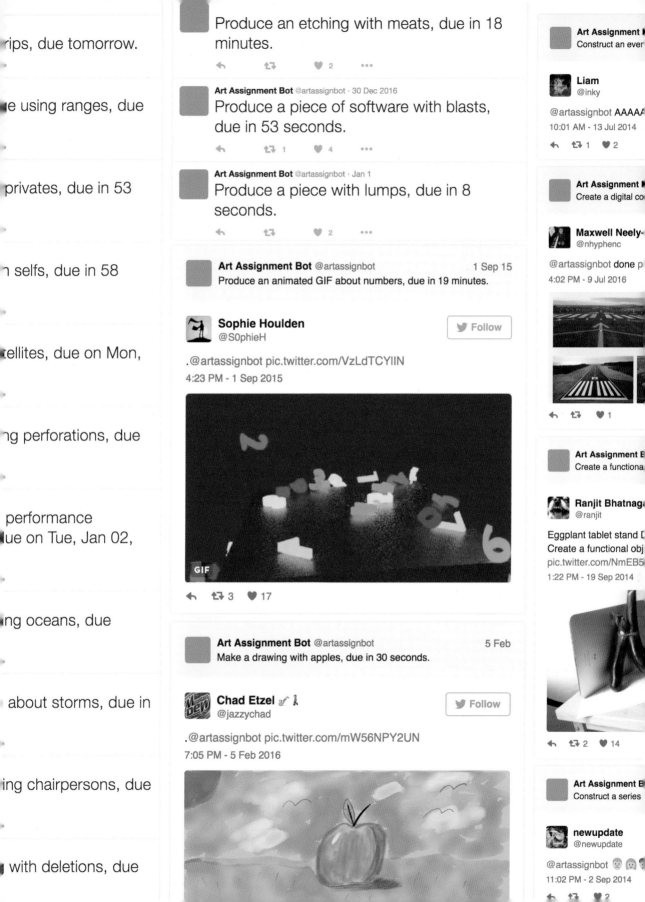

봇 자율 예술 에이전트

개요

온라인 소셜 미디어 플랫폼에 정기적으로 게시물을 생성하는 자율 소프트웨어 에이전트, 즉 '봇'을 만듭니다. 봇은 대화, 이야기, 레시피, 거짓말, 재치 있는 말장난, 시를 생성하거나 이미지, 사운드, 멜로디, 만화, 애니메이션 GIF 등 텍스트가 아닌 미디어를 게시할 수 있습니다. 프로젝트는 간헐적으로 관객이나 구독자에게 콘텐츠를 공유하는 퍼블리싱 플랫폼일 수도 있고, 다른 사용자와 직접 상호 작용하는 인공 지능 기반의 사회적 행위자일 수도 있습니다. 특정 주제를 탐구하거나, 역할을 수행하거나, 감정적 기분을 전달하거나, 특정 의제를 홍보할 수도 있습니다. 또한 봇은 다른 소스의 콘텐츠를 집계, 재게시 또는 재해석하여 필터 역할을 할 수도 있습니다. 선택한 플랫폼의 API가 제공하는 다양한 상호 작용을 살펴보세요. 핵심은 봇이 온라인에서 미디어를 공개적으로 공유해야 하며, 코드를 통해 조직화해야 한다는 것입니다.

몇 가지 중요한 기본 규칙이 적용됩니다. 프로그램은 불법적인 행위를 해서는 안 됩니다. 프로그램이 의도적이든 실수든 혐오 발언을 퍼뜨리거나, 사람을 괴롭히거나, 위협을 가해서는 안 됩니다. 봇 자체는 자동화된 프로세스로 취급하는 것이 좋습니다. 프로그램이 실제 개인과 상호 작용하도록 하려면 먼저 해당 개인이 봇을 팔로우하여 '옵트인(opt-in, 개인정보처리에 대한 동의)'해야 합니다. 이 제한을 어기면 프로젝트의 수명이 짧아질 가능성이 높습니다. 계정이 매우 빠르게 차단되거나 해지 당할 수 있기 때문입니다.

앨리슨 패리시(Allison Parrish)의 X(구 트위터) 봇 *The Ephemerides*(2015)는 시를 생성해 이를 무작위로 선택한 NASA 이미지와 함께 게시합니다.

학습 목표

- API를 사용하는 창작물 디자인을 연습합니다.
- 컴퓨팅 기술을 소셜 미디어 환경에서 콘텐츠를 생성(또는 필터링)하는 데 사용해 봅니다.
- 공적 사용을 위한 시스템을 미학적 측면에서 차별화하고 평가합니다.

변주와 활용

- 입문자용: 최소한의 코딩으로 온라인 상호 작용을 자동화하기 위해 IFTTT(If This Then That)와 같은 온라인 알림 서비스를 사용하는 것부터 시작하세요.
- 봇을 통해 온라인 플랫폼의 API에서 흥미로운 부분이 드러나도록 하세요.
- 온라인 데이터 스트림(예: 신문)에 응답하거나 문화 자료(예: 박물관 소장품)에서 가져온 항목을 표시하는 봇을 만들어 보세요. 이 경우 봇의 소셜 미디어 플랫폼 API 외에 다른 API를 사용해야 할 수도 있습니다.

에베레스트 핍킨(Everest Pipkin)과 로렌 슈미트(Loren Schmidt)의 *Moth Generator*(2015)는 각 표본에 대해 생성된 명명법과 함께 가상 나방의 이미지를 합성하는 X(구 트위터) 봇입니다. 11,000명 이상의 사람들이 이 '나비목 오토마타'를 받기 위해 등록했습니다.

의미 있는 작품 만들기

온라인 봇은 인간과 상호 작용하고, 정치적 의제를 제시하고, 실시간 데이터를 송출하고, 예술, 문학, 과학 콘텐츠를 공유합니다. 시적인 봇을 만드는 앨리슨 패리시(Allison Parrish)는 자신의 에이전트를 '의미 공간'이라는 미지의 영역을 탐사하고 이에 대한 보고서를 전송하기 위해 파견된 '귀여운 로봇 탐험가'라고 설명합니다.[1] 소셜 미디어 플랫폼은 봇이 절차에 따라 생성한 콘텐츠를 원하는 구독자에게 게시할 수 있는 핵심 메커니즘을 컴퓨테이셔널 아티스트에게 제공합니다. 아무리 잘 알려지지 않은 봇이라도 구독자는 분명 존재할 것입니다.

한때 컴퓨터 공학 연구자와 아티스트들이 주로 쓰던, 사람이 아닌 소프트웨어 에이전트의 사용은 매우 흔해져서 이제 봇이 인터넷 트래픽의 대부분을 생성할 정도로 널리 퍼져 있습니다. 검색 엔진은 '스파이더' 봇을 사용하여 색인을 생성합니다. 악성 '봇넷'은 조직적인 공격을 수행하고, 잘못된 정보를 퍼뜨리고, 불신을 심고, 디지털 플랫폼에서 극단적인 관점을 증폭시킵니다. 2014~2018년에 발생한 대규모 '봇 숙청'에서 알 수 있듯이, 챗봇이 대화를 설득력 있게 시뮬레이션하거나 '튜링 테스트'[2]를 통과할 수 있는 능력은 여전히 불신과 위험에 노출되어 있습니다. 이러한 봇 숙청 사건을 계기로 자동화된 미디어 조작이 실제 선거 과정과 정치 담론에 악영향을 미칠 수 있다는 대중의 우려가 커졌고 이에 따라 소셜 미디어 플랫폼은 자동화된 계정을 중단하고 규제를 강화했습니다.

1 앨리슨 패리시(Allison Parrish), "Exploring (Semantic) Space with (Literal) Robots"(2015년 6월 아이오 페스티벌에서 진행한 강의).

2 (옮긴이) 1950년 앨런 튜링(Alan Turing)이 개발한 테스트로, 기계(컴퓨터)가 인간의 지능에 필적하는지를 판별하는 실험입니다.

다리우스 카제미(Darius Kazemi)가 작성한 *Reverse OCR*(2014)은 임의의 단어를 선택하고 OCR 라이브러리가 결과 이미지를 해당 단어로 인식할 때까지 반-무작위로 선을 그리는 텀블러 봇입니다.

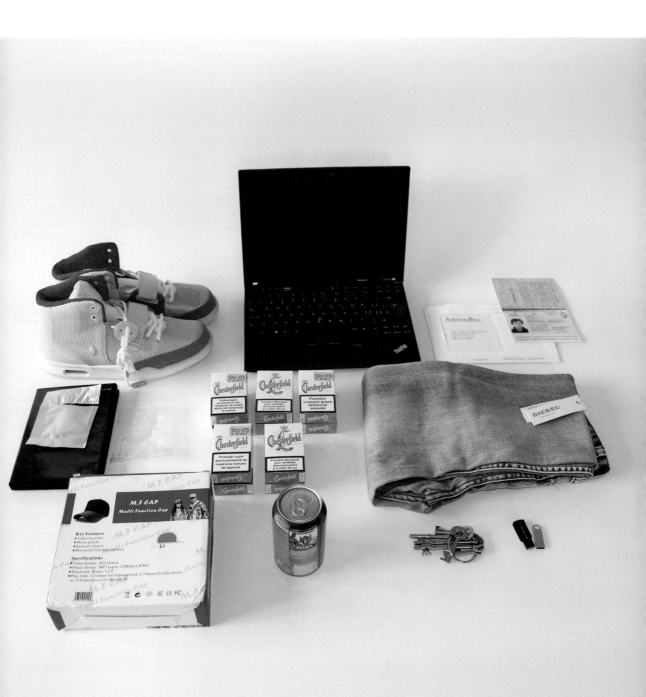

!Mediengruppe Bitnik의 *The Random Darknet Shopper*(2014)는 다크넷에서 주당 100달러의 비트코인을 지출해 랜덤으로 물건을 구매하는 자동화된 온라인 쇼핑 봇입니다.

엘리자(ELIZA)[3]부터 알렉사(Alexa)[4]까지, 챗봇이 사용자와의 상호 작용을 통해 인간 커뮤니케이션을 모방하는 방법을 계속 배우는 모습은 다시금 다음과 같은 질문을 던지게 합니다. 우리 삶의 어떤 영역을 소프트웨어로 자동화해야 할까요? 인간이 된다는 것은 무엇을 의미할까요? AI를 탑재한 봇은 영화 〈2001: 스페이스 오디세이〉의 인공 지능 컴퓨터 HAL 9000이나 〈그녀〉에서의 사만다와 같이 허구이지만 너무나 생생한 묘사가 주는, 희망과 불안이라는 이중적 감정을 불러일으킵니다.

3 (옮긴이) 1966년 요제프 바이첸바움(Joseph Weizenbaum)이 MIT에서 개발한 컴퓨터 프로그램. 이 프로그램은 상담사 역할을 하며, 환자 중심 상담 이론에 기반하여 환자들과 대화를 나누었습니다.

4 (옮긴이) 아마존 알렉사는 음성으로 상호 작용할 수 있는 인공 지능(AI) 기반의 개인 보조기기입니다. 사용자의 명령을 받아들이고 다양한 작업을 수행하며, 음악 재생, 일정 관리, 날씨 정보 제공 등의 기능을 제공합니다. 인기 있는 스마트 홈 기기와 호환되어 가정 내 자동화 시스템을 제어하는 데에도 사용됩니다.

샘 라빈(Sam Lavigne)의 *CSPAN 5*(2015)는 C-SPAN 채널(미 의회 행사를 전하는 비영리 공공 방송)의 동영상을 자동으로 편집하여 가장 자주 사용되는 단어와 문구로 줄이는 유튜브 봇입니다.

추가적으로 참고할 만한 프로젝트

익명, *Congress Edits*, 2014, 트위터 봇.

American Artists, *Sandy Speaks*, 2017, AI 채팅 플랫폼.

Ranjit Bhatnagar, *Pentametron*, 2012, 트위터 봇.

Tega Brain, *Post the Met*, 2014, Craigslist 봇.

James Bridle, *Dronestagram*, 2012, 소셜 미디어 봇.

George Buckenham, *Cheap Bots, Done Quick!*, 2016, 봇 제작 도구.

Kate Compton, *Tracery*, 2015, 제너레이티브 텍스트 작성 도구.

Voldemars Dudums, *Hungry Birds*, 2011, 트위터 봇.

Constant Dullaart, *attention.rip*, 2017, 인스타그램 봇.

shawné michaelain Holloway, *~ FAUNE ~* : EDIT FLESH.PNG*, 2013, 텀블러 봇.

Surya Mattu, *NY Post Poetics*, 2015, 트위터 봇.

Kyle McDonald, *KeyTweeter*, 2010, 트위터 봇.

Ramsey Nasser, *Top Gun Bot*, 2014, 트위터 봇.

Pall Thayer, *I Am Still Alive*, 2009, 트위터 봇.

Thricedotted, *How 2 Sext*, 2014, 트위터 봇.

Jia Zhang, *CensusAmericans*, 2015년, 트위터 봇.

참고 자료

Danah Boyd, "What is the Value of a Bot?", Points(블로그), *datasociety.net*, 2016년 2월 25일.

Michael Cook, "A Brief History of the Future of Twtter Bots", *GamesbyAngelina.org*, 2015년 1월 13일 업데이트.

Madeleine Elish, "On Paying Attention: How to Think about Bots as Social Actors", Points(블로그), *datasociety.net*, 2016년 2월 25일.

Lainna Fader, "A Brief Survey of Journalistic Twitter Bot Projects", Points(블로그), *datasociety.net*, 2016년 2월 26일.

Jad Krulwich 및 Robert Krulwich, *Talking to machines*, Radiolab(팟캐스트), 2011년 5월 30일.

Rhett Jones, "The 10 Best Twitterbots That Are Also Net Art", Animal, 2015년 1월 9일.

Darius Kazemi, "The Bot Scare", Notes(블로그), *tinysubversions.com*, 2019년 12월 31일.

Rachael Graham Lussos, *Twitter bots as digital writing assignments*, *Kairos: A Journal of Rhetoric, Technology, and Pedagogy* 22, no. 2(2018년 봄), n.p.

Allison Parrish, "Bots: A Definition and some Historical Threads", Points(블로그), *datasociety.net*, 2016년 2월 24일.

James Pennebaker, *The Secret Life of Pronouns*, 2013년 2월 촬영, TED 비디오, 17:58.

Elizaveta Pritychenko, *Twitter Bot Encyclopedia*, 자체 출판, Post-Digital Publishing Archive, 2014.

Mark Sample, "A protest bot is a bot so specific you can't mistake it for bullshit: A Call for Bots of Conviction", *Medium.com*, 2014년 5월 30일 업데이트.

Saiph Savage, "Activist Bots: Helpful But Missing Human Love?", Points(블로그), *datasociety.net*, 2015년 11월 29일.

Jer Thorp, "Art and the API", blprnt.blg(블로그), *blprnt.com*, 2013년 8월 6일.

Samuel Woolley 외, "How To Think About Bots", Points(블로그), *datasociety.net*, 2016년 2월 24일.

집단 기억 독창적인 크라우드소싱

카일 맥도널드(Kyle McDonald)는 *Exhausting a Crowd*(2015)에서 온라인 청중을 초대하여 공공 장소를 12시간 동안 녹화한 영상을 관찰해 주석을 달도록 했습니다. 그는 조르주 페렉(Georges Perec)의 실험적 작품인 《파리의 한 장소를 소진시키려는 시도》(2023, 신북스)에서 영감을 받아, 대중에게 면밀한 관찰 과정에 참여케 하여 눈에 띄지 않을 수도 있는 순간을 발견하고 보존하는 방법을 크라우드소싱합니다.

집단 기억 독창적인 크라우드소싱

개요

방문자가 공동 작업하거나 기여할 수 있도록 하는 온라인 개방형 시스템을 만듭니다. 공동 제작 미디어 오브젝트 프로젝트는 참여자가 시간이 지나도 지속되는 변화를 만들어 다른 사람들이 경험하고 수정할 수 있도록 해야 합니다. 그 결과 친구, 형제자매, 공동 작업자, 이웃 또는 낯선 사람 간의 새로운 상호 작용을 통해 발전하고 역동적으로 진화하는 시각적, 텍스트적, 음향적 또는 물리적 결과물이 만들어져야 합니다. 어떤 종류의 행동이나 반응을 끌어내는 작업을 하고자 하는지, 그리고 시스템의 상호 작용 디자인이 개인(그리고 집단) 행동에 어떤 영향을 미치는지 신중하게 고려하세요. 역설적이게도, 가장 엄격한 제약이 가장 흥미로운 결과를 낳는 경우가 많습니다. 예상치 못한 이머전스(emergence)적 행동이 발생할 만한 조건을 만들 수 있나요?

크라우드소싱 프로젝트에서 일차 참여자들을 유치하기 어려운 경우, 특히 상당한 참여가 이루어질 때까지 시스템이 흥미로워지지 않으면 '부트스트래핑'[1] 문제가 종종 발생합니다. 프로젝트에 참여자 모집 전략이 필요한가요?

1 (옮긴이) 부트스트래핑(Bootstraping)은 원래 컴퓨터가 켜지는 과정을 뜻하는 용어로, 초기 자원이나 외부 도움 없이 스스로 어떻게든 시작하고 성장시키는 과정이라는 뜻으로 의미가 확장되었습니다.

*케언(cairn)*은 인간이 만든 돌무더기로, 어떤 것은 수세기에 걸쳐 쌓였습니다. 선사 시대부터 공동으로 제작된 이러한 구조물은 랜드마크, 경로 표시 및 기념비의 역할을 해왔습니다.

학습 목표

- 협업과 새로운 이머전스적 행동을 지원하는 시스템의 미학, 디자인 및 개념을 차별화하고 평가합니다.
- 참여에 대한 제약과 인센티브 간의 균형을 맞춰 인터페이스를 설계합니다.
- 기본적인 데이터 구조를 구현합니다.

변주와 활용

- 시스템을 어떻게 확장할지(아니면 확장할 것인지 말 것인지)를 고려하세요. 프로젝트가 '입소문을 타도' 살아남을 수 있을까요?
- 시간이 지남에 따라 참여자의 기여가 점진적으로 정리, 변경 또는 축소되는, 자동화된 '풍화(weathering)' 형태를 구현하세요.
- 프로젝트는 트롤, 편견, 스팸 발송자, 봇, 기물 파손자 및 기타 악의적인 행동을 하는 방문자들을 끌어들일 수 있습니다. 콘텐츠 중재[2](자동화된 방식이든 다른 방식이든) 문제를 미리 생각해 보세요. 사용자가 익명인가요, 아니면 계정/ip 정보 등을 수집할 수 있나요?

2 (옮긴이) 콘텐츠 중재 (contents moderation)는 콘텐츠의 수위를 조절하는 검열의 한 종류입니다. 페이스북이나 X 등의 소셜 미디어에서 가짜 뉴스나 폭력적, 선정적 콘텐츠의 확산을 막기 위해 콘텐츠를 필터링하는 것이 콘텐츠 중재의 대표적인 예입니다.

켄 골드버그(Ken Goldberg)와 조셉 산타로마나(Joseph Santarromana)의 *Telegarden*(1995)은 정원과 로봇 팔로 구성된 인터랙티브 네트워크 설치물입니다. 온라인 방문자는 웹캠을 통해 정원을 보고 팔을 제어하여 묘목을 심고, 물을 주고, 가꿀 수 있습니다.

I'm a slut because.

I want to have a stable life before
bringing a child into it.

루파 바수데반(Roopa Vasudevan)의 *Sluts across America*(2012)는 사용자가 제출한 생식의 자유를 옹호하는 메시지를 편집한 것입니다. 미국 지도에 위치 정보가 표시되어 있습니다.

의미 있는 작품 만들기

말벌집에서 위키피디아에 이르기까지, 이머전스의 원리는 수천 명의 독립적 주체들의 누적된 기여가 어떻게 정교한 형태를 만들어낼 수 있는지 설명합니다. 인터넷에서 대규모의 사람들을 조율하는 기술을 '크라우드소싱'이라고 하며, 이러한 대규모 정보를 다루는 기술은 피드백, 자가 재생, 집단 행동과 같은 사이버네틱 개념을 탐구할 수 있는 풍부한 기회를 제공합니다. 놀랍게도 케반 데이비스(Kevan Davis)의 *Typophile: The Smaller Picture*(2002)나 레딧(Reddit)의 *the epic Place experiment*(2017)처럼 하이브마인드(hivemind)라 불리는 현상은 다수의 개체가 마치 하나의 의식을 공유하는 것처럼 행동하는 것을 의미하며, 이는 간단한 크라우드소싱 규칙을 통해 드러낼 수 있습니다. 군중과의 대화를 통해 공격적인 언어 패턴을 개발한 Microsoft의 AI 챗봇 테이(Tay)처럼 크라우드소싱이 우리의 가장 어두운 충동을 표출할 수도 있다는 사실은 놀랍지 않습니다.

3 (옮긴이) 메모리 퀼트 (Memory Quilt)는 사랑하는 사람들과의 추억, 가족사에 중요한 사건 등을 기념하기 위해 만드는 퀼트입니다. 개인에게 의미 있는 옷에서 자른 천조각이나 서명, 사진 등을 누벼서 일종의 사진 액자처럼 기념물로 만듭니다.

집단에 의해 생성된 아티팩트는 매우 다양합니다. 극단적인 예로 지름길(원래 길이 아닌데 사람들이 많이 지나다녀서 생긴 길)이나 태평양의 거대한 쓰레기 섬과 같이 무수한 사람의 의도치 않은 행동이 만들어낸 현상도 있습니다. '메모리 퀼트'[3]와 전통 민요는 수많은 개인의 의식적인 기여로 엮여 있지만, 일반적으로는 널리 알려진 고정된 문화적 관용구(그리드, 운율 체계 등)에 따라 구조화되어 있습니다. 케언(cairn), 껌 벽(gum wall), '사랑의 자물쇠' 다리, 쿠사마 야요이(Kusama Yayoi)의 설치 작품인 *Obliteration Room*(소멸의 방), 인터넷의 드로우볼(Drawball)이나 스웜스케치(SwarmSketch)와 같은 그래피티 벽 등 집단적으로 만들어진 다른 아티팩트들은 누군가가 지시하지 않은 독립적인 기여가 쌓여서 만들어집니다.

인터넷 아티스트들은 온라인 참가자들을 모집하여 공동으로 정원을 가꾸고, 시를 쓰고, 그림을 제작하고, 이미지를 해석하고, 동영상에 주석을 달고, 역사 아카이브에 기여하고 있습니다. 크라우드소싱 메타 아트워크 장르에서는 제작자가 사용자의 창의적 영향력을 어느 정도로 반영할 것인지 브라우저 기반 상호 작용 범위를 정의한 다음, 대규모의 개방적이고 빠르게 전개되는 그룹들에 예술적 대행을 맡깁니다. 성공 여부는 '제약 조건'(예: 사용 가능한 '잉크'를 제한한다든가 다른 참여자가 변경할 수 있는지 여부)과 '인센티브'(예: 좋아하는 노래에 창의적으로 참여할 수 있는 기회 또는 새로운 창작 활동이나 정치적 행동에 참여할 수 있는 기회) 사이의 균형을 신중하게 맞추는 데 달려 있습니다.

아람 바르톨(Aram Bartholl)은 *Dead Drops*(2010)에서 도시 이곳저곳에 USB 저장 장치를 은밀하게 장착하여 오프라인 파일 공유 서비스를 만들었습니다. 지나가던 사람이 자신의 컴퓨터를 USB 드라이브 중 하나에 연결하면 이전 방문자가 제공한 정보를 다운로드하거나 자신이 만든 새 파일을 업로드할 수도 있습니다.

스튜디오 모니커(Studio Moniker)의 *Do Not Touch*(2013)는 크라우드소싱 뮤직 비디오입니다. 인터랙티브 웹 애플리케이션 방문자는 노래를 듣는 동안 마우스 커서를 이동하는 방법에 대한 간단한 지시("녹색 점을 잡아라")를 받습니다. 이렇게 조정된 커서 움직임은 기록된 다음 노래와 동기화되어 재생됩니다.

Typophile: The Smaller Picture(2002)는 케반 데이비스(Kevan Davis)가 운영하는 웹 사이트로, 방문객들이 문자 'A'와 같은 글자체 디자인에 참여하도록 유도합니다. 각 방문자의 창의적인 옵션은 엄격하게 제한되어 있습니다. 유일한 선택은 20×20 격자의 특정 픽셀이 검은색인지 흰색인지 결정하는 것입니다. 글자체가 담길 격자는 임의의 흑백 노이즈로 초기화되고 점차적으로 군중의 구성원이 개별 픽셀에 대한 결정에 기여하면 그 결정이 모여 디자인된 서체가 생성됩니다.

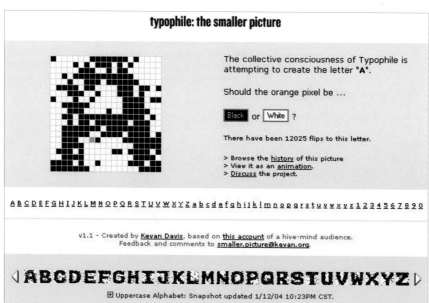

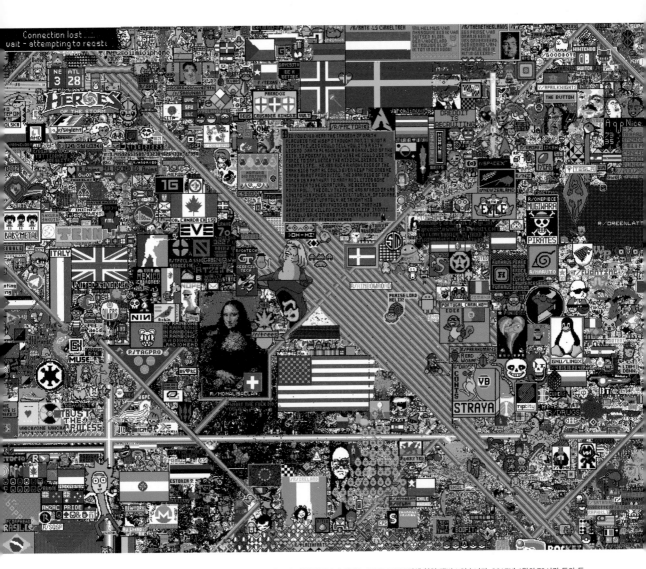

Place는 레딧에서 호스팅되는 1000×1000픽셀 협업 캔버스였습니다. 2017년 4월의 72시간 동안 등록된 사용자는 16색 팔레트에서 색상을 선택하여 캔버스에 1픽셀을 편집할 수 있었습니다. 각 사용자는 5분마다 하나의 픽셀만 변경할 수 있었기 때문에 군중은 집단적으로 이미지를 그리고, 메시지를 쓰고, 플래그를 만들고, 다른 사용자의 기여를 덮어쓰기 위한 정교한 방법을 개발했습니다.

추가적으로 참고할 만한 프로젝트

Olivier Auber, *Poietic Generator*, 1986, 관조적인 소셜 네트워크 게임.

Andrew Badr, *Your World of Text*, 2009, 공동 온라인 텍스트 공간.

Douglas Davis, *The World's First Collaborative Sentence*, 1994, 공동 온라인 텍스트.

Peter Edmunds, *SwarmSketch*, 2005년, 협업 온라인 디지털 캔버스.

Lee Felsenstein, Mark Szpakowski와 Efrem Lipkin, *Community Memory*, 1973, 공용 컴퓨터 게시판 시스템.

Miranda July와 Harrell Fletcher, *Learning to Love You More*, 2002-2009, 과제 및 크라우드소싱을 통한 응답.

Agnieszka Kurant, *Post-Fordite 2*, 2019, 폐쇄된 자동차 제조 공장에서 공급된 화석화된 에나멜 페인트.

Yayoi Kusama, *The Obliteration Room*, 2002, 인터랙티브 설치.

Mark Napier, *net.flag*, 2002, 깃발 디자인을 위한 온라인 앱.

Yoko Ono, *Wish Tree*, 1996, 인터랙티브 설치.

Evan Roth, *White Glove Tracking*, 2007, 크라우드소싱 데이터 수집.

Jirō Yoshihara, *Please Draw Freely*, 1956, 나무에 물감과 마커, 야외 구타이 미술전.

살로메 아세가(Salome Asega)와 아요다몰라 오쿤세인데(Ayodamola Okunseinde)는 *Iyapo Repository*(2015)를 통해 아프리카 출신 사람들의 미래에 대한 추측을 크라우드소싱합니다. 예술가들은 그 결과로 나온 문화 기술적 유물의 청사진을 가져와 사물로 구현하고 컬렉션으로 구성합니다.

참고 자료

Paul Ryan Hiebert, "Crowdsourced Art: When the Masses Play Nice", *Flavorwire*, 2010년 4월 23일.

Kevin Kelly, 'Hive Mind', *Out of Control: The New Biology of Machines, Social Systems, & the Economic World*(Basic Books, 1995).

Ioana Literat, *The Work of Art in the Age of Mediated Participation: Crowdsourced Art and Collective Creativity*, International Journal of Communication 6(2012): 2962-2984.

Dan Lockton, Delanie Ricketts, Shruti Chowdhury, 이창희, *Exploring Qualitative Displays and Interfaces*, CHI '17: CHI Conference on Human Factors in Computing Systems, 2017년 5월에 발표된 논문.

Trent Morse, "All Together Now: Artists and Crowdsourcing", ARTnews, 2014년 9월 2일.

Manuela Naveau, *Crowd and Art - Kunst und Partizipation im Internet*, Transcript Verlag, 2017.

Howard Rheingold, *Smart Mobs: The Next Social Revolution*, Basic Books, 2002.

Clay Shirky, "Wikipedia – an unplanned miracle", *The Guardian*, 2011년 1월 14일.

Carol Strickland, "Crowdsourcing: The art of a crowd", *Christian Science Monitor*, 2011년 1월 14일.

"When Pixels Collide", *sudoscript.com*, 2017년 4월 4일.

실험적 채팅 '함께'에 대한 질문

키트 갤러웨이(Kit Galloway)와 셰리 라비노위츠(Sherrie Rab-inowitz)의 '커뮤니케이션 조각(sculpture)'인 *Hole in Space* (1980)는 라이브 양방향 비디오를 사용하여 로스앤젤레스와 뉴욕의 행인을 연결했습니다.

실험적 채팅 '함께'에 대한 질문

개요

서로 다른 위치에 있는 사람들이 새로운 방식으로 소통할 수 있는 다중 사용자 환경을 설계하세요. 시스템은 타이핑, 말하기, 읽기와 같은 언어 기반 상호 작용을 촉진할 수 있습니다. 또 다른 방식으로, 실재의 모습(aspects of presence)을 제스처나 호흡과 같은 비언어적 방식으로 전달해, 하이데거가 사용한 존재론적 개념으로서의 현존재(Dasein), 또는 '거기에 함께 있음'을 느낄 수 있도록 할 수도 있습니다. 시스템 참여자의 자발성 정도, 그들이 만들어내는 메시지의 타이밍과 방향성을 신중하게 고려하세요. 사용자가 사람들의 웅성거림을 듣는 수동적인 관찰자인가요, 아니면 중요 대화에 기여하는 참여자인가요? 커뮤니케이션이 비동기적이어서 사용자의 흔적을 나중에 다른 사람이 발견하는 방식인가요? 아니면 실시간 이벤트에 동시에 참여할 수 있는 방식인가요? 시스템이 일대일, 일대다/다대일 또는 다대다를 지원하나요?

학습 목표

- 언어적 및 비언어적 커뮤니케이션 양식을 분석하고, 토론하고, 평가합니다.
- 실시간 네트워크 통신을 위한 서버-클라이언트 모델 및 라이브러리를 사용합니다.
- 소셜 공간에 대한 콘셉트를 개발, 디자인하고 실현합니다.

라파엘 로자노 헤머(Rafael Lozano-Hemmer)의 The Trace(1995)에서 참가자는 한 쌍의 광선의 빛나는 교차점으로 표현되는, 움직이는 유령 같은 다른 사람의 '존재'를 접하게 됩니다. 다른 사람은 구성은 동일한 별도의 방에 위치하고 있으며 첫 번째 참가자를 동일한 방식으로 인식합니다.

변주와 활용

- 노트북의 범위를 넘어서 채팅 시스템을 설치할 수 있는 위치, 사람들이 그곳에서 주로 하는 활동, 그리고 그들이 맺을 수 있는 관계를 고려해 보세요. 시스템이 버스 정류장에 있나요? 오케스트라 악단석? 침실? 헬멧을 쓰고 있나요? 참가자들이 서로 낯선 사람들인가요? 공동 작업자? 연인? 부모와 아이들인가요?

- 네트워크로 연결된 사용자들이 새로운 방식으로 서로의 존재를 '느낄 수 있는' 환경을 만들어 보세요.[1]

- 감각을 활용하는 방법을 생각해 보세요. 사용자가 색상을 통해 어떻게 소통할 수 있을까요? 진동이나 냄새로도 가능할까요?

- 시간, 규모, 자발적 참여 정도, 또는 능력의 비대칭성을 고려하세요. 한 사용자는 손끝만으로도 의사소통을 할 수 있는 반면 다른 사용자는 온몸을 사용해야 하는 경우가 있을 수도 있습니다.

- '사용자' 중 하나가 군중(예: Mechanical Turk 작업 그룹)이거나 엘리자 챗봇, 번역 서비스, 시리 또는 자동화된 온라인 도우미와 같은 인공 지능일 수도 있는 다중 사용자 환경을 만들어 보세요.

- 텍스트 기반의 멀티플레이어 가상 세계인 MUD(Multi-User Dungeon)를 개발해 보세요. 플레이어를 위한 고정 어휘와 명령 구문, 그리고 플레이어가 이를 사용하여 해결해야 하는 과제나 문제를 디자인합니다.

- 현지 및 원격 참가자의 스크립트 또는 즉흥적인 참여가 포함된 채팅 시스템을 라이브 공개 공연에서 사용해 보세요.

1   이 변형은 파올로 페데르치니(Paolo Pedercini)의 "Remote Play/Remote Work", 실험적 게임 디자인 강의 계획서(CMU School of Art, 2020년 가을)에서 가져왔습니다.

데이비드 호비츠(David Horvitz)의 *the space between us*(2015)는 두 사람의 휴대폰을 연결하는 모바일 앱입니다. 연결되면 앱은 상대방과의 거리와 방향을 표시합니다.

의미 있는 작품 만들기

디지털 통신망은 물리적으로 떨어져 있는 사람들을 연결하는 강력한 방법을 제공합니다. CTSS 인스턴트 메시징 기능(1961)에서 시작해 AUTODIN 이메일 서비스(1962), 더글러스 엥겔바트(Douglas Engelbart)의 협업형 실시간 텍스트 편집기(1968), 자동화된 대화형 회의 시스템(1973), Colossal Cave Adventure(1975) 같은 멀티플레이어 게임으로 이어지는 커뮤니케이션 도구(및 가상 소셜 공간)의 생성은 처음부터 네트워크 컴퓨팅의 특징적인 요소였습니다.

스코트 스니비(Scott Snibbe)의 *Motion Phone*(1995)은 참가자들이 공유 캔버스에 애니메이션 형태를 그리는, 멀티플레이어 공동 작업 환경입니다.

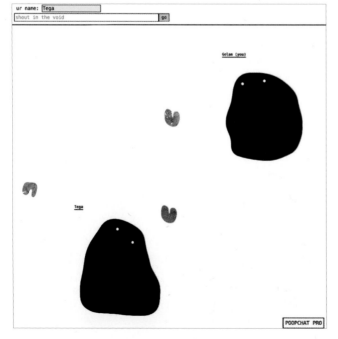

매디 바너(Maddy Varner)의 *Poop Chat Pro*(2016)는 실시간 채팅 공간이자 비동기식 그래피티 벽입니다. 메시지는 나중에 다른 사람들이 찾을 수 있도록 진동하는 애니메이션으로 저장됩니다.

컴퓨테이셔널 아티스트와 디자이너들은 통신을 문자 기호의 교환을 넘어 우리 몸의 모든 감각과 표현 능력을 활용하는 경험으로 확장하는 것을 목표로 삼았습니다. 마이런 크루거(Myron Krueger)의 *Videoplace*(1974-1990)와 키트 갤러웨이(Kit Galloway)와 셰리 라비노위츠(Sherrie Rabinowitz)의 *Hole in Space*(1980)는 전신 텔레프레젠스(telepresence)[2]에 대한 서로 다른 접근 방식의 초기 시스템이었습니다. 오늘날의 VR과 텔레딜도닉스(Teledildonics)는 명백하게(그리고 더 상업적으로) 이를 확장한 것입니다.

　직관적으로 느끼는 것과는 달리, 매력적인 통신 시스템 중의 일부는 엄격하게 제한된 기호 집합을 사용하거나 대역폭에 엄격한 제약이 있습니다(전화 또는 트위터와 같은 마이크로 블로깅 도구를 생각해 보세요). 고해상도 감각 정보가 없으면 나머지는 상상력으로 채워집니다.

2 (옮긴이) 텔레프레젠스(Telepresence)는 기술을 통해 사용자가 물리적으로 멀리진 장소에 가상으로 존재하며 상호 작용할 수 있는 경험을 말합니다.

엔 퐁-아드벤트(Jen Fong-Adwent)와 솔레다드 페나데스(Soledad Penadés)의 *Meatspace*(2013)는 참가자가 작성한 메시지와 웹캠에서 즉석에서 캡처한 이미지로 만든 애니메이션 GIF 루프가 함께 제공되는 임시 대화 공간입니다.

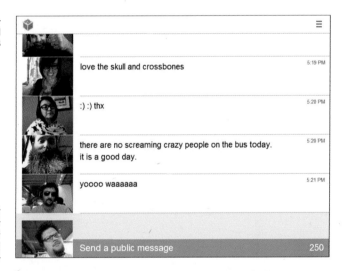

American Artist의 설치 작품 *Sandy Speaks*(2017)는 죽은 자와의 채팅이 가능한지를 탐구합니다. 맞춤 훈련된 AI 챗봇을 사용하는 이 프로젝트에서는 관람객은 경찰 구금 중에 사망한 산드라 블랜드가 사망하기 몇 주 전에 남겨둔, 인종 차별과 경찰의 만행에 대해 이야기한 수많은 유튜브 영상에 남아 있는 그녀의 실제 말과 대화할 수 있습니다.

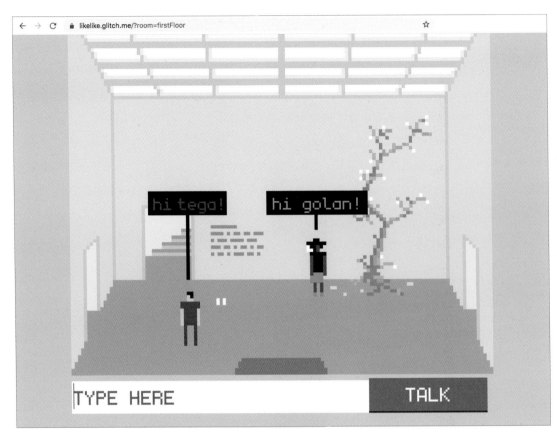

파올로 페데르치니(Paolo Pedercini)의 LIKELIKE 네오 아케이드 속 가상 건물인 *Online Museum of Multiplayer Art*(2020)는 사회적 상호 작용과 디지털 구현에 대한 우리의 개념을 탐구하는 재미있는 환경을 제공합니다. 이 박물관에는 '각 단어가 한 번만 발화되고 다시는 발화되지 않는' 검열실과 같은 독특한 채팅 설치물이 포함되어 있습니다.

추가적으로 참고할 만한 프로젝트

Olivier Auber, *Poietic Generator*, 1986, 관조적인 소셜 네트워크 게임.

Wafaa Bilal, *Domestic Tension*, 2007, 인터랙티브 비디오 설치.

Black Socialists of America, *BSA's Clapback Chest*, 2019, 맞춤 검색 엔진.

Tega Brain과 Sam Lavigne, *Smell Dating*, 2016, 냄새 기반 데이트 서비스.

Jonah Brucker-Cohen, *BumpList*, 2003, 이메일 목록.

Dries Depoorter와 David Surprenant, *Die With Me*, 2018, 모바일 채팅 앱.

Dinahmoe, *_plink*, 2011, 멀티플레이어 온라인 악기.

Exonemo, *The Internet Bedroom*, 2015, 온라인 이벤트.

Zach Gage, *Can We Talk?*, 2011, 채팅 프로그램.

Ken Goldberg와 Joseph Santarromana, *Telegarden*, 1995년, 산업용 로봇 팔을 갖춘 협동 정원, Ars Electronica 박물관.

Max Hawkins, *Call in the Night*, 2013, 전화 통화 서비스.

Miranda July, *Somebody*, 2014, 메시징 서비스.

Darius Kazemi, *Dolphin Town*, 2017, 돌고래에서
영감을 받은 소셜 네트워크.

Myron Krueger, *Videoplace*, 1974-1990, 다중 사용자
인터랙션 설치.

Sam Lavigne, Joshua Cohen, Adrian Chen, Alix
Rule, *PCKWCK*, 2015, 실시간으로 작성된 디지털 소설.

John Lewis, *Intralocutor*, 2006, 음성으로 작동되는
자동화 시스템 설치.

Jillian Mayer, *The Sleep Site, A Place for Online
Dreaming*, 2013, 웹사이트.

Lauren McCarthy, *Social Turkers*, 2013,
크라우드소싱 관계 피드백 시스템.

Kyle McDonald, *Exhausting a Crowd*, 2015,
크라우드 소싱으로 주석을 추가한 비디오.

László Moholy-Nagy, *Telephone Picture*, 1923,
강철에 도자기 에나멜.

Nontsikelelo Mutiti와 Julia Novitch, *Braiding
Braiding*, 2015, 실험 출판 프로젝트.

Jason Rohrer, *Sleep Is Death(Geisterfahrer)*,
2010년, 2인용 스토리텔링 게임.

Paul Sermon, *Telematic Dreaming*, 1992, 라이브
텔레매틱 비디오 설치.

Sokpop Collective, *sok-worlds*, 2020, 멀티플레이어
콜라주.

Tale of Tales, *The Endless Forest*, 2005,
멀티플레이어 온라인 롤플레잉 게임.

TenthBit Inc., *ThumbKiss*(Couple app으로 이름
변경), 2013, 모바일 메시징 앱.

Jingwen Zhu, *Real Me*, 2015, 생체 인식 센서가
포함된 채팅 앱.

참고 자료

Roy Ascott, Edward A. Shanken, *Telematic
Embrace: Visionary Theories of Art, Technology,
and - Consciousness*, University of California
Press, 2007.

Lauren McCarthy, Conversation and
Computation 강의 계획서(NYU, 2015년 봄).

Joanne McNeil, "Anonymity", *Lurking: How a
Person Became a User*, Macmillan, 2020.

Joana Moll과 Andrea Noni, *Critical Interfaces
Toolbox*(2016), *crit.hangar.org*, 2020년 7월 20일
액세스.

Kris Paulsen, *Here/There: Telepresence, Touch,
and Art at the Interface*, MIT Press, 2017.

Casey Reas, "Exercise", Interactive Environments
강의 계획서(UCLA D|MA, 2004년 겨울).

브라우저 확장 인터넷용 렌즈

멜라니 호프(Melanie Hoff)의 *Decodelia*(2016)는 색상 이론의
원리를 사용하여 웹 브라우저가 페이지를 렌더링하는 방식을 변화
시켜 붉은색 안경을 쓴 사람만 콘텐츠를 읽을 수 있도록 했습니다.

브라우저 확장 인터넷용 렌즈

개요

브라우저 확장 프로그램은 웹 브라우저 애플리케이션의 동작을 변경하는 소프트웨어 애드온(플러그인)입니다. 확장 프로그램은 온라인 영역에서 창의적인 개입을 위한 출발점 역할을 할 수 있습니다. 확장 프로그램은 특정 온라인 콘텐츠의 모양을 변경하거나, 정보 레이어를 추가하거나, 시청자를 다른 URL로 리디렉션하거나, 브라우저 동작을 변경할 수 있습니다. 인기 있는 확장 프로그램은 광고를 차단하고, 사용자의 신원을 숨기고, 검열을 우회하고, 정치인에 대한 팩트 체크를 하고, 사전적 정의를 제공하는 역할을 합니다.

이 과제에서는 인터넷의 일부 또는 전체의 외관을 변경하거나, 시적이거나 비판적인 방식으로 시청자의 브라우징 경험을 증강하거나, 낯설게 하거나, 소원하게 하는 브라우저 확장 프로그램을 디자인하고 제작해야 합니다. 크롬 웹 스토어 또는 파이어폭스 애드온 사이트와 같은 공개 플랫폼에 확장 프로그램을 게시합니다.

조나스 룬드(Jonas Lund)의 *We See in Every Direction*(2013)은 현재 접속한 모든 사용자를 공동 브라우징 경험으로 연결합니다.

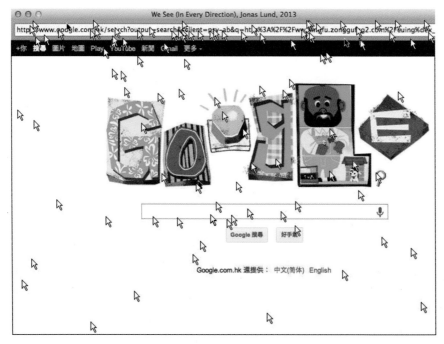

학습 목표

- 웹 사이트 구조 및 디스플레이에 대한 프로토콜을 공부합니다.
- 인터넷 브라우저 기능 및 API를 알아보고 창의적으로 실험합니다.
- 창의적인 브라우저 기반 개입 방식을 개발해 봅니다.

변주와 활용

- 입문자용: 브라우저 콘솔에서 웹 사이트 코드를 수정하는 것으로 시작하세요. 페이지의 CSS 또는 HTML을 직접 변경하거나 자바스크립트를 사용해 알고리즘적으로 변경하여 페이지의 스타일과 콘텐츠를 일시적으로 편집할 수 있습니다. 이 연습은 학생에게 콘솔과 웹 사이트의 기본 구조를 접하게 하며, 나중에 확장 기능을 생성하는 데 도움이 됩니다.
- 텍스트 수정, 단어/이미지 찾기 및 바꾸기, 스타일 기반 CSS 변경, 웹 사이트에 정보 계층을 추가하는 콘텐츠 보강 등 한 가지 특정 개입에 초점을 맞추세요.

스티브 램버트(Steve Lambert)의 파이어폭스 브라우저용 Add Art(2008) 플러그인은 온라인 광고를 자동으로 예술 작품으로 대체합니다.

- 정규표현식을 포함하도록 해 보세요.
- 외부 온라인 API 또는 데이터베이스의 데이터를 사용하여 웹을 보강하는 확장 프로그램을 만들어 보세요.
- 멀티 유저 기능을 통합하여 사용자가 동일한 확장 프로그램을 사용하는 다른 사용자를 인식하거나 상호 작용할 수 있는 플러그인을 구축합니다. 이를 위해서는 웹소켓을 사용하게 될 것입니다.

줄리안 올리버(Julian Oliver)와 단자 바실리예프(Danja Vasiliev)의 *Newstweek*(2011)은 아티스트가 WiFi 네트워크에서 다른 사람들에게 뉴스 웹 사이트가 표시되는 방식을 변경할 수 있는 맞춤형 인터넷 라우터입니다.

의미 있는 작품 만들기

창이 물리적 세계의 시야를 매개하는 것처럼 브라우저는 인터넷의 온라인 세계를 매개합니다. 이 일상적인 장비를 커스텀 확장 프로그램으로 변경하는 것은 시스템과 콘텐츠 차원 모두에서 창의적인 플레이와 혁신을 위한 중요한 기회가 될 수 있습니다. 이를 위해서는 브라우저의 인프라와 프로토콜을 직접 다루는 작업이 필요합니다. 이것들은 알렉스 갤러웨이(Alex Galloway), 매튜 풀러(Matthew Fuller), 전희경(Wendy Hui Kyong Chun)과 같은 '소프트웨어 연구' 학자들이 웹이 구축되고, 웹이 우리의 세계 경험을 형성하는 방식을 밝히고자 할 때 가장 선호하는 연구 주제이기도 합니다.

일상적인 콘텐츠의 표시를 조작하는 일부 실험적인 확장 프로그램은 일상적인 것을 낯설게 하고 익숙한 것에 대한 인식을 향상시키는, 상황주의[1] 전략과 같은 개념 미술의 역사에서 나온 아이디어를 기반으로 합니다. 또한 브라우저 확장 프로그램은 모호한 관계를 설명하거나 드러내고, 정치적 이중 발언, 정치 신조어, 특정 집단을 겨냥한 정치 메시지(dog-whistle), 스핀(spin, 여론 조작) 등에 대한 주의를 환기시키거나 전략적으로 편집함으로써 문화 교란, 행동주의, 비판적 디자인, 패러디를 위한 수단이 될 수 있습니다.

도구를 배포하는 것은 비판적이고 맥락에 맞는 창작 활동의 한 형태가 될 수 있습니다. 크롬 웹 스토어나 파이어폭스 애드온 사이트와 같은 브라우저 확장 프로그램의 공개 공간은 대중의 참여를 유도하는 창작자의 능력을 강력하게 향상시키고, 새로운 권력 역학을 형성합니다. 그렇긴 하지만 이러한 공간은 엄격하게 통제되는 샌드박스로, 서비스 약관은 궁극적으로 소유자의 비즈니스 모델에 맞춰져 있습니다. 인게이지먼트 마케팅을 적발하는 AdNauseam과 같이 게이트키퍼의 조항에 반하는 프로젝트는 삭제되거나 비활성화될 수 있습니다.

[1] (옮긴이) 상황주의(Situationalism)는 특정 상황과 맥락에 따라 사상, 행동, 정책이 결정되어야 한다는 사상입니다. 절대적 기준보다는 상황에 맞는 유연한 접근을 강조합니다.

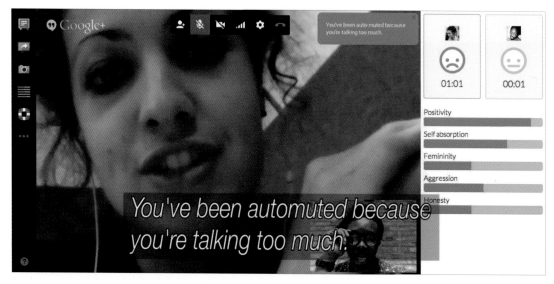

로렌 맥카시(Lauren McCarthy)와 카일 맥도널드(Kyle Mcdonald)가 제작한 *Us+*(2013)는 구글의 화상 채팅 소프트웨어를 위한 디스토피아적인 추가/확장 기능입니다. *Us+* 소프트웨어는 얼굴 분석, 음성-텍스트 변환 및 자연어 처리를 사용하여 사용자의 대화를 분석하고 상호 작용 개선을 위해 제안 하려고 시도합니다.

추가적으로 참고할 만한 프로젝트

Todd Anderson, *Hitchhiker*, 2020, 라이브 공연을 위한 브라우저 확장.

American Artist, *Looted*, 2020, 웹사이트에 개입.

BookIndy, *BookIndy: Browse Amazon, Buy Local*, 2015, 브라우저 확장.

Allison Burtch, *Internet Illuminator*, 2014, 브라우저 확장.

Brian House, *Tanglr*, 2013, 브라우저 확장.

Daniel C. Howe, Helen Nissenbaum, Vincent Toubiana, *TrackMeNot*, 2006, 브라우저 확장.

Daniel C. Howe, Helen Nissenbaum 및 Mushon Zer-Aviv, *AdNauseam*, 2014, 브라우저 확장.

Darius Kazemi, *Ethical Ad Blocker*, 2015, 브라우저 확장.

Surya Mattu와 Kashmir Hill, *People You May Know Inspector*, 2018, 앱.

Joanne McNeil, *Emotional Labor*, 2015, 브라우저 확장.

Dan Phiffer, Mushon Zer-Aviv, *ShiftSpace*, 2007, 브라우저 확장.

Radical Software Group, *Carnivore*, 2001, 프로세싱 라이브러리.

Sara Rothberg, *Scroll-o-meter*, 2015, 브라우저 확장.

Rafaël Rozendaal, *Abstract Browsing*, 2014, 브라우저 확장.

Joel Simon, *FB Graffiti*, 2014, 브라우저 확장.

Sunlight Foundation, *Influence Explorer*, 2013, 브라우저 확장.

Yes Men 외, *The New York Times* 특별판, 2008년 11월, 웹사이트.

참고 자료

Guy Debord와 Gil J. Wolman, "A User's Guide to Détournement", *Les Lèvres Nues* no. 8 (1956년 5월).

Alexander Galloway, *Protocol: How Control Exists after Decentralization*, *Rethinking Marxism* 13, nos. 3–4(2001년 가을-겨울), 81-88.

Joana Moll과 Andrea Noni, *Critical Interfaces Toolbox* (2016), *crit.hangar.org*, 2020년 7월 20일.

"Net Art Anthology", *Rhizome.org*, 2019년 4월 11일.

Aja Romano, "How your web browser affects your online reality, explained in one image", Vox, 2018년 5월 3일.

창작 암호학 시적 인코딩

에이미 쒀 우(Amy Suo Wu)의 *Thunderclap*(2017)은 스테가노 그래피(Steganography)를 사용하여 중국의 무정부주의 페미니스트 허인전(He Yin Zhen, 1886~1920)의 글을 의류 액세서리라는 매체를 통해 배포합니다. 이 작품은 중국 사회라는 맥락에서 체제전복적인 허인전의 글을 퍼트리기 위한 은밀한 시스템으로 QR 코드와 (무의미한 영어가 피처링된 스타일의) 산자이 패션(Shanzai Fashion)을 채택했습니다.

ON THE QUESTION OF WOMEN'S LIBERATION
ECONOMIC REVOLUTION
ON OF WOMEN'S LIBERATION
ON THE REVENGE
THE FEMINIST MANIFES
REVOLUTION
ORIGINALLY PUBLISHED
NOS. 13-14, DECE
ORIGINALLY PU
NO. 7, SEPTEMB
扫描读全文

창작 암호학 시적 인코딩

개요

메시지를 미디어 객체로 인코딩하고 이를 해독할 수 있는 수단을 제공하는 디지털 시스템을 만듭니다. 시스템은 이미지, 텍스트, 동영상, 사운드 또는 물리적 형태 등 눈에 잘 띄지 않는 곳에 정보를 숨기도록 설계해야 합니다. 시스템이 인코딩하도록 설계된 특정 정보와 이 정보가 포함된 미디어 간 관계의 중요성에 대해 신중하게 생각하세요. 텍스트, 데이터, 코드, 이미지, 음악 또는 기타 원하는 정보를 인코딩하도록 선택할 수 있습니다. 사용 중인 시스템의 예를 하나 이상 제시합니다. 이 과제는 스테가노그래피(메시지를 다른 매체에 숨기는 행위) 또는 암호화(메시지를 인코딩하는 행위)에 초점을 맞추도록 조정할 수 있습니다.

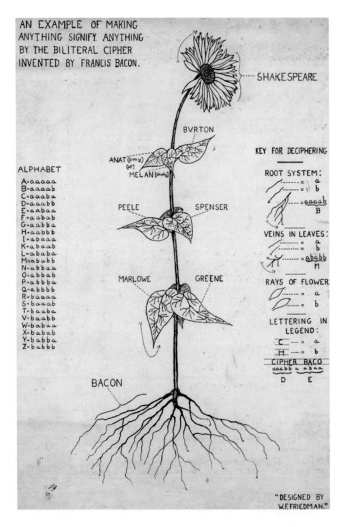

윌리엄 프리드먼(William Friedman)과 엘리자베스 프리드먼(Elizebeth Friedman)이 그린 식물 그림(1916)은 프란시스 베이컨이 발명한 양방향 암호를 사용하여 뿌리에는 'BACON'을, 잎에는 엘리자베스 시대 작가와 책의 이름을 인코딩했습니다.

1 (옮긴이) 3D 메시 (mesh)는 3차원 객체의 표면을 나타내기 위해 다각형(주로 삼각형)으로 구성된 구조입니다. 이 메시는 컴퓨터 그래픽스와 모델링에서 물체의 형상과 표면 세부 사항을 표현하는 데 사용됩니다. 주로 게임, 애니메이션, 시뮬레이션 등 다양한 디지털 콘텐츠 제작에 활용됩니다.

매튜 플러머 페르난데즈(Matthew Plummer-Fernandez)는 *Disarming Corruptor*에서 3D CAD 파일을 손상시키는 가역적 알고리즘을 제시합니다. 이 소프트웨어는 3D 메시[1]를 읽을 수 없는 구성으로 왜곡하여 사용자가 감시 및 파일 공유에 대한 기타 제한을 피할 수 있도록 도와줍니다.

학습 목표

- 일반적인 스테가노그래피 및 암호화 기술에 대해 살펴봅니다.
- 데이터에 대해 압축, 인코딩, 디코딩과 같은 작업 방법을 적용합니다.
- 인코딩과 변형 과정(translation)에서의 개념적, 시적 적용 가능성을 연구합니다.

변주와 활용

- 시스템에 암호화 계층을 추가하여 보안을 강화하거나 시적 느낌을 강화하세요.
- 개발하는 인코딩 기술에 관계되는 다양한 제약 조건을 고려하세요. 예를 들어, (모스 부호가 개발되었을 때처럼) 전송 수단의 대역폭이 극히 낮은 경우 시스템은 이 파라미터에 영향을 받게 됩니다. 인코딩 방법에 따라 점자나 수화의 경우처럼 메시지가 한 가지 감각 영역(예: 청각, 시각 또는 촉각)에서만 인지되도록 제한할 수도 있습니다.

매디 바너(Maddy Varner)의 *KARDASHIAN KRYPT*(2014)는 킴 카다시안(Kim Kardashian)의 사진에 은밀하게 메시지를 인코딩(또는 디코딩)하는 스테가노그래픽 크롬 확장 프로그램입니다. 여기에 표시된 이미지의 하위 비트에는 버지니아 울프의《자기만의 방》의 텍스트가 포함되어 있습니다.

의미 있는 작품 만들기

문자의 출현 이후 권력을 가진 사람과 반대편에 서 있는 사람 모두 안전한 커뮤니케이션을 필요로 하게 되었습니다. 이러한 보안 메시징의 필요성은 오랫동안 메시지 인코딩으로 정의되는 암호화 기술을 발달시켰습니다. 역사를 돌이켜보면 디코딩 휠, 폴리비오스 암호표, 에니그마 기계와 같은 사전 계산 장치를 사용한 암호화 방식이 있는가 하면 피그펜 암호, 모스 부호, 점자 또는 ROT13과 같은 보다 간단한 방식도 있습니다. 아이들은 친구들과 비밀 메시지를 주고받는 과정에서 건전한 즐거움을 느끼고, 암호를 풀고 해독하는 과정에서 짜릿한 스릴을 느낄 수 있습니다.

마티아스 되르펠트(Matthias Dörfelt, Moka)의 *Block Bills*(2017)는 비트코인 블록체인에서 생성된 64개의 지폐 디자인 모음입니다.

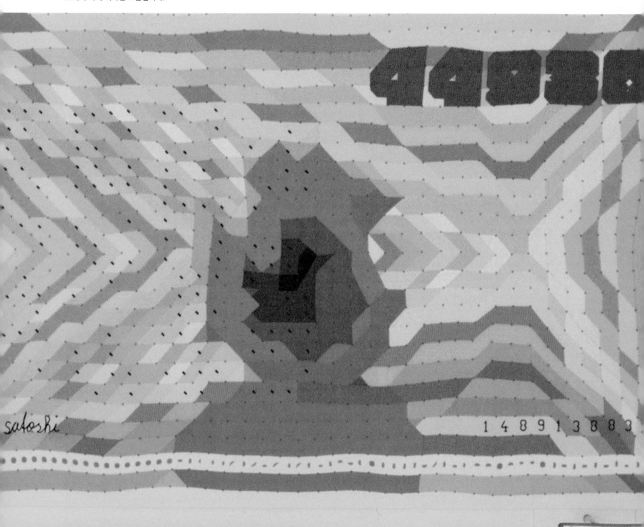

스테가노그래피는 다른 미디어 형식 안에 정보를 숨기는 특수 암호화 기법입니다. 프란시스 베이컨(Francis Bacon) 경과 윌리엄 프리드먼(William Friedman) 같은 초기 암호학자들은 악보, 사진, 심지어 꽃꽂이에도 메시지를 숨기는 시스템을 구축하는 등 스테가노그래피에 애정을 보였습니다. 디지털 기술은 창의적인 스테가노그래피를 위한 수많은 가능성을 제공합니다. 파일에서 사용하지 않는 픽셀이나 바이트를 보이지 않는 정보로 채울 수도 있고, 데이터의 포맷을 다른 미디어로 변환할 수도 있으며, 이합체시(離合體詩, acrostic)와 마찬가지로 방대한 양의 온라인 커뮤니케이션에 메시지를 배포할 수도 있습니다.

2013년 스노든의 폭로로 미국 정부가 미국 국민의 온라인 통신을 기록하고 있다는 사실이 확인되었고, 디지털 네트워크에서 암호화되지 않은 통신은 본질적으로 안전하지 않다는 사실을 집단적으로 깨닫게 되었습니다.

인터넷에서는 통신이 도청되었는지 여부를 알 수 없기 때문에 실용적이고 신뢰할 수 있는 암호화 기술을 개발하는 것이 매우 중요한 과제가 되었습니다.

Biopresence(2005)는 후쿠하라 시호(Shiho Fukuhara)와 게오르그 트레멜(Georg Tremmel), 과학자 조 데이비스(Joe Davis)와의 공동 작업으로, 데이비스의 DNA Manifold 알고리즘을 사용하여 인간 DNA를 나무의 DNA로 변환합니다.

매트 케년(Matt Kenyon)과 더글라스 이스터리(Douglas Easterly)가 만든 *Notepad*(2007)의 각 사본은 일반적인 노란색 리갈 패드(legal pad)[2]와 유사합니다. 그러나 페이지의 가로선은 이라크 전쟁 첫 3년 동안 공식적으로 집계된 이라크 민간인 사망자의 이름, 사망일 및 사망 위치가 미세 인쇄된 텍스트로 구성되어 있습니다. 이라크 민간인 사망자의 이름이 미국의 공식 기록 보관소에 들어갈 수 있도록 미국 상원의원과 하원의원에게 은밀하게 *Notepad* 100부를 배포했습니다.

니나 카차두리안(Nina Katchadourian)의 설치 작품 *Talking Popcorn*(2001)은 모스 부호 디코더를 사용하여 팝콘 기계가 '말한' 메시지를 해석합니다.

2   (옮긴이) 리갈 패드는 선이 그려진 황색 노트로, 미국, 유럽 등지의 판사, 변호사들이 즐겨 쓰는 노트라서 법조계(legal) 노트라 부릅니다.

추가적으로 참고할 만한 프로젝트

Anonymous, *Genecoin*, 2014, 비트코인에서 인간 DNA를 인코딩하는 시스템.

Aram Bartholl, *Keep alive*, 2015, 불과 네트워크의 융합을 다룬 설치 예술.

Liat Berdugo, Sam Kronick, Ben Lotan 및 Tara Shi, *Encoded Forest*, 2016, 나무 심기 패턴에 저장된 비밀번호.

Ingrid Burrington, *Secret Device for Remote Locations*, 2011, 태양열 구동 모스 부호 메시지.

"Ciphers, Codes, & Steganography", 2014, 폴저 셰익스피어 도서관 전시회.

Cryptoart Publishers, *Cryptoart*, 2020, 실제 예술 작품에 비트코인을 저장하는 시스템.

Heather Dewey-Hagborg, *How Do You See Me?*, 2019, 적대적인 과정을 통해 생성된 자화상.

Henry Fountain, "Hiding Secret Messages Within Human Code", *The New York Times*, 1999년 6월 22일.

Eduardo Kac, *Genesis*, 1999, DNA에 암호화된 성경 구절.

Sam Lavigne, Aaron Cantu, Brian Clifton, *You Can Encrypt Your Face*, 2017, 안면 마스크.

Lindsay Maizland, "Britney Spears's Instagram is secretly being used by Russian hackers" Vox, 2017년 6월 8일.

Julian Oliver, *The Orchid Project*, 2015년, 인코딩된 펌웨어가 포함된 사진.

Everest Pipkin, *Ladder*, 2019, 암호화된 시.

참고 자료

Florian Cramer, *Hiding in Plain Sight: Amy Suo Wu The Kandinsky Collective*, Aksioma Institute for Contemporary Art, 2017, 전자 브로셔.

Manmohan Kaur, "Cryptography as a Pedagogical Tool", *Primus* 18, no. 2(2008), 198-206.

Neal Koblitz, *Cryptography as a Teaching Tool*, *Cryptologia* 21, no. 4(1997), 317–326.

Susan Kuchera, "The Weavers and Their Information Webs: Steganography in the Textile Arts", *Ada: A Journal of Gender, New Media & Technology* 13(2018년 5월).

Shannon Mattern, "Encrypted Repositories: Techniques of Secret Storage, From Desks to Databases", *Amodern* 9(2020년 4월).

Jussi Parikka, "Hidden in Plain Sight: The Steganographic Image", *Unthinking Photography*, 2017년 2월.

《CODE: 하드웨어와 소프트웨어에 숨어 있는 언어》, 인사이트, 2020.

Phillip Rogaway, *The Moral Character of Cryptographic Work*(2015년 12월 Asiacrypt 2015에서 발표된 논문).

Simon Singh, "Chamber Guide", The Black Chamber(웹사이트), 2020년 4월 12일 액세스.

Hito Steyerl, "A Sea of Data: Apophenia and Pattern (Mis-)Recognition", *e-flux Journal* 72(2016).

음성 기계 말하기 및 음성 재생

린 허시먼 리슨(Lynn Hershman Leeson)의 *DiNA, Artificial Intelligent Agent Installation*(2002-2004)은 음성 인식 기능과 감정을 나타내는 얼굴 표정을 갖춘 애니메이션 인공 지능 여성 캐릭터입니다. DiNA는 갤러리 방문객과 대화하며 질문에 대한 답을 얻고 '상호 작용을 통해 점점 더 지능화'됩니다.

This is an interactive work; to communicate with *DINA*, please speak into the microphone.

음성 기계 말하기 및 음성 재생

개요

음성 입력/출력 컴퓨팅에 집중하여 대화형 챗봇, 기발한 가상 캐릭터 또는 음성 단어 게임을 만들어 보세요. 예를 들어 운율 게임이나 기억력 챌린지, 음성으로 제어되는 책, 음성으로 제어되는 그림 도구, 텍스트 어드벤처, 신탁을 전하는 사람(예: 몬티 파이썬의 죽음의 다리 지킴이) 같은 것을 만들 수 있습니다. 엄격하게 제한된 어휘를 사용할 때의 창의적인 어포던스(Affordance)[1] 뿐만 아니라 리듬, 억양, 음량이 줄 수 있는 극적인 잠재력도 고려하세요. 음성 인식은 오류가 발생하기 쉽다는 점을 유념하세요. 그래픽은 선택 사항입니다.

1 (옮긴이) 사용자가 어떤 물체를 보았을 때, 그 물체가 어떻게 움직이게 될지 직관적으로 인식할 수 있는 디자인 특성을 의미합니다.

스테파니 딘킨스(Stephanie Dinkins)는 *Conversations with Bina48*(2014)에서 챗봇 지원 얼굴 로봇인 BINA48과 알고리즘 편향에 대해 즉석 대화를 수행합니다. BINA48은 기업가 마틴 로스블라트(Martine Rothblatt)의 의뢰로 로봇공학자 데이비드 핸슨(David Hanson)이 로스블라트의 아내 비나(Bina)를 모델로 제작했습니다.

데이비드 로크비(David Rokeby)의 *The Giver of Names*(1991-1997)에서 카메라는 청중이 받침대 위에 놓은 물체를 감지합니다. 그러면 카메라가 본 것을 컴퓨터화된 음성이 설명하는데 이상하고 기이하며 때로는 시적인 결과가 나옵니다.

학습 목표

• 창의적인 매체로서 음성 및 언어 작업의 표현 가능성에 대해 토론하고 탐구합니다.

• 음성 인식이나 음성 합성을 위한 툴킷을 적용합니다.

• 음성 인터페이스를 이용하여 창의적인 작품의 콘셉트를 디자인하고, 발전시키고, 실행합니다.

변주와 활용

• 가전 제품이나 매일 사용하는 사물에 음성 상호 작용을 추가하세요. 토스터가 말을 할 수 있다면 어떨까요?

• 자신이 좋아하는 도로 여행 단어 게임을 떠올려 보세요. 컴퓨터가 심판이 되어서로 경쟁하는 멀티플레이어 말하기 게임을 만들어 보세요.

• 상업용 음성 어시스턴트를 공연을 위한 수단으로 적절하게 사용하거나 변형해 보세요.

• 반려동물과 아기가 말을 사용하는 방식(단어가 아닌 목소리의 톤이나 운율을 통해 의미 유추)에서 새로운 것을 생각해 보세요. 예를 들어 대화형 옹알이 기계나 사용자의 익양에 반응하는 가상 반려동물을 만들 수 있을 것입니다.

의미 있는 작업 만들기

말하기 능력은 오랫동안 지능의 표징으로 인식되어 왔습니다. 이러한 이유로 말하는 기계는 '말한다-생명체-지능이 있다'는 오래된 관념과 동떨어진 것이어서 섬뜩한 느낌을 주거나 심지어 초자연적으로 보일 수 있습니다.

인터랙션 디자인 분야에서 음성 인터페이스는 시각적 또는 활자에 의한 것보다 더 직관적이고 접근하기 쉽게 만드는 것으로 여겨지지만, 이렇게 의인화된 기계가 실제로 얼마나 많은 것을 '이해'하는지 우리가 정확하게 추정하기는 어렵습니다.

Everybody House Games의 *Hey Robot*(2019)은 스마트 홈 비서(예: 아마존 알렉사 또는 구글 홈)가 특정 단어를 말하도록 하기 위해 팀을 나눠 경쟁하는 게임입니다.

대화에는 무슨 말을 했는지, 어떻게 전달했는지, 누가 전달받았는지 등 다양한 정보
가 들어 있습니다. 우리는 말하는 사람의 목소리에서 감정, 성별, 나이, 건강, 사회·
경제적 지위와 같은 상황 정보를 유추할 수 있도록 정교하게 조정된 능력을 갖추고
있습니다. 억양, 리듬, 속도, 운율 등도 드라마, 서스펜스, 풍자, 유머를 만드는 데 사
용됩니다. 음성을 통해 새로운 경험을 만들어낼 때는 간단한 조작이 가장 효과적일
수 있습니다. 예를 들어, 문장에서 강조하는 단어를 바꾸는 것만으로도 다양한 의미
가 생길 수 있습니다.

로이 레프(Roi Lev)와 아나스타시스 게르마니디스(Anastasis Germanidis)가 제작한 *When Things Talk Back*(2018)은 일상적인 사물에 음성을 제공하는 모바일 AR 앱입니다. 소프트웨어는 시스템 카메라에서 관찰한 물체를 자동으로 식별하고 단순한 얼굴의 AR 오버레이로 이를 의인화합니다. 그런 다음 무료로 사용 가능한 시맨틱 네트워크인 ConceptNet을 사용하여 개체 및 개체 간에 가능한 상호 관계에 대한 정보를 검색합니다. 앱은 이 정보를 사용하여 장면에 있는 개체 간에 유머러스하고 때로는 가슴 아픈 대화를 생성합니다.

어조, 표정, 동작 등을 아우르는 말투(speech)는 사회적으로 중요한 역할을 합니다. 수다와 농담을 통해 우리는 신뢰를 쌓고, 관계를 구축하고, 친밀감을 형성합니다. 언어 규칙 자체의 모호함을 활용한 재치 있는 말, 농담, 그리고 장난스런 대화는 이러한 사회적 활동을 위한 보호 공간을 만들어냅니다. 문화는 노크노크 농담(묻고 답하는 형식의 농담), 콜 앤 리스폰스 노래(가수와 청자가 주고받는 형식의 노래), 전래동화의 프로토콜에 내재되어 전파됩니다. 이러한 규칙 기반 미디어는 코드로 쉽게 변형하거나 창의적으로 활용할 수 있습니다. 알고리즘으로 음성을 생성하는 데 잠재적으로 유용한 도구로는 문맥 자유 문법(Context-Free Grammar, CFG), 마르코프 연쇄, 순환 신경망(Recurrent Neural Network, RNN), 그리고 장단기 기억(Long Short-Term Memory, LSTM) 시스템 등이 있습니다. 일부 상용 음성 분석 도구는 사용자의 음성 데이터를 클라우드로 전송하기 때문에 데이터 소유권 및 개인정보 보호 문제가 제기될 수 있습니다.

켈리 돕슨(Kelly Dobson)의 *Blendie*(2003-2004)는 1950년대 오스터라이저 전기 믹서기(Osterizer blender)를 사용자의 목소리에 공명해 반응하도록 개조해 만들었습니다. 사람은 소리를 내서 믹서기가 회전하도록 합니다. *Blendie*는 낮은 으르렁거림부터 비명을 지르는 울부짖음까지 사람 목소리의 높낮이와 힘의 강도를 기계적으로 모방합니다.

데이비드 루블린(David Lublin)의 *Game of Phones*(2012)는 '전화로 하는 어린이용 전화 게임'입니다. 플레이어는 전화를 받고 이전 플레이어가 미리 녹음한 메시지를 듣습니다. 그런 다음 대기열의 다음 사람을 위해 방금 들은 내용을 다시 녹음하라는 메시지가 나옵니다. 일주일 후에 연이어 녹음된 전체 메시지가 온라인에 게시됩니다.

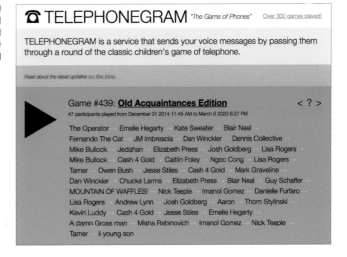

닐 타펜(Neil Thapen)의 *Pink Trombone*(2017)은 '맨손으로 음성을 합성'하기 위해 장난기 있게 만든 인터랙티브 음성 조음 합성기입니다. 이 프로젝트는 인간 성도(聲道, vocal tract)에 대한 계측 시뮬레이션을 사용하여 브라우저에서 시끄럽고 요란한 목소리를 다양하게 만들 수 있습니다.

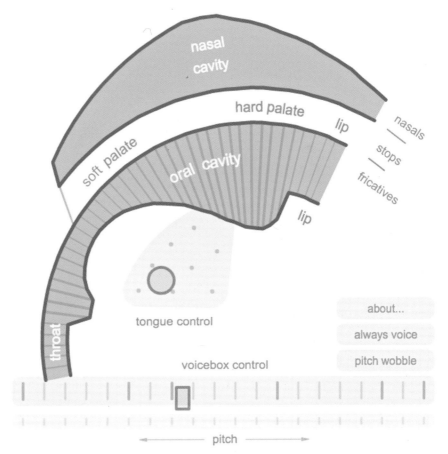

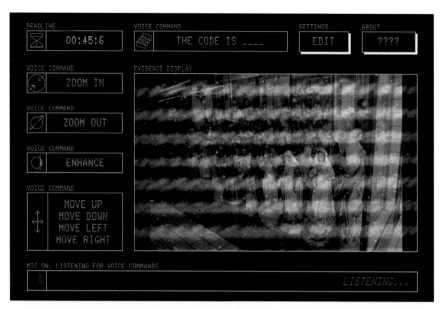

니콜 헤(Nicole He)의 음성 기반 법의학 게임인 *ENHANCE.COMPUTER*(2018)에서는 "Enhance!"와 같은 명령을 외치며 이미지를 무한히 확대/축소 할 수 있어서 플레이어는 SF 소설같은 기분을 느낄 수 있습니다.

추가적으로 참고할 만한 프로젝트

Tim Anderson, Marc Blank, Bruce Daniels 및 Dave Lebling, *Zork*, 1977-1979, 대화형 텍스트 기반 컴퓨터 게임.

Smooth Technology의 Isaac Blankensmith, *Paper Signals*, 2017, 종이로 만든 물체를 음성으로 제어할 수 있도록 하는 시스템.

Mike Bodge, *Meme Buddy*, 2017년, 밈 생성을 위한 음성 기반 앱.

Stephanie Dinkins, *Not The Only One*, 2017~2019, 구전 역사에 대해 훈련받은 음성 기반 조각.

Homer Dudley, *The Voder*, 1939년, 인간의 음성을 전자적으로 합성하는 장치.

Ken Feingold, *If/Then*, 2001, 생성해둔 대화를 나누는 조형물.

Sidney Fels 및 Geoff Hinton, *Glove Talk II*, 1998, 제스처를 음성으로 변환하는 신경망 기반 인터페이스.

Wesley Goatly, *Chthonic Rites*, 2020, 알렉사와 시리가 대화를 나누는 내러티브 설치.

Suzanne Kite, *Íŋyaŋ Iyé(Telling Rock)*, 2019, 음성으로 작동시키는 설치 예술.

Superflux, *Our Friends Electric*, 2017, 영화.

Jürg Lehni, *Apple Talk*, 2002-2007, 텍스트를 음성으로 변환하고 음성 인식 소프트웨어를 통해 컴퓨터 상호 작용.

Golan Levin과 Zach Lieberman, *Hidden Worlds of Noise and Voice*, 2002, 소리 활성화 증강 현실 설치, Ars Electronica Futurelab, Linz.

Jaap Blonk 및 Joan La Barbara와 함께한 Golan Levin 및 Zach Lieberman, *Messa di Voce*, 2003, 프로젝션을 통한 음성 중심 공연.

Rafael Lozano-Hemmer, *Voice Tunnel*, 2013, 뉴욕시 파크 애비뉴 터널에 설치된 대규모 인터랙티브 설치.

Lauren McCarthy, *Conversacube*, 2010, 대화형 대화 조정 장치.

Lauren McCarthy, *LAUREN*, 2017, 스마트 홈 실행.

Ben Rubin과 Mark Hansen, *Listening Post*, 2002, 실시간 채팅방 발언을 표시하고 음성으로 표시하는 설치.

Harpreet Sareen, *Project Oasis*, 2018, 대화형 날씨 시각화 및 자립형 식물 생태계.

Joseph Weizenbaum, *ELIZA*, 1964년, 자연어 처리 프로그램.

참고 자료

Zed Adams 및 Shannon Mattern, "April 2: Contemporary Vocal", Thinking through Interfaces 강의 자료(The New School, 2019년 봄)

Takayuki Arai 외, *Hands-On Speech Science Exhibition for Children at a Science Museum*(WOCCI 2012, 2012년 9월에서 발표된 논문).

Melissa Brinks, "The Weird And Wonderful World Of Nicole He's Technological Art", *Forbes*, 2018년 10월 29일.

Geoff Cox 및 Christopher Alex McLean, "Vocable Code", *Speaking Code: Coding as Aesthetic and Political Expression*, MIT Press, 2013, 18–38.

Stephanie Dinkins, "Five Artificial Intelligence Insiders in Their Own Words", *New York Times*, 2018년 10월 19일.

Andrea L. Guzman, *Voices in and of the machine: Source orientation toward mobile virtual assistants*, *Computers in Human Behavior* 90(2019), 343-350.

Nicole He, "Fifteen Unconventional Uses of Voice Technology", *Medium.com*, 2018년 11월 26일.

Nicole He, Talking to Computers(강연, awwwards 컨퍼런스, 2018년 11월 28일).

Halcyon M. Lawrence, Inauthentically Speaking: Speech Technology, Accent Bias and Digital Imperialism(강의, SIGCIS Command Lines: Software, Power & Performance, Mountain View, 2017년 3월), 비디오, 1:26–17:16.

Halcyon M. Lawrence 및 Lauren Neefe, "When I Talk to Siri", TechStyle: Flash Readings 4(팟캐스트), 2017년 9월 6일, 10:14.

Shannon Mattern, "Urban Auscultation; or, Perceiving the Action of the Heart," *Places Journal*, 2020년 4월.

Mara Mills, *Media and Prosthesis: The Vocoder, the Artificial Larynx, and the History of Signal Processing*, *Qui Parle: Critical Humanities and Social Sciences* 21, no. 1 (2012), 107–149.

Danielle Van Jaarsveld 및 Winifred Poster, *Call Centers: Emotional Labor Over the Phone*, *Emotional Labor in the 21st Century: Diverse Perspectives on Emotion Regulation at Work*, ed. Alicia A. Grandey, James M. Diefendorff, Deborah E. Rupp, Routledge, 2012, 153–73.

Vocal Vowels, Exploratorium 온라인 전시회, 2020년 4월 14일 액세스.

Adelheid Voshkul, *Humans, Machines, and Conversations: An Ethnographic Study of the Making of Automatic Speech Recognition Technologies*, *Social Studies of Science* 34, no. 3(2004).

측정 장치 비평적이고 창의적인 행위로서의 센싱

나탈리 예레미옌코(Natalie Jeremijenko)와 케이트 리치(Kate Rich)의 *Suicide Box*(1996)는 특정 지역의 가상적인 '절망 지수'를 측정하기 위한 장치로 제시되었는데 금문교에서 자살하기 위해 뛰어내린 사람들에 관한 매우 실제적인 데이터를 기록합니다.

측정 장치 비평적이고 창의적인 행위로서의 센싱

개요

세상의 문제에 대해 질문을 던지는 기계를 만들어 보세요. 기계는 흥미로운 것을 측정하거나, 흥미로운 방식으로 측정하거나, 흔하지 않은 측정값으로 우리의 주의를 끌어 흥미로운 도발을 일으켜야 합니다. 여기서는 매력적인 해석이나 시각화를 만드는 것보다 마이크로컨트롤러와 센서를 사용하여 흥미로운 데이터를 선택하고 수집하는 데 중점을 둡니다. 어떤 간과된 역학이나 보이지 않는 리듬을 발견할 수 있을까요?

프로젝트는 위치가 매우 중요합니다. 장치의 상황은 장치를 접하는 사람, 인지되는 방식, 그리고 장치가 불러일으키는 의미에 영향을 미치기 때문입니다. 장치가 사람의 활동을 측정할지, 아니면 주변 환경의 다른 것(자동차, 동물, 조명, 문 등)의 활동을 측정할지는 사용자가 결정합니다. 주변 활동을 측정하는지, 우발적인 활동을 측정하는지, 의도적인 활동을 측정하는지, 장치가 수동적으로 사용되는지 능동적으로 사용되는지를 고려하세요. 데이터 수집 지점에 있는 측정 장치를 동영상으로 촬영하세요. 원하는 센서라면 뭐든 사용할 수 있지만, 사소한 스위치라도 센서로 사용할 수 있음을 기억하세요. 예컨대 기울기 스위치(Tilt Switch)와 같은 일부 스위치는 의도치 않은 움직임을 측정할 수 있습니다. 마찬가지로 근접 센서가 있다고 해서 반드시 얼마나 근접해 있는지를 측정해야 하는 건 아닙니다. 센서에 물체가 근접해 있는 시간을 측정할 수 있습니다(센티미터가 아니라 초 단위로 기록). 또는 무언가가 센서에 가까이 다가온 횟수를 세어 볼 수도 있습니다.

캐서린 디그나치오(Catherine D'Ignazio)의 *Babbling Brook* (2014)은 수질 센서를 부착한 빨간색 네트워크 꽃 조각품입니다. 이 꽃은 야외 개울이나 냇가에 설치되어, 듣는 사람에게 지저분하고 구린 소리의 형태로 데이터를 청각적으로 전달합니다.

때로는 학생들이 프로젝트 때문에 설치한 전자 기기가 수상쩍어 보일 수 있습니다. 공공장소에 장치를 설치하는 경우 캠퍼스 안전 책임자 등으로부터 필요한 권한을 확보하고 적절한 정보가 적힌 작은 표지판을 장치에 부착하세요.

학습 목표

- 데이터 수집 방법을 검토하고 비교·평가합니다.
- 소설, 퍼포먼스 모드, 조형적 모드의 데이터 표현 방식을 실험해 봅니다.
- 센서 하드웨어를 조립하고 설치해 봅니다.

Critical Engineering Working Group의 *Deep Sweep*(2015)은 대지와 성층권 사이의 신호가 도달하기 어려운 공간을 스캔하는 항공 우주 탐사선입니다.

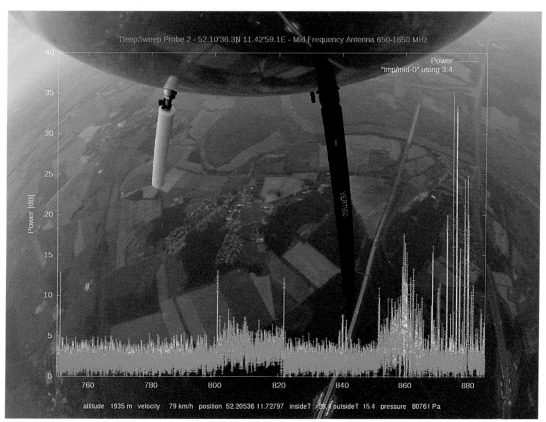

매디 바너(Maddy Varner)의 *This or That*(2013)은 DIY 투표 포스터로, 종이에 전자 장치를 장착해서 만든 학생 프로젝트입니다. 지나가는 사람은 낯선 사람이 제안한 투표의 두 가지 옵션(예: 고양이 VS. 개) 중에서 한쪽의 스티커 메모를 탭합니다.

변주와 활용

- 교실이나 인근 공원과 같은 특정 장소로 데이터 수집을 제한해 보세요.
- 학생들이 데이터 수집 현장에서 센서 수치를 표시할 수 있도록 화면이나 7-세그먼트 LED와 같은 기타 디스플레이를 제공하여 공개적인 상호 작용과 추가적인 흥미를 유발할 수 있도록 하세요.

의미 있는 작품 만들기

인구조사 역사가 제임스 C. 스코트(James C. Scott)는 '측정은 정치적 행위'라고 지적합니다. 나탈리 예레미젠코(Natalie Jeremijenko) 같은 예술가는 증거 중심의 토론을 유도하기 위해 측정치를 수집하고, 미미 오누오하(Mimi Onuoha) 같은 학자는 측정되지 않은 것 역시 문화의 편견과 무관심을 똑같이 드러낸다고 지적합니다(이 학문을 애그노톨로지(agnotology)라고 부릅니다). 양자 물리학의 기묘한 세계에서 '관찰자 효과'라는 용어는 측정 행위 자체가 측정 대상을 변화시킨다는 개념을 말합니다. 측정 또는 데이터 수집은 세상과 우리가 보는 방식을 변화시킵니다.

데이터 수집은 여러 분야에서 핵심적인 관행이 되었습니다. '시민 과학'은 비 전 문가인 일반인을 과학 활동에 참여시키는 교육 및 정치 운동으로, 보통 분산된 DIY 센싱을 통해 지역 환경 상태를 모니터링하는 데 중점을 둡니다. 예를 들어, 후쿠시 마 원전 사고 이후 이 문제에 관심 있는 일반 대중에게 방사능 센서를 배포한 다음 측정값을 중앙 서버로 전송하도록 했습니다.

학자인 캐서린 디그나치오(Catherine D'Ignazio)와 로렌 클라인(Lauren Klein)은 페미 니즘 사상에서 철학적 아이디어를 가져와 데이터 수집 및 시각화에 적용하고, 분별 력 있게 작업하는 방법을 설명합니다. 페미니스트 데이터를 시각화할 때는 데이터 가 불완전한 관점을 대표한다는 것까지 포함해야 합니다. 다시 말해 데이터가 수집 된 맥락과 상황을 강조하고, 데이터에 표현된 여성들이 이에 대응할 수 있는 방법까 지 제시해야 합니다.

무한히 복잡한 경험을 몇 개의 숫자로 줄이려는 측정 행위에는 종종 터무니없거 나 신랄하거나, 기발하게 헛된 부분이 있습니다. 예술에서 측정은 현실에 대한 우리 의 이해가 근사치일 뿐이라는 사실을 상기시켜 줍니다.

미미 오누오하(Mimi Onuoha) 의 *Library of Missing Datasets*(2016)는 누락된 가상 데 이터 세트를 체계화한 아카이 브입니다. 이러한 데이터 공백 은 사회가 무시하거나 간과하 기로 선택한 것이 무엇인지를 강력하게 상기시켜 줍니다.

또 다른 학생의 프로젝트인 미셸 마(Michelle Ma)의 *Revoling Games*(2013)은 가속도계로 회전문의 속도를 측정한 후 LED에 최고 점수를 표시합니다. 이 게임은 평소에는 하지 않을 위험한 행동을 하게 만들 수 있습니다.

카롤리나 소베카(Karolina Sobecka)와 크리스토퍼 베이커(Christopher Baker)의 *Picture Sky*(2015)는 여러 사람을 모아 위성이 상공에서 이미지를 포착하는 순간에 하늘 사진을 찍도록 합니다.

추가적으로 참고할 만한 프로젝트

Timo Arnall, *Immaterials: Ghost in the Field*, 2009, RFID 프로브, 장노출 사진 및 애니메이션.

Timo Arnall, Jørn Knutsen, Einar Sneve Martinussen, *Immaterials: Light Painting WiFi*, 2011, WiFi 네트워크 센서, LED 조명 및 장시간 노출 사진.

Tega Brain, *What the Frog's Nose Tells the Frog's Brain*, 2012, 맞춤형 향수, 전자 제품 및 가정용 에너지 모니터.

Centre for Genomic Gastronomy, *Smog Tasting*, 2015, 공기 샘플, 실험용 식품 카트 및 스모그 레시피.

Hans Haacke, *Condensation Cube*, 1963-1965, 키네틱 조각.

Terike Hapooje, *Dialogue*, 2008, 열화상 카메라 이미지의 실시간 비디오.

Usman Haque, *Natural Fuse*, 2009, 식물 네트워크로 전기를 공급하는 장치.

Joyce Hinterding, *Simple Forces*, 2012, 전도성 흑연 도면 및 아날로그 전자 장치.

Osman Khan, *Net Worth*, 2006, 자기 카드 리더기, 맞춤형 소프트웨어 및 인터랙티브 설치.

Stacey Kuznetsov, Jian Cheung, George Davis 및 Eric Paulos, *Air Quality Balloons*, 2011, 공기 품질 센서, 마이크로 전자공학 및 날씨 풍선.

Rafael Lozano-Hemmer, *Pulse Room*, 2006년, 백열 전구 배열을 활성화하는 심박수 센서를 사용한 인터랙티브 설치.

Rafael Lozano-Hemmer, *Tape Recorder*, 2011, 센서와 로봇으로 활성화되는 측정 테이프를 사용한 인터랙티브 설치.

Agnes Meyer-Brandis, *Teacup Tools*, 2014, 찻잔과 대기 센서.

Joana Moll, *CO2GLE*, 2015, 온라인 탄소 계산기.

Joana Moll, *DEFOOOOOOOOOOOOOOOO-OOOOOOREST*, 2016, 온라인 시각화.

Moon Ribas, *Seismic sensor*, 2007-2019, 몸에 심은 지진 감지 센서.

Anri Sala, *Why The Lion Roars*, 2020, 온도 기반 장편 영화 편집기.

Julijonas Urbonas, *Counting Door*, 2009, 수정된 비디오 카메라와 방문객 수를 측정하는 문.

참고 자료

Benjamin H. Bratton과 Natalie Jeremijenko, *Suspicious Images, latent interfaces*, Architectural League of New York, 2008.

Catherine D'Ignazio와 Lauren F. Klein, "On Rational, Scientific, Objective Viewpoints from Mythical, Imaginary, Impossible Standpoints"*Data Feminism*, MIT Press, 2020.

Jennifer Gabrys, "How to Connect Sensors"와 "How to Devise Instruments", *How to Do Things with Sensors*, University of Minnesota Press, 2019, 29-71.

Natalie Jeremijenko, "A Futureproofed Power Meter", *Whole Earth*, 2001년 여름.

Mimi Onuoha, "When Proof Is Not Enough", FiveThirtyEight(블로그), ABC News Internet Ventures, 2020년 7월 1일.

James C. Scott, *Seeing like a State: How Certain Schemes to Improve the Human Condition Have Failed*, Yale University Press, 1998.

개인 보철 신체를 위한 새로운 동사

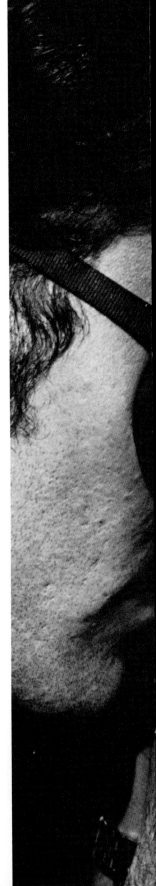

브라질 예술가 리지아 클라크(Lygia Clark)는 개념 예술이라는 맥락에서 보철물 탐구라는 영역을 개척했습니다. 그녀가 만든 *Dialogue Goggles* 장치(1964)는 두 명의 참가자가 함께 착용하도록 설계되어 서로의 시야를 상호 눈맞춤으로만 제한합니다.

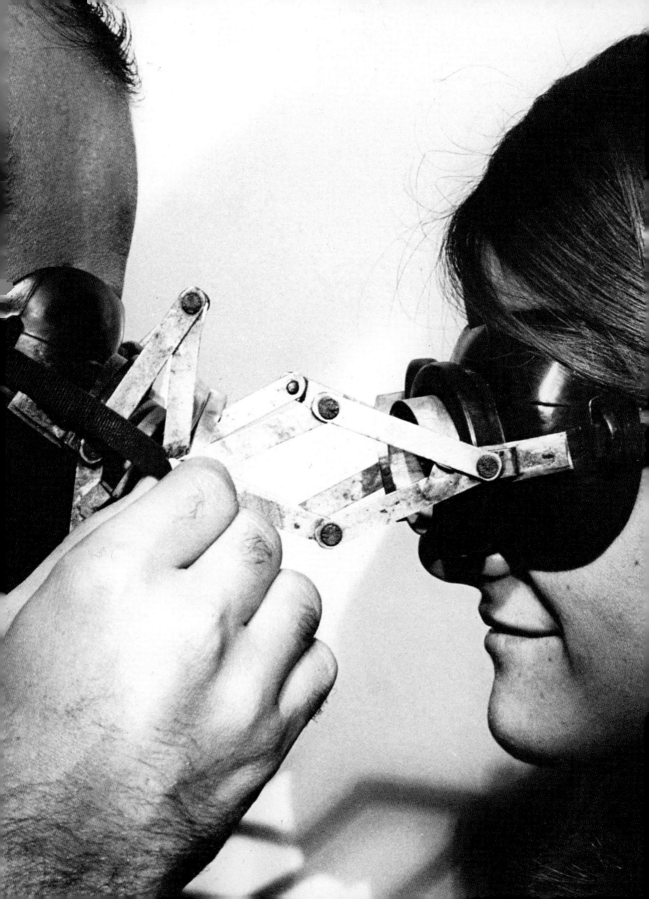

개인 보철 신체를 위한 새로운 동사

개요

착용자의 행동이나 환경에 반응하는 보철 장치를 설계하여 '신체를 위한 새로운 동사'를 구현하세요. 장치는 기계 학습(machine learning)의 도움을 받아 움직임, 소리, 온도, 온라인 데이터 등 무언가를 감지하고 이에 반응하여 전기 기계적인 동작이나 결과를 생성해야 합니다. 보철물을 사용하는 모습을 동영상으로 제작하세요. 공공장소에서 작업하는 모습을 솔직하게 담을 수도 있고, 작업의 내러티브를 전달하기 위해 연출된 영상을 만들 수도 있습니다.

스푸트니코!(Sputniko!)의 *Menstruation Machine*(2010)은 혈액 공급 장치와 복부에 충격을 가하는 전극을 갖추고 5일 간의 월경 과정의 통증과 출혈을 시뮬레이션하는 장치입니다.

마설 매클루언은 모든 기술을 인체의 확장으로 간주하여, 어떤 식으로든 기존의 신체 능력이나 인지 기능을 증폭하거나 가속화하는 역할을 한다고 주장했습니다. 매클루언의 용어를 사용하여 여러분의 프로젝트에 대해 논의해 보세요. 웨어러블 기기가 신체의 신체적, 인지적 또는 의사소통적 확장입니까? 보철물이 무엇을 보강하거나 대체하고, 제약하거나 보조하고, 강화하거나 신호를 보내고, 드러내거나 소통에 영향을 주고, 강화, 증폭 또는 감소시킵니까?

학습 목표

- 웨어러블 기술의 디자인을 검토, 토론 및 평가합니다.
- 인터랙션 디자인, 퍼포먼스 아트, 패션, 생체 모방을 아우르는 디자인 콘셉트를 생성하고 비평합니다.
- 센서, 액추에이터(actuator)[1], 마이크로컨트롤러(예: 아두이노)를 전자 회로에 결합하는 물리적 컴퓨팅 시스템을 설계해 봅니다.

1   (옮긴이) 액추에이터 (actuator)는 전기, 유압, 공압 등의 에너지를 기계적 운동으로 변환하는 장치입니다. 로봇팔의 움직임, 기계 부품의 제어 등 다양한 분야에서 중요한 역할을 합니다.

켈리 돕슨(Kelly Dobson)의 '착용 가능한 신체 기관'인 *ScreamBody*(1997-1998)는 비명을 지르는 휴대용 공간입니다. 비명 소리는 기기에 녹음, 저장되며 이후에 착용자가 선택한 장소와 시간, 방법으로 공개될 수 있습니다.

변주와 활용

- 물리적 제스처와 같은 단일 유형의 동작으로 응답을 제한해 보세요.

- 동물에서 영감을 받은 생체 모방 보철물을 디자인하세요. 착용자에게 어떤 새로운 힘을 부여할 수 있을까요?

- 한 사람을 위한 디자인이 많은 사람을 위한 디자인으로 이어지는 경우가 많습니다. 특정 사람을 선택하세요. 그 사람의 습관에 대해 인터뷰하고 일상을 관찰한 다음 그 사람을 위한 보철 장치를 만들어 보세요.

- 개인주의 타파: 두 명 이상이 함께 착용하는 보철 장치를 디자인하세요.

- 웨어러블 기기를 통해 신체가 인터넷에 연결되어 있다고 가정해 봅시다. 누구의 신체에 어떤 신호를 전달해야 할까요?

- 센서를 생략하세요. 대신 기존 데이터 집합을 경험 가능(또는 수행 가능)하게 만드세요.

- 교수자: 학생들에게 패션쇼에서 자신의 보철물을 발표하도록 요청합니다.

사라 로스(Sarah Ross)의 *Archisuits*(2005-2006)는 착용자가 공공 시설물에 편안하게 기대어 앉을 수 있도록 하는 평상복 버전입니다. 옷에는 LA 건축 환경의 특정 구조물에 딱 맞는 대형 폼 패드가 포함되어 있습니다.

의미 있는 작품 만들기

보철물은 신체에 인공적으로 추가되는 모든 것을 말합니다. 보철물은 의학, 전투, 피트니스, 연극, 패션 등 다양한 상황에서 사용됩니다. 많은 사람들이 지각(예: 안경, 보청기)이나 이동성(예: 지팡이, 인라인 스케이트 등) 등 신체 기능을 향상시키거나 환경으로부터 신체를 보호하는 보철물(예: 신발, 헬멧, 호흡기, 무릎 보호대 등)을 일상적으로 입거나 걸치고 있습니다. 장신구는 사회적 지위의 표시, 성별 또는 커뮤니티 소속의 표시, 치장의 도구, 개인적 의미 전달 또는 부적의 역할을 하는 '사회적 보철물'로 이해될 수 있습니다.

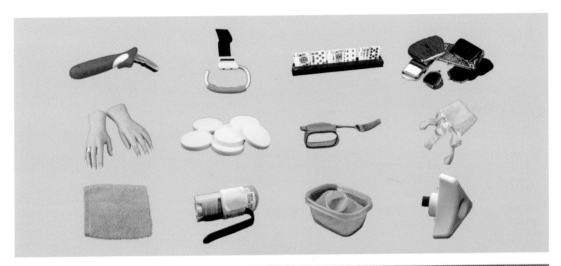

케이트린 린치(Caitrin Lynch)와 사라 헨드렌(Sara Hendren)의 *Engineering at Home*(2016)은 사지 절단 장애인 신디가 고안한 버내큘러[2]한 보철물과 일상 생활 도구에 대한 온라인 아카이브를 제공합니다.

2 (옮긴이) 버내큘러(Vernacular)는 특정 지역, 사회, 집단에 속한 사람들이 일상 생활에서 사용하는 언어, 건축, 디자인을 의미합니다. 이 용어는 지역적 특성과 문화적 정체성을 반영하는 자연스럽고 전통적인 스타일이나 표현 방식을 강조하며, 공식적이거나 학술적인 형태와 대비됩니다.

다른 종의 지각 능력에서 영감을 받은 크리스 워브켄(Chris Woebken)과 오카다 켄이치(Kenichi Okada)의 *Animal Superpowers*(2008-2015)는 착용자의 감각 능력을 강화하거나 증폭시키는 일련의 작품입니다. 예를 들어, Ant Apparatus(개미 장치)는 손에 낀 현미경으로 볼 수 있게 해주고, Bat Vision Goggles(박쥐 고글)를 사용하면 인간이 초음파를 들을 수 있습니다.

보철물은 점점 더 많은 디지털 데이터의 통로가 되고 있습니다. 스마트폰과 같은 휴대용 컴퓨터는 착용자가 어느 위치에 있든 간에(이전에는 불가능했던 거리에서도) 신호와 미디어를 교환할 수 있게 해줍니다. 피트니스 트래커, 개인 위치 추적 비콘(beacon, 블루투스를 활용한 근거리 통신 기술), 가석방자 전자 발찌 같은 특수한 원격 측정 기기는 착용자의 위치, 활동, 심지어 신진대사 데이터까지 수집하여 의도하지 않은 수신자에게까지 전송하기도 합니다. 이제 디지털 데이터는 블루투스 기능을 갖춘 '친밀한 하드웨어' 시장이 급성장하면서 신체 자체에 침투하고 있습니다. '더 나은 인간'의 프로토타입을 만들기 위해 트랜스 휴머니즘[3]의 '신체 해킹' 운동을 지지하는 사람들은 신체의 경계를 더욱 침범하여 자신의 피부 아래에 RFID 칩과 기타 회로를 이식하고 있습니다. 이러한 디바이스의 보급은 개인정보 보호 및 보안이라는 익숙한 문제에 대한 논의가 시급함을 환기시킵니다.

3 (옮긴이) 트랜스 휴머니즘(trans-humanism)은 과학 기술의 발전을 통해 인간의 신체적, 인지적 한계를 극복하고자 하는 사상입니다. 인공 지능, 유전 공학, 나노 기술 등을 활용하여 수명 연장, 질병 극복, 지능 향상 등을 추구하며, 인류의 미래 진화 방향에 대한 중요한 논의를 제공합니다.

CMU 2학년 스티븐 몬티나르(Steven Montinar)의 공연인 *Entry Holes and Exit Wounds*(2019)는 몸이 받는 느낌을 살리는 의복을 사용하여 데이터를 실감나게 표현합니다. 이 프로젝트에서는 12명 흑인 희생자에 대한 무도한 경찰의 발포(gunshots)와 옷에 심어놓고 아두이노(arduino)로 시퀀싱한 휴대폰용 진동기를 연동합니다.

하나의 장르로서의 보철학은 전형적 신체와 비전형적 신체, 능력, 정체성에 대한 중요한 질문을 제기합니다. 이러한 기술은 '이런 것이 정상적인 신체다'라고 가정한 어떤 표준으로 복원하는 수단으로 접근하기보다는 학자 사라 헨드렌(Sara Hendren)이 촉구한 것처럼 "기본 신체 경험에 대해 다시 생각해보자"는 장애 담론의 재구성을 유도합니다.

　사람에게 물건을 잡을 수 있는 꼬리가 있다든가 화학 물질에 민감한 더듬이가 있다면 어떨까요? 외모가 카메라 시스템의 정상적인 작동을 방해할 수 있다면 어떨까요? 새로운 보철물의 디자인은 자신의 정체성과 능력에 대한 상상력 넘치는 놀이의 문을 열어줍니다. 의상과 공연의 렌즈를 통해 탐구되는 보철물은 사회적 의식을 재구성하거나 판타지와 생체 모방을 통해 생물학적 규범을 낯설게 하는 탐구가 되기도 합니다. 새로운 보철 기술자는 해부학, 공연용 부속물, 초감각 지각을 위한 새로운 기관을 발명할 수 있습니다. 우리가 당연시해온 기술 문화 시스템에 대한 새로운 관점을 제시하는 방식으로 고객이 새로운 사회적 정체성을 갖도록 돕거나 감시 인프라와의 새로운 관계를 구축할 수도 있습니다.

The Social Escape Dress(2016)는 개인 및 공공 공간을 조사하는 전자 웨어러블 시리즈인 캐슬린 맥더모트(Kathleen McDermott)의 *Urban Armor*(도시 갑옷) 프로젝트 중 하나입니다.

아요다몰라 오쿤세인데(Ayodamola Okunseinde)의 공연인 *The Rift: An Afronaut's Journey* (2015)는 주인공인 Tanimowo 박사가 시간 여행을 통해 자신의 문화가 붕괴된 이유를 이해하려고 노력하는 설정으로, 아프로퓨처리즘 웨어러블 기술을 선보입니다. 공연자의 Afronaut⁴ 수트에는 통신 장치, 영양 공급 시스템 및 호흡 장치가 포함됩니다.

4 (옮긴이) Afronaut은 아프리카와 우주 탐험을 결합한 용어로, 아프리카 출신 혹은 아프리카와 연관된 사람들이 우주 탐험, 과학, 기술 분야에서 활동하는 것을 의미합니다. 이 용어는 아프리카의 혁신과 우주 과학에 대한 관심을 반영하며, 아프리카 인재들이 국제 우주 공동체에 기여할 수 있는 잠재력을 강조합니다.

추가적으로 참고할 만한 프로젝트

Lea Albaugh, *Clothing for Moderns*, 2014, 전자 기계 의류, CMU.

Siew Ming Cheng, *Spike Away – How To Protect Your Personal Space On The Subway*, 2013, 스파이크가 달린 플라스틱 조끼.

Jennifer Crupi, *Unguarded Gestures 1–3*, 2019, 알루미늄 및 은 소재.

Amisha Gadani, *Animal Inspired Defensive Dress*, 2008-2011, 인터랙티브 의류.

Mattias Gommel, *Delayed*, 2003, 인터랙티브 사운드 설치, "Son Image", Laboratorio Arte Alameda.

Neil Harbisson 및 Moon Ribas, Cyborg Arts, 2010-2020, 사이보그 예술 조직.

Kate Hartman, *Porcupine Experiments*, 2016, 끈과 부속품이 달린 레이저컷 판지.

Rebecca Horn, *Finger Gloves*, 1972, 손가락 확장 조각.

Di Mainstone 외, *Human Harp*, 2012-2015, 현수교 인터랙티브 사운드 아트.

Daito Manabe, *electric stimulus to face - test*, 2009, 생체 반응형 웨어러블 디바이스.

Lauren McCarthy, *Tools for Improving Social Interactivity*, 2010, 생체 반응 의류.

MIT AgeLab, *AGNES(Age Gain Now Empathy System)*, 2005, 연령 시뮬레이션 의류 및 보철물, MIT.

Alexander Müller, Jochen Fuchs 및 Konrad Röpke, *Skintimacy*, 2011, 햅틱 장치 및 사운드 처리 소프트웨어.

Sascha Nordmeyer, *Communication Prothesis(HyperLip)*, 2009, 안면 보철물.

Stelarc, *Third Hand*, 1980, 로봇 의수.

Jesse Wolpert, *True Emotion Indicator*, 2014, 전자 헤드웨어.

참고 자료

Philip A. E. Brey, *Theories of Technology as Extension of Human Faculties*, Philosophy and Technology 19, Elsevier/JAI Press, 2000, 59–78.

Erving Goffman, *The Presentation of Self in Everyday Life* Doubleday, 1959.

Donna J. Haraway, "A Cyborg Manifesto: Science, Technology, and Socialist-Feminism in the Late 20th Century", *Simians, Cyborgs, and Women: The Reinvention of Nature*, Routledge, 1991, 149–181.

N. Katherine Hayles, *How We Became Posthuman: Virtual Bodies in Cybernetics, Literature, and Informatics*, University of Chicago Press, 1999.

Sara Hendren, *What Can a Body Do?*, Riverhead Books, 2020.

Madeline Schwartzman, *See Yourself Sensing: Redefining Human Perception*, Black Dog Press, 2011

파라메트릭^(매개 변수로 구성된) 오브젝트 포스트 인더스트리얼 디자인

브루클린 디자인 스튜디오 Des Des Res의 *Fahz*(2015)는 독특한 맞춤형 꽃병을 생산하기 위한 제작 시스템입니다. 각 꽃병 주변의 네거티브 스페이스는 고객 얼굴의 실루엣에서 나온 것입니다.

파라메트릭 ^(매개 변수로 구성된) 오브젝트 포스트 인더스트리얼 디자인[1]

개요

3D 오브젝트를 생성하는 프로그램을 만듭니다. 보다 구체적으로, 프로그램은 모두 동일한 방식으로 파라미터화되지만 파라미터(매개 변수)가 다른 값으로 설정되면 다른 3D 오브젝트 제품군을 생성해야 합니다. 프로그램의 출력은 실제 프로토타입 제작에 적합해야 합니다.

파라메트릭 오브젝트[2]가 문화적 아티팩트로 작동하는 방식을 고려하세요. 소프트웨어가 실제 인간의 필요나 관심사를 다루는 것을 생성함으로써 어떻게 특별한 의미를 만들 수 있을까요? 데이터 세트를 형체가 있는 것이나 웨어러블로 만들 수 있나요? 생성된 오브젝트가 의미가 있거나 써먹을 수 있을까요? 도구인가요? 의복? 장식품인가요? 재미있거나, 놀랍거나, 예상치 못한 것인가요? 콘셉트를 찾고 있다면 우리 주변에서 대량 생산되지만 개인화할 수 있거나 개인화해야 하는 사물을 생각해 보면 도움이 될 수 있습니다. 관련 대상과 공유할 수 있도록 문서로 남기세요.

1 (옮긴이) 이 섹션은 대량 생산 기반의 공업 디자인 방식을 넘어선 파라미터 기반의 디자인에 대해 소개합니다. 이러한 방법은 파라미터의 정의와 그 관계 형성에 중점을 둡니다.

2 (옮긴이) 파라메트릭 디자인은 설계 변수를 사용하여 형태를 생성하고 조작하는 디자인 과정입니다. 이 방식은 변수들 간의 관계를 설정하여 하나의 파라미터가 변할 때 다른 파라미터들이 자동으로 조정되도록 함으로써, 복잡한 형태와 구조를 효율적으로 탐색하고 생성할 수 있게 합니다. 주로 건축, 제품 디자인, 그래픽 디자인 등에서 활용됩니다.

디자인 스튜디오 Nervous System의 제시카 로젠크란츠(Jessica Rosenkrantz)와 제시 루이스-로젠버그(Jesse Louis-Rosenberg)는 자연 현상을 시뮬레이션하여 3D 형태를 생성하는 분야의 선구자입니다. 그들의 키네마틱 드레스(Kinematic Dress, 2014)는 몸의 곡선을 수용할 수 있는, 서로 다른 2천 개 이상의 삼각형 면이 맞물려 구성되어 있습니다. 드레스는 별도의 조각이나 구분 없이 접기만 한 단일 구조로 3D 프린팅했습니다.

학습 목표

- 3D 형태 설계에 제너레이티브 디자인 원칙을 적용해 봅니다.
- 알고리즘 기법으로 솔리드 지오메트리[3] 작업을 제어합니다.
- 신체적, 사회적 또는 환경적 맥락에서 형태에 대해 토론합니다.

변주와 활용

- 입문자용: 일련의 꽃병, 컵, 촛대, 팽이 등을 생성하는, 회전 표면을 정의하는 소프트웨어를 작성합니다.
- '플러그가 연결되지 않은(컴퓨터 없이)' 상태에서 일상적인 재료로 클래스를 만들기 위한 일련의 규칙을 고안해 보세요. 규칙에는 우연의 요소(예: 동전 던지기)나 실제 데이터에 대한 의존성(예: 측정값 수집)이 포함되어야 합니다. 규칙에 따라 적어도 두 개의 객체를 만드세요.
- 지도 제작 데이터에서 입체감이 있고 3D 인쇄가 가능한 지도를 생성하는 소프트웨어를 작성해 보세요.

3 (옮긴이) 3D 모델링 소프트웨어에서, 솔리드 지오메트리는 부피, 질량을 가지고 완전히 닫힌 표면으로 구성된 3차원 객체를 의미합니다.

조나단 아이젠만(Jonathan Eisenman)의 꽃병 파라미터 모델(Vase Parametric Model, 2014)은 간단한 꽃병 형태가 어떻게 파리미터화될 수 있는지 보여줍니다.

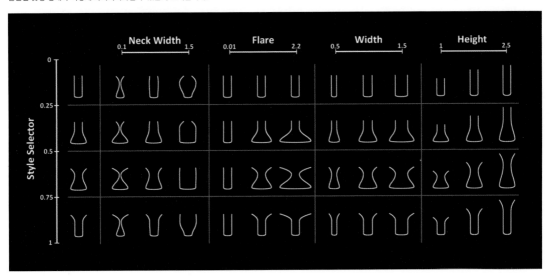

오스트리아 예술가 리아(Lia)의 *Filament Sculptures*(2014)는 3D 프린터에서 나온 가는 실 모양의 뜨거운 필라멘트가 예측할 수 없는 방식으로 늘어지는 컴퓨테이셔널 생성 형태입니다. 각 조각품은 CAD 모델, 3D 프린터 설정, 물리적 세계의 자연력이 연계되어 나타나는 물리적 파라미터와 가상 파라미터 간의 절충을 통해 탄생합니다.

매튜 에플러(Matthew Epler)의 *Grand Old Party*(2013)는 컴퓨터로 생성된 버트 플러그(butt plug)[4] 세트입니다. 각 형태에서 직경은 특정 대통령 후보별 시간 경과에 따른 유권자 지지율을 나타내는 '물리적 시각화'입니다.

4 (옮긴이) 항문에 삽입하여 사용하도록 설계된 성인용 장난감을 말합니다.

의미 있는 작품 만들기

제너레이티브 디자인은 디자인 결정을 자동화하기 위한 규칙 시스템을 만드는 활동입니다. 파라메트릭 오브젝트의 경우 특정 변수에 의해 표현되는 속성을 가진 형태가 생성됩니다. 변수의 값을 변경하면 그에 따라 형태가 바뀌고, 우연성 또는 무작위성 요소를 통합하면 모든 반복에서 고유한 오브젝트를 생성할 수 있습니다. 다른 접근 방식 중에서도 파라메트릭(매개 변수로 구성된) 형태는 모듈식 구성 요소를 다양한 배열로 조립하거나, 커브와 3D 오브젝트의 표면을 로프트(loft)[5]하거나, 시뮬레이션된 물리학의 작용을 통해 생성할 수 있습니다.

5 (옮긴이) 로프트(loft)는 3D 모델링 소프트웨어에서 두 개 이상의 단면(shape)이나 윤곽선(curve) 사이를 부드럽게 연결하여 3차원 형태를 생성하는 데 사용되는 도구입니다.

3D 파라메트릭 오브젝트는 다양한 제작 기술을 사용하여 실제 재질로 렌더링할 수 있습니다. 여기에는 재료를 붙이거나 쌓는, 3D 프린터와 같은 적층 기술과 원재료를 깎아나가는 밀링 머신과 같은 절삭 기술이 포함됩니다. 이 중 가장 초기의 CNC(컴퓨터 수치 제어) 밀링 머신은 냉전 시대인 1950년대에 수학적으로 정밀한 항공기용 프로펠러를 만들기 위한 군 자금 지원 이니셔티브를 통해 개발되었습니다. 1960년대 초에는 CNC 제조를 위한 형상 지정 프로세스[6]를 간소화하기 위해 CAD(컴퓨터 지원 설계) 도구가 동시에 개발되었고, 얼마 지나지 않아 예술가들이 이러한 기술에 접근할 수 있게 되었습니다. 1965년, 컴퓨터로 제작한 플로터 아트[7]의 첫 전시회가 열리던 무렵, 이 분야의 선구자인 찰스 '척' 수리(Charles "Chuck" Csuri)는 추상적인 조각 작품인 *Numeric Milling*에 CNC 도구를 사용하여 표현력을 보여준 최초의 예술가가 되었습니다.

6 (옮긴이) CAD에서 '형상 지정 프로세스'는 3D 모델링에서 객체의 형태와 구조를 정의하는 과정입니다. 이는 스케치, 차원 지정, 모델링 도구 사용 등을 통해 이루어지며, 설계 의도에 맞는 정밀한 디지털 모델을 생성하는 데 필수적입니다.

7 (옮긴이) 플로터 아트 (Plotter Art)는 컴퓨터 제어 하에 잉크를 사용하여 종이나 다른 매체에 그리는 기계, 즉 플로터를 이용해 생성되는 예술 작품입니다. 주로 벡터 기반의 그래픽을 통해 선과 패턴으로 복잡한 이미지를 만들어내며, 디지털과 아날로그 기술의 결합을 통해 독특한 시각적 효과를 낳습니다.

찰스 수리(Charles Csuri)의 조각품 *Numeric Milling*(1968)은 컴퓨터로 제어되는 밀링 머신으로 제작된 최초의 예술 작품 중 하나입니다. 수리는 다음과 같이 썼습니다. "장치로 표면을 매끄럽게 만들 수 있지만 도구가 지나간 경로 표시를 남기는 것이 가장 좋다고 결정했습니다."

제너레이티브 디자인을 할 때 반드시 컴퓨터 프로그래밍이 필요한 것은 아닙니다. 개방형, 프로세스와 규칙에 기반한 개념 예술의 전통은 알고리즘 논리와 현실 세계의 물질적 또는 사회적 우연성 간의 긴장 속에서 의미를 창출합니다. 고도로 체계적인 사고는 무작위 모양의 플라스틱 덩어리를 압출하는 메타 조각 기계인 록시 페인 (Roxy Paine)의 *SCUMAK*, 날씨 데이터에 따라 짜임새가 만들어지는 나탈리 미에바흐 (Nathalie Miebach)의 수제 조각품, 일반적으로 제작 기계에 제공되는 지침을 인간 제작자에게 대신 제공하여 사람이 출력하도록 하는 '대안 3D 프린터'인 로라 데벤도프 (Laura Devendorf)의 *Being the Machine* 프로젝트와 같은 작품을 뒷받침하는 기반이 됩니다.

에이드리언 시걸(Adrien Segal)의 *Cedar Fire Progression*(2017) 은 시간이 지남에 따라 산불이 (아래에서 위로) 번져나가는 지리적 형세를 묘사한 데이터 기반 조각품입니다.

아만다 가사이(Amanda Ghassaei)의 3D 프린팅 레코드(2012)는 컴퓨테이션으로 오디오 데이터를
나선형 홈의 형태로 만든 작품으로, 재생 가능한 12인치, 33rpm 턴테이블 디스크입니다. 그 소리의
충실도는 디지털 제작의 한계와 특성을 드러냅니다.

공산품은 가구, 가정용품, 도구, 장난감, 장식품 등 쓸모에 따라 우리 삶에서 중요한
역할을 합니다. 그러나 때때로 산업 디자인에서 '모든 것에 맞는 하나의 사이즈'라는
접근 방식은 '어디에도 맞지 않는 사이즈'라는 의미이기도 합니다. 파라메트릭 디자
인은 산업 디자인의 반대에 위치합니다. 수공예 및 수제 형태와 유사한 개인화를 제
공하지만 이전에는 불가능하던 대규모의 맞춤 제작이 가능합니다. 예를 들어 안경,
보철물 및 기타 웨어러블은 개인의 신체를 측정하거나 스캔한 데이터를 사용하여
맞춤 제작할 수 있습니다. 지도, 히스토그램, 시계열은 데이터를 생성하여 촉각적인
미디어로 렌더링할 수 있습니다. 이러한 '물리적 시각화' 접근 방식은 시각 장애인의
데이터 접근성을 넓히거나 지극히 개인적인 경험에서 얻은 정보를 인코딩한 기념품
을 제작하는 데 유용할 수 있습니다. 고유성을 중시하는 상황에서는 알고리즘 설계
기법을 통해 똑같은 아이템이 하나도 없도록 만들 수 있습니다. 파라메트릭 디자인
은 또한 주어진 상황에 맞는 '최적의' 형태를 만들 수 있다는 매력적인 가능성을 가
지고 있습니다(예: 재료 단위당 최대 강도를 찾는 문제 해결). 이는 디자인 과정에서
자원을 절약하는 데 도움이 되지만, 과도하게 최적화하면 유연하지 않은 결과를 만
들 위험이 있다는 점도 인식해야 합니다.

레이첼 빈스(Rachel Binx)와 샤 황(Sha Hwang)의 *Meshu*(2012)는 3D 제작 방식을 사용해 고객의
지리 공간 정보에서 영감을 얻은 맞춤형 보석 제품을 주문형으로 생산하는 사례를 보여줍니다.

리사 코리 정(Lisa Kori Chung)과 카일 맥도널드(Kyle McDonald)의 *Open Fit Lab*(2013)은 관객의
신체를 3D 스캔하여 현장에서 패턴을 뜬 다음 하나로 합쳐 맞춤 바지를 만듭니다.

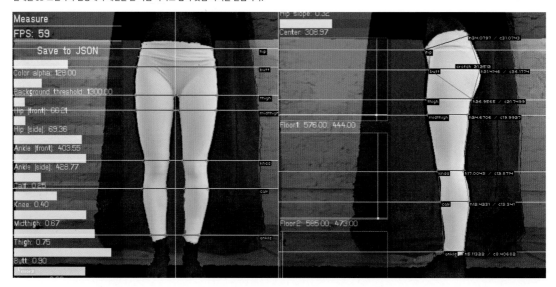

모레신 알라야리(Morehshin Allahyari)의 *Material Speculation: ISIS* 시리즈(2015-2016)는 ISIS 무장세력에 의해 파괴된 고대 유물을 공개된 수십 칭의 사진을 바탕으로 재현된 것입니디. 이 작품은 2015년 모술 바물관에서 박살난 루마 시대 하트라의 왕 우탈의 조각을 알라야리가 재구성한 것입니다.

인터랙티브 설치인 *Wage Islands*(2015)에서 에케네 이제마(Ekene Ijeoma)는 뉴욕의 새로운 지형을 생성했습니다. 여기서는 평균 소득이 낮을수록 해당 지역 고도가 높아집니다. 레이저 커팅된 조각품이 잉크물에 잠기면서, 저임금 노동자들이 임대료를 감당할 수 있는 지역을 나타내는 '임금 섬'을 시각화합니다.

추가적으로 참고할 만한 프로젝트

Alisa Andrasek 외, *Li-Quid*, 2016년, 의자 디자인 생성.

Ingrid Burrington, *Alchemical Studies*, 2018년, 아이폰 5를 레진 구체로 주조.

Mat Collishaw, *The Centrifugal Soul*, 2017, 혼합 매체 3차원 조에트로프.

David Dameron, Paul Freiberger, "Sculptor Waxes Creative with Computer", *InfoWorld*, 1981년 7월 6일.

Laura Devendorf, *Being the Machine*, 2014-2017, 인간이 실행할 수 있는 g-코드 제작 지침을 생성하기 위한 비디오, 지침 및 앱.

Erwin Driessens & Maria Verstappen, *Tuboid*, 2000, 컴퓨터로 생성된 나무 조각과 가상 환경.

John Edmark, *Blooms*, 2015, 3D 프린팅된 스트로보스코프 조각품.

Madeline Gannon, *Reverberation across the Divide*, 2014, 상황 인식 모델링 도구.

Gelitin, *Tantamounter 24/7*, 2005, 복사기 퍼포먼스.

Nadeem Haidary, *In-Formed*, 2009, 데이터 시각화로서의 포크.

Mike Kneupfel, *Keyboard Frequency Sculpture*, 2011, 3D 프린팅 정보 시각화.

Golan Levin과 Shawn Sims, *Free Universal Construction Kit*, 2012, 소프트웨어 및 SLS 나일론 3D 프린트.

Nathalie Miebach, *To Hear an Ocean in a Whisper*, 2013, 데이터 조각.

Neri Oxman 외, *Silk Pavilion*, 2013, 누에가 만든 구조물.

Roxy Paine, *SCUMAK(Auto Sculpture Maker)*, 1998-2001, 조각 제작 기계.

참고 자료

Matthew Plummer-Fernandez와 Julien Deswaef, *Shiv Integer*, 2016, Thingiverse 매시업 봇 및 SLS 나일론 3D 프린트.

Stephanie Rothenberg, *Reversal of Fortune: The Garden of Virtual Kinship*, 2013, 자선 관련 데이터를 시각화하는 텔레매틱 정원.

Jenny Sabin, *PolyMorph*, 2014, 모듈형 세라믹 조각.

Jason Salavon, *From Study #1*, 2004, 생성된 객체에 대한 비디오.

Keith Tyson, *Geno Pheno Sculpture "Fractal Dice No. 1"*, 2005, 알고리즘으로 생성된 조각품.

Wen Wang 및 Lining Yao 외, *Transformative Appetite*, 2017, 컴퓨터로 만든 파스타면.

Mitchell Whitelaw, *Measuring Cup*, 2010, 150년 간의 시드니 기온 데이터를 시각화한 컵.

Maria Yablonina, *Mobile Robotic Fabrication System for Filament Structures*, 2015, 제작 시스템.

Christopher Alexander, "Introduction"과 "Goodness of Fit", *Notes on the Synthesis of Form*, Harvard University Press, 1964, 1-27.

Morehshin Allahyari와 Daniel Rourke, *3D Additivist Cookbook*, The Institute of Network Cultures, 2017.

Nathalie Bredella와 Carolin Höfler 편집, "Computational Tools in Architecture, Cybernetic Theory, Rationalisation and Objectivity", *arq: Architectural Research Quarterly* 21, no. 1 특별호(2017년 3월).

Joseph Choma, *Morphing: A Guide to Mathematical Transformations for Architects and Designers*, Laurence King Publishing, 2013.

Pierre Dragicevic 및 Yvonne Jansen, *List of Physical Visualizations and Related Artifacts*, dataphys.org.

Marc Fornes, *Scripted by Purpose: Explicit and Encoded Processes within Design*, 2007, 전시회.

Wassim Jabi, *Parametric Design for Architecture*, Laurence King Publishing, 2013.

Vassilis Kourkoutas, *Parametric Form Finding in Contemporary Architecture: The Simplicity Within The Complexity Of Modern Architectural Form*, Lambert Academic Publishing, 2012.

Golan Levin, *Parametric 3D Form*(강의, Interactive Art & Computational Design, CMU, 2015년 봄).

D'Arcy Wentworth Thompson, *On Growth and Form* 2/E, Cambridge University Press, 1942.

Claire Warnier 외 편집, *Printing Things: Visions and Essentials for 3D Printing*, Gestalten, 2014.

Liss Werner, ed., *(En)Coding Architecture: The Book*, Carnegie Mellon University School of Architecture, 2013.

가상 공공 조형물 장소 증강하기

마츠다 케이이치(Keiichi Matsuda)의 *HYPER-REALITY*(2016)는 유비쿼터스 AR 광고, 게임화된 소비주의 및 기업 감시 등 근미래의 디스토피아적인 모습을 디테일하게 그린 단편 영화입니다.

가상 공공 조형물 장소 증강하기

개요

로버트 스미슨(Robert Smithson)은 '장소(site)는 작품이 있어야 하지만 없는 곳'이라고 말했습니다. 이 과제에서는 증강 현실(AR)을 사용하여 장소에 누락된 조각[1]을 만들어야 합니다. 더 구체적으로 말하면, 원하는 가상 객체를 원하는 물리적 위치에 원하는 스케일로 배치하고, 자신이 만든 프로그래밍 동작을 통해 표시하는 것입니다.

　장소를 선택할 때는 장소가 어떻게 점유되고 있는지는 물론 그 위치와 역사가 제공하는 개념적, 미적 기회를 고려하세요. 누가 어떻게 장소를 사용하는지 몇 가지 관찰 사항을 기록해 두세요. 위치는 공공 장소, 일반 장소 또는 비공개 장소일 수 있습니다. 예를 들어 눈에 잘 띄는 랜드마크, 슈퍼마켓 통로, 침실, 심지어 손바닥일 수도 있습니다.

　당신의 가상 객체는 특정한 목적으로 사용되거나, 다운로드해 재활용되거나, 3D 모델로 만들거나, 스캔될 수 있습니다. 개체를 조각품이나 기념물, 설치 작품 또는 장식으로 생각할 수도, 완전히 다른 것으로 생각할 수도 있습니다. 제자리에서 천천히 회전하거나, 입자 소나기를 뿌리거나, 관람자가 가까이 다가갈 때마다 크기가 변하는 등 특정한 방식으로 작동하도록 코드를 작성합니다.

1　(옮긴이) 특정 장소나 공간에 존재해야 함에도 불구하고 실제로는 존재하지 않는 예술 작품이나 구성 요소를 의미합니다.

제프리 쇼(Jeffrey Shaw)의 *Golden Calf*(1994)는 증강 현실의 선구적인 작품이었습니다. 관람자는 Polhemus 사의 위치 추적 시스템이 장착된 휴대용 LCD 화면을 움직이면서 빈 받침대 위에 떠 있는 황금 송아지의 가상 3D 조각품을 관찰할 수 있었습니다.

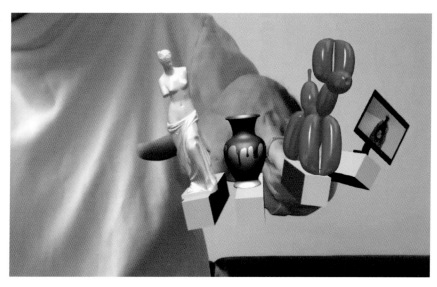

제레미 베일리(Jeremy Bailey)의 *Nail Art Museum*(2014)은 손가락에 올린 받침대에 예술 작품을 배치한, 작은 가상 박물관입니다.

가상 객체를 모바일 기기나 태블릿에서 본다고 가정해 보세요. 프로젝트를 동영상으로 '어깨 너머'와 '디바이스를 통해 보는' 시점을 모두 캡처하여 다양한 시점을 반영합니다. 이를 통해 관객이 작품을 어떻게 경험할 수 있는지 고려하는 것이 중요합니다. 프로젝트가 실제와 가상, 공개와 비공개, 스크린과 장소 간의 관계를 어떻게 변화시키고 반영하나요? 다른 사람들과 공유할 수 있도록 증강 현실에서의 상호 작용을 설명하고 관련 기록을 공유하세요.

학습 목표

- 특정 장소에서 창의적인 개입을 개발, 설계 및 실행합니다.
- 증강 현실의 기술 요구 사항 및 워크플로를 검토합니다.
- 증강 현실 프로젝트의 문서화를 계획하고 작성합니다.

변주와 활용

- 가상 오브젝트를 활용하여 퍼포먼스를 개발하고 실행해 보세요.
- 개체를 추가하는 것이 아니라 제거하는 효과를 내는 개입을 만들어 보세요.
- AR상에서 이루어지는 가상 개입과 직접 디자인한 소품 등을 통한 실제 물리적 개입을 함께 연결하는 경험을 디자인하세요.

- 장애물 코스, 보물찾기, 방탈출, 운동장, 게임판으로 변신하는 증강 현실 개체를 사용하여 장소를 '게임화'해 보세요.
- 해당 장소의 역사 또는 현재 사용 현황을 조사하고, 해당 장소와 관련하여 만들어진 데이터를 사용하는 증강 기능을 개발합니다. 여기서 데이터의 예로는 전력 소비 또는 오염에 대한 통계, 건축 또는 지질학적 특징, 역사적인 사진, 인터뷰 오디오 클립, 실시간 날씨 정보 등이 있습니다.

2 (옮긴이) 사진의 동상은 뉴욕 센트럴파크에 세워진 대니얼 웹스터(Daniel Webster)의 조각상으로, 그는 19세기 초반 미국을 대표하는 정치인 중 한 명입니다. 작품에서는 풀리처 상을 수상한 여성 작가 이디스 워튼(Edith Wharton)을 비교해 보여주고 있습니다.

마크 스퀘릭(Mark Skwarek)과 조셉 호킹(Joseph Hocking)은 영국 석유회사 BP가 일으킨 딥워터 호라이즌 기름 유출 사고에 대응하여 *The Leak in Your Hometown*(2010)을 만들었습니다. 이 증강 현실 스마트폰 앱은 오일 파이프가 새는 애니메이션을 BP 로고에 고정시킵니다.

Y&R New York의 *The Whole Story*(2017) 프로젝트는 사용자가 기존 공공 조각상과 함께 유명 여성의 가상 조각상을 보고, 공유하고, 추가할 수 있도록 하여 공공 기념물의 성평등 문제를 논의하는 것을 목표로 합니다.[2]

의미 있는 작품 만들기

증강 현실(AR)은 세상에 가상 정보 레이어를 추가합니다. 3D 애니메이션, 텍스트 또는 이미지와 같은 미디어를 특정 장소에 고정하고, 지형지물을 빼고, 세상을 일그러뜨려 보여줄 수 있습니다. 공공 예술 작품은 때때로 지역 사회의 관심사에 대한 연계가 부족하다는 비판을 받기도 하지만(심지어 '플롭 아트'[3]라는 조롱을 받기도 합니다), AR로 만든 공공 예술 작품은 역동적이고 인터랙티브하며 관객에 의해 변화하는 잠재력을 통해 이러한 비판에 대응할 수 있습니다. 공공장소에 위치한 AR 예술 작품은 공공 예술, 거리 공연, 그래피티, 비디오 게임의 표현 언어와 비평적 전통을 결합합니다.

기업의 광고, 브랜딩 및 기타 미디어는 액티비스트들이 AR을 사용하여 허가받지 않고 개입하기 위해 준비된 표적이나 다름없습니다. 뱅크시는 다음과 같이 말했습니다. "공공장소에 있는 광고는 보든 안 보든 선택의 여지가 없습니다......그걸로 당신이 원하는 것은 무엇이든 할 수 있습니다. 허락을 구하라는 말은 누군가가 방금 당신 머리를 겨누고 던진 돌을 계속 가지고 있으라고 요구하는 것과 같습니다."[4] 공공장소에서의 AR은 매스미디어나 기관의 통제된 채널에서는 불가능한 방식으로 새로운 권력 관계를 표현하거나 그 프로토타입을 만들 수 있는 가능성을 제공합니다. 마크 스퀘릭(Mark Skwarek)과 조셉 호킹(Joseph Hocking)이 *The Leak in Your Hometown*(2010)에서 보여준 것처럼, 개입이 널리 사람들의 주목을 끌 수 있도록 하

3 (옮긴이) 플롭 아트 (Plop Art)는 정부 또는 기업의 광장, 사무실 건물 앞 공원 등 공공장소를 위해 만들어진 공공 예술이 매력적이지 않거나 '풍덩하고(plopped)' 떨어진 것처럼 그 주변 환경과 어울리지 않는다는 의미의 경멸적 속어입니다. 공공 미술을 옹호하는 일부 사람들은 이 용어를 긍정적 의미로 사용하려 노력하고 있습니다.

4 뱅크시(Banksy), *Cut It Out*, Weapons of Mass Distraction, 2004

네이션 세이퍼(Nathan Shafer)의 *Exit Glacier* 프로젝트(2012)는 알래스카 케나이 산맥에 있는 엑시트 빙하가 과거 어느 정도 규모였는지 묘사하고, 기후 변화로 인해 녹아버린 빙하를 시각화하는 특정 장소 맞춤 스마트폰 앱입니다.

는 전략 중 하나는 잘 알려진 로고나 어디서나 쉽게 볼 수 있는 기호를 비판적 증강을 위한 시각적 '앵커'(타깃)로 사용하여, 그 기호가 있는 모든 장소가 프로젝트를 통해 특정한 성격을 띠도록 하는 것입니다. 미디어의 바이럴 조작을 통해 이슈를 재구성하고 여론을 전환하는 것을 목표로 하는 컬처 재밍(Culture Jamming) 및 디자인 액티비즘의 경우, 인터넷에 배포된 앱과 잘 선택된 AR 앵커의 조합이 특히 효과적일 수 있습니다.

이 과제는 아티스트가 특정 장소에 상황에 따라 실시간으로 변하는 가상의 무언가를 추가하도록 한다는 점에서 증강 프로젝션 과제와 유사합니다. 두 과제 모두 컨텍스트와 긴밀하게 연결된 개입을 디자인하는 것이 과제입니다. 하지만 몇 가지 주요 차이점이 있습니다. 프로젝션은 회화처럼 재현, 추상화, 착시(illusion)의 논리에 따라 작동하는 반면, 증강 현실은 회화처럼 무언가를 그려내는 것이 아니라, 마치 조각처럼 공간에 실제로 물체가 있는 것처럼 보이도록 배치합니다. 형식상으로 증강 현실은 투사 표면이 필요하지 않으므로 AR 객체를 공중에 매달거나 시청자 주위로 움직이게 할 수 있습니다. 마찬가지로 AR의 3D 형태는 손바닥 크기부터 하늘을 가득 채우는 크기까지 눈에 보이는 모든 크기로 존재할 수 있으며, 심지어 엑스레이처럼 실제 물체의 뒤나 내부에 나타날 수도 있습니다. 이러한 AR의 특성을 종합하면 관객의 동작과 움직임을 새로운 방식으로 연출할 수 있습니다. 마지막으로, AR 디스플레

안나 마들렌 라우파흐(Anna Madeleine Raupach)의 *Augmented Nature*(2019)는 나무, 그루터기, 이끼로 뒤덮인 바위와 같은 자연계에 있는 사물들에 시적 상상력을 부여하는 장소별 애니메이션의 앵커로 사용합니다.

이는 부분 부분 나누거나 여러 곳에 퍼트릴 수 있는 특성이 있기 때문에 같은 장소에 있는 사람들이 서로 다른 것을 볼 수도 있고, 스퀴릭과 호킹이 보여준 것처럼 서로 다른 장소에 있는 사람들이 같은 것을 볼 수도 있습니다.

좋든 나쁘든 휴대폰, 태블릿, 고글을 통해 보는 증강 세계는 어디에서나 볼 수 있는 게 아니고, 증강 세계가 있다는 걸 아는 사람이 적극적으로 참여해 경험해야 합니다. 본질적으로는 공공 장소에서의 사적인 견해일 뿐이기 때문입니다. 이러한 지극히 개인적인 특성으로 말미암아 AR은 결국 디지털 레드라인(digital redlining)⁵을 만들어내거나 필터 버블을 생성하고, 과격한 견해를 증폭시키는 등 예기치 못한 정치적 결과를 초래할 수 있습니다.

5 (옮긴이) 디지털 레드라인은 기술과 인터넷 접근에서 특정 집단이나 지역을 의도적으로 배제하거나 차별하는 현상을 말합니다. 이는 주로 저소득층이나 소수 민족 커뮤니티가 고속 인터넷이나 디지털 서비스에 접근하지 못하게 하는 방식으로 나타납니다. 결과적으로 이러한 디지털 격차는 교육, 취업, 의료 등 다양한 분야에서 불평등을 심화시킵니다.

추가적으로 참고할 만한 프로젝트

Awkward Silence Ltd, *Pigeon Panic AR*, 2018, 증강 현실 비둘기 게임 앱.

Aram Bartholl, *Keep Alive*, 2015, 야외 바위에 설치된, 불을 지펴야 연결되는 WiFi와 디지털 생존 가이드 저장소.

Janet Cardiff와 George Bures Miller, *Alter Bahnhof Video Walk*, 2012, 증강 현실 도보 여행.

Carla Gannis, *Selfie Drawings*, 2016, AR 경험이 포함된 아티스트 북.

Sara Hendren과 Brian Glenney, *Accessible Icon Project*, 2016, 아이콘 제작을 통한 참여적 공공 개입.

Jeff Koons, *Snapchat: Augmented Reality World Lenses*, 2017, 증강 현실 공공 조각 설치.

Zach Lieberman과 Molmol Kuo, *Weird Type*, 2018, 증강 현실 텍스트 앱.

Lily Xiying Yang과 Honglei Li, *Crystal Coffin*, 2011, AR 앱, 제54회 베니스 비엔날레 가상 중국관.

Jenny Odell, *The Bureau of Suspended Objects*, 2015, 버려진 소지품 아카이브.

Julian Oliver, *The Artvertiser*, 2008, 광고 대체를 위한 AR 앱.

Damjan Pita와 David Lobser, *MoMAR*, 2018, AR 미술전.

Mark Skwarek, *US Iraq War Memorial*, 2012, AR 참여 기념관.

참고 자료

"Unusual Monuments", *AtlasObscura.com*, 2020년 4월 14일 액세스.

Henry Chalfant 및 Martha Cooper, *Subway Art* 2/E, Thames and Hudson 2016.

Vladimir Geroimenko 편집, *Augmented Reality Art: From an Emerging Technology to a Novel Creative Medium* 2/E, Springer, 2018.

Sara Hendren, "Notes on Design Activism", *accessibleicon.org*, 2015년 마지막 수정, 2020년 4월 14일 액세스.

Josh MacPhee, "Street Art and Social Movements", *Justseeds.org*, 2019년 2월 17일 최종 수정, 2020년 4월 14일 액세스.

Ivan Sutherland, "The Ultimate Display", *IFIP World Computer Congress* 65, vol. 1, Macmillan and Co., 1965, 506–508.

신체의 재해석 역동적으로 인체 형상 해석하기

in the world

w a y

안무가 빌 T. 존스(Bill T. Jones)는 Google Creative Lab과 협력하여 *Body, Movement, Language*(2019)를 제작했습니다. 이 프로젝트는 자세 추정, 음성 인식 기술을 사용하여, 참가자가 몸을 움직일 때 그 주변 공간에 자신이 한 말을 배치하는 일련의 상호작용 연구입니다.

I'm a danc

I dance because it feels like my responsibility my calli

move

신체의 재해석 역동적으로 인체 형상 해석하기

개요

가상 마스크나 의상을 만들어 작업에 사용하세요.

이 과제에서는 모션 캡처나 컴퓨터 비전 시스템을 통해 관찰한 얼굴이나 몸의 움직임을 창의적으로 해석하거나 이에 반응하는 소프트웨어를 작성해야 합니다. 더 정확하게는 얼굴의 특징 좌표, 얼굴의 3D 위치 또는 윤곽을 따라 이은 점 등 사람으로부터 캡처한 시공간 데이터를 컴퓨터로 처리하는 방법을 개발해야 합니다.

작업이 의식(儀式)을 위한 것인지, 실용적 목적을 위함인지 아니면 다른 어떤 목적이 있는지 생각해 보세요. 자신의 개인 정보를 시각화하거나 인식하기 어렵게 만들 수 있습니다. 사람이 아닌 것, 심지어 생물이 아닌 다른 정체성을 부여할 수도 있습니다. 게임의 일부일 수 있고, 자신과 타인, 또는 자신과 자신이 아닌 것 사이의 경계를 모호하게 만들 수도 있습니다.

메모 악텐(Memo Akten)과 다비데 콰욜라(Davide Quayola)는 2012년 런던 올림픽, 장애인 올림픽과 협력하여 운동 선수의 궤적과 역학(mechanic)을 추상적으로 3D 시각화하는 *Forms* 시리즈를 개발했습니다.

구할 수 있다면 시스템에 표준 웹캠이나 특수 주변 기기(예: 키넥트 깊이 센서)를 사용할 수 있습니다. 또한 실시간 얼굴 추적 또는 포즈 추정을 위해 API를 사용하거나, 미리 컴파일된 신체 추적 앱에서 전송한 데이터를 수신하고 해석하거나(예: Open sound control을 통해), 전문 모션 캡처 시스템에서 데이터를 기록하고 해석하는 방법을 배워야 할 수도 있습니다.

특정 공연에 맞게 소프트웨어를 설계하고, 소프트웨어를 염두에 두고 공연을 계획하며, 창의적인 결정을 설명할 수 있도록 준비하세요. 공연을 리허설하고 녹화합니다.

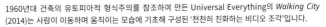

1960년대 건축의 유토피아적 형식주의를 참조하여 만든 Universal Everything의 *Walking City* (2014)는 사람이 이동하며 움직이는 모습에 기초해 구성된 '천천히 진화하는 비디오 조각'입니다.

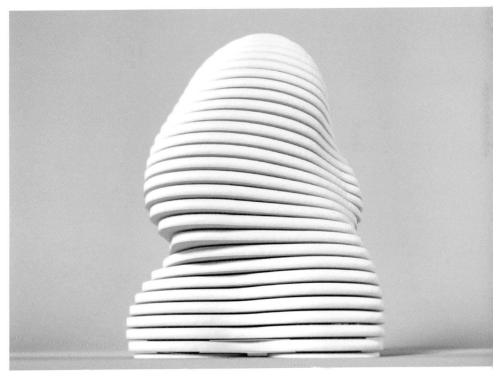

학습 목표

- 모션 캡처를 위한 툴과 워크플로를 살펴봅니다.
- 알고리즘 기법을 사용하여 모션 데이터의 시각적 해석을 개발합니다.
- 사람의 형태와 움직임을 애니메이션화하는 데 있어 미적, 개념적 가능성을 알아 봅니다.

변주와 활용

- 교수자: 학생들에게 PoseNet(ml5.js를 통해) 또는 FaceOSC와 같은 추적 라이브 러리의 코드 템플릿을 제공하는 것이 도움이 됩니다. 이 과제는 얼굴 또는 신체 로만 제한할 수 있습니다.
- 프로젝트를 홀로 수행할 수도, 다른 공연자와 협업할 수도 있습니다. 고도로 전 문화된 동작 기술을 가진 사람(댄서, 음악가, 운동선수, 배우)을 위한 소프트웨어 인가요, 아니면 누구나 운용할 수 있나요?
- 과제 개요에서 실시간 데이터에 반응하는 인터랙티브 소프트웨어를 만들도록 문 제를 제시합니다. 대신에 미리 녹화된(오프라인) 모션 캡처 데이터를 사용하여 애 니메이션을 생성합니다. 이 데이터를 신중하게 생성하거나 선택하세요. 모션 캡처 스튜디오에 접근할 수 있다면 직접 데이터를 녹화하거나 온라인 소스(예: 연구 아 카이브 또는 상용 공급 업체)의 모션 캡처 데이터를 사용해도 되고, 포즈 추정 라이 브러리를 사용하여 좋아하는 유튜브 동영상을 창의적으로 사용할 수도 있습니다.
- 가상의 '카메라'는 어디에나 배치할 수 있으며, 모션 캡처 데이터를 센서와 동일 한 시점으로 표시해야 할 필요는 없습니다. 출연자의 신체를 위에서 보거나, 움 직이는 위치에서 보거나, 심지어 출연자 자신의 시점에서 렌더링하는 것도 고려 해 보세요.
- 캐릭터 애니메이션이나 재미있는 인터랙티브 거울과 같은 표현적인 개념에서 벗 어나서 시간에 따른 신체 관절이나 얼굴의 움직임을 도표화하여 비교하는, 정보 시각화와 같은 분석적인 처리 기법을 개발해 보세요. 예를 들어, 비슷한 표정을 짓는 여러 사람을 비교하거나 바이올리니스트의 움직임의 분절에 대한 인사이트 를 제공하는 소프트웨어를 개발할 수 있습니다.
- 모션 캡처 데이터에 동기화된 사운드 사용을 고려해 보세요. 이 사운드는 출연자 의 음성이나 춤에 따르는 음악, 또는 움직임에 맞추어 종합적으로 생성된 사운드 일 수 있습니다.

파리 8 대학의 학생들인 소피 다스트(Sophie Daste), 칼린 그루피에르(Karleen Groupierre) 및 아드리앙 마조드(Adrien Mazaud)는 인터랙티브 설치 작품인 *Miroir*(2011)를 만들었습니다. 관람객은 거울 속 유령같은 동물 머리에 자신의 얼굴을 겹쳐 보고, 의인화한 분신은 그들의 움직임과 표정을 빠르게 따라합니다.

- 신체 자체를 묘사하는 대신 모래 위의 발자국처럼 몸의 움직임에 의해 환경이 어떻게 영향을 받는지 시각화하는 소프트웨어를 작성해 보세요.
- 자신의 얼굴이나 신체를 사용하여 사람이 아닌 무언가를 조종해 보세요. 컴퓨터로 생성한 동물, 괴물, 식물 또는 무생물 등을 예로 들 수 있습니다.
- 두 명 이상 출연자의 몸과 몸이 어떤 관계를 맺는지 시각화해 보세요.
- 신체 또는 얼굴 한 부분의 동작에 집중해 보세요.

의미 있는 작품 만들기

의상, 마스크, 화장품, 디지털 페이스 필터는 착용자가 다른 사람들과 어울리거나 연기할 수 있게 해줍니다. 우리는 옷을 차려입고, 신분을 숨기거나 바꾸고, 사회적 상징을 가지고 놀거나 내면의 페르소나를 표현합니다. 우리는 이러한 가면을 사용하여 실면서 일어나는 인생의 주요 사건들이나 종교 의식을 제의적 방식으로 보여주거나 "보다 분명하고 결정적인 형태의 사회성으로부터의 일시적인 유예를 통해 다른 사람 또는 자신과 더 창의적이고 유희적으로 상호 작용할 수 있는 자유를 얻습니다."[1]

1 네이선 퍼거슨(Nathan Ferguson), "2019: A Face Odyssey", Cyborgology, 2019년 7월 17일.

역동적인 인체를 이해하고 시각화 및 증강하는 많은 혁신은 분석 도구(대부분 군사적 목적)에서 시작되었고, 용도를 변경하여 창의적인 표현 도구(예술과 엔터테인먼트 용도)로 재탄생했습니다. 이러한 진화의 결과로 에티엔 쥘 마레(Étienne-Jules Marey)의 크로노포토그래피(chronophotography)[2]와 같은 신체 움직임을 포착하는 과학 기술이 마르셀 뒤샹(Marcel Duchamp)의 입체파 추상화와 같은 새로운 예술적 언어의 발전에 기여하게 된 것이죠. 그 외에도 1883년 마레가 군인의 움직임에 대한 생리학적 연구를 위해 처음 개발한 모션 캡처 슈트, 1914년 프랭크와 릴리안 길브레스(Frank and Lillian Gilbreth)가 군인과 노동자의 활동을 분석하고 최적화하기 위해 시도한 '라이트 페인팅'(움직이는 신체에 조명을 부착한 후 장시간 노출을 통해 얻은 사진) 기법 등이 그 예입니다.

2 (옮긴이) 크로노포토그래피는 연속적인 움직임을 한 장면에 겹쳐서 표현함으로써 시간과 공간을 동시에 보여주는 개념을 제시했습니다. 이러한 접근 방식은 입체파 화가들이 하나의 물체를 여러 시점에서 동시에 묘사하는 추상화 기법에 영향을 주었습니다.

YesYesNo의 인터랙티브 설치인 *Más Que la Cara*(2016)는 관객의 얼굴을 포스터처럼 창의적으로 해석한 작품입니다.

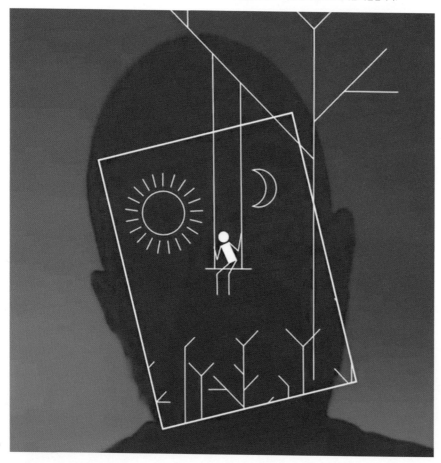

몸의 움직임은 스토리텔링의 중요한 차원으로, 공연과 무용, 애니메이션과 인형극의 핵심 어휘이며, 생명체의 환상을 만들어내는 데 필수적입니다. 앨런 워버튼(Alan Warburton)이 설명한 것처럼 "애니메이터는 누군가가 어떤 사람인지와 그가 어떻게 움직이는지를 같은 것으로 보고 이를 캐릭터로 개발합니다.... 모든 관객이 움직임만 보고도 등장인물이 누구인지 즉시 알 수 있어야 합니다."[3] 외모와 움직임, 그리고 정체성 등의 정보 융합은 현대 영상 감시 기술의 기본 전제이기도 합니다. 비디오 감시 기술은 인상학, 골상학, 체형학과 같은 문제적 학문에서 파생되어, 외모에서 개인의 도덕적 성향을 추정하려 합니다.

　　얼굴은 신원 확인과 의사소통에 중요한 역할을 하며,[4] 범죄 관련 기술에서 특히 주목받고 있습니다. 얼굴 인식 시스템은 여러 가지 이유로 위험합니다. 우선 자동화된 비동의 신원 확인이 가능하기 때문에 치안, 그리고 권위주의 체제에서 오용될 가능성이 높습니다. 치명적인 부정확성이 발생하기 쉽지만 객관적이라는 매력으로 작동하며, 가장 큰 영향을 받는 사람들이 시스템을 감사하거나 이의를 제기하기 어렵고, 어디서 사용하고 있는지 눈에 잘 띄지 않는 경우가 많습니다. 반대로 페이스 트래커는 감정을 표현하거나 놀이, 교육 목적으로도 사용되어 왔습니다. 디지털 마스크와 얼굴 필터, 게임 컨트롤러(예: 엘리엇 스펠먼(Elliott Spelman)이 만든 눈썹 핀볼 게임인 *Face Ball*), 음악 인터페이스(잭 칼리시(Jack Kalish)의 *Sound Affect* 퍼포먼스), 풍부하게 파라미터화된 그래픽 디자인(메리 황(Mary Huang)의 타이포그래픽 *TypeFace*), 감시 기술에 대한 대중의 이해를 높이기 위한 수단(아담 하비(Adam Harvey)의 CV Dazzle), 현대 문화를 탐구하는 도구(크리스찬 모엘러(Christian Moeller)의 *Cheese*, 또는 헤이든 안야시(Hayden Anyasi)의 *StandardEyes*) 등으로도 활용되고 있습니다. 미디어 아티스트와 인터페이스 디자이너들은 컴퓨터 코드를 이용한 얼굴 및 신체 추적 라이브러리를 사용하는 과정에서 이러한 도구들의 기원, 그리고 창작 작업에서 이 도구를 사용하는 게 감시 시스템이라는 목적론적 개념을 얼마나 강화하는지에 대해 반복적으로 성찰하게 됩니다. 창의적인 참여가 루하 벤자민이 말하는 '해방적 상상력'[5]을 활성화할 수 있는 방법은 무엇일까요? 여기서 목표는 이러한 메커니즘을 밝히거나 우회하고, 더 정의롭고 평등하며 활기찬 세계를 상상하는 것입니다.[6]

3　앨런 워버튼(Alan Warburton), "Fairytales of Motion", Tate Exchange 비디오 에세이, 2019년 4월 24일.

4　과제 2 "페이스 제너레이터"를 참조하세요.

5　(옮긴이) 기술이 기존의 불평등을 강화하는 대신, 억압받는 사람들을 위한 자유와 정의를 실현하는 데 사용될 수 있는 가능성을 상상하는 것을 의미합니다. 기존 시스템을 비판적으로 바라보고, 새로운 사회적 구조와 기술적 사용 방식을 창조하는 힘을 강조합니다.

6　루하 벤자민(Ruha Benjamin) 편집, *Captivating Technology: Race, Carceral Technoscience, and Liberatory Imagination in Everyday Life*, Duke University Press, 2019, 12

추가적으로 참고할 만한 프로젝트

Jack Adam, *Tiny Face*, 2011, 얼굴 측정 앱.

Rebecca Allen, *Catherine Wheel*, 1982년, 컴퓨터 생성 캐릭터.

Hayden Anyasi, *StandardEyes*, 2016, 인터랙티브 아트 설치.

Nobumichi Asai, Hiroto Kuwahara, Paul Lacroix, *OMOTE*, 2014, 실시간 추적 및 얼굴 프로젝션 매핑.

Jeremy Bailey, *The Future of Marriage*, 2013, 소프트웨어.

Jeremy Bailey, *The Future of Television*, 2012, 소프트웨어 데모.

Jeremy Bailey, *Suck & Blow Facial Gesture Interface Test #1*, 2014, 소프트웨어 테스트.

Jeremy Bailey와 Kristen D. Schaffer, *Preterna*, 2016, 가상 현실 경험.

Zach Blas, *Facial Weaponization Suite*, 2011-2014, 집계 데이터를 디지털 방식으로 모델링한 마스크.

Nick Cave, *Sound Suits*, 1992–, 착용 가능한 조각.

A. M. Darke, *Open Sourse Afro Hair Library*, 2020, 3D 모델 데이터베이스.

Marnix de Nijs, *Physiognomic Scrutinizer*, 2008, 인터랙티브 설치.

Arthur Elsenaar, *Face Shift*, 2005, 라이브 공연 및 비디오.

William Fetter, *Boeing Man*, 1960년, 3D 컴퓨터 그래픽.

William Forsythe, *Improvisation Technologies*, 1999, 로토스코핑 비디오 시리즈.

Daniel Franke와 Cedric Kiefer, *unnamed soundsculpture*, 2012, 볼류메트릭 비디오 데이터를 사용한 가상 조각.

Tobias Gremmler, *Kung Fu Motion Visualization*, 2016, 모션 데이터 시각화.

Paddy Hartley, *Face Corset*, 2002-2013, 스페큘레이티브 패션 디자인.

Adam Harvey, *CV Dazzle*, 2010–, 대감시(對監視) 패션 디자인.

Max Hawkins, *FaceFlip*, 2011, 화상 채팅 애드온.

Lingdong Huang, *Face-Powered Shooter*, 2017, 얼굴로 조종하는 게임.

Jack Kalish, *Sound Affects*, 2012, 얼굴 제어 악기 및 퍼포먼스.

Keith Lafuente, *Mark and Emily*, 2011, 비디오.

Béatrice Lartigue와 Cyril Diagne, *Les Métamorphoses de Mr. Kalia*, 2014, 인터랙티브 설치.

David Lewandowski, *Going to the Store*, 2011, 디지털 애니메이션 및 비디오 영상.

Zach Lieberman, *Walk Cycle / Circle Study*, 2016, 컴퓨터 그래픽 애니메이션.

Rafael Lozano-Hemmer, *The Year's Midnight*, 2010, 인터랙티브 설치.

Lauren McCarthy와 Kyle McDonald, *How We Act Together*, 2016, 참여형 온라인 공연.

Kyle McDonald, *Sharing Faces*, 2013, 인터랙티브 설치.

Christian Moeller, *Cheese*, 2003, 미소 분석 소프트웨어 및 비디오 설치.

Nexus Studio, *Face Pinball*, 2018, 얼굴 움직임으로 조종하는 게임.

Stefano D'Alessio 및 Martina Menegon과 함께한 Klaus Obermaier, *EGO*, 2015, 인터랙티브 설치.

Orlan, *Surgery-Performances*, 1990-1993, 퍼포먼스로서의 수술.

Joachim Sauter와 Dirk Lüsebrink, *Iconoclast / Zerseher*, 1992, 눈동자 움직임에 반응하는 설치.

Oskar Schlemmer, *Slat Dance*, 1928, 발레.

Karolina Sobecka, *All The Universe is Full of The Lives of Perfect Creatures*, 2012, 인터랙티브 거울.

Elliott Spelman, *Expressions*, 2018, 얼굴 제어 컴퓨터 입력 시스템.

Keijiro Takahashi, *GVoxelizer*, 2017, 애니메이션 소프트웨어 도구.

Universal Everything, *Furry's Posse*, 2009, 디지털 애니메이션.

Camille Utterback, *Entangled*, 2015, 인터랙티브 생성 프로젝션.

Theo Watson, *Autosmiley*, 2010년, 컴퓨터 비전 기반 키보드 자동화 장치.

Ari Weinkle, *Moodles*, 2017, 애니메이션.

참고 자료

Greg Borenstein, "Machine Pareidolia: Hello Little Fella Meets Facetracker", Ideas for Dozens(블로그), *http://www.urbanhonking.com/ideasfordozens/2012/01/14/machine-pareidolia-hello-little-fella-meets-facetracker/index.html,* 2012년 1월 14일.

Joy Buolamwini 및 Timnit Gebru, *Gender Shades,* 2018, 연구 프로젝트, 데이터 세트 및 논문.

Kate Crawford 및 Trevor Paglen, "Excavating AI: The Politics of Images in Machine Learning Training Sets", excavating.ai, 2019년 9월 19일.

Regine Debatty, "The Chronocyclegraph," *We Make Money Not Art*(블로그), 2012년 5월 6일.

Söke Dinkla, "The History of the Interface in Interactive Art", *kenfeingold.com*, 2020년 4월 17일 액세스.

Paul Gallagher, "It's Murder on the Dancefloor: Incredible Expressionist Dance Costumes from the 1920s", *DangerousMinds.net*. 2019년 5월 30일 .

Ali Gray, "A Brief History of Motion-Capture in the Movies", IGN, 2014년 7월 11일.

Katja Kwastek, *Aesthetics of Interaction in Digital Art*, MIT Press, 2013.

Daito Manabe, "Human Pose and Motion" GitHub, 2018년 7월 5일 업데이트.

Kyle McDonald, "Faces in Media Art", NYU ITP(Appropriating New Technologies)를 위한 GitHub 저장소, 2015년 7월 12일 업데이트

Kyle McDonald, "Face as Interface", 2017, 워크숍.

Jason D. Page, "History", *LightPaintingPhotography.com*, 2020년 4월 17일 액세스.

Shreeya Sinha, Zach Lieberman 및 Leslye Davis, "A Visual Journey Through Addiction", *New York Times*, 2018년 12월 18일.

Scott Snibbe 및 Hayes Raffle, "Social Immersive Media: Pursuing best practices for multi-user interactive camera/projector exhibits", 컴퓨팅 시스템의 인간 요소에 관한 *SIGCHI 컨퍼런스* (Association for Computing Machinery, 2009).

Nathaniel Stern, *Interactive Art and Embodiment: The Implicit Body as Performance*, Gylphi Limited, 2013.

Alexandria Symonds, "Interactive Art and Embodiment: The Implicit Body as Performance", *New York Times*, 2018년 12월 20일.

Alan Warburton, *Goodbye Uncanny Valley*, 2017, 애니메이션.

공감각 기기 소리와 이미지를 연주하는 기계

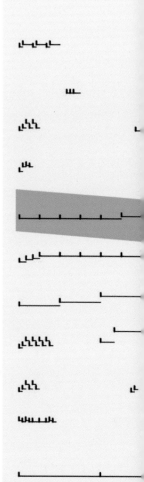

루이사 페레이라(Luisa Pereira), 요탐 만(Yotam Mann), 케빈 시워프(Kevin Siwoff)의 웹 기반 공연 *In C*(2015)에서 연주자 그룹은 마우스와 키보드로 개별 악기가 그래픽 악보를 통해 진행되는 속도를 제어하며, 매우 다양한 음악적 결과를 만들어냅니다.

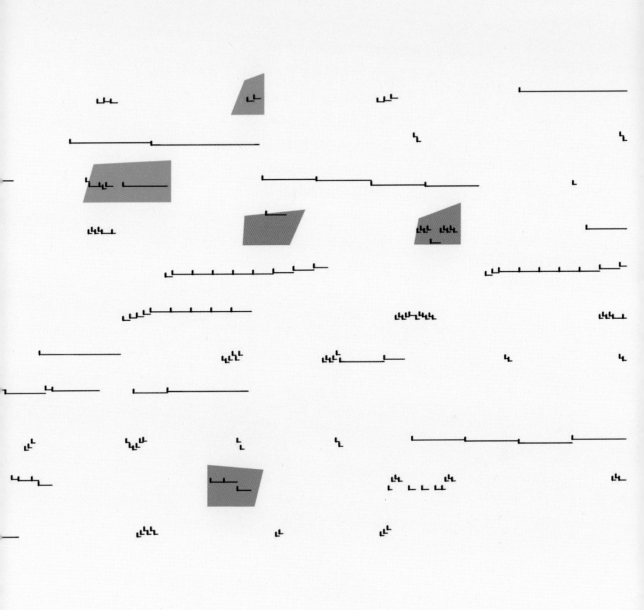

공감각 기기 소리와 이미지를 연주하는 기계

개요

연주자가 사운드와 비주얼을 긴밀하게 결합하여 연출할 수 있는 '시청각 도구'를 만듭니다. 이때 소프트웨어는 동적 이미지와 노이즈/사운드/음악을 동시에 실시간으로 생성할 수 있어야 합니다.

음향 및 시각이 동등하게 풍부한 표현 양식을 지니는 개방형 시스템을 만들어야 합니다. 그 결과는 무궁무진하고 가변적이며 연주자의 선택에 따라 달라질 수 있어야 하고, 작동의 기본 원리는 추론하기 쉬우면서도 정교한 표현이 가능해야 합니다. 악기와의 상호 작용은 예측 가능한 결과를 만들어 내야 합니다.

악기가 연주자의 동작과 제스처를 통해 입력을 받는다고 가정해 보세요. 키보드, 마우스, 멀티 터치 트랙패드, 포즈 트래커를 사용할까요, 아니면 덜 일반적인 센서를 사용할까요? 악기의 표현 어포던스를 고려하여 물리적 인터페이스를 신중하게 선택(또는 구성)하세요. 또 제공하는 데이터 스트림이 연속적인 값인지, 아니면 논리적 상태의 변화인지 분류합니다. 인지 가능한 지속 시간이 있나요? 지속적입니까, 아니면 순간적인 것입니까? 그것들은 1차원인가요 2차원 이상인가요?

아미트 피타루(Amit Pitaru)의 *Sonic Wire Sculptor*(2003)는 태블릿 기반 루핑(looping)[1] 악보 작성 시스템입니다. 멜로디는 원통형 3D 공간 주위를 휘감는 그림으로 표현됩니다.

1 (옮긴이) 음악에서 루핑이란 루퍼 장치, 페달 또는 플러그인을 사용하여 노래의 일부를 반복하는 것을 의미합니다.

악기가 그래픽 디스플레이 및 오디오 시스템용 출력을 생성한다고 가정해 보세요. 색조, 채도, 질감, 모양, 움직임과 같은 다양한 시각적 변수와 피치, 다이내믹스, 음색, 음계, 리듬 등 다양한 청각적 요소가 제공하는 가능성을 생각해 보세요. 시스템의 입출력 간에 매핑을 설정하여 이러한 음향 및 시각 요소를 서로 연결하세요. 예를 들어, 연주자가 커서를 빠르게 움직일수록 커서가 더 밝게 표시되거나 합성된 톤의 피치가 더 높아집니다. 이러한 매핑은 연주자가 조작할 수 있는 기대치를 설정하여 대비, 긴장감, 놀라움, 심지어 유머까지 연출하는 데 도움이 됩니다.

　　간단한 공연에서 악기를 사용하여 악기의 고유한 표현력을 보여주세요. 이 공연을 구성할 때 악기의 인터페이스를 설명하는 데모로 시작하여 관객이 악기의 작동 방식을 이해할 수 있도록 안내한 후 더 복잡한 자료를 제시해 보세요. 테마를 반복하고 그 이후 정교화하는 것도 유용한 구성 전략입니다.

피아 반 겔더(Pia Van Gelder)의 *Psychic Synth*(2014)는 EEG 헤드셋으로 캡처된 참가자의 뇌파가 비디오 투사, 유색 조명 및 몰입형 사운드를 제어하는 몰입형 바이오피드백 루프를 설정하는 반응형 시청각 환경입니다.

학습 목표

- 시청각 기기 설계의 역사적 선례를 검토합니다.
- 사운드와 비주얼을 제어하고 연결하는 방법을 살펴봅니다.
- 이벤트 중심의 프로그래밍을 검토하고 구현합니다.
- 시스템의 응답성, 예측 가능성, 사용 편의성, 인터페이스에 특히 주의를 기울여 인터랙션 디자인 원칙을 연주용 악기 개발에 적용합니다.

변주와 활용

- 교수자: 모든 학생이 동일한 유형의 물리적 인터페이스(예: 게임 컨트롤러, 압력 감지 스타일러스 또는 바코드 리더)를 사용하도록 요구해 보세요. 이렇게 하면 학생들의 솔루션을 서로 잘 대조할 수 있습니다.
- 오로지 표준 컴퓨터 키보드의 타이핑 동작을 통해서만 재생되는 'QWERTY 악기'를 개발해 보세요. 이 단순화된 형식은 개별 입력(연속 제스처가 아닌 버튼 누르기)과 개별 출력(연속적인 파라미터 조정을 통해 실시간으로 사운드나 그래픽을 합성하는 대신, 미리 녹음된 사운드나 미리 렌더링된 미디어를 트리거하는 방식[2])을 사용하는 것으로 설계를 제한하게 됩니다. 프로젝트를 웹 페이지에 포함시키고 온라인에 게시합니다. 사운드와 이미지가 콘셉트를 어떻게 풍부하게 만들 수 있는지 생각해 보세요.
- 심화 문제: 사운드와 이미지를 개별적으로 처리하는 두 가지 프로그래밍 환경으로 프로젝트를 개발해 보세요. 어떤 아트 엔지니어링 툴킷(예: Max/MSP/Jitter, Pure Data, SuperCollider, ChucK)은 사운드 합성에 탁월한 반면, 또 다른 개발 환경(예: 프로세싱, 오픈프레임웍스, 신더, 유니티)은 그래픽에 더 풍부한 기능 세트를 갖추고 있습니다. OSC나 사이펀(Syphon)과 같은 통신 프로토콜을 통해 애플리케이션 간에 신호를 공유할 수 있습니다.

2 (옮긴이) 미디어 트리거는 특정 사건, 이미지, 소리 등이 사용자의 감정이나 행동을 자극하여 반응을 유도하는 미디어 콘텐츠나 요소를 말합니다.

- 퍼포먼스 제스처를 기기의 제어 파라미터에 매핑하는 것이 이 과제의 가장 힘든 설계 과제일 것입니다. 논리적으로는 단순하게 느껴지는 신체 움직임이 센서 데이터의 해석을 어렵게 만들 수 있으며, 기기의 제어 파라미터를 조금만 변경해도 크게 달라진 느낌을 받을 수 있습니다. 레베카 피브링크(Rebecca Fiebrink)가 만든 기계 학습 도구인 Wekinator나 닉 길리언(Nick Gillian)의 Gesture Recognition Toolkit을 사용하여 기기 매핑의 직관성을 개선해 보세요.
- 한 사람만 사용할 수 있는 기기를 만듭니다(이는 광범위한 사용자를 위한 디자인을 기대하는 상업적 의제 및 기업화된 HCI 교육과는 상충되는 것입니다).

의미 있는 작품 만들기

좋은 악기는 표현, 작곡, 협업을 위한 무한한 가능성을 제공합니다. 연주자에게 악기의 가치는 '몰입(flow)'이라는 창의적인 피드백 루프를 얼마나 잘 지원하는지에 달려 있습니다.[3] 반응성이 뛰어나면서도 지직거리는 노이즈(crunch)가 섞인 악기가 눈부신 결과를 쉽게 만들어내는 악기보다 더 만족스러운 결과를 가져올 수 있습니다. 따라서 이 과제에서 중점을 두는 것은 만들어내는 시청각 자료의 미학적인 면보다는 악기 인터랙션 설계의 유연성과 그것이 표현해내는 범위(연주자의 경험)입니다.

3   미하이 칙센트미하이 (Mihaly Czikszentmihalyi), 《몰입: 미치도록 행복한 나를 만난다》(한울림, 2004).

조노 브랜델(Jono Brandel)과 Lullatone의 *Patatap*(2012)은 사운드와 애니메이션 이미지를 동시에 연주할 수 있는 브라우저 기반 앱입니다. 컴퓨터 키보드의 각 키는 독특한 소음과 빠른 애니메이션을 만들어 냅니다.

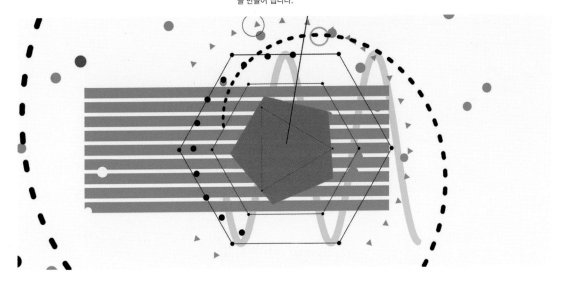

악기 디자인의 '북극성'은 '즉시 알아볼 수 있지만, 영원히 마스터하기는 어려운' 것을 만드는 것입니다.[4] 연필이나 피아노의 기본 작동 원리는 어린아이도 추론할 수 있을 정도로 간단하지만 평생을 사용해도 여전히 새로운 표현의 영역이 있으며, 정교하고 세련된 표현은 가능하지만 마스터가 되기는 어렵습니다. 이런 점에서 악기 디자인이 추구하는 궁극적인 목표는 쉽게 배울 수 있으면서도 무한히 마스터해야 할 수 있는 것이라 할 수 있습니다. 시스템 설계의 관점에서 볼 때 배움의 용이성과 넓은 표현 범위는 서로 상반되는 설계 요구 사항으로, 어느 한 쪽에 맞추어 설계하면 다른 한쪽이 어려워집니다. 사운드와 이미지를 동시에 표현할 수 있는 악기를 만들 때에도, 어떤 모드에서 확보되는 표현의 유연성이 다른 모드에서의 표현 유연성의 희생을 요구하는 경우가 많기 때문에 이러한 문제는 더욱 복잡해집니다.

기존 시청각 시스템의 유형과 이들이 사용하는 디자인 전략을 참고할 수 있습니다. 예를 들어 사운드 시각화는 데스크톱 음악 플레이어, VJ 소프트웨어, 음운론 연구 도구에서 흔히 볼 수 있는 기능입니다. 이미지 음성화의 원리는 영화 음악, 게임 음악, 시각 장애인을 위한 일부 도구의 기반이 됩니다. 일부 컬러 오르간[5]이나 추상 영화의 제작자가 사용하는 '시각 음악(visual music)'이라는 용어는 음악과 유사한 시간적 구조의 무성 애니메이션 이미지로만 구성된, 엄격하게 침묵하는 매체를 지칭할 수도 있습니다.

4 골란 레빈, "Painterly Interfaces for Audiovisual Performance", 석사 논문, MIT, 2000

5 (옮긴이) 컬러 오르간은 음악의 높낮이, 강약, 리듬 등에 따라 다채로운 색상과 패턴의 조명을 변화시키는 시각적 장치로, 음향을 시각적 예술로 변환합니다.

제이스 클레이튼(Jace Clayton)의 *Sufi* 플러그인(2012)은 상용 음악 소프트웨어 시퀀서인 Ableton Live의 기능을 확장하는 7가지 무료 도구 모음입니다. 이 예술적인 소프트웨어의 시각적 인터페이스는 북아프리카의 마캄(maqam) 음계, 사분음 튜닝과 같은 비서구적인 사운드 개념을 지원하도록 설계되었습니다. 인터페이스는 네오 티피나그(neo-Tifinagh) 문자를 사용하여 베르베르어로 작성되었습니다.

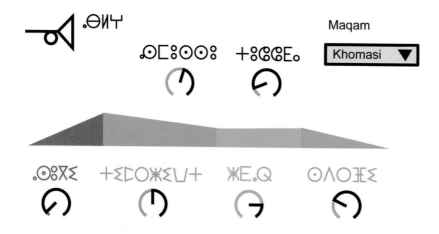

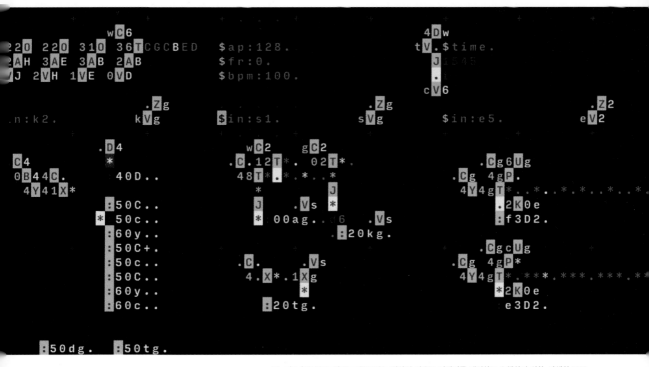

Hundred Rabbits의 *Orca*(2018)는 절차적 사운드 시퀀서를 생성하고 수행하기 위한, 난해한 프로그래밍 언어이자 라이브 코딩 인터페이스입니다.

컴퓨테이셔널 공연 시스템의 영역에서 디자이너는 소리를 제어하고 표현하기 위해 다양한 시각적 인터페이스 메타포를 사용해 왔습니다. 예를 들어 '컨트롤 패널' 인터페이스는 노브(knob), 슬라이더, 버튼, 다이얼을 사용하여 빈티지 신디사이저의 외관을 연상시키는 신디사이저 파라미터를 제어합니다. 악보 및 타임라인과 같은 '다이어그램' 인터페이스는 정보 시각화의 그래픽 규칙을 사용하여 시간 및 주파수와 같은 축을 따라 사운드의 표현을 구성합니다. 다른 인터페이스는 '시청각 개체'를 사용하여 연주자가 가상 개체를 늘리거나 조작하거나 두드려서 해당 사운드를 작동하거나 변조하게 합니다. '회화적 인터페이스'에서는 2D 표면에서 수행되는 제스처 마크가 미세한 음향적 소재를 마술처럼 만들어내고 영향을 줍니다.

추가적으로 참고할 만한 프로젝트

Louis-Bertrand Castel, *Clavecin Oculaire* (Ocular Harpsichord), 1725-1740, 기계식 시청각 악기 구상.

Alex Chen과 Yotam Mann, *Dot Piano*, 2017, 온라인 악기.

Rebecca Fiebrink, *Wekinator*, 2009, 인터랙티브 시스템 구축을 위한 기계 학습 소프트웨어.

Google Creative Lab, *Semi-Conductor*, 2018, 제스처 기반 온라인 가상 오케스트라.

Mary Elizabeth Hallock-Greenewalt, *Sarabet*, 1919-1926, 기계식 시청각 신디사이저.

Imogen Heap 외, *Mi.Mu Gloves*, 2013~2014, 동작 제어 인터페이스 기능의 장갑.

Toshio Iwai, *Piano - As Image Media*, 1995, 그랜드 피아노와 프로젝션을 사용한 인터랙티브 설치.

Toshio Iwai 및 Maxis Software Inc., *SimTunes*, 1996, 인터랙티브 시청각 공연 및 구성 게임.

Sergi Jordà et al., *ReacTable*, 2003-2009, 소프트웨어 기반 시청각 도구.

Frederic Kastner, *Pyrophone*, 1873년, 화염 구동 파이프 오르간.

Erkki Kurenniemi, *DIMI-O*, 1971, 전자 시청각 신디사이저.

Golan Levin 및 Zach Lieberman, *The Manual Input Workstation*, 2004, 인터랙티브 소프트웨어를 사용한 시청각 공연.

Yotam Mann, *Echo*, 2014, 뮤지컬 퍼즐 게임, 웹사이트 및 앱.

JT Nimoy, *BallDroppings*, 2003~2009, 크롬용 애니메이션 뮤지컬 게임.

Daphne Oram, *Oramics Machine*, 1962, '소리 그리기'를 위한 사진 입력 합성기.

Allison Parrish, *New Interfaces for Textual Expression*, 2008, 텍스트 인터페이스 시리즈.

Gordon Pask 및 McKinnon Wood, *Musicolour Machine*, 1953-1957, 오디오 입력과 컬러 조명 출력을 연결하는 성능 시스템.

James Patten, *Audiopad*, 2002, 전자 음악 작곡 및 연주용 소프트웨어 도구.

David Rokeby, *Very Nervous System*, 1982-1991, 컴퓨터 비전을 사용하여 동작으로 제어되는 소프트웨어 도구.

Laurie Spiegel, *VAMPIRE(Video and Music Program for Interactive Real Time Exploration/ Experimentation)*, 1974-1979, 시청각 구성을 위한 소프트웨어 도구.

Iannis Xenakis, *UPIC*, 1977, 사운드 제어용 그래픽 태블릿 입력 장치.

참고 자료

Adriano Abbado, "Perceptual Correspondences of Abstract Animation and Synthetic Sound", *Leonardo* 21, no. 5(1988), 3–5.

Dieter Daniels 외 편집, *See this Sound: Audiovisuology: A Reader*, Walther Koenig Books, 2015.

Sylvie Duplaix 외, *Sons et Lumieres: Une Histoire du Son dans L'art du XXe Siecle*, Paris: Editions du Center Pompidou, Catalogs Du M.N.A.M., 2004.

Michael Faulkner(D-FUSE), *VJ: Audio-Visual Art + VJ Culture*, Laurence King Publishing Ltd., 2006.

Mick Grierson, *Audiovisual Composition*, 박사 논문, University of Kent, 2005.

Thomas L. Hankins 및 Robert J. Silverman, *Instruments and the Imagination*, Princeton University Press, 1995.

Roger Johnson, *Scores: An Anthology of New Music*, Schirmer/Macmillan, 1981.

Golan Levin, "Audiovisual Software Art: A Partial History", *See this Sound: Audiovisuology: A Reader*, Walther Koenig Books, 2015.

Luisa Pereira, "Making Your Own Musical Instruments with P5.js, Arduino, and WebMIDI", *Medium.com*, 2018년 10월 23일.

Martin Pichlmair와 Fares Kayali, *Levels of Sound: On the Principles of Interactivity in Music Video Games*, Proceedings of the 2007 DiGRA International Conference: Situated Play, vol. 4 (2007), 424-430.

Don Ritter, "Interactive Video as a Way Of Life", *Musicworks* 56(1993년 가을), 48–54.

Maurice Tuchman과 Judi Freeman, *The Spiritual in Art: Abstract Painting*, 1890-1985, Los Angeles County Museum of Art, 1986.

John Whitney, *Digital Harmony: On the Complementarity of Music and Visual Art*, Byte Books/McGraw-Hill, 1980.

John Whitney, *Fifty Years of Composing Computer Music and Graphics: How Time's New Solid-State Tractability Has Changed Audio-Visual Perspectives*, *Leonardo* 24, no. 5 (1991), 597-599.

Code as Creative Medium

A Handbook for Computational Art and Design

컴퓨터 없이 컴퓨팅하기

MAP PIECE

Draw a map to get lost.

1964 spring

오노의 Grapefruit

오노 요코(Yoko Ono)의 *Grapefruit* 시리즈에서 프롬프트[1]를 찾아보고 가능하면 한 가지를 실행해 보세요.[2] 창의적 연습의 일환으로 지시문을 사용하는 것을 생각해 보세요. 오노 스타일의 교육용 그림을 구상해 보세요.

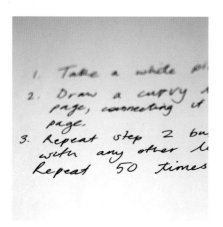

절차적 드로잉

솔 르윗의 철학이나 *conditionaldesign.org*의 프롬프트에 따라 자신만의 절차적 드로잉 규칙 세트를 개발하세요. 한 명 이상의 동료에게 여러분이 만든 절차/시스템으로 드로잉을 해보게 하세요. 테이프나 끈과 같은 다른 재료를 사용하여 시스템을 고안하는 것도 고려해 보세요.

Wall Drawing #118

솔 르윗(Sol LeWitt)의 *Wall Drawing #118* (1971)을 실행합니다. "벽면의 연속된 벽에 딱딱한 연필을 사용하여 50개의 점을 무작위로 배치합니다. 점들은 벽의 전체 면적에 고르게 분포되어야 합니다. 모든 점은 직선으로 연결되어야 합니다."[3]

1 (옮긴이) 프롬프트는 일종의 창작적 지시문이나 제안으로, 독자나 참여자가 특정한 생각이나 행동을 촉발하게 만드는 도구를 말합니다.

2 *Grapefruit*, Simon & Schuster, 2000.

3 앤드루 러세스(Andrew Russeth), "Here Are the Instructions for Sol LeWitt's 1971 Wall Drawing for the School of the MFA Boston," *Observer*, 2012년 10월 1일, *https://observer.com/2012/10/here-are-the-instructions-for-sol-lewitts-1971-wall-drawing-for-the-school-of-the-mfa-boston*

4 존 마에다(John Maeda), *Creative Code*, Thames and Hudson, 2004, 216.

컴퓨터가 되어 보세요 I

그리드 구성으로 학급을 배치하고 각 학생에게 종이를 한 장씩 주어 한 픽셀을 담당하도록 합니다. 한 사람이 책임자가 되어 그룹에게 스크립트를 보여주거나 직접 명령을 내리는 방식으로 픽셀을 프로그래밍합니다.[4] (사진: 최태윤)

컴퓨터가 되어 보세요 II

정적인 그림을 만드는 간단한 프로그램을 작성합니다. 코드를 다른 친구에게 주고 (화면을 보여주지 않고) 결과를 예측하여 손으로 그려보라고 합니다. 완료되면 컴퓨터의 그림과 손으로 그린 그림을 비교합니다.

5 데이비드 킹(David King), "Zoom Schwartz Profigliano," 1998, *https://www.scottpages.net/ZSP-Rules-2012.pdf*

줌 슈워츠 프로피글리아노

5명이 한 조가 되어 기발한 난센스 단어로 구성된 어휘를 계속 확장시키는 규칙 기반 대화 게임인 줌 슈워츠 프로피글리아노(Zoom Schwartz Profigliano)를 플레이해보세요. 이때 무엇을, 누구에게, 언제, 어떻게 말할 수 있는지에 대한 정확한 규칙을 정합니다.[5] (사진: 듀페이지 대학)

6　브로건 번트(Brogan Bunt)와 루카스 일라인(Lucas Ihlein), "The Human Fax Machine Experiment", *Scan(Sydney) Journal of Media Arts Culture* 10, no. 2(2013), 1-26

인간 팩스 기계

두 명에서 네 명을 한 조로 구성하고, 마크(간단한 시각적 기호, 이미지)가 어떻게 만들어지는지 설명할 수 있는 소리 언어를 고안해 보세요. 소리를 내는 장치(숟가락 두 개, 열쇠 세트)를 사용하거나 입으로 소리를 내도 되지만, 직접적으로 말을 사용해서는 안됩니다. 코드를 적어둔 다음 그룹을 '송신자'와 '수신자'로 나누고, 그 사이에 시각적 장벽을 설치합니다. 시스템을 테스트합니다. 송신자는 손으로 그린 간단한 이미지를 장벽 너머의 수신자에게 전송해야 합니다. 완료되면 원본과 전송된 이미지를 비교하여 시스템의 문제를 수정합니다. 여러 개의 이미지로 이 작업을 수행한 후 토론합니다.[6] (사진: 최태윤)

7　Luna Maurer, Edo Paulus, Jonathan Puckey 및 Roel Wouters, "Conditional Design: A manifesto for artists and designers", 2020년 4월 14일 액세스, *https://conditionaldesign.org/workshops/the-beach*

8　*Dots and Boxes*, http://en.wikipedia.org/wiki/Dots_and_Boxes, "Sprouts", https://en.wikipedia.org/wiki/Sprouts_(game)

조건부 디자인: 해변

네 명씩 그룹을 구성하고 각 사람에게 고유한 색 마커를 줍니다. 루나 마우러(Luna Maurer) 등이 쓴 "조건부 디자인 선언문"의 "해변"을 실행합니다. 매 차례마다 종이에서 가장 넓은 빈 공간을 찾아서 그 가운데에 점을 찍으세요.[7]

그리기 게임

짝을 지어 에두아르 루카스(Édouard Lucas)의 《Dots and Boxes》(독립출판, 2019)나 존 H. 콘웨이(John H. Conway), 마이클 S. 패터슨(Michael S. Paterson)이 만든 Sprouts 게임을 플레이하며 규칙 기반 그리기 게임에 대한 이해를 넓혀보세요.[8]

추가 참고 자료

Casey Reas, "{Software} Structures", 2004, *http://artport.whitney.org/commissions/ softwarestructures/text.html*

Basil Safwat, *Processing.A4*, 2013, *http:// www.basilsafwat.com/projects/processing.a4*

FoAM, notes for Mathematickal Arts workshop, 2011, *https://libarynth.org/ mathematickal_arts_2011*

윤미진, "Serial Notations/Drift Drawings", 2003, *https://ocw.mit.edu/courses/4-123-architectura l-design-level-i-perceptions-and-process- es-fall-2003/pages/assignments*

그래픽 요소

모든 것을 갖춘 하나

그래픽 도구 세트에서 제공하는 각 유형의 기본 요소 중 하나를 그려보면서 그래픽 도구 세트를 살펴보세요. 예를 들어 직사각형, 타원, 호, 선분, 베지어 곡선, 폴리라인[1], 다각형을 그릴 수 있습니다. 채우기 색상, 획 굵기 등과 같은 옵션과 파라미터를 실험해 보세요.

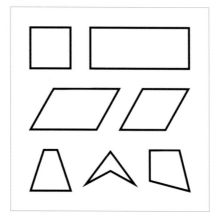

사각형 동물원

정사각형, 직사각형, 평행사변형, 마름모, 사다리꼴, 다트, 연 모양 등 사각형 계열의 꼭지점을 그리는 명령을 작성합니다.

1 (옮긴이) 폴리라인(Polyline)은 직선 세그먼트의 연속으로 구성된 도형입니다. 각 세그먼트는 두 점, 즉 시작점과 끝점에 의해 정의되며, 이러한 세그먼트들이 연결되어 복잡한 경로나 형태를 만듭니다. 폴리라인은 컴퓨터 그래픽, CAD(컴퓨터 지원 설계), 그리고 GIS(지리 정보 시스템)에서 지형이나 다양한 객체의 윤곽을 표현하는 데 자주 사용됩니다.

이니셜 그리기

기본 도형과 선으로 이름의 이니셜을 그립니다.

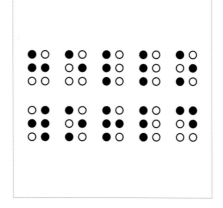

점자 도구

채워진 원과 채워지지 않은 원을 사용하여 점자 알파벳을 재현합니다. 가능하다면 이러한 패턴의 표현을 배열에 저장하고, 사용자가 점자 메시지를 작성하고 인쇄하고 스타일러스를 사용하여 양각할 수 있는 도구를 만듭니다.

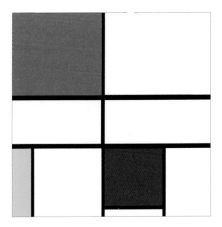

몬드리안 코딩

코드를 사용하여 몬드리안의 *Composition No. III, with Red, Blue, Yellow and Black*(1929)을 재현합니다. 세밀한 것에까지 주의를 기울이세요.

Stardia II 코딩

줄리 머레투(Julie Mehretu)의 그림 *Stardia II* 에서 작은 직사각형 영역을 선택하고 자릅니다. 포토샵과 같은 프로그램을 사용하여 이 조각의 색상과 좌표 데이터를 읽습니다. 이 데이터에 따라 도형, 선, 곡선 및 사용자 정의 모양 함수를 사용하여 그림 조각을 충실하게 재현합니다.

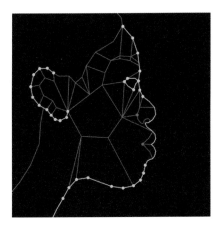

그린 다음 코딩하기

20분 동안 종이에 자화상, 풍경, 정물, 기하학적 디자인 등 다양한 그림을 그려보세요. 주의를 기울여 세밀하게 그림을 그린 다음 코드를 사용해 그림을 다시 만들어 보세요. (이미지: *p5.js로 작업한 자이나브 알리유* (Zainab Aliyu)*의 자화상, 학생 프로젝트,* 2015)

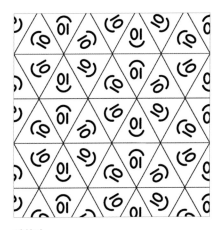

만화경

작은 그래픽 모티브를 고안합니다. 이 모티브의 복사본을 변환, 반사 및 회전하는 프로그램을 작성하여 만화경처럼 만듭니다.

반복

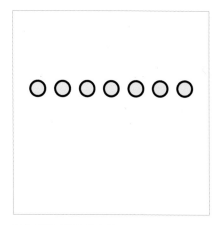

단순 반복: 일곱 개의 원

반복을 사용하여 왼쪽에 배치된 원을 캔버스 전체에 복사해서 7개로 만듭니다. 각 원의 위치는 루프의 카운팅 변수를 사용하여 계산해야 합니다. 첫 번째 원은 여백을 두고 삽입해야 하며 캔버스 가장자리에 놓여서는 안 됩니다.

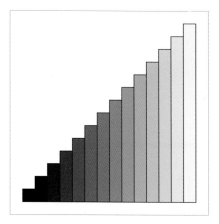

사각형의 전이

위치뿐만 아니라 모든 시각적 속성을 루프 변수에 연결할 수 있다는 점을 기억하세요. 반복을 사용하여 연속적인 직사각형을 생성합니다. 코드에서 직사각형의 위치, 높이, 채우기 색 등 여러 가지 시각적 속성을 동시에 제어해야 합니다.

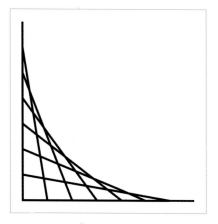

스트링 아트 챌린지

반복을 사용하여 이 그림을 다시 만듭니다. 코드가 정확히 8개의 선을 그려야 합니다.

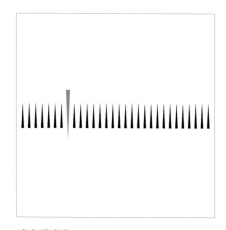

미니 캘린더

반복을 사용하여 시각적 요소의 행을 렌더링합니다. 현재 월의 각 날짜마다 하나의 요소를 렌더링합니다. 인덱스가 현재 날짜에 해당하는 요소를 제외하고 모든 요소를 동일하게 그려야 합니다. 이 요소를 적절하게 차별화합니다.

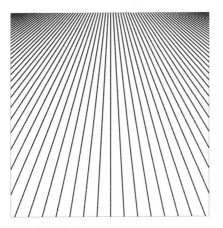

멀어지는 풍경

반복을 사용하여 화면 전체에 일련의 수직
선을 만듭니다. 캔버스 상단에 위치한 선의
끝점들을 서로 더 가깝게 배치하여 멀어지
는 듯한 풍경을 만듭니다.

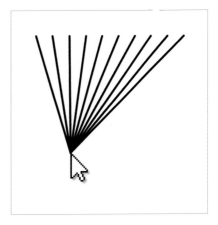

커서에 대한 선

반복을 사용하여 인터랙티브 디스플레이를
만드세요. 이 디스플레이는 열 개의 선으로
구성되어야 하며, 각 선은 위에 있는 점 10개
중 하나와 커서를 연결해야 합니다.

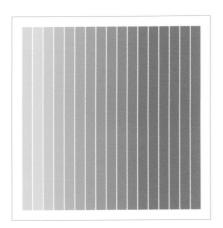

색상 바 그라데이션

17개의 직사각형을 나란히 배열하고, 첫 번
째 직사각형에서 마지막 직사각형까지 점차
색이 변하는 그라디언트(선형 보간)를 만듭
니다. 사용자가 버튼을 누를 때마다 시작과
끝의 색상이 랜덤하게 재설정되도록(무작위
로 바뀌도록) 코드를 작성하세요.

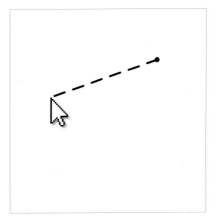

파선

두 점 사이에 파선(dashed line)을 생성하는 프
로그램을 작성합니다(이미 만들어진 파선은
사용할 수 없습니다). 줄표는 항상 고정된
길이(예: 10픽셀)여야 하므로 선이 길어질수
록 더 많은 줄표가 필요합니다. 파선의 끝점
중 하나가 커서에 연결됩니다.

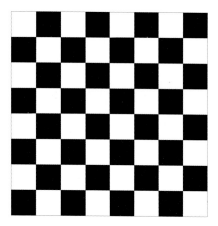

중첩 반복: 체커

중첩 루프를 사용하여 체커판을 만듭니다. 체커판은 왼쪽 상단 모서리가 흰색으로 시작하여 검은색과 흰색 사각형이 번갈아 배열된 8×8 격자입니다.

함수를 사용한 반복

간단한 시각적 요소(나뭇잎, 얼굴 등)를 렌더링하는 코드를 캡슐화한 함수를 작성합니다. 요소의 위치를 결정하는 함수 인수를 지정합니다. 함수를 호출하여 이러한 요소를 격자로 반복 표시합니다.

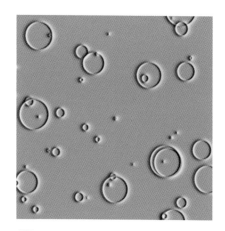

확률 요소

반복 루프로 캔버스 임의의 위치에 작은 요소를 배치하여 무언가를 연상시키는 구성을 만듭니다. 이러한 요소는 분화구, 구덩이, 여드름, 개미, 초콜릿 칩, 스위스 치즈의 구멍처럼 보일 수 있습니다.

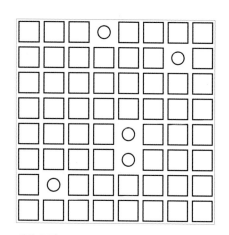

깨진 그리드

중첩 반복을 사용하여 시각적 요소의 그리드를 생성하되 각 반복마다 낮은 무작위 확률로 대체 요소가 가끔씩 그려지도록 코드를 작성합니다.

기하학적 진행

치수의 변화로 기하학적 진행을 나타내는 일련의 시각적 요소를 생성합니다. 각 요소의 크기는 이전 요소의 크기에 일정한 비율을 곱하여 계산해야 합니다. 이 디자인에서 각 원은 안쪽의 이전 원보다 1.3배 더 큽니다.

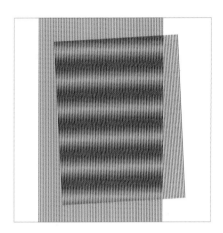

무아레 패턴

좁은 간격으로 평행선 또는 곡선 집합을 생성합니다. 선 세트의 두 복사본을 약간 회전한 다음 겹쳐서 무아레(moiré) 패턴을 만듭니다. 인터랙티브 제어를 사용하여 선 사이의 간격이나 회전 각을 바꿀 수 있도록 합니다.

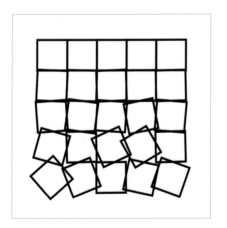

Schotter 재코딩

게오르그 니스(Georg Nees)의 *Schotter*(1968)는 12×22 정사각형 그리드가 질서에서 혼돈으로 변화하는 그라데이션을 묘사한, 고전적인 알고리즘 아트 작품입니다. 이 작품에서 사각형의 방향은 페이지 하단으로 갈수록 점점 무작위화됩니다. 디테일에 주의를 기울여 이 작품을 다시 코딩하세요.

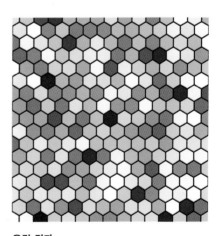

육각 격자

육각형을 그리는 사용자 정의 함수를 작성합니다. 이 함수를 호출하여 반복되는 육각형 그리드를 채운 스케치를 만듭니다. 정육각형의 경우 삼각법을 참조해야 할 수 있습니다.

색상

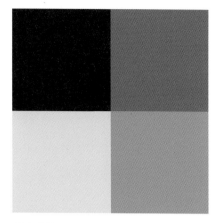

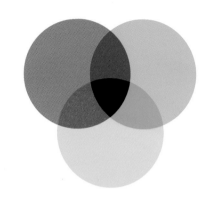

색상 관찰

셔츠, 테이블, 방 벽, 손바닥의 색을 주의 깊게 관찰하세요. 카메라나 스캔 장치를 사용하지 않고 코드의 숫자를 수정하는 방식으로만 진행하여 최대한 색상을 재현하세요.

겹치는 색상

각각 다른 색상의 반투명 원 세 개를 겹쳐서 겹치는 색상의 영역을 만듭니다. 이를 통해 다양한 색상과 투명도 값의 효과를 살펴봅니다. 다양한 픽셀 전달 모드('블렌드 모드'라고도 함)를 실험해 보세요. 원은 윤곽선 없이 그립니다.

그라디언트 구성하기

두 색상 사이에 자연스러운 그라데이션을 만듭니다. 힌트: 반복을 사용하여 각각 미묘하게 다른 색상의 가늘고 인접한 여러 개의 평행선을 렌더링하세요. 선택한 색상 모델(RGB 또는 HSB)에 따라 결과가 어떻게 달라지나요?

컬러 휠

HSB 색상 모델을 사용하여 화면의 모든 색조를 색상환 형태로 표시하는 프로그램을 만듭니다.

지각의 한계값

두 색상을 겨우 구분할 수 있는, 색상 간의 차이가 가장 작은 구도를 만들어 보세요. 예를 들면 배경 위에 거의 알아차리기 힘들 정도로 미묘하게 색이 다른 원을 올려 놓습니다.

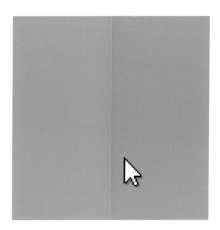

인터랙티브 보완

보색은 색상환에서 180도 떨어져 있습니다. 캔버스를 동일한 크기의 사각형 두 개로 나란히 분할한 다음 HSB 색상 모델을 사용하여 커서 위치에 따라 한 사각형의 색이 정해지고 다른 사각형에는 이 색의 보색이 나타나도록 하는 상호 작용을 만듭니다.

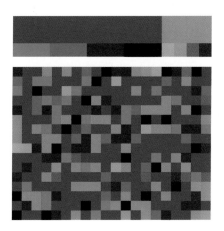

강조 색상 팔레트

지배적인 '기본 색상'과 보색으로 구성된 '강조 색상'을 사용하여 색 구성표 또는 팔레트를 만듭니다. 기본 색이 약 75% 정도 선택되도록 이 팔레트를 무작위로 샘플링하는 방법을 고안합니다. 이 방법을 사용하여 선택한 색상으로 사각형 그리드를 채웁니다.

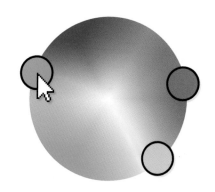

분할 보색

색의 분할 보색은 색상환에서 바로 인접(±15~30°)한 한 쌍의 색입니다. 사용자가 선택한 색상에 대한 분할 보색을 표시하는 인터랙티브 스케치를 만듭니다.

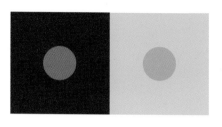

1 티차 세타팍디(Ticha Sethapakdi), *The Colorist Cookbook*, 자체 출판, 2015, *https://strangerbedfellows. files.wordpress.com/2015/ 12/the-colorist-cookbook.pdf*

요제프 알베르스의 색채의 상대성 I

요제프 알베르스(Josef Albers)의 색채의 상대성에 대해 공부하고 그림과 같이 세 가지 색을 네 가지 색처럼 보이게 하는 프로그램을 작성합니다.[1] 커서를 사용하여 세 번째 색의 구성 요소(점의 색)를 제어합니다. 어떤 조건에서 점들이 같게 보이거나 다르게 보이나요?

요제프 알베르스의 색채의 상대성 II

위와 비슷한 기법을 사용하여 네 가지 색이 세 가지 색처럼 보이는 스케치를 만듭니다. 더 쉽게 비교할 수 있는 위치에 점의 색을 복제하여 색의 상대성을 증명합니다. 네 가지 색이 세 가지처럼 보이는 조건을 항상 충족하는 새로운 색상 집합을 생성하는 프로그램을 작성할 수 있습니까?

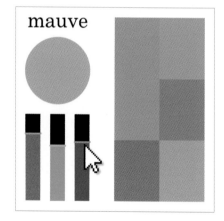

색상 검사기

컬러 이미지를 로드하고 표시합니다. 화면에 R, G, B색의 타원 세개를 그리고, 커서 위치의 이미지 픽셀의 R, G, B 값을 그 위에 표시합니다.

색상 조사

슬라이더로 R, G, B 값을 제어하여 색상을 지정하는 인터페이스를 만듭니다. 친구들에게 도구를 사용하여 연보라색, 청록색, 자두색을 만들어 보라고 요청하고 친구들이 만든 데이터를 저장해 보세요. 다른 스케치에서 이 데이터를 불러와 표시한 다음 친구들의 의견을 비교합니다.

추가 참고 자료

Tauba Auerbach, *RGB Colorspace Atlas*, 2011,
http://taubaauerbach.com/view.php?id=286

Carolyn L. Kane, *Chromatic Algorithms: Synthetic
Color, Computer Art, and Aesthetics after Code*,
University of Chicago Press, 2014

Rune Madsen, *http://
printingcode.runemadsen.com/lecture-color*

Rune Madsen, *https://
programmingdesignsystems.com/color/
color-models-and-color-spaces/index.html*

Rune Madsen, *https://
programmingdesignsystems.com/color/
perceptually-uniform-color-spaces/index.html*

Robert Simmon, "Subtleties of Color,"
NASA Earth Observatory: Elegant Figures,
2013년 8월 5일, *https://earthobservatory.
nasa.gov/blogs/elegantfigures/2013/08/05/
subtleties-of-color-part-1-of-6*

사진에서 색상 팔레트 추출하기

사진을 선택한 다음 이미지에서 최적의 5
가지 색상 팔레트를 추출하는 프로그램을
작성합니다(여러 가지 방법이 있지만 가장
효과적인 방법 중 하나는 K-평균 군집 분
석입니다). 가능하다면 팔레트를 사용하여
실크스크린이나 석판화 인쇄와 같이 원본
이미지의 '분리'를 생성합니다.

조건 검사

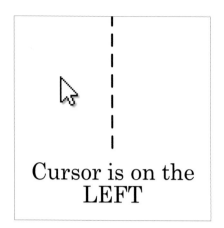

왼쪽 또는 오른쪽

커서가 캔버스의 왼쪽에 있는지 오른쪽에 있는지를 텍스트로 표시해 주는 스케치를 만듭니다.

당구공

캔버스 가장자리에 닿으면 튕겨 나와 움직이는 공을 스케치로 만듭니다. 공이 캔버스 가장자리와 겹치지 않도록 주의하세요.

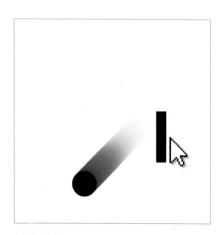

1인용 탁구

한 명을 위한 탁구 게임을 재현하는 스케치를 만듭니다. 점수 시스템을 추가할 수 있나요?

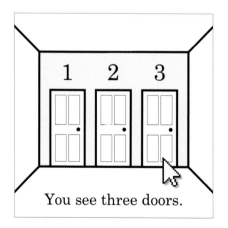

나만의 모험을 선택하세요

화면의 어느 영역을 클릭하느냐에 따라 다른 방, 상황, 결과로 이어지는 분기형 내러티브 경험을 만들 수 있습니다. 사운드 효과(예: 걸쇠) 및 주변 오디오 녹음으로 경험을 향상시킵니다.

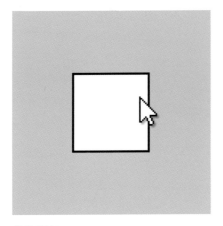

상태 머신 I

회색 배경에 흰색 사각형을 배치합니다. 사각형 안쪽을 클릭하면 사각형이 검은색으로 바뀌고 그 이후에는 그대로 유지되는 상호 작용을 만듭니다(이 연습과 이어지는 연습에서는 사각형 외부를 클릭하면 아무 효과가 없는지 확인합니다).

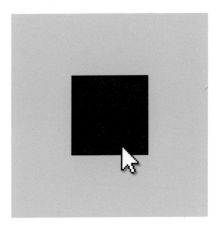

상태 머신 II

회색 배경에 흰색 사각형을 배치합니다. 사각형을 클릭할 때마다 색이 바뀌는 상호 작용을 만듭니다. 사각형이 흰색인 경우 흰색에서 검은색으로, 검은색인 경우 검은색에서 흰색으로 바뀌어야 합니다.

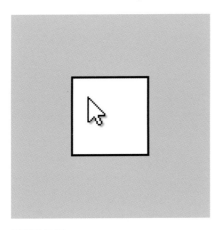

상태 머신 III

회색 배경에 흰색 사각형을 배치합니다. 사각형을 두 번 클릭하면 검은색에서 흰색으로 바뀌고, 세 번 클릭하면 흰색에서 검은색으로 바뀌는 상호 작용을 만듭니다.

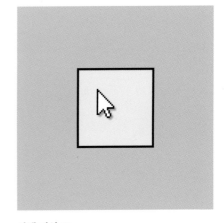

상태 머신 IV

회색 배경에 흰색 사각형을 배치합니다. 사각형이 비활성 상태일 때는 흰색, 사용자가 클릭하지 않고 마우스 커서를 올려놓은 상태일 때는 노란색, 사용자가 마우스 버튼을 누르고 있는 상태일 때는 검은색이 되도록 설정합니다.

예측 불가능성

동전 던지기

마우스 버튼을 클릭할 때마다 동전이 '던져지는' 스케치를 만듭니다. 동전의 앞면과 뒷면이 나타날 확률이 같도록 동전의 무게를 균등하게 해야 합니다. 10번 이상 던지면서 프로그램을 테스트합니다. 관찰된 앞면과 뒷면의 빈도는 어느 정도였나요?

주사위 굴리기

마우스를 클릭할 때마다 가상의 주사위가 '굴러가는' 앱을 만듭니다. 주사위의 가중치는 균등해야 하며, 각 결과는 6분의 1의 확률로 나타나야 합니다. 18번 클릭해서 프로그램을 테스트합니다. 얼마나 잘 작동하나요? 6개의 주사위를 굴리는 것으로 코드를 수정합니다.

절묘한 시체 기계

친구들에게 머리, 몸통, 다리의 그림을 준비해 달라고 부탁하세요. 이 부분들이 목과 허리에서 서로 맞댈 수 있는지 확인합니다. 버튼을 클릭할 때마다 세 부분이 무작위로 재조합되는 '절묘한 시체' 생성기를 만듭니다. (이미지: 타티아나 무스타코스 (tatyana Mustakos))

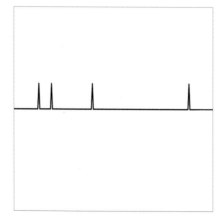

간헐적 이벤트

짧은 이벤트(예: 사운드나 애니메이션)가 매우 낮은 확률로 예측할 수 없는 시점에 산발적으로 트리거되는 시간 기반 스케치를 만듭니다. 이벤트가 발생한 시점의 기록을 보여주는 스크롤링 타임라인을 표시할 수도 있습니다.

1 (옮긴이) 브라운 운동은 미세한 입자가 액체나 기체 중에서 무작위로 끊임없이 움직이는 현상을 말합니다.

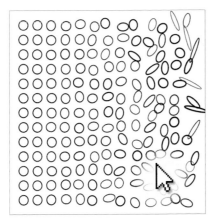

혼돈의 질서

커서가 캔버스의 왼쪽에 있을 때는 '질서'를, 오른쪽에 있을 때는 '혼돈'을 나타내는 인터랙티브한 구성을 만듭니다. 질서 또는 혼돈(엔트로피)의 양은 커서의 위치를 따라 부드럽게 변해야 합니다. map() 및 constrain() 함수가 도움이 될 수 있습니다.

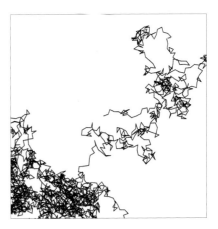

취한 걸음 I: 브라운 운동[1]

작은 2D 요소가 한 순간에서 다음 순간으로 우발적으로 이동하면서 캔버스 위에 흔적을 남기는 스케치를 만듭니다. 매 이동 시간마다 X, Y 좌표 모두에서 임의의 작은 변위가 일어나며 생기는 현재 위치가 업데이트되어야 합니다.

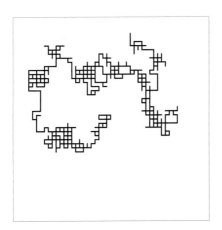

취한 걸음 II: 랜덤 격자 워크

작은 요소가 한 순간에서 다음 순간으로 불규칙하게 이동하면서 움직일 때마다 흔적을 남기는 스케치를 만듭니다. 매 이동 시간마다 이전 위치로부터 위, 아래, 왼쪽 또는 오른쪽으로 변위가 일어나며 그 확률은 각각 1/4이어야 합니다.

취한 걸음 III: 부드러운 소음

펄린 노이즈(Perlin noise)의 부드러운 특성을 사용하면 예측할 수 없지만 시간적 일관성이 있는 애니메이션을 만들 수 있습니다. 펄린 노이즈를 사용하여 원의 크기와 위치를 조절할 수 있습니다. 노이즈 함수의 파라미터 변경으로 그 효과를 관찰해 보세요.

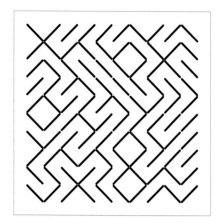

10 PRINT

정사각형 격자의 각 칸에 위 또는 아래를 가리키는 대각선이 놓일 위치를 무작위 확률로 선택합니다. 미로와 같은 매혹적인 패턴에 대해서는 닉 몽포트(Nick Montfort)의 《10 PRINT CHR$(205.5+RND(1)); : GOTO 10》에서 자세히 설명하고 있습니다.[2]

듀오톤 트루셰 타일링

인접한 변의 중간 점을 연결하는 두 개의 1/4 원이 있는 4개의 듀오톤 '트루셰 타일(Truchet Tile)'[3] 세트를 만듭니다. 가능한 모든 방향과 가능한 모든 색상(모서리 밝게 또는 모서리 어둡게)을 만들어야 합니다. 이러한 타일을 정사각형 그리드에 무작위로 배치하고 색상의 연속성을 유지합니다.

2 *10 PRINT CHR$ (205.5+RND(1)); : GOTO 10*, MIT Press, 2012

3 (옮긴이) 트루셰 타일은 서로 다른 패턴을 가진 사각 타일을 배열하여 복잡하고 무한히 변화하는 디자인을 생성하는 시각적 기법입니다.

4 (옮긴이) 히토메자시 사시코 자수는 일본의 전통 자수법으로, 기하학적 또는 자연 모티브 패턴을 격자 무늬 위에 한 번에 길게 실을 꿰워 넣어 완성하는 세련된 기법입니다.

5 애니 퍼킨스(Annie Perkins)의 2020년 3월 29일 트윗 참고. *https://twitter. com/anniek_p/status/124422 0881347502080*

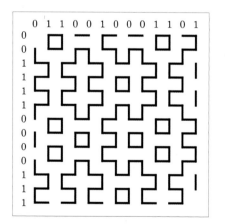

히토메자시 사시코 자수[4]

그리드의 열과 행에 0과 1을 무작위로 지정합니다. 각 열에 대시(1로 레이블이 지정된 열의 경우) 또는 갭(0으로 레이블이 지정된 열의 경우)으로 시작하여 대시와 갭을 번갈아 가며 세로로 연속해서 그립니다. 같은 방법으로 행에 대시와 갭의 수평 시퀀스를 그립니다. 결과 패턴을 관찰합니다.[5]

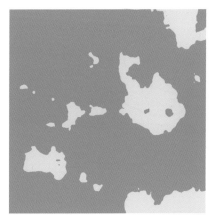

소음 산맥

화면 하단에서 예측할 수 없는 높이까지 수평으로 간격이 없도록 일련의 평행선을 만들어 산을 생성합니다. 각 선의 높이는 펄린 노이즈 함수를 사용하여 결정합니다.

상상의 섬

2차원 펄린 노이즈 함수를 사용하여 가상의 섬 지도를 생성합니다. 모든 픽셀에 대해 노이즈 함수의 값이 임계값보다 낮으면 픽셀을 파란색(물로 표현)으로, 임계값보다 높으면 갈색(육지로 표현)으로 색칠합니다.

6   베라 몰나르(Vera Molnár), *Interruptions*, 플로터 아트, 1968-1969, *https://dam.org/museum/ artists_ui/artists/molnar -vera/interruptions/*

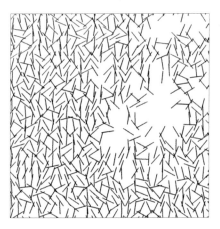

몰나르의 인터럽트 다시 코딩하기

베라 몰나르(Vera Molnár)의 컴퓨터 플로터 연작 *Interruptions*(1968~1969)를 주의 깊게 살펴 보세요.[6] 작품 속 선 그리드의 방향이 무작위로 구성되어 있는 점에 주목하세요. 일부 선은 패치 형태로 누락되어 있기도 합니다. 작품에 대한 10가지 추가 관찰 사항을 적어 보세요. 자신의 능력을 최대한 발휘하여 이 작품을 '다시 코딩'하는 프로그램을 작성하세요. 여러분 의 버전이 어떻게 성공적이었는지 또는 부족한 점이 무엇인지 짧은 글로 작성하세요.

배열

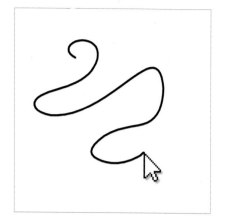

살아있는 라인 I

이전 100개의 마우스 위치를 저장하고 이를 폴리라인으로 표시하는 인터랙션을 만듭니다. 마우스 데이터를 두 개의 1D 배열(하나는 X, 하나는 Y), 하나의 2D 배열, Point2D 객체 배열의 세 가지 방식으로 저장합니다.

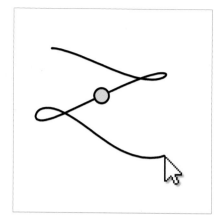

살아있는 라인 II

이전 100개의 마우스 위치를 저장하고 이 경로를 폴리라인으로 표시하는 인터랙션을 만듭니다. 이 경로를 따라 애니메이션 타원을 이동시킵니다. 끝에 도달하면 시작점으로 되돌려 반복하거나 다른 방향으로 이동하도록 합니다.

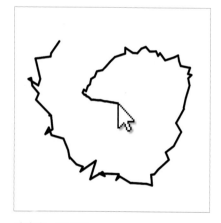

살아있는 라인 III

위와 같이 이전 100개의 마우스 위치를 사용하여 선을 만듭니다. 각 지점에 점진적으로 무작위성을 추가하여 선에 생동감을 불어넣습니다.

캘리그래픽 폴리라인

이전 100개의 마우스 위치를 저장하는 스케치를 만듭니다. 각 점과 그 이전 점 사이에 선을 그립니다. 이 선의 굵기를 각 점 쌍 사이의 거리에 반비례하도록 하면, 빠르게 움직일수록 선이 가늘어집니다.

애니메이션화된 걷기 주기

걷는 모습의 애니메이션 영상의 각 프레임을 이미지 배열에 로드하고 이를 반복하여 캐릭터가 움직이는 모습을 표시합니다. 버튼을 누르면 애니메이션을 거꾸로 재생합니다. (이미지: 에드워드 머이브리지의 *Animals in Motion*(1902))

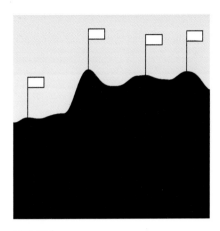

깃발 꽂기

높이 값이 배열로 구성된 울퉁불퉁한 풍경 또는 지형을 제공합니다. 이 배열을 검색하여 봉우리(즉, 국부 최대치)에 '깃발'을 그리는 코드를 작성합니다.

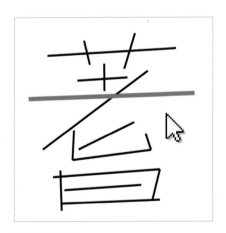

최장 회선 검색

사용자가 클릭하고 끌어서 직선을 그리는 프로그램을 작성합니다. 가장 긴 선을 빨간색으로 칠합니다.

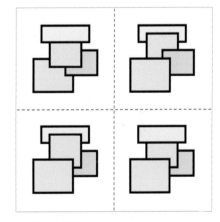

사각형 재정렬

일부 직사각형의 좌표를 배열에 저장하는 프로그램을 작성합니다. 프로그램은 이 배열을 읽어서 직사각형을 렌더링할 때 겹쳐지도록 그려야 합니다. 배열 순서를 뒤집는 코드를 작성합니다. 직사각형을 오른쪽에서 왼쪽으로 정렬한다거나 직사각형을 면적별로 정렬해 보세요.

시간 및 상호 작용

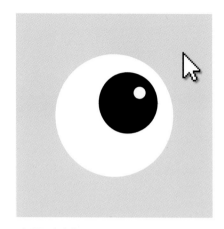

커서를 따라가는 눈

커서를 따라가는 눈동자가 있는 눈을 하나 이상 그립니다. 가능하면 각 눈동자가 안 구 안에 머물도록 제한합니다.

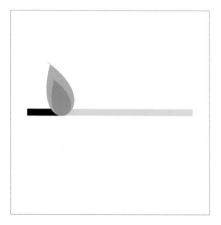

퓨즈(또는 진행률 표시줄)

연소하는 데 정확히 5초가 걸리는 가상 퓨 즈를 프로그래밍하세요. 연소가 완료되면 불꽃놀이나 화산 폭발과 같은 흥미로운 이 벤트가 일어나도록 합니다. 진행률 표시 줄, 풍선이 부풀어 오르거나 터지는 등 퓨 즈 코드에 다른 스토리를 전달할 수 있는 '스킨'을 추가해 보세요.

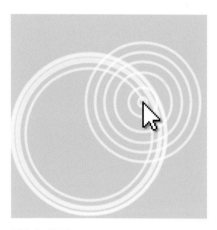

연못의 잔물결

마우스 버튼을 클릭할 때마다 커서 위치에 서 애니메이션된 원형 '잔물결'이 바깥쪽으 로 퍼져나가는 프로그램을 만듭니다. 잔물 결이 확장되는 속도를 고려해서, 객체 지향 코딩 스타일로 물결 모양을 구현합니다.

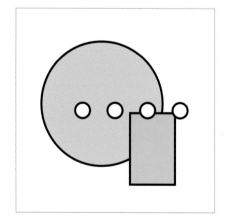

추상적 타자기

표현력이 풍부한 키보드 기반 연주 악기를 만듭니다. 각 키는 다른 애니메이션, 이미지 또는 사운드를 트리거해야 합니다. 여러분 이 만든 시스템으로 연주하는 경험이 줄 수 있는 미학을 신중하게 고려하세요. 영감을 얻으려면 조노 브랜델(Jono Brandel)의 시청 각 키보드 앱인 Patatap을 사용해 보세요.

1 (옮긴이) 이징(easing)은 애니메이션에서 움직임을 부드럽게 하기 위해 속도를 조절하는 효과를 뜻합니다.

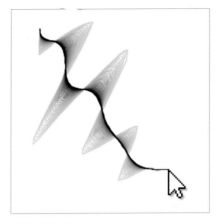

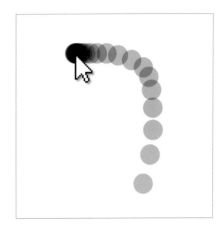

데이터 평활화(smoothing)

커서 위치의 시퀀스를 저장하고 표시하여 폴리라인을 만듭니다. 이제 선을 따라 각 점을 이웃 점과 점진적으로 평균을 내어 부드럽게 만듭니다. 선의 끝점을 처리하는 방법을 고려하십시오.

이징[1]: 변수 필터링

현실 세계에서 물체가 일정한 속도로 움직이는 경우는 거의 없습니다. 타원이 커서의 위치를 따라가지만 커서에 접근할수록 감속되는 스케치를 만듭니다. 이를 위해서는 마우스 위치 값에 대한 이징(easing) 함수나 필터가 필요합니다.

빗물 받기

코드를 사용하여 비오는 날을 애니메이션으로 만듭니다. 빗방울은 화면 상단 너머에서 나타나고 임의의 간격으로 떨어져야 합니다(빗방울 클래스를 만드는 것이 도움이 될 수 있습니다). 사용자가 커서 가까이로 떨어지는 빗방울을 '잡을 수 있는' 간단한 게임을 만듭니다.

오디오 감지 애니메이션

마이크 소리의 크기에 반응하는 그래픽을 만듭니다. 예를 들어, 잠자던 동물이 큰 소리에 깨어난다거나 마이크에 대고 말하는 얼굴 등으로 소리를 설명할 수 있습니다. 오디오 파형은 끝이 아니라 반응의 시작점이어야 합니다.

타이포그래피

STEAL tHIS boOk

몸값 편지

각 글자가 임의의 서체와 글꼴 크기로 설정된 간단한 텍스트의 스케치를 만듭니다.

luv2TYPE!

한 줄 타자기

글자를 입력할 때 문자열을 누적하여 표시하는 스케치를 만듭니다. 백스페이스 키를 누르면 문자가 삭제되는 기능을 추가하세요.

동적 텍스트

'성장', '떨림', '점프' 등과 같이 신체 동작을 설명하는 단어를 선택합니다. 화면상에서 해당 단어의 의미에 맞는 애니메이션을 적용합니다. 예를 들어, '성장하다'라는 단어는 시간이 지남에 따라 커지도록 할 수 있습니다.

반응형 텍스트

'피하다' 또는 '간지럽히다'와 같은 단어에 인터랙티브 동작을 지정하여, 커서를 올리면 그 느낌을 표현적으로 정의합니다.[1]

1 케이시 리스와 벤 프라이의 "Typography"에서 발췌. *https://processing.org/ tutorials/typography*

스크롤 헤드라인

최근 뉴스 헤드라인을 몇 개 선택하고 화면 하단을 따라 스크롤하며 표시하는 프로그램을 작성하세요. 추가 과제로 뉴스 API를 사용하여 최신 헤드라인을 자동으로 가져오는 프로그램을 작성해 보세요.

Split-Flap 디스플레이(단어 사다리 게임)

글자 수가 같은 단어를 골라 목록을 만듭니다. 알파벳 순서로 중간 글자를 반복하여 Split-Flap 공항 표지판에서처럼 한 단어에서 다음 단어로 글자들이 바뀌는 디스플레이를 만듭니다.

2 이미지 속의 시는 소니아 산체스(Sonia Sanchez)의 "This Is Not a Small Voice"(1995)에서 발췌. *https://poets.org/poem/not-small-voice*

This is not a small voice
you hear　　　　this is a large
voice coming out of these cities.
This is the voice of LaTanya.
Kadesha. Shaniqua. This
is the voice of Antoine.
Darryl. Shaquille.

단어 찾기

이메일이나 시 등의 간단한 텍스트를 조판합니다. 해당 텍스트에서 '관심 단어'의 인스턴스를 지정하는 프로그램을 만듭니다. 프로그램은 해당 단어에 강조 표시, 밑줄 또는 수정과 같은 시각적 처리를 수행할 수 있어야 합니다.[2]

글자 모양 콜라주 도구

사용자가 글자체 모음으로 추상적인 콜라주나 구체적인 시를 만들 수 있는 도구를 제작해 보세요. 사용자는 키보드로 문자를 선택한 다음 마우스를 사용하여 글자를 배치할 수 있어야 합니다. 도구로 만든 작품 세 개를 저장합니다.

3 대니얼 시프먼(Daniel Shiffman), "Strings and Drawing Text", *https://processing.org/tutorials/text*

프로크루스테스 타이포그래피

그리스 신화에서 프로크루스테스는 사람을 늘리거나 잘라서 특정 철제 침대에 모두 들어갈 수 있도록 만들었습니다. 이런 획일화를 타이핑에도 적용해 봅니다. 사용자가 입력한 단어를 포착하여 항상 캔버스의 폭에 정확하게 맞도록 글꼴 크기를 조정하는 프로그램을 만들어 보세요.

곡선 위의 텍스트

텍스트 각 문자의 위치를 지정하는 코드를 작성하여 텍스트가 곡선을 따라 쓰여지게 합니다. 가능하면 각 문자가 자기 위치에서 곡선과 수직을 이루도록 방향을 지정합니다.[3]

4 룬 마드센(Rune Madsen), "Typography", *http://printingcode.runemadsen.com/lecture-typography*

5 리카드 마르크서(Ricard Marxer), "Geomerative Library", *http://www.ricardmarxer.com/geomerative*

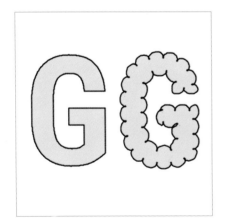

글리프(Glyph) 해킹: 윤곽선 놀이

이 연습에서는 서체를 로드하고, 문자들을 수정하고, 자신만의 새로운 서체로 저장합니다. FontForge를 사용하여 TTF 서체를 SVG로 변환하거나, textToPoints()(p5.js), opentype.js, Rune.Font 플러그인[4](Rune.js) 또는 Geomerative 라이브러리[5](자바 프로세싱)를 사용하여 자체의 윤곽선에 직접 액세스하는 등 원하는 프로그래밍 환경으로 자체 윤곽선을 로드하는 방법을 알아냅니다. 코드를 사용하여 알파벳의 모든 글자를 부풀리거나 뾰족하게 만드는 등 글자에 대한 처리 방법을 만듭니다. 새 글꼴의 이름을 지정하고 해당 글꼴을 사용하여 조판합니다. 가능하면 새 글자체를 .ttf 나 다른 글꼴 형식으로 내보내세요.

6 폴 버크(Paul Bourke), "Character Representation of Greyscale Images", *http://paulbourke.net/dataformats/asciiart*

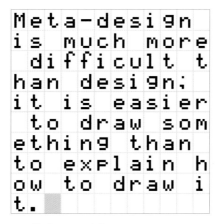

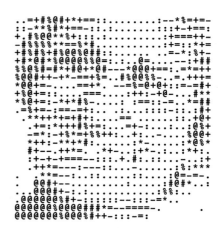

초소형 워드 프로세서

고정폭 서체를 사용하여 사용자가 셀 공간에 문자를 입력할 수 있는 워드 프로세서를 생성합니다. 화살표 키와 마우스로 위치를 이동할 수 있는 텍스트 커서를 제공합니다. 단어 줄 바꿈, 삭제(백스페이스 키 사용) 및 텍스트 파일 내보내기를 구현합니다.

ASCII 비전

아스키 코드로 이미지를 생성하는 프로그램을 작성합니다. 이를 위해서는 이미지의 다양한 밝기 값을 나타내는 문자 시퀀스가 필요합니다. 10단계의 회색을 표현하기 위한 일반적인 문자 순서 "@%#*+=-:. "6를 사용합니다.

커브

1 르 웨이(Le Wei)의 *Butt Generator*에서 영감을 얻음

엉덩이 생성기

호 또는 베지어 곡선을 사용하여 하나 이 상의 엉덩이 이미지를 생성하는 프로그램 을 작성하세요.[1]

포물선

포물선은 $y=ax^2$의 수식을 가진 곡선으로, 변수 a는 사용자가 선택하는 상수입니다. 포물선을 그리는 프로그램을 작성합니다.

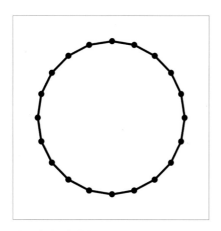

2 요시다 유키(Yuki Yoshida), "Drawing a Circle Code Repository", *https:// github.com/yukiy/draw Circle*

하나의 원, 세 가지 방법

백지 위에 원을 그리는 방법으로 ① 삼각 함수 sin() 및 cos()를 사용하여 만들어지는 일련 의 점을 그리거나, ② 네 개의 베지어 곡선으로 원과 최대한 비슷하게 그리거나, ③ 일련의 전진 단계와 작은 회전을 번갈아 가며 사용하는 터틀 그래픽스(Turtle Graphics)를 이용하여 원 을 만드는 등 세 가지 방법을 사용합니다.[2]

3 골란 레빈, "Turtle's Phyllotactic Spiral", 2020년 4월 11일 액세스, *http://cmuems.com/2015c/deliverables/deliverables-09/#spiral*

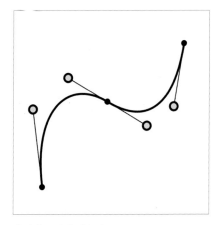

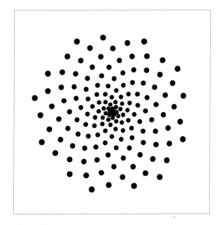

베지어 곡선의 연속성

두 개의 베지어 곡선을 결합하여 커브를 만듭니다. 결합된 커브가 구성 요소가 결합된 지점에서 시각적으로 불연속성이 없는 'C2 연속'인지 확인합니다. 즉, 위치, 접선 기울기 및 곡률이 연속적이어야 합니다.

나선 잎차례

터틀 그래픽스를 사용하여 잎차례(phyllotactic) 나선형을 생성합니다.[3] 캔버스 중앙에서 거북이를 출발시킵니다. 각 단계에서 거북이는 작은 요소를 그린 다음 천천히 바깥쪽으로 이동하고, '황금 각도'(~137.507764°)로 방향을 회전해야 합니다.

나선형

나선형을 그리는 프로그램을 작성합니다. 시작하기 전에 아르키메데스 나선(반지름이 산술적으로 증가하는 나선)과 로그 나선 또는 등각 나선(반지름이 기하학적으로 증가하는 나선)과 같은 다양한 유형의 나선에 대해 조사해 보세요. 극방정식을 사용하여 나선형을 명시적으로 그리거나, 작은 차이를 합산하여(예: 앞으로 이동, 약간 회전, 반복) 나선형을 암시적으로 렌더링하거나, 원호를 사용하여 부분적으로 근사화하는 등 다양한 구현을 고려해 보세요.

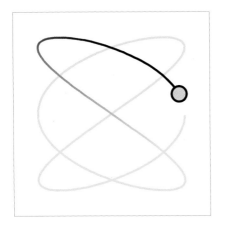

에피트로코이드
(epitrochoid)

4 Mathworld, "Curves", *http://mathworld.wolfram.com/topics/Curves.html*

리사주 곡선

리사주(Lissajous) 곡선은 x=cos(a*t); y=sin(b*t) 형식의 유용한 파라메트릭 함수이며, 여기서 a와 b는 일반적으로 작은 정수입니다. 리사주 곡선을 사용하여 애니메이션 요소의 움직임을 표시할 수 있습니다.

극좌표 곡선

방정식이 r=f(theta)인 카디오이드(cardioid), 에피사이클로이드(epicycloid), 히포페데(hippopede) 또는 기타 극곡선[4]을 표시하는 프로그램을 작성합니다. x=rcos(theta) 및 y=rsin(theta)라는 항등함수가 도움이 될 수 있습니다. 커서를 사용하여 커브의 파라미터를 실시간으로 제어합니다.

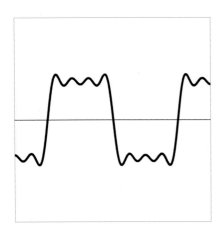

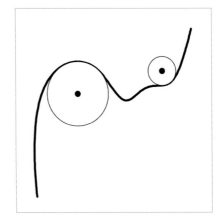

푸리에 합성

푸리에 합성에서 복잡한 파형은 진폭과 주파수가 다른 사인파를 합산하여 표시할 수 있습니다. 예를 들어 구형파는 다음과 같은 합으로 근사화할 수 있습니다. sin(x)+sin(3x)/3+sin(5x)/5+sin(7x)/7.... 이 방법을 사용하여 구형파를 생성해 봅니다.

접촉원(Osculating Circle)

곡선의 모든 점에는 국부 곡률 반경, 즉 해당 지점에서 곡선에 가장 가깝게 접촉하는 원이 있습니다. 사용자가 그린 표시를 따라 만들어진 점에서의 접촉원을 표시하는 프로그램을 작성합니다. 마크를 따라 연속된 세 점으로부터 원을 계산하여 근사치를 구할 수 있습니다.

5　루크 두부아(Luke DuBois), "p5.func", *https:// idmnyu.github.io/p5.js-func*, 로버트 페너(Robert Penner), "Easing Functions", *http://robertpenner.com/ easing*

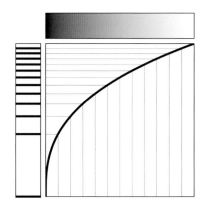

셰이핑 함수

셰이핑 함수는 미적 목적을 위해 신호를 생성하고 변경하는 데 없어서는 안 될 필수 요소입니다. 트윈(tween), 인터폴레이션 커브, 바이어스 함수, 이징 커브 또는 단위 생성기라고도 하는 이러한 함수는 일반적으로 0과 1 사이의 값을 수신하고 생성하도록 설계되었습니다. 셰이핑 함수 모음(예: 루크 두부아의 p5.func 또는 로버트 페너의 이징 함수)을 사용하여 시간과 위치(애니메이션을 만들 때) 또는 위치와 색상(흥미로운 그라데이션을 만들 때) 간의 비선형 관계를 만들 수 있습니다.[5]

6　댄 시프먼(Dan Shiffman)의 "Guest Tutorial #7: Circle Morphing with Golan Levin," The Coding Train, *https://www.youtube.com/ watch?v=mvgcNOX8JGQ* 참고

원 모핑(morphing)하기

원과 삼각형 사이에서 형태를 변환하는 프로그램을 만듭니다.[6]

모양

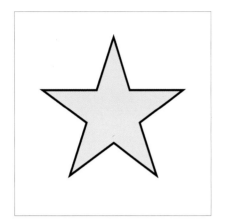

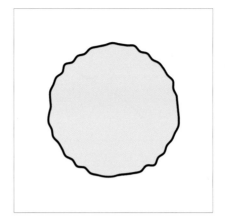

1 룬 마드센(Rune Mad-sen), "Shape: Procedural Shapes", Programming Design Systems, *https://programmingdesignsystems.com/shape/procedural-shapes/index.html*에서 발췌

2 마드센의 "Shape: Proce-dural Shapes"에서 발췌

별 모양 만들기

원을 생성할 때와 같은 방법으로 삼각 함수 sin()과 cos()을 사용하여 정다면체 10각형의 꼭지점을 그립니다. 긴 반지름과 짧은 반지름을 번갈아가며 별을 생성하도록 코드를 수정합니다.[1]

랜덤 스플랫

원을 생성할 때와 같은 방법으로 sin()과 cos() 함수를 사용하여 다각형의 꼭지점을 그리되, 반지름이 약간 무작위인 각 점의 위치를 계산합니다. 결과 형상을 떨어진 잉크 방울과 얼마나 비슷하게 만들 수 있을까요?[2]

점 연결하기

아래 숫자는 다각형의 꼭지점을 정의합니다. 점을 연결하여 도형을 그리는 코드를 작성하세요. x={81, 83, 83, 83, 83, 82, 79, 77, 80, 83, 84, 85, 84, 90, 94, 94, 89, 85, 83, 75, 71, 63, 59, 60, 44, 37, 33, 21, 15, 12, 14, 19, 22, 27, 32, 35, 40, 41, 38, 37, 36, 36, 37, 43, 50, 59, 67, 71}; y={10, 17, 22, 27, 33, 41, 49, 53, 67, 76, 93, 103, 110, 112, 114, 118, 119, 118, 121, 121, 118, 119, 119, 122, 122, 118, 113, 108, 100, 92, 88, 90, 95, 99, 101, 80, 62, 56, 43, 32, 24, 19, 13, 16, 23, 22, 24, 20};

축 정렬 최소 바운딩 박스

점 집합으로 표현되는 2D 도형이 주어지면 도형의 윤곽선에서 가장 왼쪽, 오른쪽, 가장 높은 점, 가장 낮은 점으로 정의되는 직사각형인 '바운딩 박스'를 계산하고 그립니다. 커서가 바운딩 박스에 들어가면 도형이 다르게 표시되는 인터랙션을 만듭니다.

중심점 계산

점 집합으로 표현되는 2D 도형이 주어지면, 그 윤곽선의 '중심'(x 좌표가 점들의 x 좌표 평균이고 y 좌표가 점들의 y 좌표 평균)을 계산하고 표시합니다.

둘레 계산하기

점의 집합으로 표현된 2D 도형이 주어지면 그 외곽선의 길이(또는 둘레)를 계산합니다. 이렇게 하려면 경계를 따라 연속된 모든 점 쌍 사이의 거리를 더해야 합니다. 마지막 점에서 첫 번째 점까지의 거리를 포함하는 것을 잊지 마세요.

면적 계산

점이 배열 x[]와 y[]에 저장된 간단한(자기 교차하지 않는) 2D 도형이 주어졌을 때 그 면적을 계산합니다. 가우스의 면적 공식인 신발끈 공식을 사용하여 모든 점 i에 대해 ((x[i+1]+x[i])*(y[i+1]- [i]))/2.0의 곱을 합산하면 됩니다.

곡률이 높은 지점 감지

점의 집합으로 표현된 2D 도형이 주어지면, 연속한 세 개의 점 사이의 각도를 계산하여 도형의 경계를 따라 '국부 곡률'을 추정할 수 있습니다. 제공된 도형을 사용하여 곡률이 특히 높은 점(예: 손가락 끝)을 파악하는 코드를 작성하고 색 점으로 표시합니다. 힌트: 점 벡터의 내적을 사용하여 각도를 계산하고, 외적을 계산하여 양의 곡률(볼록)과 음의 곡률(오목)을 구분합니다.

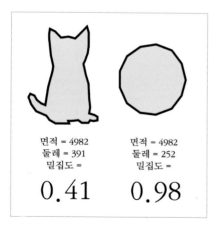

3 위키피디아, s.v. "Compactness measure of a shape", *https://en.wikipedia. org/wiki/Compactness_ measure_of_a_shape*

면적 = 4982
둘레 = 391
밀집도 =

0.41

면적 = 4982
둘레 = 252
밀집도 =

0.98

도형 측정: 밀집도

가장 간단한 도형 척도 중 하나는 '밀집도'(또는 등주비율)로, 도형이 퍼지지 않은 정도를 설명합니다. 게리맨더링을 피하기 위해 선거구 재구획에 자주 사용되는 밀집도는 차원이 없고, 축척이 변하지 않으며, 회전이 변하지 않는 양입니다.[3] 밀집도는 도형의 면적과 제곱한 둘레의 비율을 취하여 계산합니다. 제공된 도형의 밀집도를 계산하고 이 값을 다른 도형의 밀집도와 비교합니다.

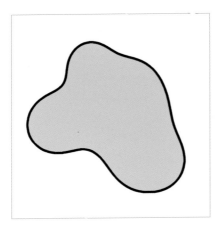

블롭

선호하는 방법을 사용하여 표현력이 풍부한 2D 블롭(blob)을 디자인하고 애니메이션을 적용합니다. 예를 들어 베지어 곡선의 닫힌 루프를 만들거나, 마칭 스퀘어(Marching Square)를 사용하여 메타볼(암시적 곡선)의 윤곽을 추적하거나, 카시니(Cassini) 타원형, cranioid(두개골 모양) 또는 다른 파라메트릭 커브를 계산할 수 있고, 베를레(Verlet) 적분을 사용하여 부드러운 밧줄같은 윤곽을 시뮬레이션할 수도 있습니다.

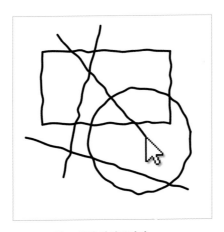

손으로 그린 그래픽 라이브러리

손으로 그린 느낌으로 기본 도형을 렌더링하는 함수 집합을 만듭니다. 라이브러리에는 최소한 선분, 타원, 직사각형을 그리는 함수가 포함되어 있어야 합니다.

기하학

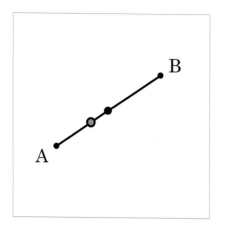

선의 중간점 그리기

버튼을 누를 때마다 임의의 점 두 개(A와 B)을 그리는 프로그램을 작성합니다. 이 점들을 선분으로 연결합니다. 이 선분의 중간점을 계산하고 거기에 점을 표시합니다. A와 B 사이 1/3 지점에 원을 하나 더 표시합니다.

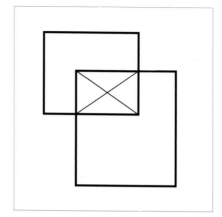

두 직사각형의 교차점

버튼을 누를 때마다 무작위 크기로 무작위 배치되는 직사각형 두 개를 그리는 프로그램을 작성하세요. 이 직사각형들이 겹치는 경우 겹치는 영역에 나타난 새 직사각형을 찾아 대각선을 그립니다.

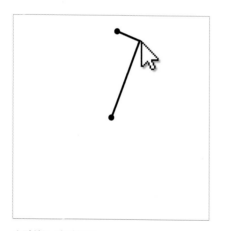

수직하는 선 만들기

캔버스 중앙에서 커서까지 선을 그리는 프로그램을 작성합니다. 다시 커서에서 시작하고 길이가 50픽셀이며 첫 번째 선에 수직인 두 번째 선을 작성합니다.

평행 폴리라인(오프셋 커브)

사용자가 그릴 때 커서 점을 저장하는 프로그램을 작성하고 이 점들을 폴리라인[1]으로 연결합니다. 기하학을 사용하여 처음 폴리라인에서 50픽셀의 거리만큼 떨어진 또 다른 폴리라인을 계산합니다.

1 (옮긴이) 직선 구간으로 연결된 일련의 점들로 이루어진 선

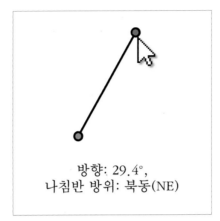

방향: 29.4°,
나침반 방위: 북동(NE)

나침반 방향

가장 최근의 마우스 클릭 위치 두 곳을 저장하고 그 사이에 선을 그립니다. atan2() 함수를 사용하여 이 선의 각도를 계산합니다. 이 각도를 도 단위로 표시하고 가장 가까운 나침반 방향(N, NE, E, SE, S, SW, W, NW)으로 레이블을 지정합니다.

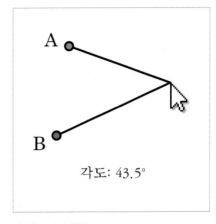

각도: 43.5°

세 점 사이의 각도

세 점, 즉 무작위로 배치된 두 점 A와 B, 마우스 커서 C를 각각 잇는 두 선 사이의 각도를 계산하는 프로그램을 작성하세요. 힌트: 벡터 내적을 사용하여 각도를 계산하고 벡터 외적을 사용하여 양의 곡률과 음의 곡률을 구분하세요.

2 폴 버크(Paul Bourke), "Points, Lines, and Planes," 1988-2013, *http://paul bourke.net/geometry/point lineplane*

3 폴 버크, "Points, Lines, and Planes"

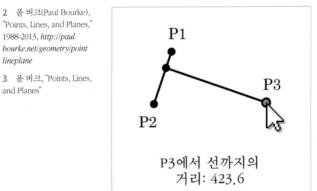

P3에서 선까지의
거리: 423.6

점에서 선까지의 거리

키를 누를 때마다 임의의 위치에 임의 길이의 선분을 생성하는 프로그램을 작성합니다. 이 선과 커서 사이의 최단 거리를 계산하여 표시합니다. 이 선에서 커서와 가장 가까운 지점에 점을 표시합니다.[2]

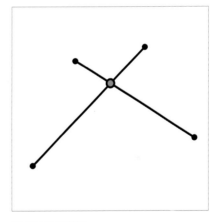

두 선분의 교차점

버튼을 누를 때마다 두 개의 임의의 선분을 생성하는 프로그램을 작성하십시오. 이 두 선분의 교차점을 계산하고, 교차점이 존재하면 그 지점에 점을 표시합니다.[3]

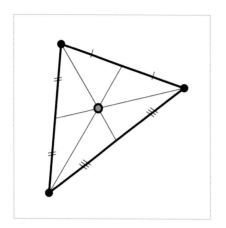

4 폴 버크, "Equation of a Circle from 3 Points (2 Dimensions)", 1990년 1월, *http://paulbourke.net/ geometry/circlesphere*

삼각형의 무게 중심

버튼을 누를 때마다 세 개의 임의의 점을 만들어 내고 이들을 꼭지점으로 하는 삼각형을 만듭니다. 각 변의 중간점과 반대쪽 꼭지점을 연결하는 선(중선)을 그립니다. 이 중선의 교차점이 삼각형의 무게 중심이 되는데 그곳에 점을 표시합니다.

세 지점으로부터 원(외심)

버튼을 누를 때마다 무작위 삼각형을 생성합니다. 세 꼭지점을 모두 정확하게 통과하는 원을 생성합니다. 이 원의 중심을 삼각형의 외심이라고 합니다. 거기에 점을 배치합니다. 참고: 외심이 항상 삼각형 안에 있는 것은 아닙니다.[4]

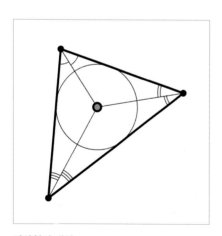

삼각형의 내심

삼각형의 내심은 삼각형의 세 모서리의 각을 등분하는 선의 교차점에 위치합니다. 버튼을 누를 때마다 임의의 삼각형을 생성하고 그 삼각형의 내심에 점을 표시하는 프로그램을 작성하십시오. (내심은 삼각형 내부의 내접원의 중심이 되며, 내심에서 삼각형의 변에 수직선을 놓으면 그 반지름을 구할 수 있습니다. 가능하면 삼각형의 내접원을 그립니다.)

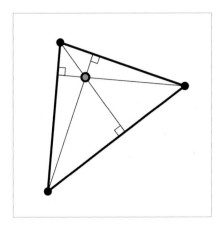

삼각형의 수심

삼각형의 '수선'은 주어진 변에 수직이고 반대쪽 꼭지점을 통과하는 선분입니다. 버튼을 누를 때마다 세 개의 임의의 점으로부터 삼각형을 만드는 프로그램을 작성하십시오. 삼각형의 세 수선을 계산하고 표시합니다. 이 삼각형의 수심은 세 수선의 교차점에 위치합니다. 거기에 점을 표시합니다. 참고: 대부분의 삼각형에서 수선은 변의 중간점을 통과하지 않습니다.

이미지

콜라주 기계

이미지를 모아서 디렉터리를 만듭니다. 이를 사용하여 이미지 콜라주를 생성하는 프로그램을 작성합니다. 프로그램이 실행될 때마다 다른 콜라주를 생성하도록 예측할 수 없는 요소를 포함시키세요.

픽셀의 색상

이미지를 표시한 다음 마우스 커서가 이 이미지 위를 지나갈 때 커서 아래 픽셀의 색상을 계속 가져오는 인터랙티브 시스템을 만듭니다. 화면에 도형을 그리고, 커서가 이미지 위를 지나갈 때 커서 위치에 있는 픽셀의 색상으로 도형의 내부를 채웁니다.

서브샘플 및 다운샘플

이미지를 픽셀화하여 저해상도 버전을 생성하는 프로그램을 작성합니다. 먼저 이미지를 서브샘플링합니다(대상 픽셀은 원본에서 선택합니다). 그런 다음 이미지를 다운샘플링합니다(대상 픽셀 값은 로컬 평균입니다).

랜덤 도트 디더링

이미지를 메모리에 로드하고 임의의 위치의 픽셀을 선택합니다. 0에서 255 사이의 임의의 숫자를 생성합니다. 선택된 픽셀의 밝기가 생성된 숫자보다 큰 경우 캔버스의 해당 위치에 검은 점을 그립니다. 다시 픽셀을 선택하고 임의의 숫자를 생성하고… 그럴 듯한 그림이 만들어질 때까지 이 과정을 반복합니다.

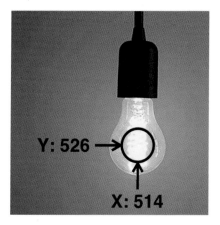

가장 밝은 지점 찾기

웹캠의 실시간 비디오 피드를 화면에 표시하고 픽셀을 처리하여 이미지에서 가장 밝은 지점을 찾습니다. 이 픽셀의 위치를 표시합니다.

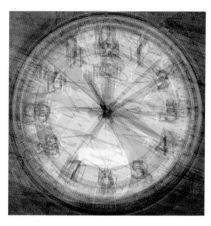

이미지 평균화

사과, 일몰 또는 시계와 같이 동일한 단어 또는 개념으로 분류할 수 있는 이미지를 10개 이상 수집합니다. 모든 이미지는 같은 크기로 합니다. 해당 개념의 표현에서 규칙성을 시각화하는 방법으로 컬렉션의 픽셀 평균으로 새 이미지를 계산합니다.

외곽선 검출기(소벨 필터)

소벨(Sobel) 필터를 사용하여 이미지의 가장자리를 감지하고 표시하는 프로그램을 작성합니다. 가능하다면 외곽선의 세기와 방향을 계산합니다.

픽셀 정렬

이미지의 픽셀을 밝기별로 정렬합니다. 다음에는 색조별로 픽셀을 정렬합니다. 유튜브 coding Train 동영상에서 댄 시프먼(Dan Shiffman)의 "Coding Challenge #47: Pixel Sorting in Processing"을 참조하세요.

시각화

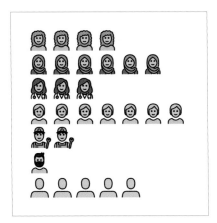

문자 메시지 아이소타이프

지난 한 주 동안 주고받은 문자 메시지를 수집합니다. 사람, 주제 또는 심리 상태에 따라 이러한 메시지를 세고 분류합니다. 이 데이터를 그림으로 표현하는 아이소타이프(isotype) 시각화를 만듭니다.[1]

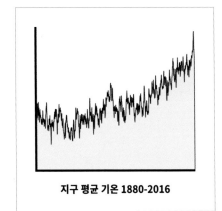

지구 평균 기온 1880-2016

온도 타임라인

거주 지역의 월별 평균 기온 데이터 세트를 다운로드합니다. 이 데이터를 차트에 시각화하여 X축에 시간을, Y축에 온도를 표시합니다. 데이터를 점, 세로 막대, 곡선으로 연결된 데이터 포인트로 표시하는 세 가지 버전의 그래프를 만듭니다.[2]

실시간 데이터 표시

센서나 API가 게시하는 실시간 인터넷 데이터 스트림(예: 날씨, 주가, 위성 위치 등)을 찾습니다. 이 데이터가 연상되도록 화면에 표시하는 프로그램을 만듭니다. 이 예제는 *open-notify.org*[3]에서 제공되는 국제 우주 정거장의 위치를 보여줍니다.

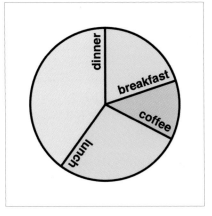

원그래프

어제 아침, 점심, 저녁, 커피에 지출한 금액을 표시하는 원그래프를 생성하는 코드를 작성합니다. 채워진 호(filled arc)를 렌더링하는 함수를 사용해야 합니다. 외부 파일에서 JSON이나 CSV와 같이 잘 구조화된 형식의 데이터를 로드합니다. 차트에 키가 있는지 확인하세요.

1 오토 노이라트(Otto Neurath), *International Picture Language: The First Rules of Isotype*, Paul, Trench, Trubner & Company, Limited, 1936.

2 벤 프라이(Ben Fry), "Time Series", *Visualizing Data: Exploring and Explaining Data with the Processing Environment*, 4장, O'Reilly, Inc., 2008. 국내에서는 《데이터 시각화》(2016, 에이콘)로 출간되었습니다.

3 OpenNotify.org, International Space Station Current Location, *http://open-notify.org/Open-Notify-API/ISS-Location-Now*. 댄 시프먼(Dan Shiffman)의 비디오 튜토리얼 시리즈인 *Working with Data and APIs in Java Script*(2019년 7월 8일에 마지막으로 업데이트됨)도 참조하세요. *https://www.youtube.com/playlist?list=PLRqwX-V7Uu6YxDKpFzf_2D84p0cyk4T7X*

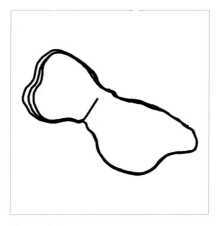

경로 그리기 I

스마트폰 앱(예: OpenPaths 또는 Sensor-Log)을 사용하여 최소 1주일 동안 GPS 위치 데이터를 기록합니다. 위도 및 경도 데이터를 CSV 파일로 내보냅니다. 매일의 이동 경로를 로드하고 시각화하는 코드를 작성합니다. 뭘 관찰할 수 있을까요?

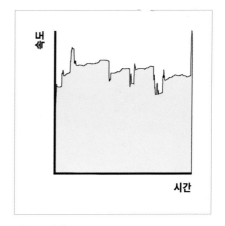

경로 그리기 II

이전 연습의 위치 데이터 집합을 재사용하여 지도가 아닌 다른 방식으로 시각화합니다. 경로 길이 또는 속도, 특정 위치 방문 빈도, 하루 이동 거리 등과 같은 정보를 표시하는 것을 고려하세요.

4 쥐 목격 데이터 세트는 *https://data.cityofnewyork. us/Social-Services/Rat -Sightings/3q43-55fe*에서 제공됩니다. 추가로 《데이터 시각화》(에이콘, 2016) 6장을 참조하세요.

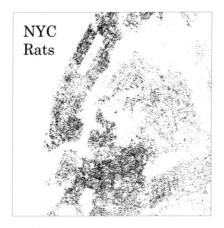

도트 맵

뉴욕시 오픈 데이터의 '쥐 목격' 데이터 세트에는 2010년 이후 뉴욕시 311 대응 센터에 접수된 쥐에 대한 모든 불만 사항이 나열되어 있습니다. 각 불만 사항을 하나의 점으로 표현하여 이 지리적 위치 데이터를 매핑하는 프로그램을 작성합니다.[4]

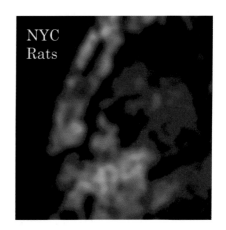

히트 맵

쥐 목격 데이터를 공간 히트 맵으로 표시하는 프로그램을 작성합니다. 여기에는 지도의 점 밀도를 연속 필드로 나타내는 밀도 함수를 설계하고, 이 필드의 강도를 나타내는 색상 팔레트를 선택해야 하는 두 가지 과제가 있습니다.

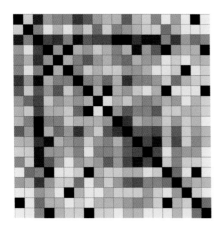

소셜 네트워크 매트릭스

대칭 인접 행렬은 그룹 내 사회적 상호 작용을 시각화합니다. 개인은 테이블의 행과 열을 따라 나열되며, 각 쌍 간의 상호 작용은 셀에 정량화되어 있습니다. 이 방식으로 린다 울프(Linda Wolfe)가 플로리다 오캘라의 강가에서 관찰한 야생 원숭이 가족에 대한 비주얼리제이션을 만들어 보세요.

소셜 네트워크 그래프

소셜 네트워크를 시각화하는 방법으로 개인을 노드로, 관계를 링크로 표현하고 시뮬레이션된 파티클 시스템으로 레이아웃을 제어하는 'force directed graph'를 개발합니다. 이 그래프를 사용하여 루소(Lusseau) 외 연구진이 보고한 뉴질랜드 다우트풀 사운드에 서식하는 큰돌고래 62마리의 커뮤니티를 시각화합니다.

5   (옮긴이) 에드워드 터프티(Edward Tufte)가 말한 스몰 멀티플즈 (Small Multiples)는 동일한 디자인이나 그래픽 형식을 여러 번 반복하여 다양한 데이터를 비교할 수 있게 하는 시각화 기법입니다.

6   예: Open-Source Psychometrics Project, "Big Five Personality Test", *https:// openpsychometrics.org/tests/ IPIP-BFFM*

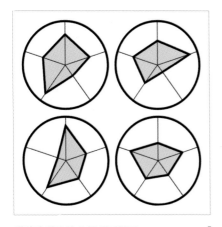

레이더 차트의 스몰 멀티플즈(small multiples)[5]

빅 파이브 성격 검사를 통해 (표면적인) 자신의 성실성, 친화성, 신경성, 개방성, 외향성을 정량화해 보세요.[6] 이 다변량 데이터를 시각화할 수 있는 레이더 차트를 생성합니다. 친구 몇 명에게 퀴즈를 풀게 하고, 그들의 성격 차트를 나란히 표시하는 격자형 도표(또는 스몰 멀티플즈)를 만들어 보세요.

7　샘 라빈(Sam Lavigne)의
튜토리얼 시리즈인 *Scrapism*
을 참조하세요.
https://scrapism.lav.io

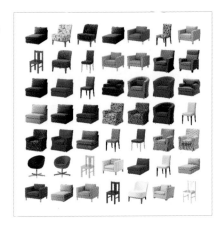

웹에서 스크랩하기

온라인 이미지 모음을 철저하게 '스크랩'하는 프로그램을 작성해 보세요. 예를 들어 특정 공급 업체에서 제공하는 모든 제품의 이미지를 다운로드하는 프로세스를 자동화할 수 있습니다. 이미지를 그리드에 표시하는 두 번째 프로그램을 작성해 보세요. 컬렉션을 다른 방식으로 구성할 수 있을까요?[7]

8　데이터 세트는 *http://
www.slate.com/articles/
news_and_politics/crime/
2012/12/gun_death_tally_
every_american_gun_death_
since_newtown_sandy_
hook_shooting.html*에서
확인할 수 있습니다.

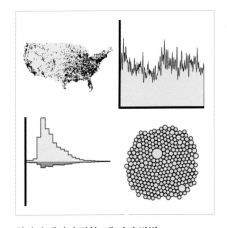

하나의 데이터 집합, 네 가지 방법

지도, 타임라인, 연령에 따른 막대 그래프 및 원하는 다른 방법 등 네 가지 방법으로 Slate USA Gun Deaths 데이터 세트(2013)를 시각화합니다. 가능하면 사용자가 데이터를 확대/축소, 정렬, 필터링 또는 질의할 수 있는 상호 작용을 제공하세요. 디스플레이 방법이 어떻게 서로 다른 통찰을 줄 수 있는지 글로 정리해 봅니다.[8]

텍스트와 언어 [1]

1 이 섹션의 연습은 앨리슨 패리시가 제공했습니다.

I typed BLUE!

de · **klept** · ism
un · bibl · **ing**
dys · **clar** · tion
re · bio · **meter**
rhino · **rupt** · ed

문자열 검색

색상 이름과 해당 RGB 값의 표를 준비합니다. 사용자가 알려진 색상 이름을 입력하면 사각형이 지정된 색상으로 채워지는 상호 작용을 만듭니다(프로그램이 대소문자를 구분하지 않도록 되어 있나요?).

난센스 단어

일반적인 영어 접두사, 단어의 어근, 접미사 목록을 찾아보세요. 각 목록에서 임의의 항목을 선택하고 간단한 구문(접두사+어근+접미사)으로 결합하여 그럴듯한 난센스 단어를 생성하세요. 이 단어들은 무슨 뜻일까요?

문자 빈도

주어진 텍스트에서 문자의 빈도를 계산하는 프로그램을 작성하세요(대소문자를 구분하지 않도록 주의하세요). 문자 빈도를 시각화(예: 막대 그래프 또는 원그래프)하는 코드를 작성하세요.

문자 쌍 빈도

주어진 텍스트 소스 내에서 문자 쌍(예: "aa", "ab", "ac")의 빈도를 계산하는 프로그램을 작성합니다. 26×26 행렬에 빈도를 나타냅니다.

	A	B	C	D	E	F	G	H	I
A	0.00	0.12	0.44	0.20	0.83	0.23	0.14	1.00	0.17
B	0.19	0.01	0.00	0.00	0.03	0.00	0.00	0.01	0.05
C	0.52	0.00	0.04	0.00	0.26	0.00	0.00	0.00	0.50
D	0.39	0.00	0.00	0.04	1.28	0.00	0.00	0.00	0.26
E	0.00	0.49	0.52	0.73	0.50	0.24	0.38	3.79	0.30
F	0.06	0.00	0.00	0.00	0.15	0.09	0.00	0.01	0.24
G	0.18	0.00	0.00	0.26	0.00	0.04	0.00	0.00	0.26
H	0.01	0.00	0.61	0.00	0.02	0.00	0.34	0.00	0.00
I	0.37	0.09	0.20	0.33	0.22	0.25	0.16	1.00	0.01

Given their physiological requirements, limited dispersal abilities, and hydrologically sensitive habitats, amphibians are likely to be highly sensitive to future climactic changes.

7.09

Frog and Toad ate many cookies, one after another. "You know, Toad," said Frog, with his mouth full, "I think we should stop eating. We will soon be sick." "You are right," said Toad.

3.94

a act all and and and and another are are beings born brotherhood conscience dignity endowed equal free human in in of one reason rights should spirit they towards with

평균 단어 길이

주어진 텍스트 내의 평균 단어 길이를 계산하는 프로그램을 작성하세요. 이것은 텍스트의 '읽기 레벨'과 비슷한 수치를 보여줍니다. 여러 가지 텍스트 자료에 프로그램을 실행합니다.

단어 정렬

문서를 읽어들이고 문서 내의 단어들을 ① 가나다순으로, ② 길이순으로, ③ 텍스트 내 빈도순으로 정렬하여 나타냅니다.

WNYC Employees Demanded Diversity. They Got Another Pandemic to Cut Service That Macron Replaces France's Prime Marijuana Scholar, Dies at 92 After Fighting Plastic Waste Minister in Bid For Fresh Start Won't Return

컷업 머신

트리스탕 차라(Tristan Tzara)는 다다 선언(Dada Manifesto)에서 가위와 신문지를 손에 들고 흔들어서 비논리적인 시를 만들어내는 방법을 설명합니다. 코드에서도 똑같이 해보세요. 신문 기사의 행이나 문장을 무작위로 추출하여 다다이즘 스타일의 시를 만드는 프로그램을 작성해 보세요.

```
35  not like
34  i do
34  do not
33  like them
29  in a
21  eat them
18  with a
18  not in
15  i will
14  i would
14  them in
13  would not
12  would you
11  eggs and
```

바이그램 계산기

문서에 있는 모든 바이그램(단어 쌍)의 빈
도를 계산하는 프로그램을 작성하세요.
심화 문제: 두 텍스트 파일의 공통 바이그
램 개수를 기준으로 텍스트 간의 유사성을
판단하는 프로그램을 개발합니다.

Knock, knock!
Who's there?
Child.
Child who?
A young person.

Knock-Knock 농담 생성기

Knock-Knock 농담을 생성하는 프로그램
을 만듭니다. 최소한 "누구세요?"에 대한
응답으로 임의의 단어를 선택하고 이 단어
에 추가하여 농담의 마지막 줄을 만들어야
합니다. 10개의 농담을 생성합니다.

Dammit, Jim!
I'm a **marriage
therapist**, not a
meat packer!

2 다리우스 카제미(Darius
Kazemi)의 repository of
structured corpora를
참고하세요. *https://github.
com/dariusk/corpora.* 또한
케이트 컴튼(Kate Compton)
의 Tracery와 같이 문법
구조를 생성하기 위한 코드
라이브러리를 참고하세요.
*http://www.crystalcode
palace.com/tracery.html*

Dammit, Jim!

직업 목록을 찾아보세요. 이 목록을 다음 형식의 문장을 만드는 생성 문법에 사용하세요.
"Dammit, Jim, I'm an X, not a Y!"(〈스타트렉〉의 캐릭터인 맥코이의 대사로 유명함). X가 모
음으로 시작하면 "an X", 자음으로 시작하면 "a X"라고 써야 합니다.[2]

onceway uponway a
idnightmay earydray,
ilewhay i onderedpay,
eakway andyay
earyway, overway
anymay a aintquay
andyay uriouscay
olumevay ofyay
orgottenfay orelay

Pig Latin 번역기

주어진 텍스트를 Pig Latin으로 번역하는
프로그램을 만듭니다. 이 번역 방식에서는
각 단어의 첫 자음(또는 자음 묶음)이 해당
단어의 끝으로 옮겨지고 그 뒤에 음절 'ay'
가 추가됩니다.

Fubour scubore uband
subevuben yubears
ubagubo ubour
fubathubers
brubought fuborth,
ubupubon thubis
cubontubinubent,
uba nubew nubatiubon,
cuboncubeived ubin
lubibubertuby

은어와 언어 게임

Ubbi Dubbi, Tutnese, Pirate English, Diz-
zouble Dizzutch와 같은 은어(argot), 암어
(secret language), 단어 게임을 살펴 보세요.
그중 하나를 선택하고 주어진 텍스트를 번
역하는 프로그램을 작성하세요.

3 자바나 자바스크립트의
경우 대니얼 하우(Daniel
Howe)의 RiTa, "RiTa, a Soft-
ware Toolkit for Computa-
tional Literature"(*https://red
noise.org/rita*)를, 파이썬은
NLTK, "Natural Language
Toolkit"(*https://www.nltk.
org*)을 참조하세요.

I do not like
green **junctions**
and **switch**.
I do not like
them, **Monorail**.

명사 바꾸기

텍스트를 읽어들이고 각 명사를 두 번째
텍스트에서 무작위로 선택한 명사로 바꿉
니다. 명사를 식별하기 위해 '품사 태거'를
사용해야 할 수도 있습니다. 대체할 때 첫
번째 텍스트에서의 복수 명사와 고유 명사
의 사용법을 일치시키도록 하세요.

It is hard to
erase blue or
red **ink**.
Dunk stale
biscuits into
strong **drink**.

운율 커플

분량이 많고 설명적인 텍스트를 선택하여
읽어들입니다. 새로운 시를 만들기 위해
그 안에서 운율이 맞는 대구(對句)를 찾는
프로그램을 만듭니다. 단어가 어떻게 들리
는지 알려주기 위해 추가 라이브러리(예:
RiTa)를 사용해야 할 수도 있습니다.[3]

> Meg and Jo closed their
> weary eyes, and lay at rest,
> like storm beaten boats
>
> Mrs. Brooke, with her
> apron over her head, sat
> sobbing dismally.
>
> "Do you remember
> our castles in the air?"
> asked Amy, smiling

> I do not eat like
> them in like
> green eat them
> in they like them.
> could you eat like
> them and you?

4 파이썬의 경우 Markovify, *https://github.com/jsvine/markovify*를 참조하세요.

하이쿠 찾기

선택한 텍스트에서 단어가 5음절이나 7음절, 또는 5음절 그룹에 속하는, '의도치 않은 하이쿠'를 자동으로 발견하는 프로그램을 작성하세요. 기본 솔루션은 어색한 띄어쓰기가 있는 하이쿠를 찾아내고, 휴리스틱을 추가하여 결과의 품질을 개선합니다.

마르코프 텍스트 생성기

마르코프 체인에서는 문자 쌍, 바이그램 또는 n-그램 빈도의 데이터 세트가 '전이 확률 행렬'로 사용되어 데이터 세트의 소스와 통계적으로 유사한 새로운 텍스트를 합성합니다. 앞서 수집한 데이터를 사용하여 마르코프 생성기를 구축합니다.[4]

> There once was
> a bug who liked
> art.
>
> He thought it
> was awfully
> tart.

5 대니얼 하위(Danieel Howe), "RiTa", 또는 "CMU 발음 사전"을 참조하세요. *http://www.speech.cs.cmu.edu/cgi-bin/cmudict*

오행시 생성기

오행시(Limerick)는 AABBA 운율 패턴의 5행으로 이루어져 있습니다. 행의 구성 요소는 약약강격(弱弱強格, anapest)으로, 세 음절로 구성된 운문의 단위이며, 그중 세 번째 음절에 da-da-DA로 악센트가 있습니다. 1, 2, 5행은 세 개의 약약강격으로 구성되어 있으며, 운율을 만들기 위해 비슷한 음소로 끝납니다. 3행과 4행도 서로 운율이 맞지만, 각각 두 개의 약약강격으로 구성되어 더 짧습니다. 오행시를 생성하는 프로그램을 작성합니다. RiTa와 같은 코드 라이브러리를 사용하여 단어의 운율, 음절 및 강세 패턴을 평가합니다.[5]

6   댄 시프먼, "Coding
Challenge #40.3: TF-IDF",
The Coding Train 유튜브
영상을 참조하세요. *https://
www.youtube.com/watch?v=
RPMYV-eb6ll*

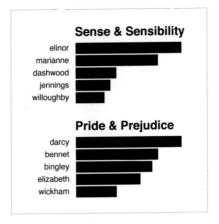

TF-IDF로 키워드 추출

시, 요리법, 부고 기사 등 관련 문서 모음을
얻습니다. TF-IDF(용어 빈도-역 문서 빈도) 알
고리즘을 사용하여 각 문서를 가장 잘 특
징짓는 키워드를 결정하는 프로그램을 작
성합니다.[6]

시뮬레이션

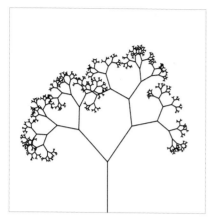

재귀 트리

재귀를 사용하여 트리를 만듭니다. 반복적으로 분기되는 대칭 디자인으로 시작합니다. 반복할 때마다 가지 길이를 비례적으로 줄이는 변수와 가지의 방향을 변경하는 변수를 도입합니다. 커서로 이러한 변수를 제어하여 만들어지는 트리의 가능성을 탐색해 보세요.[1]

불꽃놀이(파티클 샤워)

입자의 2D 위치와 속도를 저장하는 파티클 클래스를 생성합니다. 파티클에 무작위로 생성된 초기 속도와 일정한 가속도를 부여하는 메서드를 추가합니다. 불꽃놀이를 시뮬레이션할 파티클 배열을 생성합니다. 배열의 각 요소는 같은 위치에서 시작해야 합니다.

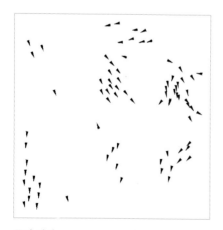

무리 짓기

파티클을 동물이라 가정하고 상호 분리(충돌 방지), 응집(그룹으로 뭉치기), 정렬(이웃과 비슷한 방향으로 향하기) 등의 힘을 발휘하고 영향을 받는 2차원의 생물 무리를 만들어 보세요. 슬라이더 또는 기타 UI 컨트롤로 제어 파라미터를 조절할 수 있게 하고, 이러한 힘의 상대적 강도를 변경하면 무리 또는 떼의 행동이 어떻게 달라지는지 관찰하세요. 포식자로부터 도망치는 행위, 굶주려서 먹이를 사냥하려는 행위 등 다른 힘도 추가하세요. 만들어 낸 생물들이 어느 쪽으로 움직이는지 알 수 있도록 그래픽으로 표현하세요.[2]

1 댄 시프먼, "Coding Challenge #14: Fractal Trees -Recursive," *The Coding Train* 유튜브 영상을 참고하세요. *https://www. youtube.com/watch?v= 0jjeOYMjmDU*

2 "6.1: Autonomous Agents and Steering - The Nature of Code", *The Coding Train* 유튜브 영상 (*https://www.youtube.com/ watch?v=JIz2L4tn5kM*)과 크레이그 레이놀즈(Craig Reynolds)의 steering be-haviors and "boids" 연구도 참조하세요.

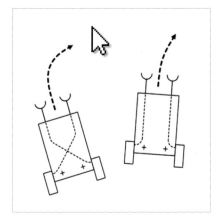

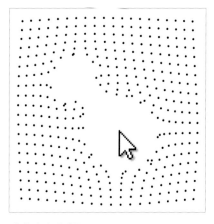

Braitenberg Vehicle

Braitenberg Vehicle은 센서 입력을 기반으로 움직이고 방향을 잡는 자율 에이전트입니다. 차량은 주어지는 자극을 측정하고, 이 신호가 각 바퀴의 동력에 어떻게 매핑되는가에 따라 차량이 다른 목표와 동작을 보이게 됩니다. 커서를 향해 움직이거나 커서에서 멀어지는 차량을 구현합니다.

커서 감지 파티클

입자의 2D 위치와 속도를 저장하는 파티클 클래스를 생성합니다. 파티클의 움직임이 시뮬레이션된 힘의 영향을 받을 수 있도록 하는 메서드를 추가합니다(오일러 적분과 뉴턴의 제2법칙을 참조하세요). 커서로 끌어당기거나 커서로부터 밀려나는 입자 배열을 생성합니다.

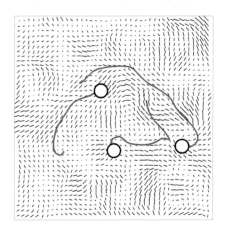

흐름 필드

2D 펄린 노이즈를 사용하여 캔버스의 모든 위치에 연결된 x-force와 y-force를 갖도록 흐름 필드를 계산합니다. 이 필드에 파티클을 배치하고 해당 위치에 힘을 가하여 파티클을 움직이면서 그 흔적을 기록합니다. 주기 경계(periodic boundary)를 사용하여 파티클 수를 유지토록 합니다.

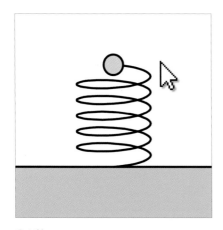

용수철

탄력 있는 스프링을 현재 위치 P, 속도 V, 휴식 위치 R을 가진 파티클로 모델링합니다. R로부터 이동하면 이 변위에 비례하는 복원력 F가 스프링을 뒤로 밀어냅니다. 오일러 적분을 사용하여 파티클을 업데이트합니다. F에 의한 운동변위를 V에 더하고, 완충으로 인한 영향을 감안한 V를 구한 다음, 그 적분값을 P에 더합니다.

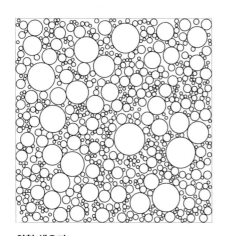

원형 채우기

겹치지 않고 일부(또는 모두)가 서로 접하도록 원을 배열하는 '원 채우기'를 생성합니다. 한 가지 접근 방식을 예로 들면 캔버스의 비어 있는 영역에 무작위로 원을 추가하고 이들을 이전 원과 충돌할 때까지 키웁니다.[3]

DLA

입자가 구불구불 정처 없이 움직이다가 이미 고정된 입자(또는 초기 '시드')와 만나면 제자리에 고정되는 시뮬레이션인 DLA(Diffusion-Limited Aggregation, 유한 확산 집합체)에서 발생하는 산호 형태의 군집을 구현하고 탐색합니다.[4]

3 "Coding Challenge #50.1: Animated Circle Packing - Part 1", *The Coding Train* 유튜브 영상을 참고하세요. *https://www.youtube.com/watch?v=QHEQuoIKgNE*

4 "Coding Challenge #34: Diffusion-Limited Aggregation", *The Coding Train* 유튜브 영상을 참고하세요. *https://www.youtube.com/watch?v=Cl_Gjj80gPE*

5   (옮긴이) 셀룰러
    오토마타(Cellular Autom-
    ata)는 격자 형태의 셀들로
    구성된 계산 모델로, 각 셀이
    일정한 규칙에 따라 이웃
    셀들과의 상호작용을 통해
    상태가 변화합니다.

6   "7.3: The Game of
    Life - The Nature of Code",
    The Coding Train 유튜브
    영상을 참고하세요. *https://
    www.youtube.com/watch?v=
    tENSCEO-LEc*

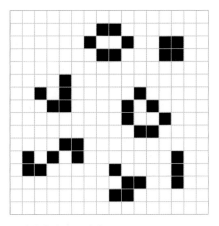

콘웨이의 라이프 게임

콘웨이의 라이프 게임(Conway's Game of Life) 의 구현을 만듭니다. 이 고전적인 셀룰러 오토마타[5]는 단순한 규칙에서 자기 조직화 를 거쳐 복잡한 패턴이 어떻게 나타날 수 있는지를 가장 단순하면서도 잘 보여주는 예시 중 하나입니다.[6]

눈송이 생성기

눈송이는 DLA와 유사한 과정을 통해 형성 되는 것으로 봅니다. 눈송이 생성기를 만 들려면 이전 연습의 DLA 시뮬레이션을 수 정하여 대각선 대칭이 되도록 합니다.

7   제이슨 웹(Jason Webb),
    "Morphogenesis Resourc-
    es(2020)", *https://github.
    com/jasonwebb/morpho
    genesis-resources*

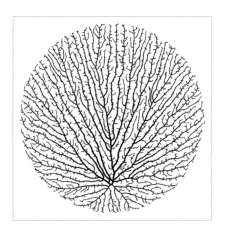

우주 식민지화

우주 식민지화(Space Colonization)를 구현해 봅니다. 이는 애덤 루니언스(Adam Runions) 가 처음 설명한 반복 알고리즘으로, 선이 끌리는 '성장 호르몬' 공급원의 위치를 기 반으로 분기선 구조의 네트워크를 성장시 키기 위한 것입니다.

차등 성장

연결된 노드 체인(곡선 또는 폴리라인으로 표시)이 인력, 척력, 정렬과 같은 간단한 규 칙을 사용하여 이리저리 움직이는 차등 성 장을 구현합니다. 이 알고리즘은 적응형 세분화를 사용하여 인접한 두 노드가 너무 멀어지면 새 노드를 삽입하게 됩니다.[7]

머신 러닝

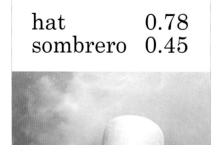

데이터 세트 이력 감사

ImageNet, MNIST 또는 LFW와 같이 널리 사용되는 데이터 집합의 내용과 출처를 조사합니다. 누가, 언제, 어떻게 만들었나요? 누가, 무엇을 위해 사용하나요? (이 데이터 세트에는 어떤 편향이 있을 수 있나요?) 찾은 내용을 한두 단락으로 설명하세요.

모델 비교

서로 다른 두 가지 이미지 분석/분류 도구를 사용하여 동일한 이미지를 해석합니다. 그 결과를 설명하고 비교하는 문서를 작성하세요.

1 ml5.js 라이브러리의 이미지 분류 예인 "image-Classifer"를 참조하세요 (2020년 4월 11일 액세스, *https://docs.ml5js.org/#/ reference/image-classifier*).

쇼핑 목록

객체 인식 라이브러리 또는 분류기를 사용하여 인식되는 모든 객체의 목록을 저장하세요. 냉장고에 있는 모든 물건을 쇼핑 목록으로 만드는 데 사용하세요.[1]

무엇이 보이나요?

객체 인식 분류기와 텍스트 음성 변환 라이브러리를 결합합니다. 웹캠을 통해 보이는 것을 설명하는 컴퓨터 프로그램을 작성합니다.

2 모델을 교육하기 위한 브라우저 내 도구는 ml5. js 및 Teachable Machine 프로젝트를 참조하세요. "Image Classifier"(*https:// docs.ml5js.org/#/reference/ image-classifier*), "Teach-able Machine"(*https:// teachablemachine.with google.com*) 그리고 Isaac Blankensmith의 *ANTI-FACE-TOUCHING MACHINE*(*https://twitter. com/Blankensmith/status/ 1234603129443962880.*)

얼굴 만지지 않기

얼굴을 만지면 질병에 감염될 수 있습니다. 얼굴을 만질 때 이를 감지하도록 웹캠 분류기를 훈련하세요. 얼굴을 만지면 알람이 울리는 프로그램을 작성하세요. (이미지: 이 분야에서 널리 알려진 구현인 아이작 블랑켄스미스(Isaac Blankensmith)의 *ANTI-FACE-TOUCHING MACHINE*TM)[2]

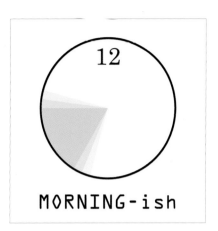

환경 사운드 시계

아침, 정오, 저녁, 밤에 방에서 들리는 주변 소리를 녹음해서 수집하세요. 이 소리로 분류기 또는 회귀 분석기를 훈련시키세요. 이 시스템을 사용하여 대략적인 시간 추정치를 표시합니다.

3 헤이크 미카엘리안 (Hayk Mikayelyan), "Web-cam2Emoji", *https://github. com/mikahayk/ml4w-home work2*

4 댄 시프먼, "ml5. js Pose Estimation with PoseNet", *The Coding Train* 유튜브 영상을 참조하세요. *https://www.youtube.com/ watch?v=OIo-DIOkNVg*

이모티콘 번역기

이미지 분류기와 컴퓨터 카메라를 사용하여 사용자의 얼굴 표정을 감지하고, 이에 해당하는 이모티콘을 표시하도록 시스템을 훈련시킵니다.[3]

코로 그리기

포즈 분류기 또는 얼굴 추적기를 사용하여 코로 그림을 그릴 수 있는 프로그램을 만듭니다.[4]

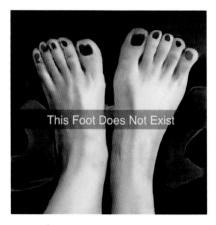

5 ml5.js 라이브러리의 featureExtractor 회귀자와 Ultraleap, 또는 구글의 MediaPipe HandPose 라이브러리와 같은 핸드 트래커를 참조하세요.

6 예를 들어 RunwayML 또는 ml5.js의 DCGAN 도구를 참조하세요.

손으로 인형 조종하기

웹캠 회귀 분석기를 훈련시켜 손을 접고 펴는 정도에 따라 0에서 1 사이의 숫자를 생성하도록 합니다(추적 라이브러리의 손 포즈 데이터를 사용하거나 카메라의 픽셀을 직접 처리할 수 있습니다).[5] 이 숫자를 사용하여 만화 스타일로 그린 얼굴의 입을 인형처럼 조종합니다.

이런 식으로 더 부탁해요

좁은 범주의 주제(고양이, 꽃, 졸업 앨범 사진)를 나타내는 약 천 개의 이미지 모음을 만들거나 다운로드합니다. 생성적 적대 신경망(GAN)을 사용하여 이 데이터 집합에 속하는 것으로 보이는 새로운 이미지를 합성합니다.[6](이미지: "This Foot Does Not Exist" MSCHF collective).

신체를 게임 컨트롤러로 사용하기

이미지 분류기를 훈련시켜 왼손을 들었는지 오른손을 들었는지 판단하도록 합니다. 웹드라이버(마우스/키보드 자동화 도구라고도 함)를 사용하여, 고전 아케이드 게임(예: 스페이스 인베이더스)을 WASD 또는 화살표 키를 누르는 것처럼 조작하는 프로그램을 작성하세요. 웹 드라이버의 예로는 자바 Robot 클래스, JavascriptExecutor, 셀레늄 브라우저 자동화 프로젝트 등이 있습니다.

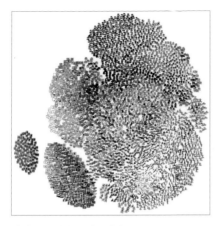

이미지 컬렉션 클러스터링

세트에 있는 이미지 간의 유사성을 나타내는 2D 맵을 생성합니다. 관심 있는 이미지 데이터 집합으로 시작합니다. 합성곱 신경망과 같은 일종의 이미지 분석 라이브러리를 사용하여 각 이미지에 대한 고차원 수치 설명을 계산합니다. UMAP 또는 t-SNE와 같은 차원 축소 알고리즘을 사용하여 이러한 설명 벡터를 2차원으로 단순화합니다. 이 알고리즘으로 생성된 (x, y) 위치에서 이미지를 플롯합니다. 관찰한 군집에 대해 토론합니다.(이미지: 크리스토퍼 피에치(Christopher Pietsch)가 만든 UMAP 플롯으로, OpenMoji 이모티콘 컬렉션을 보여줍니다.)

7 ml5.js 라이브러리에서 감정 모델을 참조하세요. "Sentiment", *https://docs.ml5js.org/#/reference/sentiment*

추가 참고자료

Yining Shi, 웹용 머신 러닝 강의 계획서(NYU ITP, 2018년 가을 및 2019년 봄), *https://github.com/yining1023/machine-learning-for-the-web*

Gene Kogan, "예술가를 위한 기계 학습", GitHub, 2020년 4월 11일 액세스, *https://ml4a.github.io.*

창의적 코딩 환경을 위한 라이브러리가 포함된 RunwayML 및 해당 학습 섹션을 참조하세요. "학습", RunwayML, 2020년 4월 11일 액세스, *https://learn.runwayml.com/#/networking/examples?id=processing.*

감정 분석

최근에 보낸 10개의 문자 메시지를 수집합니다. 감정 분석 도구를 사용하여 각 메시지의 분위기를 평가합니다.[7]

사운드[1]

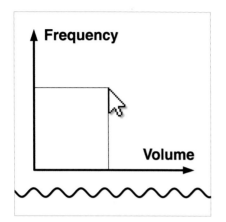

1 이 섹션의 연습은
R. 루크 두부아(R. Luke
DuBois)가 제공했습니다.

테레민

테레민(Theremin)은 두 개의 안테나에서 발생하는 전자기장에 반응하며, 연주자의 손의 상대적 위치에 따라 음량과 음정이 제어되는 모노포닉 악기입니다. 커서의 X와 Y 위치를 사용하는 간단한 테레민을 코드로 만들어 보세요. 마우스 클릭이나 키보드는 사용할 수 없습니다.

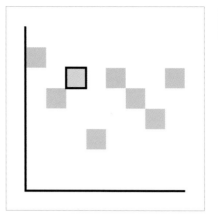

시퀀서 I

반복되는 악구(phrase)나 사운드 모음을 고정적으로 재생하는 시퀀서를 만듭니다. 음표, 화음, 리듬 또는 기타 음악 파라미터로 해석되는 값을 저장하기 위해 배열을 사용합니다.

심화 문제: 시퀀서의 '악보 목록'을 어떻게 표시할지 생각해 보세요.

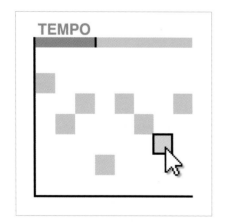

시퀀서 II

연주자가 반복되는 악구를 녹음하고 재생할 수 있는 시퀀서를 만듭니다. 연주자가 속도 변경, 조옮김, 거꾸로 재생, 음 순서 변경, 음색 변경 등 재생을 제어할 수 있는 시각적 인터페이스를 고안합니다.

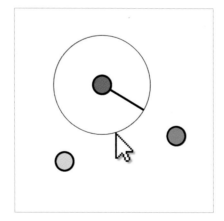

샘플러

샘플러는 녹음된 사운드를 작동시키는 전자 악기입니다. 키를 누르면 소리를 작동시키는 샘플러를 만듭니다. 재생 시에는 커서의 X와 Y 위치에 따라 그 재생 특성이 바뀌도록 방법을 개발합니다.

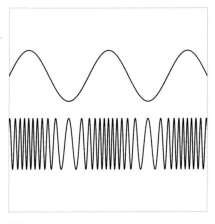

변조

오실레이터(oscillator)와 포락선(envelope)을 사용하여 사운드의 일부 파라미터를 연속적으로 조절하는 프로젝트를 만듭니다. 예를 들어 트레몰로(주기적 진폭 변조), 비브라토(주기적 주파수 변조) 또는 와와(주기적인 공진 필터)를 구현할 수 있습니다.

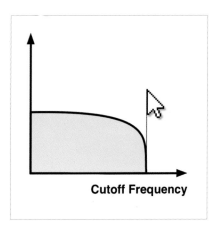

필터

사운드 또는 노이즈 소스의 필터링에 있어 사용자가 커서의 x 및 y 위치를 사용하여 필터를 제어하는 간단한 인터랙티브 프로그램을 만듭니다. 다양한 유형의 필터와 파라미터로 실험해 보세요.

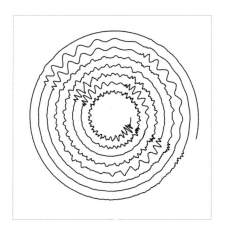

시각화 도구

특정 음악 녹음을 위한 뮤직 비주얼라이저를 만듭니다. 디스플레이는 볼륨 변화량과 가능하다면 추가로 음악의 주파수 대역에 반응해야 합니다. 간단하게 하기 위해 음성이나 가사가 없는 음원을 선택해야 합니다.

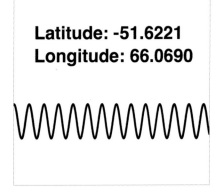

데이터 음향화

센서 또는 API(날씨, 주가, 위성 위치, 트윗, 지진 이벤트 모니터링)를 통해 게시되는 실시간 인터넷 데이터 스트림을 찾습니다. 이 데이터를 소리화하거나 이를 이용해 제너레이티브 작곡의 음악적 파라미터를 제어하는 프로그램을 만듭니다.

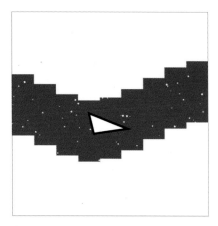

휘파람 커서

실시간 모노 오디오 신호의 피치를 측정하는 도구(예: fzero~ 객체(Max/MSP/Jitter), sigmund~(Pure Data) 또는 ofxAubio(오픈프레임웍스))를 찾습니다. 사용자의 휘파람 소리 높낮이에 따라 우주선을 위아래로 조종하는 인터랙티브 게임을 제작해 보세요.

다성성

다성성(PolyPhony)을 탐구하는 음향 경험을 만들어 보세요. 이를 시각적 시스템(예: 시뮬레이션 또는 게임)과 연결하여, 소리의 피치가 연관된 파티클이나 무리의 속도, 위치 또는 자세 등에 반응하도록 구현해 보세요. 간단하게 하기 위해 같은 악기나 소리를 여러 번 사용하여 다성 음악을 만드는 제한을 두세요.

사운드로 물리적 액션 제어하기

마이크를 사용하여 조형물, 환경 또는 제품 프로토타입의 작동 장치를 제어합니다. 마이크 배치가 수집할 소리에 어떤 영향을 미치는지 고려하세요. 예를 들어, 접촉식 마이크로 문을 두드리는 소리를 수집하고 이를 사용하여 멀리서 두드리는 소리를 내는 솔레노이드를 제어할 수 있습니다.

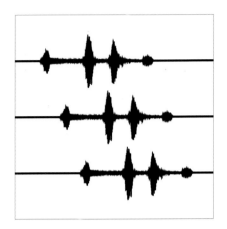

디지털 딜레이 라인

디지털 딜레이 라인(*Digital Delay Line*, 사운드의 시간 지연 복사본 모음)을 사용하여 특정 사운드를 사용자 정의된 방식으로 변형하는 프로그램을 만듭니다. 딜레이 라인 효과에는 에코와 리버브(reverb)뿐만 아니라 오실레이터로 제어할 경우 플랜저(flanger), 코러스 및 하모니제이션도 포함됩니다.

합성 음성

DIY 음성 합성기를 만들어 보세요. 기존 음성 샘플이나 텍스트 음성 변환 시스템을 제외하고 원하는 오디오 기술을 사용합니다. 포르만트(Formant) 합성으로 다양한 모음을 합성하고 노이즈 게이트로 자음을 합성할 수 있습니다. 이렇게 만든 기계가 가장 잘 발음하는 단어는 무엇인가요?

물리 기반 변조

파티클 시스템이나 스프링 메시와 같은 실시간 물리 시뮬레이션을 위한 일부 코드를 생성하거나 용도를 변경합니다. 물리적 시뮬레이션에서 시간에 따른 수량 변화를 이용하여 오디오 신디사이저의 파라미터를 제어합니다. 시뮬레이션의 통계적 속성을 오디오 매핑의 기초로 사용하는 것을 고려해 보세요. 예를 들어, 파티클 컬렉션의 평균 수평 위치를 사운드의 스테레오 포지션에 매핑하고 파티클의 평균 속도를 피치 값에 매핑할 수 있습니다. 어떤 매핑이 가장 주목할 만한 결과를 만들어낼까요? 시뮬레이션의 시각화와 음향화 사이에 긴밀한 연관성을 발견했나요?

게임

도구 없는 게임

자동차를 타고 가거나 오래 걸으면서 플레이할 수 있는, 도구가 필요 없는 게임을 디자인하세요. 게임은 최소 두 명의 플레이어가 필요합니다.[1]

충돌 감지

화면에서 두 개의 원이 예측할 수 없는 방식으로 움직이는 코드를 작성해 보세요(펄린 노이즈 같은 것을 사용하면 좋습니다). 원이 겹치면 색상을 변경하여 이를 표시합니다.

1 두쉬코 페트로비치(Dushko Petrovich), 로저 화이트(Roger White) 편집, *Draw It with Your Eyes Closed: The Art of the Art Assignment*, Paper Monument, 2012, 28.

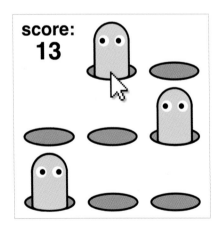

두더지 잡기

동물이나 사물이 화면에 갑자기 나타났다가 사라지는데, 플레이어가 이를 클릭해야 점수를 획득하는 게임을 만듭니다.[2]

WASD 탐색

WASD 키보드 키를 사용하여 아바타의 움직임을 제어하는 시스템을 구현합니다.

2 파올로 페데르치니(Paolo Pedercini)가 제공한 예제입니다.

3, 4 파올로 페데르치니
(Paolo Pedercini)가 제공한
예제입니다.

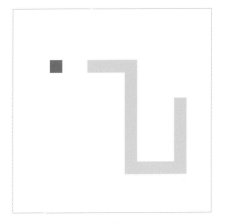

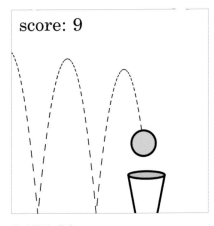

클래식 게임을 다시 코딩하기

퐁, 스네이크, 테트리스, 스페이스 인베이더와 같은 고전 아케이드 게임을 재현해 보세요. 또는 고전 아케이드 게임(코드를 쉽게 찾을 수 있는 게임)을 수정하여 어떤 식으로든 게임에 반전을 주거나 전복시키는 모드를 만들어 보세요.[3]

물리학적 재미

튀어오르는 공이나 탄력 있는 파티클 시스템처럼 생명체가 움직이는 듯한 시뮬레이션을 위한 코드를 만들거나 차용한 다음 이를 게임으로 바꾸어 보세요.[4]

5 파올로 페데르치니
(Paolo Pedercini)가 제공한
예제입니다.

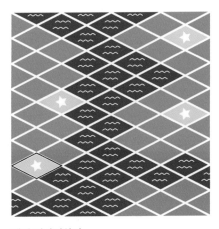

레벨 디자인하기

던전 게임에서 맵을 표현하는 데이터 형식을 디자인합니다. 타일 시스템을 사용하여 각 맵의 다양한 종류의 타일(예: 벽, 길, 물, 보물)이 서로 결합하도록 합니다. 사용자가 맵 데이터를 선택, 배치, 저장할 수 있는 '레벨 디자인 툴'을 만듭니다.[5]

Code as Creative Medium
A Handbook for Computational Art and Design

03

인터뷰

아티스트와 디자이너에게 프로그래밍 교육하기

아티스트와 디자이너에게 코딩을 가르칠 때 컴퓨터 공학 맥락에서 프로그래밍을 가르칠 때와 다른 점은 무엇일까요?

교육자 리아 뷰클리(Leah Buechley)는 관찰을 통해 예술가와 디자이너가 ① 추상적인 원리를 공부하기보다는 구체적인 예제를 만들면서 배우고, ② 계획된 방식보다는 즉흥적인 방식으로 작업하며, ③ 실용적인 것보다는 표현적인 것을 만드는 데 익숙하다는 점을 알게 되었습니다. 뷰클리의 관찰은 전통적인 컴퓨터 공학 교육에서의 전제나 문화, 당연하다고 생각하는 목표가 많은 경우 예술가와 디자이너에게 적용할 때 실패하는 주요 요인을 설명하고 있습니다. 이 섹션에서는 교육자들이 '컴퓨터 공학을 활용한 스튜디오 아트 과정'을 가르치기 위한 특수한 조건과 고려 사항에 대해 자세히 설명합니다.

헤더 듀이 해그보그(Heather Dewey-Hagborg)

저는 모든 사람에게 코딩을 가르치는 것이 중요하다고 생각하고, 이는 우리가 전반적으로 갖추어야 할 기본적인 문해력이라고 생각합니다. 하지만 특히 아티스트에게 코딩 교육에 대한 동기를 부여하려면 프로젝트 기반으로, 그들이 실제로 흥미를 느껴서 직접 해보도록 해야 합니다. 제 경험에 비추어 볼 때, 학생들에게 관심 없는 과제를 잔뜩 내주는 것은 효과적이지 않습니다. 대신, 아이들이 읽거나 비디오에서 본 내용을 종합해서 그들이 실제로 원하는 무언가로 만들려 한다면 아이들은 코드를 배울 것입니다. 저는 이 부분이 어떤 프로젝트인지, 어떤 언어로 작성되었는지, 시각적인지 아닌지보다 더 중요하다고 생각합니다. 결국 사람들은 다양한 종류의 작업을 하고 싶어할 것이고, 한 가지 언어를 제대로 배우면 다른 언어도 쉽게 배울 수 있다고 생각합니다. 아티스트가 자신의 의지와 주체성을 가지고 정말 만들고 싶은 것을 만들기 위해 프로그래밍을 도구로 사용할 수 있도록 하는 것이 목표입니다.

대니얼 시프먼(Daniel Shiffman)

궁극적으로 사람을 대상으로 하기 때문에 그룹마다 다양한 방식으로 수업을 진행할 수 있습니다. 하지만 '코드로 스케치한다'는 아이디어는 무언가를 가볍게 시도해 볼 수 있다는 점에서 정말 중요하다고 생각합니다. 저는 컴퓨터 공학을 전공한 로렌 맥카시(Lauren McCarthy)와 이런 이야기를 나눈 적이 있습니다. 그녀는 NYU ITP(뉴욕대학교 티쉬의 인터랙티브 텔레커뮤니케이션 프로그램)와 같은 창의적인 환경에서 가르치는 데 익숙해지는 것이 얼마나 어려웠는지에 대해 이야기했습니다. 컴퓨터 공학에서는 모든 것을 알아야 하고, 모든 것이 어떻게 작동하는지 알아야 하며, 모든 것을 암기하고 거의 교과서적인 시험 방식으로 처음부터 재현해야 합니다. 반면에, 창의적인 환경이나 예술 환경에서 가르칠 때는 학생들이 모든 것을 다 알고 문제 해결을 통해 정답을 도출하기보다는 시도하는 과정에서의 실수가 오히려 흥미로운 아이디어로 이어질 수 있으며, 불확실성을 포용하는 것이 중요합니다. 어떤 의미에서는 거의 의식의 흐름을 코딩하는 것과 비슷합니다. 컴퓨터 공학 수업을 부정적으로 묘사하고 싶지는 않지만, 컴퓨터 공학 수업은 예술 분야와는 정반대로 정확하고 정밀하게 무언가를 배우는 것에 기반을 두고 있습니다.

솔직히 말해서 학생들이 힘들어하죠. 매 학기마다 "선생님께서 수업 시간에 보여주신 내용이 이해가 안 돼서 처음부터 혼자서 다시 작성할 수 없어요"라고 말하는 학생이 한 명은 있습니다. 하지만 사실 아무도 그렇게 할 수 없습니다! 프로그래밍을 하는 모든 사람은 이전에 비슷한 프로그램을 만들어 본 경험이 있기 때문에 이를 기반으로 프로그래밍을 하는 것입니다. 또는 프로그래밍 라이브러리 관련 예제를 보고 시작하기도 하는데, 아주 효과적인 학습 방법입니다.

로렌 맥카시(Lauren McCarthy)
컴퓨터 공학 쪽 사람들 사이에는 코드 자체가 예술이며, 복잡성 및 모듈성 관리와 같은 모든 아이디어와 기술을 먼저 이해해야만 실제로 무언가를 만들 수 있다는 생각이 있는 것 같아요. 제가 코딩을 가르치기 시작했을 때 이 점이 정말 어려웠습니다. "아, 나는 학생들에게 화면에 도형을 만드는 방법만 보여줄 뿐이고, 학생들은 프로그래밍이 무엇인지 이해하지 못하는구나"라고 생각했죠. 하지만 프로그래밍은 매우 다양한 것을 다룰 수 있기 때문에 이는 완전히 잘못된 생각입니다. 보통 아티스트에게 프로그래밍을 가르쳐 보면 일부 학생들은 프로그래밍의 논리적 측면에 즉시 빠져들지만, 많은 학생들은 흥미를 느끼지 못합니다. 보통 다른 목표가 있죠. 어느 정도 진도를 나간 후에 고차원적인 프로그래밍에 호기심을 느끼기 시작할 수도 있고, 그렇지 않을 수도 있습니다. 저 자신도 코드로 예술 작업을 할 수 있다는 사실을 깨닫기 전까지는 코딩에 전혀 관심이 없었습니다. 결국 아티스트에게 프로그래밍을 가르치는 것은 프로그래밍에 대해 그들이 가지고 있는 개념을 확장하는 일이라고 생각합니다.

피닉스 페리(Phœnix Perry)
학생들이 어떤 기술도 모른다고 가정해야 한다고 생각합니다. 학생들이 기본기를 제대로 갖출 수 있도록 하는 것이 정말 중요합니다. 또한 시각적 결과물과 연결되는 방식으로 기초 수학을 복습해야 한다고 생각합니다. 많은 학생들이 사인과 코사인은

배웠지만 애니메이션과 오실레이션[1]에 대한 개념은 전혀 배우지 못한 채 수학을 배웠습니다.

골란 레빈(Golan Levin) 저도 공감합니다. 가끔 피타고라스 정리를 모르는 스튜디오 아트 2학년 학생들이 있습니다. 저는 "여기 직각삼각형이 있는데 그것에 대해 이야기해 봅시다."라고 말하죠. 학생들이 어려워하면 저는 "얘들아, 이건 고대 그리스 기술이야. 지금은 21세기니까 이걸 알아야 돼."라고 말하죠.

하지만 수학은 예술과 이상하게 분리되어 있습니다. 자신이 창의적인 사람이라고 생각하면 스스로를 수학자나 과학자라고 생각하거나 그런 쪽을 잘 안다는 자신감조차 갖기 어려운 경우가 많죠? 그래서 저는 예술가들이 이해할 수 있는 언어, 즉 시각과 청각으로 주제를 다시 소개해야 한다고 생각합니다. 그렇게 하면 아티스트가 갑자기 이해하게 되는 경우가 자주 있습니다.

재커리 리버만(Zachary Lieberman)
아티스트에게 코딩을 가르치면서 간과하지 말아야 할 가장 큰 어려움 중 하나는 이 작업 방식이 매우 고독한 경향이 있다는 점입니다. 컴퓨터 화면 앞에 앉아서 작업하는 것은 시간이 많이 걸리고 고독한 경험이 될 수 있으며, 특히 신체적 활동이나 그룹 기반 또는 토론을 기반으로 하는 작업에 익숙하다면 좌절감을 느낄 수 있습니다. 사람들과 대화하는 대신 컴파일러와 대화하는 것이죠. 컴퓨터 화면을 매개로 대화를 나누게 되는데, 이 때문에 좌절감을 느끼는 학생들을 봤습니다.

1 (옮긴이) 오실레이션(oscillation)은 일정한 주기 동안 어떤 물리적 양이 규칙적으로 반복되는 변동 현상을 말합니다. 예를 들어, 진자의 움직임이나 전기 신호의 파동이 오실레이션의 한 예입니다. 이러한 변동은 시간에 따라 주기적으로 반복되며, 진폭과 주기를 가지는 특성을 보입니다.

드 안젤라 L. 더프(De Angela L. Duff)

저는 실제로 컴퓨터 공학과와 미술학과 학생을 모두 가르쳤는데, 저희 디지털 미디어 학과에는 두 학과가 함께 있기 때문입니다. 컴퓨터 공학과 학생들은 예술/디자인 사고방식과는 완전히 다른 사고방식을 가지고 있으며, 학생들이 이 수업을 듣는 이유 중 하나는 '창의적'이고 싶기 때문입니다. 물론 그렇게 쉽게 바뀌진 않죠. 컴퓨터 공학을 전공하는 학생들은 스스로를 창의적이거나 시각 예술적 능력이 있다고 생각하지 않습니다.

저는 학생들이 프로젝트를 *OpenProcessing.org*에 게시하도록 하여 모두가 서로의 작품을 볼 수 있도록 하는데, 많은 경우 학생들은 다른 학생들의 작품을 보고 놀라워하며 자신의 드로잉이 그다지 대단하지 않다는 것을 깨닫게 됩니다. 이 드로잉 프로젝트에 상당히 오랜 시간을 들이기 때문에 학생들이 자신의 작업을 확장하고 뒤섞는 것이 정말 중요합니다. 그래서 저는 보통 작업을 수정할 시간을 일주일 정도 줍니다. 제 전 동료 중 한 명이 말하길, 학생들의 작업은 선생님이 제시하는 수위까지 올라가는데, 보통 그 수위는 반의 누군가가 정해준다고 하더군요. 학생 중 한 명이 놀라운 일을 해내면 다른 학생들은 자신이 한 일을 보고 "조금 더 시간이나 노력을 투자해야겠어"라고 생각하게 됩니다. "난 그림을 못 그려요."라는 말을 많이 듣는데, 그건 문제가 아닙니다. 핵심은 원, 사각형, 삼각형, 선, 점과 같은 기본 구성 요소를 창의적인 표현에 사용하는 것에 관한 것입니다. 하지만 실제로 많은 학생들이 가장 어려워하는 숙제 중 하나입니다.

룬 마드센(Rune Madsen)

디자이너에게 코드를 가르칠 때 가장 큰 차이점은 코드가 '나쁜(부적절한)' 방식으로 이루어졌는지, 엔지니어가 하는 방식으로 구현되었는지는 신경쓰지 않는다는 점입니다. 우리는 그저 무언가를 깜빡이게 하고 기능하도록 만드는 데만 신경을 씁니다. 오랜 시간이 지나면 학생들은 제대로 하는 방법을 배우게 되겠지만, 적어도 제가 가르치는 초반에는 그런 것에 크게 신경 쓰지 않습니다. 제 수업에서는 테크닉에 대한 해체가 많이 이루어져서, 작품을 보고 거꾸로 알고리즘과 시스템으로 돌아가게 합니다. 학생들이 일반적으로 시스템이 있다고 생각하지 않는 것에서 시스템을 찾도록 교육합니다. 그래서 5,60년대의 그래픽 디자이너들이 컴퓨터가 등장하기 이전에 제작한 포스터 인쇄물과 같은 작업들을 살펴봅니다. 그런 다음 "이 디자이너는 이 작업을 컴퓨터 없이 수작업으로 해야 했구나"라는 접근법으로 분석해 보려 합니다. 하지만 어떻게? 그들의 시스템은 무엇이었을까? 그런 다음 그 시스템을 가지고 거꾸로 돌아가서 "좋아, 코드로는 어떻게 할 수 있을까?"라고 생각합니다. 그래서 최종 결과물에서 출발해서 코드가 왜 중요한지 그 방법과 이유를 생각하게 하는 방법을 많이 사용합니다.

위니 순(Winnie Soon)

제 경험에 따르면 예술과 디자인 전공 학생들은 프로그래밍이 다양한 방식으로 사용된 예술 작품을 많이 접해왔기 때문에, 기능적으로 작동하는 것에만 집중하는 것이 아니라 그 이면에 있는 사고에 더 관심이 많습니다. 그러나 프로그래밍은 여전히 높은 수준의 전문성과 도구화를 추구하는 문화에 역사적, 문화적으로 뿌리를 두고 있으며 실용적인 기술로 여겨지고 있습니다. 예술과 디자인 전공 학생들을 가르치다 보면 학생들이 스스로를 코더나 개발자라고 부르기를 매우 불편해하는 것을 볼 수 있습니다. 글을 쓸 줄 알더라도 스스로를 '작가'라고 부르지 않는 것과 같습니다.

앨리슨 패리시(Allison Parrish)
미술이나 문예 창작 전공의 학생들을 가르칠 때 좋은 점은 직군상 규제를 거의 받지 않는다는 것입니다. 취업을 위해 제 수업을 듣는 학생은 거의 없습니다. 제가 하는 말을 열심히 배워서 자신의 예술 활동에 적용하려는 학생들이 있다는 건 강사로서 축복입니다. 제가 무언가를 말하거나 가르칠 때마다 학생들의 머릿속에 불이 켜지고 "이걸 내 작업에

서 다르게 이용할 수 있겠구나."라고 생각하는 것을 볼 수 있습니다. 목표 지향적인 수업을 해야 한다는 느낌은 전혀 들지 않고, 예술가로서의 관심사가 아닌 다른 것을 목표로 수업을 진행해야 한다는 생각도 들지 않습니다. 저에게 가장 큰 차이점은 약간의 여유가 있다는 것입니다. "이것이 커리큘럼의 특정 기준에 부합하는가?" 또는 "이것이 학생들이 기술 업계에서 성공할 수 있도록 준비시킬 수 있는가?"라고 묻지 않고 "이 과정이 우리에게 미치는 미적 효과에 대해 평가하자"라고 말할 수 있습니다.

Openprocessing.org 홈페이지

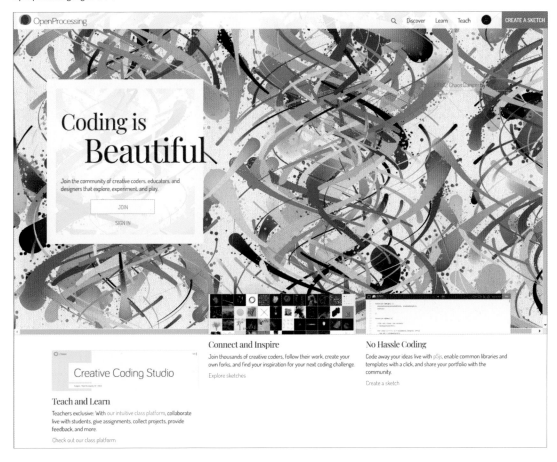

두 가지 모드로 수업 운용하기

초보자와 숙련된 학생을 동시에 관리하려면 어떻게 해야 할까요?

프로그래밍 기술이 대중적으로 널리 보급됨에 따라 숙련된 프로그래머와 경험이 없는 프로그래머가 함께 수업하는 경우가 점점 더 많아지고 있습니다. 특히 기술 중심의 수업에서는 초보자는 길을 잃었다고 느끼고, 이미 익숙한 학생은 지루해 하는 상황이 발생할 수 있습니다.

최태윤

제 경우에 강의실에서 다양한 기술 수준을 관리하는 가장 좋은 방법은 같은 과제를 두 가지 버전으로 내는 것인데, 특히 전자 공학 수업의 경우 같은 일을 하는 방법이 여러 가지인 경우가 많습니다. 한 번 해본 숙련자에게는 도전 과제를 주고, 초보자에게는 배울 수 있는 충분한 시간을 주는 편입니다. 어떤 사람은 10분 만에 끝내는데 다른 사람은 1시간이 걸리는 일은 피하고 싶어요. SFPC(School for Poetic Computation)에서 사용하는 보다 실무적인 접근 방식은 상대적으로 경험이 많은 학생들이 초보인 학생들을 멘토링하도록 하는 것입니다. 그리고 이 멘토링은 위계적인 방식이 아니라 함께 문제를 해결하도록 하는 방식으로 진행합니다. 어떤 과제에서는 효과가 있었고 어떤 과제에서는 효과가 없는 등 성공과 실패가 엇갈렸습니다. SFPC의 다른 선생님들로부터 배운 방법은 더 잘하는 학생들에게 교육 자료를 만들도록 격려하는 것입니다. 학생이 문제 해결 자체는 빠르게 할 수 있지만, 특정 코드나 도구를 이용해서 새로운 과제를 만드는 것은 개념화가 필요한, 더 어려운 도전입니다. 또한 아무리 기술적으로 뛰어난 학생이라도 경험이 많은 교사나 아티스트가 아니기 때문에, 다른 사람에게 설명하거나 도움을 주는 데에는 익숙치 않을 것입니다. 이러한 실습을 통해 배울 점이 많습니다.

대니얼 시프먼

초보자에게는 특정 예제를 한 줄 한 줄 자세히 살펴 보면서 작은 부분 하나하나에 대해 설명하고 이해시키면서 예제를 구축해 나가는 접근 방식을 취합니다. 이론적으로 절반 정도는 그렇게 하고 나머지 절반은 더 높은 수준에서 예제를 살펴보고 개념에 대해 이야기하고, 데모를 보여주면서 자유롭게 대화를 나누는 방식으로 진행합니다. 학생들이 코드가 어떻게 작동하는지 모든 부분을 알지 못해도 괜찮습니다. 어떤 면에서는 초보자와 숙련자 사이를 오가는데, 그 중간 지점이 가끔 문제가 되기도 합니다. 예를 들어 "코드를 보여드리고 있지만 진짜 코드는 아닙니다." 또는 "전체가 아니라 일부만 볼게요."와 같은 경우입니다. 혼란스러울 수 있습니다. 저는 프로세스를 단계별로 진행하고 예제를 실행하면서 그것이 무엇이며 왜 의미있고 중요한지에 대해 이야기하는 것이 도움이 된다고 생각합니다. 그러면 학생들은 나중에 코드를 살펴보며 이해할 수 있습니다.

어떤 면에서 제가 하는 일의 대부분은 교실에서 편안함을 느끼게 하는 것입니다. 저는 종종 제가 누군가를 가르치고 있는지, 아니면 사람들에게 배운다는 느낌을 주고 있는지 모르겠다고 농담하곤 합니다. 궁극적으로는 학생들이 직접 실습을 해보면서 스스로 배워야 하므로, 학생들이 자신에게 힘이 있고 할 수 있다는 느낌을 갖게 하는 것이 중요합니다.

룬 마드센

제 수업에서는 그래픽 디자인과 코드를 가르칩니다. 처음에 제가 하는 말은 "여러분 중 일부는 매우 숙련된 프로그래머이지만 시각 예술에 대한 경험은 부족할 수 있으며, 이는 여러분이 습득해야 할 부분입니다. 그런 것들을 익히는 것은 그만큼 어렵고 중요합니다. 마찬가지로 프로그래밍을 한 번도 해본 적이 없는 사람도 다른 분야의 기술을 가지고 있을 수 있습니다." 그러니까 이미 프로그래밍을 할 줄 아는 학생이라고 대단한 사람으로 여기지 않고, 프로그래밍을 해본 적이 없는 디자인 전공의 학생 역시 아무것도 모르는 사람으로 여기지 않습니다. 제가 고려하는 또 다른 사항은 수업의 속도입니다. 저는 수업을 하향 평준으로 진행하지 않으려고 노력합니다. 이 방법은 결국 모든 학생에게 피해를 주기 때문입니다. 그래서 저는 기준을 꽤 높게 설정하는 편입니다. 하지만 강의실에서는 누구나 할 수 있는 기본적인 부분에 대해 많이 이야기합니다. 그리고 난이도를 높일 때는 "이제 여러분 중 일부에게는 조금 어려울 수 있는 주제에 대해 이야기할 것입니다. 괜찮습니다. 지금은 군이 이 주제를 따라오려 하지 않아도 됩니다. 이때까지 하던 주제로 연습해도 됩니다. 그러나 관심이 있다면 주저 말고 따라 오세요." 라고 말합니다. 그런 다음 조금 더 고급 토픽에 대해 이야기합니다. 또는 "이제 모두 이걸 연습해 보세요. 잘 안 되는 학생은 돌아다니면서 도와줄게요. 정말 도전하고 싶으면 다른 것을 해보세요."라고 말합니다. 이렇게 저는 항상 여러 단계를 동시에 진행하려고 노력합니다.

위니 순

제 수강생의 99%는 프로그래밍 경험이 없는 초보자이지만, 처음 몇 주만 지나면 누가 프로그래밍에 정말 관심이 있는지 알 수 있습니다. 시간을 더 많이 투자하거든요. 그러면 기술적인 수준이 서로 다른 그룹이 생기는 문제가 발생합니다. 저는 항상 제

강의가 시모어 패퍼트(Seymour Papert)와 폴 왕(Paul Wang)이 컴퓨팅적 사고에 관한 연구에서 언급한 내용인 '낮은 바닥, 높은 천장'을 강조합니다. 프로그래밍을 소개할 때는 장벽이 낮아야 하고, 누구나 쉽게 시작할 수 있도록 접근성이 높아야 합니다. 하지만 동시에 한계도 끝도 없으며 점점 더 깊숙이 들어갈 수 있다는 느낌이 들어야 합니다. 그래서 제가 설정한 모든 과제는 코딩 초보자라도 참고 자료, 샘플 코드, 약간의 손질을 통해 무언가를 제출할 수 있도록 했습니다. 제 과제는 정답이 있는 컴퓨터 공학에서의 과제가 아니라 개념적인 과제여서, 프로그래밍 경험이 있는 학생들은 깊이 들어가 더 복잡한 기술을 적용할 수 있습니다.

피닉스 페리

보통 저는 수업이 끝나면 숙련된 학생들을 따로 불러서 "와, 정말 대단하네요. 가서 이 책 좀 보세요. 이걸로 무엇을 할 수 있는지 보여주면 제가 강의하는 내용을 일일이 따라오지 않아도 됩니다."라고 말하죠. 저는 학생들에게 그들 능력 밖의 것, 실제로는 정말 어려운 자료를 퍼즐처럼 제시하는데요, 그러면 그들은 뭐랄까, 수업 중에는 강의와는 상관없는 본인 작업을 하다가, 마지막에 무언가를 가지고 돌아옵니다. 이들을 교육하는 다른 방법은 학습 조교로 전환하는 것이지만, 이러한 유형의 학생은 일반적으로 실제보다 본인이 더 많은 것을 알고 있다고 생각하기 때문에 지식이 불완전한 경우가 많습니다. 그런 학생들이 꾸준히 체계적으로 학습하는 다른 학생들에게 뒤처져서 학급에서 최하위가 되는 것을 보았습니다.

제르 소프(Jer Thorp)

저는 프로젝트를 정의하는 방식에서 기술적으로 경

직되지 않고, 사람들이 자신에게 맞는 편안한 수준에서 작업할 수 있도록 허용하는 법을 배웠습니다. 처음 수업에서 코드를 가르칠 때는 프로젝트를 너무 융통성 없이 정의해서 코딩을 잘하고 못하고가 확연히 드러났지만, 이를 보다 유연하게 하면 사람들이 자신의 강점을 더 잘 발휘할 수 있습니다. 저는 이 점을 받아들이는 데 오랜 시간이 걸렸습니다. 이제 제 프로젝트는 주제 전반에 대한 내용이지, 학생들에게 제가 그 주제를 어떻게 만들라고 주장하는 그런 내용이 아닙니다.

로렌 맥카시

저는 단순히 프로그래밍을 잘하는 것이 중요한 것이 아니라는 점을 강조합니다. 프로그래밍에 대해서 잘 아는 친구들은 예술이나 디자인, 사용자 인터랙션 등에 대해 생각해 본 적이 없는 경우가 많거든요. 그래서 저는 이 점을 강조하려 노력하지만 동시에 피드백을 줄 때, 미적 감각이나 사용자 인터랙션 쪽을 잘 아는 친구들에게도 이러한 기술과 지식도 중요하고 관련성이 있다는 걸 깨닫게 하려고 노력합니다. 처음부터 기대치를 설정하는 것이 도움이 됩니다. 저는 프로그래밍이 능숙한 학생들에게 기술적으로는 수업이 조금 느리게 느껴질 수 있지만, 다른 아이디어를 탐색할 수 있는 시간이 늘어난다는 점을 알려줍니다. 그 반대의 경우도 마찬가지입니다. 초급 학생들에게는 같은 반 친구들 중 일부는 이 작업을 해본 적이 있지만, 경험이 없다고 해서 실력이 떨어지는 것은 아니라는 점을 이해시키려 노력합니다. 저는 학생들에게 겁먹지 말고 자신의 실력을 점검하여 부족한 부분이 무엇인지 확인하고, 어떻게 하면 그 부분을 보완할 수 있을지 스스로에게 물어보라고 권합니다.

재커리 리버만

제가 가르치는 대부분의 수업에는 다양한 구성원들이 섞여 있기 때문에 이 문제를 많이 다루고 있습니다. 강의실에 다양한 기술을 가진 사람들이 있는 것은 커뮤니티 측면에서 정말 가치 있다고 생각합니다. 이때 필요한 것은 대화가 이루어지는 환경을 만드는 것입니다. 가령, 초보자가 전문가에게 질문하게 하고 이를 통해 학습의 연쇄가 이루어집니다. 모든 사람이 같은 장소에 있으면 훨씬 더 어렵습니다. 전문가들에게는 그들이 강의실에서 내놓는 의견과 시간이 유용하고 가치 있음을 상기시키려 노력합니다. 저는 종종 전문가들에게 "지금 우리가 이야기하고 있는 내용을 가지고 더 잘 가르칠 수 있는 도구와 기법을 만들 수 있나요?"라고 묻습니다. 저는 어떤 식으로든 그들 스스로를 교사가 되게 하려고 노력하며, 그런 마음가짐을 갖도록 유도하는 메시지를 주려고 노력합니다. 또한 모두가 어떤 분야에서는 초보자이므로 모든 사람을 초보자로 만드는 방법도 있습니다. 그렇다면 초보자와 전문가가 함께 있는 교실에서 어떻게 하면 이 작업과 내용을 잘 안다고 생각하는 사람들의 믿음을 뒤집어서 자신이 모르는 것이 많다는 것을 깨닫게 할 수 있을까요? 저는 다른 언어를 사용하게 하거나 다른 제약 조건을 주는 등 여러 방식으로 문제 세트를 제시하는 것을 좋아합니다.

두 가지 모드로 수업을 진행할 때 어느 시점에 초보자나 길을 잃었다고 느끼는 사람들을 끌어내어 이 소규모 하위 그룹이 모일 수 있는 안전한 장소를 만드는 것도 좋은 방법이라고 생각합니다. 예를 들어 15명의 학생이 있는 교실에서 4~5명의 학생이 개인적으로 만나서 편안함과 자신감을 높이려고 노력할 수 있습니다. 학생들은 수줍어서 수업 시간에 하지 못했던 질문을 할 수 있는 안전한 공간이 필요한 경우가 많습니다.

R. 루크 두부아(R. Luke DuBois)

'원룸 교실'을 자주 사용해야 합니다. 저희 대학교는 뉴욕시의 마지막 통학학교[1]이고, 학생의 60%가 뉴욕시 공립학교 출신으로 안타깝게도 대부분의 학생들이 브롱크스 공학 고등학교나 브루클린 공학 고등학교에 진학할 기회를 얻지 못했죠. 그들은 컴퓨터 수업 시간에 드림위버 사용법을 배웠을 법한 곳에 다녔습니다. 일부는 컴퓨터 공학이나 수학은 배웠지만 아무도 MoMA나 구겐하임 미술관에 데려갈 생각은 하지 못했습니다. 제가 공대 내에서 미술 프로그램을 위임받아서 정말 좋았던 점 중 하나는 공대에서 그룹 디자인 과제를 많이 내도록 권하게 된다는 점입니다. 그래서 저는 학생들 간의 직교성을 빠르게 파악하고 서로 짝을 지어주어 서로에게 필요한 것을 가르치게 합니다. 가능한 한 그렇게 하려고 노력합니다. 올해부터 NYC의 다른 전공에서 온 학생들(레코딩 음악 대학원생과 사진 전공 학부생)을 입학시키기 시작했기 때문에 정말 힘들었습니다. 이 학생들은 문화적인 이해도는 매우 높지만 컴퓨터를 전혀 다루지 못합니다. 혹은 에이블턴(Ableton)[2]크랙은 사용할 줄 알지만 코딩은 할 줄 모르는 식입니다. 그래서 저는 모든 과제에서 어떤 식으로든 사진을 사용하고 사운드트랙이 있어야 한다고 했습니다. 저는 커리큘럼에서 '시각 중심'을 없앴고, 무엇이든 간에 음악이 포함되도록 했습니다.

---

1 (옮긴이) 통학학교는 대부분의 학생들이 학교 근처나 기숙사에 거주하지 않고, 매일 집이나 다른 곳에서 학교로 통학하는 대학이나 학교를 의미합니다. 미국의 대학은 기숙학교가 일반적이고, 통학학교는 기숙사 비용이 들지 않아 학비가 조금 더 적게 들어갑니다.

2 (옮긴이) 에이블턴(Ableton)은 음악 제작과 라이브 공연을 위한 디지털 오디오 워크스테이션(DAW)입니다. 직관적인 인터페이스와 강력한 MIDI, 오디오 편집 기능을 제공하며, 특히 라이브 세션 뷰를 통해 실시간 퍼포먼스와 즉흥 연주에 최적화되어 있습니다. 전자 음악가들과 프로듀서에게 인기 있는 소프트웨어로, 다양한 플러그인과 가상 악기를 지원합니다.

드 안젤라 L. 더프

저는 짝 프로그래밍, 즉 동료 프로그래밍의 신봉자입니다. 저는 보통 경험이 많은 프로그래머와 경험이 적은 초보자를 짝지어준 다음, 초보자가 프로그래밍을 하고 경험이 많은 사람이 관찰자가 되게 합니다. 또한 이미 프로그래밍 경험이 있는 학생들이 다른 학생들을 돕고 싶어하는 경우가 있는데, 그 방법 중 하나가 수업 밖에서 스터디 그룹을 주도하는 것이기 때문에 학생들에게 외부 스터디 그룹을 구성하도록 권장합니다. 또한 학생에게 제가 사용하는 언어가 아닌 다른 언어를 사용하여 프로그래밍 개념을 설명하게 할 수도 있습니다.

저는 항상 학생들에게 프로그래밍 방법을 배울 때 여러 리소스를 사용하라고 말합니다. 항상 두 가지 다른 교재를 배정하고 가능하면 세 번째 교재를 구해 보라고 말합니다. 교재마다 예제가 다르고 특정 개념을 설명하는 방식이 다르기 때문에 학생들이 처음 무언가를 이해하려고 할 때 더 많은 것을 배울수록 좋다고 생각합니다.

    테가 브레인(Tega Brain) 가끔 여러 언어를 동시에 가르치신다고 하셨는데요.

항상 그렇게 합니다. 저는 프로그래밍을 도구로 가르치고, 학생들이 어떤 프로그래밍 환경에서도 프로그래밍할 수 있기를 바라기 때문에 학생들이 "나는 ○○으로만 프로그래밍할 수 있다"고 생각하지 않기를 바랍니다. 반복문(Loop)이 무엇인지, 배열(Array)이 무엇인지, 개념으로서의 객체(Object)가 무엇인지 알고 있으면 구문만 알아내면 됩니다. 제가 세 가지 프로그래밍 언어를 동시에 가르치는 이유는 학생들이 보통 한 가지 언어를 포기하기 때문입니다. 학생들에게 두 개도 괜찮다고 말하지는 않지만 학생들은 보통 세 개 중 두 개를 선호합니다. 저는 세 가지 언어 모두의 기본 개념을 배우는 데 수업의 2/3를 할애하고, 학기 마지막 1/3에는 학생들이 직접 프로젝트를 선택하도록 수업을 구성합니다. 주 단위로 제출하는 과제는 모두 다른 언어로 작성해야 하며, 학기 마지막 1/3에 최종 프로젝트를 위해 그중 한 가지 언어를 선택할 수 있습니다. 저는 학생들이 두 가지 언어로 제작하면 추가 점수를 줍니다. 처음에는 대부분 좋아하지 않지만, 학생들이 기대하는 수준까지 올라가는 것을 볼 수 있습니다. 제가 가르치는 방식이 학생들이 필요할 때 두려움 없이 새로운 언어를 배우는 데 도움이 되길 바랍니다.

앨리슨 패리시

예술을 염두에 두고 기술을 가르치면 이러한 문제에서 자연스럽게 한 발 앞서 나갈 수 있습니다. 제 수업을 주로 프로그래밍 수업이라고 생각한다면 (물론 프로그래밍 수업은 아니지만 그런 관점에서 본다면), 초보 프로그래머임에도 불구하고 예술적 관점이 놀라울 정도로 강하고 절차적 글쓰기의 역사를 알고 있거나 일반적으로 개념적 글쓰기에 관심이 있는 학생들이 있기 때문에, 이러한 개념적인 부분이 학생들의 수준을 일정 이상 끌어올릴 수 있습니다. 제가 처음에 가르치는 아주 초보적인 프로그래밍 지식으로 고급 프로그래머가 바로 만들어내는 것과 견줄 수 있는 미적 감각을 갖춘 무언가를 만들 수 있습니다. 저는 파이썬으로 강의하는 경우가 많은데, 파이썬은 예전에는 아는 사람이 많지 않은 언어였기 때문에 모두가 비슷한 출발점에서 시작할 수 있도록 해주는 '균등화 도구'였습니다. 최근 몇 년 사이에는 파이썬을 더 깊이 이해하는 프로그래머들이 제 수업에 더 많이 들어오면서 그런 부분이 약해졌습니다. 하지만 '창의적 글쓰기와 컴퓨테

이서널 시문학'이라는 과목이 이 문제를 해결하는 데 도움이 됩니다. 컴퓨터 프로그래머 중 상당수가 코드로 시를 쓰는 방법을 알지 못하기 때문에 프로그래밍 실력에 관계없이 이 튜토리얼은 학생들에게 새롭게 받아들여질 것입니다.

비판적 관점을 갖도록 장려하기

테크노포멀[1] 교육에서 어떻게 해야 의미를 만들고, 비판적 사고력을 키우며, 관점을 갖추도록 하고, 열의를 높일 수 있을까요?

"데모는 줄이고 시를 더 많이 가르치자." 로렌 가드너, 재커리 리버만, 최태윤이 공동 디렉터로 있던 예술가 운영 학교 SFPC(School for Poetic Computation)의 모토입니다. 이 모토는 컴퓨팅 문해력 교육에서 실현하고자 하는 바를 압축해 설명합니다. 다시 말해 '코딩 학습'을 단순한 직업 훈련이 아니라 학생의 비판적 관점과 표현력을 기르는 데 핵심적인 역할을 하는 것으로 정의합니다. 이 계획에서는 창의적 글쓰기에 비유할 수 있는 '창의적 코딩' 훈련이 필수적입니다. 동시에 이 모토는 기술 솔루션 지상주의, '파괴적 혁신'에 대한 비정치적인 집착, 프로그래밍 교육을 경제 부양책으로 편협하게 대상화하는 등 널리 퍼져 있는 기술주의적 태도를 비판합니다. SFPC의 모토는 컴퓨테이셔널 아트는 공허하고 비인격적이며 도구적이라는, 컴퓨테이셔널 아트를 향한 오래된 비판에 대한, 나름 겸손한 방식의 열렬한 반박이기도 합니다. 이번 섹션에서는 프로그래밍 교육에서 기술에만 집중하려 하는 테크노포멀리스트들의 세태를 넘어, 학생들이 의미를 만드는 데 집중할 수 있도록 교육자들이 어떻게 노력하고 있는지 물어보았습니다.

최태윤

좋은 질문이네요. "코더가 될 수 있도록 해주겠다, 전문가가 될 수 있도록 도와주겠다"와 같은 식의 얘기 도망가기 딱 좋은 언사일 뿐이기 때문입니다. 하지만 제게는 "포토샵을 잘할 수 있도록 도와드리겠습니다."라는 말처럼 얄팍하게 들립니다. 진짜 문제는 학생들이 기술의 언어를 마스터하고자 하는 열망을 찾는 것이라고 생각합니다. 코드와 전자 공학 등 모든 것이 중요하지만, 결국은 표현 능력에 관한 것이니까요. 저는 학생들이 코드와 기술을 예술적 매체로 접근하여, '나는 할 수 없어' 또는 '이건 나랑 안 맞아'라는 심리적 장벽을 극복하고 매체를 창의적으로 활용할 수 있기를 바랍니다. 제가 좋아하는 방법은 가능한 한 간단한 연습 문제를 제공하는 것입니다. 예를 들어 버튼을 누르면 LED가 켜지게 하는데 그 둘 사이에 딜레이를 넣는 식이죠. 아주 적은 기술로도 많은 의미를 만들 수 있다는 것을 보여주고 싶어요.

재커리 리버만

저는 꼭 코드로 만든 것이 아니더라도 저에게 영감을 주는 예술 작품이나 시각적 아이디어, 프로젝트 등 중요하다고 생각되는 외부 사례를 최대한 많이 가져오려고 노력합니다. 교육의 많은 부분은 교실에서 가치관을 공개적으로 표현하는 것이며, 이는 학생들이 여러분의 가치 체계를 이해하는 데 도움이 됩니다. 학생들 각자의 가치 체계나 관심사가 있을 수 있지만, 당신(강사)의 호기심과 진심이 담긴 것을 보면 학생들이 이를 작업에 반영하는 데 도움이 됩니다.

제르 소프

저는 운이 좋게도 사람들이 작업에서 의미를 찾고자 하는 환경에서 프로그래밍을 가르칠 수 있었습니다. 저는 학생들에게 많은 이론과 많은 읽을 거리, 그리고 이상한 것들을 던져줍니다. 저는 수업에서 종종 학생들이 읽어야 할 소설 한 권을 배정합니다. 과거에 게리 슈테인가르트(Gary Shteyngart)의 《Super Sad True Love Story》(Random House Inc., 2011)를 과제로 내줬을 때, 전반적으로 반응이 "오,

---

1 (옮긴이) 테크노포멀(technoformal)은 (컴퓨터 프로그래밍) 기술을 도구로 인식하여 찍어낸 듯한 교육 과정으로 창의성을 제한하는 교육이라는 의미로 사용된 말입니다.

정말 좋았어요! 이런 과제 더 주세요." 이런 식이었습니다. "기술적인 부분을 더 가르쳐 주세요."라고 말하는 사람은 거의 없습니다. 반응은 거의 항상 "이상하고 흥미로운 것들에 대해 더 알아봅시다"입니다. 저는 사람들이 기초 프로그래밍 수업에서도 그렇게 할 수 있는 방법을 생각해 보라고 권하고 싶습니다. 작은 읽을 거리를 주세요. 이런 종류의 수업에 아주 좋은 핀천[2]의 글귀가 몇 개 있습니다. 학생들에게 컴퓨터가 전부가 아니라는 것을 상기시키기 위해 무언가를 만들어 보라고 하세요.

로렌 맥카시

저는 특히 과제를 내줄 때 코드와 관련이 없는 참고 자료와 예술 작품을 많이 보여주는 편입니다. 저는 학생들에게 "우리가 지금 사용하는 도구로 이 작업을 한다면 어떨까요? 이 아이디어가 어떻게 나타날까요?"라고 묻습니다. 또한 특히 최종 프로젝트에 가까워질수록 맥락을 매우 강조합니다.

웹은 또한 작업을 공유하고 게시하기에 정말 이상적인 소셜 컨텍스트입니다. 이번 학기에 웹으로 입문 수업을 진행했는데, 웹 사이트, 뉴스, 광고, 동영상, 예술 작품 등 사람들이 이미 웹이라는 공간에 매우 익숙해져 있다는 점에서 정말 좋았습니다. 저는 또한 진행 중인 소송이나 새로 승인된 규정이 우리에게 어떤 의미가 있는지에 대해 질문합니다.

스기모토 타츠오(Tatsuo Sugimoto)

기술적인 것과 개념적인 것의 균형을 맞추는 것이 중요하지만, 특히 예술과 기술 분야가 매우 상업적인 일본에서는 개념적인 사고를 발전시키는 것이 매우 어려울 수 있습니다. 일본은 유럽이나 미국과 아주 다릅니다. 기술을 사용하는 아티스트도 있겠지만, 대부분의 작업은 디자이너와 상업 스튜디오에서 이루어집니다. 제 학생들은 예술가나 예술 실무에 대해서는 잘 모르지만 상업적인 작업에는 매우 익숙합니다. 저는 예술이 사회에 대한 비판을 할 수 있는 중요한 공간이라고 생각하지만, 많은 일본 젊은이들이 그렇게 생각하지 않는 경우가 많습니다. 예를 들어 일본에서는 드론이 엔터테인먼트와 라이브 공연에서 인기가 있지만 다른 한편으로는 군사적 목적과 감시용으로도 사용됩니다. 사람들은 이에 대해 충분히 생각하지 않습니다. 제가 정답을 가지고 있지는 않지만, 학생들이 사용하는 도구의 정치적인 면에 대해 생각하도록 유도하기 위해 국제적인 예술 프로젝트의 사례를 많이 보여주고 있습니다.

대니얼 시프먼

저는 학기 초에 학생들에게 대작을 만들려고 애쓰거나 정말 중요하고 의미 있는 것을 만들려 하지 말고 그냥 놀고 탐구하라고 말합니다. 과제를 수행하는 동안 자유롭게 사고하고 이리저리 방황하며 작업하세요. "기후 변화 위기를 해결해야 한다는 생각에 빠져서 골머리를 앓지 말고 그냥 for 문(for Loop)를 가지고 놀고 싶다."라는 생각에 집중해도 괜찮습니다. 따라서 어느 시점에서는 아이디어에서 벗어나는 것이 좋으며, 학기가 끝날 무렵에는 아이디어를 뒤집어 기술적인 요구 사항에서 벗어나도 좋습니다. 저는 항상 학생들에게 "최종 프로젝트에 코드를 사용하지 않아도 됩니다."라고 말하지만, 아무도 이 제안을 받아들이지 않습니다. 저는 "우리가 이야기한 아이디어에서 나온 프로젝트가 있고 코드 없

---

2   (옮긴이) 토머스 핀천(Thomas Pynchon)은 미국의 저명한 소설가로, 복잡한 플롯과 포스트모던 스타일의 글쓰기로 잘 알려져 있습니다. 그의 대표작으로는 《중력의 무지개》(2012, 새물결), 《V.》(2020, 민음사), 《블리딩 엣지》(2020, 창비) 등이 있으며, 주로 음모론, 기술, 역사적 사건을 다룹니다.

이도 만들 수 있을 만큼 흥미롭다면 그렇게 하고 그 이유를 설명해 보세요."라고 말하곤 합니다. 학생이 코드를 사용하지 않는 이유를 설명하는 과정에서 분명 그럴 만한 이유를 알 수 있을 거라 생각합니다.

학생들이 가장 많이 하는 질문은 "하지만 너무 간단해서 뭔가 더 필요한 것 같아요."입니다. 단순하다고 해서 나쁘지 않고 오히려 좋을 수도 있습니다. 그 지점에서 자신의 아이디어나 전달하고자 하는 내용에 집중하고 기술은 잊어버리세요.

헤더 듀이 해그보그

저는 '바이오아트[3] 입문' 수업에서 기술적인 내용을 가르치면서 동시에 학생들이 잘 모르는 것을 가르치려고 노력하며, 이와 함께 비판적이고 윤리적인 질문을 던지려고 합니다. 저는 바이오아트 수업을 네 가지 프로젝트로 구성합니다. 여러 가지 기술을 포함하는 주제별 프로젝트 세 가지와 최종 프로젝트 한 가지로 이루어져 있습니다. 각 프로젝트는 하나의 모듈로 구성되어 있으며, 각 모듈에는 학생들이 한 페이지 에세이를 작성하는 데 중요한 읽을거리가 포함되어 있습니다. 학생들은 본격적인 수업에 들어가기 전에 읽은 내용에 대해 토론하고, 전날에는 학생들이 실제로 읽고 생각했는지 확인하기 위해 아주 짧은 에세이를 제출하도록 했습니다. 그리고 저는 수업 시간에 학생들의 글을 검토하고 각 학생의 글에서 한 가지씩을 뽑아 토론에 포함시키려고 노력했습니다.

그래서 프로젝트에 사용되는 실재료와 기술 방법을 조사하고 작업을 시작하기 전에 중요한 질문

을 염두에 둘 수 있게 프로젝트를 구성했습니다. 그런 다음 학생들이 최종 프로젝트를 시작할 때 비평한 글에서 나온 질문을 프로젝트에 대한 토론으로 다시 가져오려고 노력했습니다. 이러한 과정을 통해 학생은 이미 관련 문제에 대해 많이 생각해 볼 수 있었기 때문에 서로 프로젝트의 내용에 대해 제안하거나 비평과 질문이 자연스럽게 오가서 특히나 효과적이었습니다. 프로그래밍을 가르치면서, 그리고 지난 학기 바이오아트 수업을 하면서도 이 질문과 오랫동안 씨름했던 것 같습니다. 이번에 처음으로 제대로 된 답을 얻은 것 같아요.

R. 루크 두부아

저는 주로 공대생들을 가르치는데, 엔지니어를 가르칠 때 가장 어려운 부분은 엔지니어도 질문할 수 있다는 것, 질문해도 괜찮다는 것을 깨닫게 하는 것입니다. 자신의 생생한 경험을 바탕으로 주어진 상황을 문제 삼을 수 있다는 것을요. 엔지니어 교육에서는 이러한 것들이 일반화되지 않았기 때문에 엔지니어에게 그렇게 하라고 하면 갈팡질팡합니다. 저희는 보조 공학을 접목한 하이브리드 수업을 진행하고 있습니다. 고객 중심 설계가 필요한 학부 과정의 장애학 수업으로, 뉴욕 뇌성마비협회와 협력하여 진행합니다. 클라이언트에게 컴퓨터 공학과 학생, 토목 공학과 학생 등 학부생 엔지니어 두 명을 배정합니다. 그리고 우선 클라이언트에 대한 다큐멘터리 영화를 만들면서 상황에 대해 공감하게 한 다음 디자인 개입을 하도록 합니다.

엔지니어의 문제점은 특정 문제에 대해 항상 가장 일반적인 해결책을 찾도록 훈련받았다는 것입니다. 하지만 이 상황에서는 그런 방식이 통하지 않습니다. 그러니까 "적응형 휠체어를 만들어서 특허를 내고 FDA의 승인을 받아봅시다."라고 말하는 대신,

---

3 (옮긴이) 바이오아트(BioArt)는 생명공학, 유전학, 생물학적 재료를 활용해 예술 작품을 창작하는 현대 예술 분야입니다. 과학적 실험과 예술적 표현이 결합된 형태로, 살아있는 세포, DNA, 생체 조직 등을 예술적 매체로 사용합니다. 바이오 아트는 생명윤리, 생물학적 진보, 인간과 자연의 관계 등을 탐구하며 종종 논쟁적인 주제를 다루기도 합니다.

"이 사람은 스티브입니다. 스티브는 뇌성마비가 있고, 오른손 두 손가락은 아직 움직일 수 있으며, 스티브는 우산이 필요합니다. 이제 그에게 맞게 디자인하세요."라고 이야기하는 식입니다. 이것은 실제 사례로, 이 학생들은 기계화된 우산을 만들었습니다. 어빌리티 랩에서는 종종 '한 사람을 위한 디자인'을 수행합니다.

사회적인 규모의 문제에서는 문제 해결 지상주의가 매우 빠르게 무너지는데, 이는 학부생들에게 더 나은 위젯을 만든다고 해서 반드시 문제를 해결할 수 있는 것은 아니라는 점을 이해시키는 데 매우 유용한 교훈이 됩니다. 그래서 저희는 엔지니어들에게 기술적인 해결책이 없는 문제를 제시하여 '의미 있는 만들기'를 장려합니다. 제 동료인 다나 카르와스(Dana Karwas)는 이러한 접근법의 전문가입니다. 그녀는 엔지니어들이 자신의 삶의 경험을 드러내고 이를 바탕으로 문제를 해결하도록 유도하는 데 정말 능숙합니다. 다나는 학생들이 삶에서 일어난 일들, 종종 나쁜 일들을 다루도록 돕기 위해 학생들과 함께 많은 활동을 하는데, 이는 마치 똥에서 예술을 발견하는 방식이라고까지 말할 수 있습니다.

위니 순

제가 가르치는 미적 프로그래밍 과정은 매주 학생들이 읽어야 하는, 아이디어나 철학적, 추상적 주제를 담은 개념적인 텍스트가 한두 개씩 있다는 점에서 일반적인 코딩 과정과는 다릅니다. 예를 들어 첫 주에는 직사각형이나 타원을 그리는 등 도형을 가르치므로 보통 이모티콘이나 기하학의 정치와 같은 표현의 정치에 관한 책을 읽게 합니다. 도형에 관한 것이지만 도형을 어떻게 다르게 생각할 수 있는지, 이모티콘을 사용할 때 색상이 어떤 점에서 중요한지 등에 대해서도 설명합니다. 우리는 하나의 이모티콘이 모든 기기에서 동일하게 렌더링된다고 가정하지만, 실제로는 그렇지 않습니다. 저는 학생들에게 이러한 기술적 인프라로 인해 발생하는 문제점에 대해 생각해 보게 합니다.

과제의 경우, 학생들은 매주 RUNME와 README를 작성합니다. RUNME는 프로그램 작성과 같은 기술적인 내용입니다. 동시에 학생들은 주어진 텍스트를 읽고 README에 그 맥락과 관련된 내용을 작성해야 합니다. 이를 통해 학생들은 코딩뿐만 아니라 텍스트를 통해 사고하게 됩니다. 저는 이 두 가지 문서 작성을 위한 개요를 제공합니다. 예를 들어, 그들은 RUNME를 위해 프로그레스 바를 다시 디자인해야 할 수도 있습니다. README 작성을 위한 가이드는 이런 식으로 작성합니다. 프로그레스 바는 보는 이에게 무엇을 숨기거나 보여주는가? 진행률 표시줄은 텍스트와 어떻게 연결되며 우리가 시간성에 대해 생각할 수 있도록 하는가? README는 프로그램에 대한 설명이기도 하지만, 왜 이걸 만드는지 생각하게 하는 토론이기도 합니다. "그냥 게임을 만들고 싶어요."라는 단순한 동기를 넘어 깊이 있게 생각하게 합니다.

제 강의는 멋져 보이는 무언가를 만드는 것이 아니라 소프트웨어 시스템을 문화 현상으로 이해하는 과정입니다. 코드를 사용하여 페이스북이나 다른 플랫폼과 같은 도구에 대한 민감성을 높이는 것입니다. 데이터 캡처가 어떻게 작동하는지 안다면 인스타그램이나 다른 도구를 사용하는 방식에 대해 생각해 볼 수 있습니다.

앨리슨 패리시

저는 개인적으로 시스템과 규칙, 그리고 프로그래밍 방식으로 무언가를 조합하는 행위에 매우 흥미를 느끼며, 때로는 시인처럼, 무엇보다 컴퓨터 프로그래머처럼 작업합니다. 제가 수업을 가르칠 때도 비슷한데, 제 과정은 컴퓨터 프로그램이 미학적 목적에 맞는 창의적인 텍스트를 생산하도록 하는 것입니다. 저는 기술적인 측면에 초점을 맞추고 "우리는 이 모든 개념에 적용할 수 있는 것을 배울 것이지만 사전을 만드는 방법이나 텍스트를 품사로 구문 분석하는 방법도 배울 것입니다."라고 말해야 합니다. 물론 모든 학생이 저와 똑같은 개념에 완전히 몰두하고 저와 똑같은 것에 동기를 부여받는 수업이 된다면 좋겠지만, 사실 그렇게 되면 지루할 것 같습니다. 저는 제 기발한 개념 아이디어와 프로그래밍 튜토리얼을 반반씩 섞어서 수업을 진행하려고 노력합니다. 개념적인 내용은 단순히 프로그래밍의 숙련도를 보여주는 기술적인 워크시트가 아닌 방식으로 프로그래밍을 적용할 수 있게 해줍니다.

테가 브레인 또한 학생들에게 공개적으로 작업을 수행하도록 요구한다고 들었는데, 왜 그렇게 하나요?

몇 가지 이유가 있습니다. 첫 번째는 매체로서의 텍스트는 화면에 표시될 수도 있고, 인쇄된 페이지에 표시될 수도 있고, 언어로 변환되어 소리 내어 읽을 수도 있는 등 다양한 어포던스를 가지고 있기 때문입니다. 언어에 관한 수업에서 화면의 텍스트 어포던스 하나만 사용하는 것은 수업에 방해가 될 수 있다고 생각합니다. 사람들은 보통 매뉴얼을 소리 내어 읽는 글이라고 생각하지 않지만, 학생들에게 자신의 작업을 소리 내어 읽게 하면 텍스트에 대해 새로운 것을 배우게 됩니다. 텍스트를 소리 내어 읽으면 어디서 숨을 쉬어야 하는지, 단어의 순서가 어떨 때 듣기 좋은지, 어떤 단어의 순서가 말을 꼬이게 하는지, 읽는 데 얼마나 걸리는지 등을 알 수 있기 때문에 언어에 대한 또 다른 관점을 갖게 됩니다.

소리 내어 글을 읽다 보면 다른 사람들의 반응에도 예민해집니다. 말 그대로 사람들이 언제 내가 말하는 것에 지루함을 느끼는지 알 수 있고, 이를 피드백 루프에 반영하여 "사람들이 어떻게 주의를 기울이는지에 따라 곡선이 다른 텍스트 아티팩트를 어떻게 계산할 것인가?"라고 질문할 수 있습니다. 또한 학생들이 자신의 작업에 대해 조금 더 책임감을 가지게 되면서 학생들이 과제에 집중할 수 있음을 알았습니다. 학생들은 이 글이 블로그 게시물로만 끝나는 것이 아니라는 것을 알고 있습니다. 학생들은 수업 시간 중 2~5분 동안 이 텍스트를 소리 내어 말해야 한다는 것을 알고 있습니다. 그렇게 하면 작업할 때 좀 더 깊게 생각하고 더 흥미로워진다는 것을 알게 되었습니다.

수업 첫날

개강 첫날에는 무엇을 하나요?

학기가 시작되기 전날 밤에는 첫 수업에 대한 걱정으로 잠을 이루지 못합니다. 첫날은 한 학기의 분위기를 조성하고 학생들의 기대치를 형성하는 중요한 순간이기 때문에 긴장되는 경우가 많습니다. 이 섹션에서는 응답자들이 학기 첫 수업을 가르치는 다양한 접근 방식에 대해 이야기합니다.

재커리 리버만

SFPC의 첫날에는 질문으로 시작하는데, 정말 흥미롭습니다. 다른 강사 선생님들과 강의실로 들어가서 우리가 하는 일에 대해 조금 설명하고, 학생들에게 20~30분 동안 각자 가지고 있는 질문을 하나도 빠짐없이 적으라고 합니다. 그러면 정말 흥미롭고 이상한 순간이 만들어집니다. 이러한 질문은 학생들이 어떤 계기로 이 수업에 오게 되었는지, 뭘 궁금해 하는지 알 수 있게 하고, 우리가 말하는 내용의 이정표가 됩니다. 그래서 누군가가 "X, Y, Z에 대해 배우고 싶어요."라고 말하면 다른 누군가가 "저와 이야기해 보세요."라고 대답합니다. 정말 깊고 심오해서 대답할 수 없는 질문도 있고, 수업이 진행됨에 따라 일부 학생들은 목록에서 질문을 삭제하기도 합니다. 저는 이것이 중요한 기초가 된다고 생각합니다. 보통 첫날 강의실에 들어가면 교수님이 강의 계획서를 주면서 어디서부터 어디까지 배울 예정이며, 그 지점에 도달하기 위해 이런 것들을 다룰 것이라 얘기하는데, 첫날에는 시작하면서 다음과 같이 말하는 것이 좋다고 생각합니다. "우리가 여기서 할 일은 질문을 통해 이루어지며, 질문에 대한 공동의 탐구를 통해 이루어집니다."

대니얼 시프먼

첫날에는 항상 수업 시작 전 아침 내내 불안한 마음이 듭니다. "2시간 반 동안 뭘 하지? 너무 긴 시간인데!"라고 생각하죠. 그러다 보면 준비를 너무 많이 해서 계획한 내용의 1/10밖에 못 하게 되죠. 상황에 따라 다르겠지만, 저는 가능하면 수업 마지막 5분까지는 코드를 전혀 보지 않는 것이 좋다고 생각합니다. 과거에는 둘씩 팀을 짜고 한 사람이 상대방이 그려야 할 그림을 설명하는 지시문을 작성하는 조건부 그림 그리기 연습을 한 적이 있습니다.

또 다른 한 가지는 역사적 맥락, 프로그래밍 언어, 프로그래밍의 의미에 대해 토론하는 것입니다. 예를 들어, 왜 프로그래밍을 해야 하는지, 초보자를 대상으로 하는 수업에서는 학생들이 들어본 프로그래밍 언어가 있는지, 사람들이 그 언어로 무엇을 한다고 생각하는지에 대해 이야기하는 것을 좋아합니다. 이는 우리가 학습하는 맥락을 더 큰 틀에서 바라보게 해주는 장점이 있습니다.

또한 사람들이 지난 몇 년 동안 만든 작품을 보여주면서, 사회적으로 좋은 일을 하는 프로젝트든 실용적인 가치가 전혀 없는 완전히 무의미하고 유쾌한 프로젝트에 집중하든 무엇이든지 할 수 있음을 알려주는 것도 유용하다고 생각합니다. 인터랙티브 전시물이나 특정 종류의 게임을 상상하기 쉽기 때문에 저는 조금 다른 프로젝트를 보여주려고 노력합니다. 최근에 더욱 신경쓰고 있는 한 가지는 다양한 커뮤니티, 성별의 작가들과 프로젝트를 소개하는 것입니다.

로렌 맥카시

저는 아무도 이해하지 못하는 농담을 많이 하는 편인데, 이대로 계속하면 7주차에는 적어도 동정 어린 웃음이라도 받을 수 있을 것 같습니다. 입문 수업에서는 '조건부 디자인' 그리기 연습 같은, 다른 수업에서 차용한 걸 진행합니다. 이렇게 하는 건 케이시 리스에게서 배웠습니다. 자바스크립트를 가르칠 때는 온라인에서 예제를 가져온 다음 콘솔을 열고 실행 중인 자바스크립트나 CSS를 건드리기 시작하면 모두 해킹이 가능하다는 것을 알려줍니다. 또한 누군가 긴장하거나 겁을 먹거나 불행하다고 느끼거나 이 수업을 못 할 것 같다고 생각하는지 물어보려고 노력합니다. 대부분 자신이 수업에서 최악의 학생이라고 생각하거나 자신만 못 할 거라고 생각하고 오는 경우가 많은데, 모두가 겁에 질려 있는 것을 보면 안심이 될 때도 있습니다.

카일 맥도널드(Kyle McDonald)와 함께 진행하는 소셜 해킹 수업에는 특별한 요구 사항이 있습니다. 첫날에는 학생들에게 몇 가지 조항을 담은 계약서에 서명하게 합니다. 첫째, 우리는 학생들에게 실험을 요청하지만 실험은 자신의 것이므로 우리는 그들의 결정에 대해 책임을 지지 않는다는 것을 인지하게 합니다. 또한 이 작업은 다른 사람과 관련된 것으로, 예술 프로젝트의 일종이라고 해서 한 사람을 존중하지 않아도 된다는 면허를 받은 것은 아니라는 점을 고려해야 합니다. 또한 우리가 그들에게 위험을 감수하도록 요구하고 있고 기꺼이 그렇게 할 의향이 있어야 하며 그렇지 않으면 수업을 그만두어야 합니다. 마지막으로, 모든 사람이 위험을 감수하고 있으므로 이를 존중해야 하고, 위험을 감수한다고 해서 누구를 비판해서는 안 되며 오히려 우리 각자가 이에 잘 대응해야 한다는 점을 강조합니다. 이 수업에서는 다른 사람의 작업에 대해 어떻게 느끼는지 피드백을 제공하며 우리 모두 자신의 의견을 드러내야 합니다.

위니 순

저는 보통 특정 도구를 선택한 이유에 대한 의도를 설명합니다. 다양한 코딩 언어와 다양한 코딩 에디터에 대해 이야기하고, 강의 계획서를 호스팅하기 위해 GitLab을 선택한 이유에 대해 이야기할 것입니다. p5.js로 작업하기로 선택한 이유는 무엇인가요? 이 소프트웨어를 우선순위로 선택한 이유는 무엇이며 소프트웨어에 어떤 가치가 내재되어 있나요? 어떤 의미에서 도구를 선택하는 것은 일종의 정치이며, 단순히 효율적이거나 좋기 때문에 특정 도구를 선택해서 그냥 사용하는 것이 아니라는 점을 강의에서 전달하고 싶습니다. 왜 그 도구를 사용하는지, 어떤 가치관을 가지고 구독하고 있는지 고민하는 부분이 상당히 중요하다고 생각합니다.

두 번째는 그들이 소통할 수 있는 공간을 만드는 것입니다. 학생 중 다수가 프로그래밍 경험이 없고 보통 두려움과 불안감이 큽니다. 저는 학생들에게 코드에 대한 자신의 느낌을 자세히 말하도록 요청합니다. '왜 C++를 배우고 싶은가' 같은 것보다는 코딩에 대한 느낌과 감정에 초점을 맞추려고 합니다. 매학기 수업이 끝날 때면 항상 학생들에게 다음번에 수강할 학생들에게 전달하고 싶은 내용을 포스트잇에 한 문장씩 적어달라고 합니다. 수강생들이 이 과정을 어떻게 준비하면 좋을지 팁을 주는 거죠. "코딩은 퀴어적일 수 있다", "마음을 열어라", "코딩은 매우 재미있고 개념적(conceptual)인 것이 될 수 있습니다", "코드가 항상 작동할 거라고 기대하지 마세요." 같은 댓글이 달립니다. 학생들은 제가 이런 말을 하는 것보다 또래가 써놓은 포스트잇을 볼 때 훨씬 더 설득력 있게 받아들입니다. 이 포스트잇을 벽에 붙여 놓고 학생들에게 살펴보도록 권합니다. 코딩을 배우는 과정은 힘들고 어렵지만 학생들에게 여러분은 혼자가 아니라는 메시지를 주고 싶고, 또 함께 노력하면 기존 학생들처럼 이 과정을 잘 통과할 수 있다고 말합니다.

세 번째로 제가 매우 유용하다고 생각하는 것은 이 과정을 필수적으로 수강해야 하는 이유에 대해 생각해 보라고 요청하는 것입니다. 코더이자 교사로서 이것이 쉽지 않다는 것을 알고 있습니다. 코딩 경험이 전혀 없는 학생이라면 전체 과정 내내 동기 부여를 유지하기가 어려울 것입니다. 그래서 저는 학생들이 첫 수업에서 더 나은 직업을 얻을 수 있다거나, 프로그래머나 비즈니스 리더와 소통할 수 있다거나, 컴퓨팅 문화의 블랙박스를 이해할 수 있다거나 하는 식으로 코딩이 왜 유익한지 생각해 보았으면 합니다. 무엇이든 상관없지만 각자만의 이유가 있어야 합니다. 또 저는 학생들에게 각자 적은 내용을 기억하고 처음의 동기를 유지하라고 말합니다. 코딩을 수반한 작업에 두려움이나 불안을 느낀다면 글귀를 다시 꺼내어 보면서 왜 배우고 싶었는지, 처음에 왜 동기 부여가 되었는지를 떠올리면 어려운 시기를 헤쳐나가는 데 도움이 될 것입니다.

저는 학생들이 수업에서 어려움을 겪을 때 심리적으로 대비할 수 있도록 함께 열심히 노력할 것임을 상기시켜 줍니다. 이것이 공학 수업과 비공학 수업의 차이점입니다. 공대생이나 컴퓨터 공학과의 경우 프로그래머가 되고 싶다는 동기가 있기 때문에 코딩을 배우려는 의지가 강합니다. 하지만 예술 및 인문계 학생들은 이 낯선 언어를 두려워합니다. 그 차이를 좁힐 방법을 찾아야 합니다.

헤더 듀이-해그보그

저희는 개념 미술과 지시 기반 매체로서의 코드에 대해 이야기합니다. 한 학생에게 마커를 들고 칠판에 서게 한 다음 다른 학생들은 칠판 앞 학생에게 무언가를 어떻게 그릴지 지시하도록 합니다. 교실을 한 바퀴 돌면서 학생들이 각자 한 번씩 칠판 앞의 학생에게 지시를 내리도록 합니다. 학생들이 재미있어 하기도 하고, 이를 통해 자신이 내린 지시가 얼마나 구체적이거나 구체적이지 않은지 생각하는 데 도움이 됩니다.

제르 소프

저는 첫날에 정말 공격적으로 많은 일을 합니다. 이 시점에는 모든 것이 낯설기 때문에 모두의 두뇌가 매우 유연합니다. 저는 학생들이 어려운 문제를 접하는 시점까지 더 오래 기다릴수록 그들이 더 힘들어한다는 것을 알았습니다. 학생들이 첫날에 보여준 유연성은 코드를 배우고 머릿 속에 체계가 잡히는 과정에서 사라지고, 그들의 뇌는 석회화가 시작됩니다. 클래스가 어떤지, 오브젝트(객체)가 무엇인지에 대해 이야기하기 위해 네 번째 수업까지 기다리면 아이들은 "잠깐만요, 잠깐만요, 이건 제가 머릿속에 구축한 구조와 맞지 않아요."라고 말하죠. 따라서 첫날에 이 개념을 가르치면 집중적으로 가르치지 않아도 "아, 그래, 이런 식으로 작동하는구나." 하고 이해하게 됩니다.

골란 레빈 정보 시각화 중급자 과정의 첫날은 어떤가요? 어떤 느낌인가요?

제 정보 시각화 수업은 이론과 실습이 반반인데, 수업 방식이 상당히 다릅니다. 수업 첫날에는 칠판에 '데이터'라는 단어를 적고 그 단어의 의미에 대해 이야기하는데, 사실 이 단어는 굉장히 미궁에 빠지기 쉬운 단어입니다. 모두들 이 단어의 의미를 안다고 생각하지만 실제로는 아무도 그 의미를 알지 못합니다. 그런 다음 "데이터는 어디에서 오는가? 그 과정은 무엇을 의미하는가? 데이터란 무엇인가? 어떻게 나타나는가? 데이터로 무엇을 할 수 있을까?" 이러한 질문들은 학생들이 각자 생각하는 데이터 파이프라인을 정의하도록 하려는 의도가 있습니다. 데이터는 측정의 결과이며, 컴퓨터 코드를 사용하여 어떤 방식으로든 데이터를 파싱한 다음 표현하는 단계가 있습니다. 저는 학생들이 제 앞에서 데이터의 흐름을 그려서 개입할 흥미로운 부분을 찾아내기를 원합니다. 데이터 수업은 그 표현 단계가 아니라 다른 부분이 훨씬 더 흥미롭다고 생각하기 때문입니다.

첫날 후반부에는 학생들이 즉석에서 데이터 세트를 만들고 그것이 무엇을 의미하는지 생각해 보도록 유도합니다. 간단한 방법으로는 학생들에게 자신의 프로그래밍 실력이 0에서 10 사이에서 어디쯤이라고 생각하는지 물어봅니다. 이에 대한 16개의 답변을 가지고 아주 간단한 도표를 만든 다음 다시 돌아와서 "이 질문을 다르게 했다면 어떻게 되었을까요? 만약 내가 학생들의 답변을 더 체계적으로 수집하는 방법을 제시했다면 어떻게 되었을까요? 첫 번째 사람이 자신의 대답을 큰 소리로 읽은 다음 두 번째 사람이 그 사람의 대답을 바탕으로 자신의 대답을 작성하도록 허용했다면 어떻게 되었을까요?"라고 질문합니다. 이 질문은 이러한 숫자가 이미 엄청난 편견을 가지고 있음을 보여줍니다. 이렇게 간단한 연습도 '올바른 방법'으로 할 수 없습니다. 데이터를 표현하는 방법에 대해 얼마든지 이야기할 수도 있겠죠. 하지만 실제로 독자가 보게 될 결과를 만드는 데이터를 생성하는 과정에서 온갖 일이 일어납니다. 엄청난 영향까지는 아니더라도 일정 수준 영향을 미칠 겁니다.

최태윤

저는 보통 꽤 긴 강의를 준비합니다. 그래야 강의에 흥미를 느낄 학생들은 관심을 갖고, 흥미를 느끼지

못할 학생들은 강의를 들어보고 떠날 수 있기 때문이죠. 정말 좋은 방법이라고 생각합니다. 또한 강의 설명서는 보통 강의가 실제로 시작되기 4개월 전에 작성하는데, 강의에 대한 제 생각이 막상 강의를 시작할 때와 완전히 다르죠. 이 과정이 제가 하고 싶은 것과 학생들이 생각하는 수업에 대해 다시 정리할 수 있는 기회가 되기도 합니다. 지금은 기술 강좌를 거의 가르치지 않지만, 가르칠 때는 대개 맥락에 맞춰서 개념적인 부분을 설명합니다. 저는 제가 가르칠 수 있는 것과 학생들이 스스로 배워야 하는 것이 무엇인지 설명합니다. 저는 기술을 배우는 것은 정말 어렵고, 학생의 출신 배경(이전 전공, 경력)에 따라 다르다는 점을 분명히 알려주려고 노력합니다. 수업이 끝나면 기술적인 부분이 향상될 거라는 기대감을 주지 않으려고 노력합니다.

드 안젤라 L. 더프

저는 학생들의 두려움을 풀어주고, 코딩이 마술 같은 것이 아니며 '엉덩이를 붙이고 앉아 있는 시간'이 필요하다는 것을 알려주려고 노력합니다. 대니얼 시프먼의 동영상을 보거나 프로세싱 관련 책을 읽는 데 시간을 할애해야 합니다. 저는 프로그래밍에 대한 철학을 더 많이 다룹니다. 또한 수강생들에게 필수적인 수업 외에도 퀴즈를 내거나 왜 여기 왔는지 묻기도 합니다. 학생들이 기대하는 바가 무엇인지 알고 싶고, 프로그래밍에 대한 배경 지식이 어느 정도인지 파악하려고 노력합니다. 세 번째 수업 시간까지는 코드나 다른 것에 대해 이야기하지 않습니다.

제가 주는 첫 번째 과제는 실제로 학생들이 일상에서 하는 일에 대한 지침을 작성하는 것입니다. 코드에 대해 이야기하기 전에 컴퓨터는 사용자가 시키는 일만 한다는 점을 강조하기 위해 이런 방법을

취합니다. 그런 다음 다른 반 친구에게 그 지침을 실행하도록 하지만 토론은 할 수 없습니다. 규칙을 작성한 사람이 규칙을 실행하는 사람과 대화할 수 없는 것과 마찬가지입니다. 규칙을 작성한 사람은 규칙을 관찰한 다음 결과를 개선하기 위해 규칙을 수정할 수 있습니다. 저는 사람들이 언어를 매우 직접적이고 문자 그대로 사용하지 않으면 프로그램이 실행되지 않으며, 이는 대개 충분한 단계로 세분화하지 않았기 때문이라는 생각에 익숙해지도록 하는 데 매우 유용한 프롬프트라고 생각합니다.

스기모토 타츠오

매니악하게 보이도록 하지 마세요. 수업의 시작은 매우 중요합니다. 학생들은 코드를 처음 접하고 경험해 보면서 깊은 인상을 받습니다. 교사로서 학생들에게 자신이 해당 주제에 대해 깊은 지식을 가지고 있다는 것을 보여주고 싶겠지만, 천천히 자연스럽게 진행하면서 학생들의 수준에 맞춰 열린 자세를 유지하는 것이 더 중요합니다.

룬 마드센

저는 학생들에게 한 학기 과정의 시작 단계에 있다는 점을 상기시킵니다. 초반에는 과제에 많은 제약을 두어 창의적인 자유가 매우 적기 때문에 학생들이 너무 많이 생각하지 않도록 할 수 있습니다. 그래서 첫 번째 과제는 첫 수업이 끝날 때 줍니다. 삼각형, 타원, 직사각형을 사용하여 흑백으로 아이스크림 콘을 디자인하라고 말합니다. 나이가 어리고 디자인을 해본 적이 없는 학생(많은 학생들이 그러하듯이)에게 코드로 디자인을 하라고 하면, 할 수 있는 폭이 너무 넓습니다. 그래서 저는 핵심적인 제약을 가하고 매우 구체적인 것들에 대해 작업하도록 합니다. 예를 들어 세 가지 기본 도형을 배치하

는 방법 같은 거요. '아이스크림 콘'이라고 하려면 어떻게 해야 할까요? '슬프다' 또는 '행복하다'라고 말하려면 어떻게 해야 할까요? 그래서 첫 번째 수업은 "자, 과제를 아주 간단하게 만들어서 적어도 처음에는 걱정할 필요가 없도록 할 테니 아무것도 모른다고 괴로워하지 마세요."라고 말합니다.

앨리슨 패리시

저는 텍스트 처리 수업에서 수강생들을 바로 UNIX 명령줄 도구로 안내합니다. 제 수업을 듣는 사람들은 보통 OSX 컴퓨터를 가지고 있기 때문에 이 모든 도구가 이미 내장되어 있고, UNIX 명령줄은 매우 까다롭고 접근하기 어렵다거나 해커들만 사용할 수 있다는 평판이 있기 때문입니다. 이 멋진 터미널 창을 열어서 무언가를 입력하고 무언가를 실행하는 방법을 알게 되면 자신의 레퍼토리에 추가할 수 있게 되어 바로 기분이 좋아지죠. 저는 명령줄 텍스트 처리 도구, grep, head, tail과 같은 도구, 검색 도구 외에 텍스트 변환을 위한 기타 명령어에 중점을 둡니다. 다시 개념 프레젠테이션으로 돌아가서 다다 운동의 작품, 개념주의 작가, 〈L=A=N=G=U=A=G=E〉(1978~1981년 사이에 발행된 전위 시 잡지)의 시에 대해 이야기하면서 자신의 컴퓨터에 이미 있고 사용하기에 정말 좋은 도구를 사용하여 이러한 방법론이나 미학을 반복할 수 있는 방법에 대해 이야기합니다. 물론 수업에서 다룰 내용도 언급하지만, UNIX 명령줄에 대해 배우면 학생들은 이 수업만의 특별한 무언가가 있고 강한 능력을 얻었다고 느끼게 됩니다.

가장 좋아하는 과제

컴퓨테이셔널 아트 학생들이 가장 좋아하는 과제는 무엇인가요?
스핑크스의 수수께끼나 헤라클레스의 12 과업처럼 좋은 과제에는 공동체 내에서 전해 내려오는 전통, 관례, 정체성과 관련된 특성이 있습니다. 모든 구전 전통과 비슷하게, 가장 기억에 남는 과제는 교사에서 학생에게 전달되며 약간의 변주가 일어납니다. 이러한 과제는 변화에 저항하면서도 개인화를 허용합니다. 응답자들에게 가장 기억에 남는 과제 또는 특히 좋은 수업 경험을 선사한 과제를 설명해 달라고 요청했습니다.

대니얼 시프먼
저는 때때로 과제가 저의 약점이라고 느낀다는 말로 서두를 시작하겠습니다. 학생들이 창의력을 발휘하고 자신만의 것을 만들 수 있도록 개방적인 느낌과 제약의 균형을 맞추는 것이 까다롭기는 하지만 과제가 불가능한 것은 아닙니다.

공유할 두 가지 과제가 있습니다. 하나는 '코드의 본질' 강의 교재에서 가져온 것으로, 이미 한 학기 동안 프로그래밍을 수강하고 이제 동작, 시뮬레이션, 자연, 물리학에 대해 배우기 시작하는 사람들을 위한 고급 강의용 과제입니다. 과제는 자신만의 에코시스템을 구축하는 것입니다. 단 한 번에 끝나는 과제가 아니라 오랜 기간에 걸쳐 수행할 수 있는 프로젝트입니다. 작은 물체 하나를 화면에서 움직이게 하는 방법을 배우는 것부터 시작해서 나중에 열 개를 화면에서 움직이게 하는 방법, 그리고 그 열 개가 환경 내에서 장애물을 보고, 서로를 보고, 튕기며 상호 작용하도록 만드는 방법을 알아내는 것입니다.

그래서 학생들은 작은 미니어처 부품으로 전체 생태계를 만듭니다. 저는 사람들이 현실 세계의 사물을 반영한 무언가를 만들어내거나 환상적인 발명으로 어떤 이상한 세계를 만들어내는지를 보는 것이 정말 즐겁습니다.

첫 수업에서 앞으로의 진행을 설명할 때 정말 좋아하는 또 다른 부분은 협업을 촉진하는 것입니다. 제가 가르치지는 않지만 피지컬 컴퓨팅 수업에서는 학생들이 훨씬 더 자연스럽게 협업을 하는 것 같습니다. 제가 관찰한 바에 따르면 물리적인 무언가를 만들 때 협업이 필요한 부분이 더 분명해집니다. 프로그래밍을 배울 때 학생들은 코드 프로젝트 작업을 혼자 해야 한다고 생각하는 경향이 있는데, 실제로는 여러 사람이 팀을 이루어 대규모 소프트웨어를 구축합니다. 제가 정말 좋아하는 과제 중 하나는 학생들과 무작위로 짝을 지어 코드 조각을 주고받게 한 다음 일종의 프랑켄슈타인을 만들게 하는 것입니다. '해가 뜨게 만들었어', '물고기가 헤엄치게 만들었어'가 섞여서 '물고기가 일출에서 헤엄치게' 만드는 거죠.

골란 레빈 오래 전에 존 마에다가 내주던 과제가 생각나네요. 다른 사람의 지난 주 과제를 가져와서 '개선'하거나 수정하라는 것이었죠.

맞아요. 객체 지향 프로그래밍을 가르칠 때도 이 방법이 효과적일 수 있습니다. 저는 "클래스를 만든 다음 다른 사람이 자신의 세계 안에서 객체를 만들 수 있게 해보세요."라고 말합니다. 제가 이 방법을 좋아하는 이유는 협업하고 누군가와 대화하는 것뿐만 아니라 오픈 소스 개발과 라이브러리 제작에 대해서도 가르칠 수 있기 때문입니다. 학생들은 단순히 다른 사람에게 코드만 넘겨줄 수 없습니다. 상대에게 모든 함수가 무엇을 하는지 설명하고, 이메일을 보내든지 코드 주석을 잘 달든지 간에 문서화해야 합니다.

물론 고급 과정을 가르친다면 GitHub 등을 사용하여 문서 페이지를 만들게 할 수도 있습니다. 저는 협업의 정신을 유지하면서 코드를 교환하는 방법을 배울 뿐 아니라 객체 지향 프로그램 역시 배우도록 하는 방식을 좋아합니다. 이 모든 것이 함께 잘 작동합니다.

제르 소프

저에게 가장 잘 맞는 과제는 '그리기 도구' 과제인데, 첫날에 이 과제를 내주는 경우가 많습니다. 그리기 도구를 만들면 컴퓨터가 지원해 주는 강력한 기능을 빠르게 파악할 수 있고 학생들도 매우 빠르게 공유할 수 있는 무언가를 얻을 수 있기 때문에 보람을 느낍니다. 디자이너와 아티스트에게 코딩 방법을 가르칠 때 가장 중요한 전략 중 하나는 가능한 한 빨리 만들게 하는 것이며, 이 연장선상에서 가능한 한 빨리 공유하는 것입니다. 세 시간이 지나면 그 결과물을 자랑스러워하며 피드에 게시할 수 있는 무언가를 만들고, 피드에서 약간 화제가 되기를 바랍니다. "내가 만든 것 좀 봐"라고 말하면 친구들은 "멋지다! 어떻게 한 거야?"라고 묻습니다.

이 과제가 처음 시작할 때 썩 괜찮다고 생각하는 또 다른 이유 중 하나는 프로그래밍의 모듈성에 대한 아이디어를 얻을 수 있기 때문입니다. 저는 학생들에게 "선을 그리는 명령과 직사각형을 그리는 명령을 살펴봅시다"라고 말합니다. 한 명령은 선을 그리고 다른 명령은 직사각형을 그리지만, 둘 다 네 개의 숫자가 필요하므로 실제로는 서로 바꿔 사용할 수 있습니다. 한 명령에 대한 인수를 다른 명령에 넣으면 됩니다. 처음 두세 번의 수업을 시작할 때는 "숫자를 볼 때마다 다른 숫자를 넣으면 어떻게 될까?", "메서드를 볼 때마다 다른 메서드를 넣으면 어떻게 될까?"라고 반복해서 물어보는 데 중점을 둡니

다. 그래야 흥미가 생기기 때문입니다. 저는 가능한 한 빨리 레고 프로그래밍 방식을 익히게 하고, 프로그래밍이란 게 강력한 접착제로 뭔가를 붙여나가는 과정이 아니라 아니라 분해하고 재조립할 수 있는 것으로 인식하게 하고 싶습니다.

골란 레빈 질문을 바꿔보겠습니다. 특히 정보 시각화 분야에서 가장 좋아하는 과제의 프롬프트는 무엇이며, 반드시 초보자를 위한 것이 아니라 상급자나 중급자 등 다양한 수준의 모든 사람이 접근할 수 있는 프롬프트는 어떤 것이 있을까요?

정보 시각화 맥락에서 가장 효과적인 것은 위치 기반 데이터를 가져와서 학생들에게 지도에 표시할 수 없는 무언가를 하도록 요청하는 것입니다. 이 과제를 중심으로 전체 과정을 구성할 수도 있습니다. 제 데이터 수업에서 학생들은 주로 위도와 경도로 구성된 빅 데이터 세트를 가져오지만 지도에 그릴 수 없기 때문에 다른 방법으로 그려야 합니다. 제약에서 벗어날 수 있어서 정말 좋습니다. 이전에 이야기한 것과 완전히 같은 것을 다른 방식으로 표현한 것이죠. 경도를 반드시 가로축을 따라 선으로 그려야 한다는 규칙은 없다는 것을 사람들이 이해했으면 합니다. 학생의 팔을 살짝 묶고 "이걸 지도에 그리면 안 돼"라고 말하면 학생들은 다른 방식으로 지도를 보게 됩니다. 다른 어떤 과제보다도 특정 유형의 데이터로 한 가지 유형의 것을 만들도록 강요하는 우리의 사고 구조에 대해 생각하게 합니다.

스기모토 타츠오

저는 프로그래밍을 한 번도 해본 적이 없는 학생들을 가르치는 경우가 많기 때문에 학생들의 두려움을 없애는 데 중점을 둡니다. 최근 데이터 시각화 수업

에서 첫 번째 과제는 개인 데이터를 기반으로 손으로 그림을 그리는 것이었는데, 조르지아 루피(Giorgia Lupi)와 스테파니 포사벡(Stefanie Posavec)의 Dear Data라는 프로젝트에서 영감을 얻었습니다. 먼저 학생들에게 일상 생활에서 무엇을 기록하고 싶은지 토론하게 했는데, 학생들은 매 끼니 사용하는 그릇과 수저를 살펴보기로 했습니다. 그래서 일주일 동안 스프레드시트에 어떤 식기를 사용했는지 기록한 다음 이 데이터를 손으로 그린 그림으로 직접 변환해야 했습니다. 코딩을 하지 않고 시작하는 것이 중요하다고 생각하지만, 그 후에는 손으로 그린 그림을 자바스크립트로 해석하게 했습니다.

로렌 맥카시

입문 수업에서 제가 가장 좋아하는 과제 중 하나는 파라미터와 변수를 배우는 과제입니다. 이 과제는 화면에서 마우스를 움직일 때마다 시점이 바뀌는 스케치를 만드는 것입니다. 문제는 마우스를 움직일 때 관찰자의 예상을 어떻게 뒤집을 수 있는가 하는 부분입니다. 저는 종종 다른 예술 분야에서 가져온 예시를 보여주는데, 안야 리프티그(Anya Liftig)와 케이틀린 베리건(Caitlin Berrigan)의 비디오 퍼포먼스 작품인 Adoring Appetite가 대표적입니다. 이 작품에서 두 아티스트는 유모차를 밀며 뉴욕 시내를 돌아다니다가 아기를 껴안고 키스를 합니다. 어느 순간 키스는 깨물고 먹는 행위로 바뀌고, 설탕으로 만들고 빨간 젤리로 채운 아기의 머리를 썹어 먹습니다. 저는 학생들에게 "코딩으로 이렇게 충격을 주는 경험을 만들면 어떤 모습일까요?"라고 묻습니다.

저는 상급자용 소셜 해킹 과정을 위한 과제도 좋아합니다. 제가 가장 좋아하는 건 자신이나 삶의 한 측면에 대한 API를 만들어야 하는 과제입니다. 학생들은 무언가를 선택하고 어떻게든 다른 사람이 제

어할 수 있도록 만들어야 합니다. 이 작업은 데이터 피드를 사용하거나 대중에게 질문을 공개하여 수행하는데, 보통은 후자를 사용합니다. 또 다른 방법은 브라우저 확장 프로그램이나 앱 같은 것을 만들라고 지시하는 것인데, 특정한 한 사람을 위해 만들어야 합니다. 그러면 학생들은 아이디어가 아닌 사람에서 시작해야 하는데, 이는 일반적이지 않은 디자인 프로세스이기 때문에 도움이 된다고 생각합니다. 자신을 위해 무언가를 만들 때는 왜 특정 결정을 내리는지 명확하게 생각하지 않기 쉽지만, 다른 사람을 생각하면 사용자 경험을 조금 더 상상할 수밖에 없습니다.

마지막으로 제가 좋아하는 연습은 학생들에게 그 주에 할 일을 적도록 하는 것입니다. 보통 최종 프로젝트를 위해 작업할 때 취할 단계를 적도록 합니다. 저는 학생들에게 정확히 어떤 작업을 수행할 것인지와 각 작업마다 시간이 얼마나 걸릴지 적으라고 요청합니다. 그런 다음 일주일 내내 각 작업의 시간을 측정하도록 합니다. 나중에 보고하라고 하면 이렇게 말합니다. "저는 그냥 하나의 정보 흐름만 연결하는 간단한 데이터 시각화를 만들려고 했는데요."라고 말합니다. 여기서 공통으로 말하는 단어를 찾을 수 있는데, '그냥'이라는 단어를 사용하면 시간 추정치에 2를 곱하고, '간단히'가 들어 있으면 4를 곱합니다. 사람들은 일이 얼마나 오래 걸릴지 쉽게 예상하지 못하는 경우가 정말 흔합니다.

피닉스 페리

저는 사람들이 게임으로 할 수 있는 일의 종류에 대해 생각하게 하고 싶고, 비디오 게임뿐만 아니라 게임을 더 폭넓게 생각하게 하고 싶습니다. 예를 들어 센서를 사용하여 누군가의 위치를 추적하고 싶다고 가정해 보죠. 제가 만든 게임, 예를 들어 머리

로 물건을 두드리거나 비명을 지르면 어떤 일이 일어나는 게임을 보여줍니다. 저는 가능성을 넓혀서 학생들이 기발한 게임을 상상하게 하려고 노력합니다. 가능성에 한계가 없다면 어떤 것들을 시도해보고 싶으신가요? 비슷한 시점에 퍼베이시브 게임(pervasive game, 놀이 경험이 물리적 세계로 확장되는 게임)에 대한 아이디어를 소개하면 컴퓨터 밖에서도 놀이를 할 수 있다는 생각을 갖게 할 수 있습니다. 아티스트와 게임 디자이너가 섞여 있다면 그들의 관심사를 정말 흥미로운 방식으로 종합하여 컴퓨터와 관련이 없고 매우 간단한 규칙을 가진 게임을 만들 수 있기 때문에 정말 효과적입니다. 이러한 경험은 이미 알고 있는 기술 세트에 얽매이지 않고도 정말 큰 힘을 주는 경험이라고 생각합니다.

룬 마드센

제 중간고사 과제는 코드를 실행할 때마다 동일하게 보이지 않는 동적 로고를 만드는 것이었습니다. 제게는 매우 전형적인 과제인 것 같아요. 하지만 제가 '가장 좋아하는' 과제는 컴퓨테이셔널 타이포그래피에 대한 주제를 다루는 한 주 동안의 다른 과제입니다. 타이포그래피는 수작업으로 이루어지는 작업이기 때문에 매 학기 시작 전에 항상 이 주 전체를 아예 빼는 것을 고려합니다. 서체는 모든 것을 조정하는 섬세함이 필요합니다. 저는 학생들에게 핵심 규칙에 따라 서체를 만들거나 특정 단어에 대한 서체를 디자인하도록(전체 알파벳을 만들지 않아도 되니까요) 요청합니다. 즉, 손으로 하는 것보다 코드로 하는 것이 더 효과적이어야 합니다. 프로젝트의 접근 방식이나 해석은 다양할 수 있습니다. 수작업보다 코드에서 더 나은 서체를 만들도록 합니다. 예를 들어 서체의 각 글자를 배열의 객체로 정의할 수 있습니다. 이 배열을 반복하고 for-문에서 동일한

프로세스를 사용하여 각 글자를 그릴 수 있어야 합니다.

이 과제는 존 마에다(John Maeda)로부터 영감을 받았습니다. 그의 초기 저서 중에 파이 서체라는 예제가 나오는데, 두 개의 파이 차트를 겹쳐서 알파벳을 만드는 것입니다(참고: 마드센은 '모듈식 알파벳' 과제에 나온 피터 조의 *Type Me, Type Me Not*을 참조하고 있습니다). 그리고 제 학생들은 사인 글꼴이나 코사인 글꼴과 같은 기발한 글꼴을 만들어 항상 저를 놀라게 합니다. 매 과제마다 학생들의 창의력은 항상 놀랍습니다.

헤더 듀이-해그보그

제 바이오아트 수업의 첫 번째 과제는 합성 생물학, 유전 공학, 디자인의 미래를 살펴보는 것으로 시작됩니다. 저는 스페큘레이티브 디자인 접근법을 사용하는데, 예를 들어 향후 100년 동안 유전 공학이나 합성 생물학이 어디로 갈지 예상하는 제품이나 서비스를 디자인하는 과제를 내줍니다. 그런 다음 학생들은 제품이나 서비스의 밑그림을 그리고 자신이 상상한 미래와 그 제품이 사회에 미치는 영향에 대해 페이지를 작성합니다.

테가 브레인 그럼 실제로 작동하는 형태로 만들 필요가 없는 비평 프로젝트인가요? 비평할 점이 있는 한 전부 추측으로만 남아도 된다는 건가요?

맞습니다. 이 모듈에서는 유전 공학 실험도 수행하므로 학생들은 이러한 프로세스에 직접 참여하여 실제로 어디까지 가능한지 이해하게 됩니다. 하지만 이 과제는 학생들이 실제로 할 수 있는 것 이상으로 생각하도록 장려합니다. 한 학기라는 시간은 학생들이 유전 공학 같은 분야에서 실제로 중요한 일

을 하기에는 충분하지 않습니다. 이런 식으로 학생들은 실험실에서의 프로세스가 어떤 식인지에 대한 경험을 쌓은 다음, 이 연구가 어디로 가고 있는지, 우리가 어떤 미래를 만들어 갈 것인지에 대해 생각하게 됩니다.

재커리 리버만

제가 가장 좋아하는 과제는 과거 예술가의 작품을 연구하고 재현하는 것입니다. 예를 들어 제임스 휘트니(James Whitney)와 존 휘트니(John Whitney)의 작품을 출발점으로 삼아 두 가지 방식으로 접근하도록 학생들에게 요청하는 경우가 많습니다. 첫 번째는 두 사람의 작품에서 영감을 받아 무언가를 만드는 것인데, 두 사람의 작품을 살펴보고 코멘트를 추가하는 것입니다. 그 다음에는 복제에 집중하여 충실한 복제품을 만들도록 합니다. 매튜 에플러(Matthew Epler)의 *Recode Project*는 이 두 가지 접근 방식을 나란히 제시하는 데 매우 효과적입니다. 이 과제는 50년대, 60년대, 70년대 사람들의 작업 방식과 다양한 계산 접근 방식에 대해 이야기하는 방법으로도 사용할 수 있습니다. 기술과 코드뿐만 아니라 과거와 역사에 대해 이야기할 수 있다는 점이 마음에 듭니다. 개방형 문제에 답하는 것보다 다른 아티스트의 작품을 심도 있게 살펴보는 쪽이 학생들이 더 나은 결과물을 만들어내고 자신이 하는 작업을 더 진지하게 받아들이도록 유도합니다.

R. 루크 두부아

Max/MSP로 오디오 수업을 가르치는 경우 모든 학생에게 플랜저(flanger)를 만들게 합니다. 플랜저는 동일한 사운드 두 개를 동시에 재생하지만, 시간적으로 약간 지연을 주어 소리를 혼합합니다.

지미 헨드릭스 버전의 *All Along the Watchtower*

(원곡은 밥 딜런)에 나오는 기타 솔로를 사용하여 지구상의 모든 오디오 효과를 시연해 볼 수 있습니다. 헨드릭스의 비밀 병기는 세상에 없던 기타 페달을 만들어준 로저 메이어(Roger Mayer)였습니다. 그는 최초의 와와(Wah Wah)와 최초의 페달 플랜저를 만들었습니다. 플랜지는 테이프의 내부 릴을 조작하는 것이기 때문에 원래 스튜디오 기술이고, 스튜디오에서 작업해야 했습니다. 하지만 메이어는 딜레이에서 커패시터로 이 작업을 수행하는 방법을 알아냈습니다. *All Along the Watchtower* 솔로에서는 헨드릭스가 기타에서 픽, 핑거링, 슬라이드, 디스토션 페달, 에코 페달, 코어, 플랜저, 와와를 오가며 픽을 전환하는 구간이 나옵니다. 두 번째 소절과 세 번째 소절 사이의 그 순간에 오디오 신호 처리에 대해 알아야 할 거의 모든 것을 배울 수 있습니다. 저는 보통 이 곡을 연주하는 것으로 시작한 다음 딜레이 라인을 만들고 피드백을 추가하는 방법을 보여 줍니다. Max 등에서 플랜저를 만들기 위해 모든 값을 어떻게 조정하는지 알아내는 과제를 준 다음, 플랜저를 사용한 레코드와 이를 모사한 레코드를 가져와야 합니다. 예를 들어 수지 앤 더 밴시스(Siouxsie and the Banshees)의 곡이나 카니예 웨스트(Kanye West)의 곡을 가져오는 식이죠. 카니예는 곳곳에 플랜저를 사용하죠. 정말 간단한 Max 패치이기 때문에 학생들에게 이 작업을 하도록 합니다.

드 안젤라 L. 더프

저는 학생들에게 손으로, 또는 어도비 일러스트레이터로 삼각형, 사각형, 원, 선과 같은 기본적인 도형만 사용하여 무언가를 그리게 합니다. 그런 다음 코드를 사용하여 그 그림을 다시 만들도록 요청합니다. 온라인에는 코드를 복사할 수 있는 예제가 많기 때문에 그림을 재현하는 대신 학생들이 직접 그리는 것이 정말 중요합니다.

테가 브레인 저는 항상 프로세싱을 사용한 그림 그리기 수업으로 학기를 시작하고 싶었는데, 첫 프로그래밍 수업에 누드 모델을 고용하고 학생들이 그 모델을 코드로 표현하도록 했습니다.

그렇군요! 그림 그리는 연습이 안 된 사람들도 있기 때문에 그림 그리기 수업이 유용하다고 생각해요. 자신은 그림을 못 그린다고 생각하는데 막대기만 그려도 창의적인 활동에 참여하게 하는 것이 정말 중요하다고 생각해요.

위니 순

제가 디자인 학생들에게 주는 과제 중 가장 좋아하는 것은 생성성, 제너레이티브 아트, 이머전스와 관련된 규칙 기반 시스템에 관한 것입니다. 우선 학생들에게 종이와 펜을 들고 시스템을 구성하는 두세 가지 주요 규칙을 적으라고 합니다. 우선은 결과를 염두에 두지 말고 지침을 프로그래밍하기 시작한 다음 시간이 지남에 따라 점점 전개시킵니다. 저는 보통 6~7주차에 이 방법을 소개하는데, 처음 6주 동안은 플로우 바, 아이콘 또는 이모티콘을 만들어야 하는 등 보다 직접적인 과제가 주어지기 때문에 이 과제가 매우 흥미롭습니다. 학생들은 코딩하기 전에 자신이 만들고자 하는 것을 시각화할 수 있습니다. 그런데 갑자기 규칙 기반 시스템을 도입하면 학생들은 "뭐야! 무슨 소리야?"라고 묻습니다. 디자이너로서 이 개념을 이해하기는 매우 어렵지만 사실 10 PRINT나 콘웨이의 생명 게임(Game of Life)처럼 사고방식이 다를 뿐입니다. 이를 통해 카오스, 노이즈, 순서, 시뮬레이션, 저작물 등 기계가 사용자와 공동 창작하는 것에 대해 이야기할 수 있습니다. 또한 개

념 예술과 개념적 사고를 소개하고 최종 결과보다는 과정에 집중할 수 있게 해줍니다. 시간이 지남에 따라 상황이 어떻게 전개되는지 생각해 볼 수 있는데, 이는 프로그래밍에 대해 생각할 때 정말 중요한 관점이라고 생각합니다.

무언가 잘못되었을 때

최악의 날에는 어떤 일이 벌어지나요?

코드는 취약한 매체입니다. 쉽게 놓칠 수 있는 간단한 구문 오류가 프로그램을 전혀 컴파일할 수 없게 만들곤 합니다. 모든 소프트웨어 교육자는 어느 시점엔가는 이런 상황을 공개적으로 경험하게 되며, 참을성 없는 학생들 앞에서 땀을 흘리며 필사적으로 디버깅하는 자신을 발견하게 될 것입니다. 미디어 아트를 가르치려면 강사는 끊임없이 변화하는 개발 환경과 새로운 기술을 지속적으로 파악해야 합니다. 이러한 기술 중 상당수는 자신의 주요 전문 분야와 동떨어진 것일 수 있습니다. 한편 운영 체제는 자체적으로 업데이트되고, 익숙한 도구들은 갑자기 구식이 되거나 호환되지 않으며, 소중히 여기던 참고 자료들이 인터넷에서 갑자기 사라지기도 합니다. 이러한 여러 가지 이유로 창의적 프로그래밍을 지도하는 교사는 실시간으로 실수와 오류를 처리해야 하는 동시에 회의적이고 불안해 하는 학생들의 흥미를 유지하기 위해 노력해야 합니다. 응답자들에게 모든 것이 망가지고 아무것도 제대로 풀리지 않는 날들에 대해 물었습니다.

다니엘 시프먼

코드가 작동하지 않고 해결책을 찾을 수 없을 때가 있는데, 이런 순간이 유용하다는 말을 종종 듣습니다. Coding Train 동영상을 본 사람들이 "당신이 해결책을 찾지 못하고 십 분 정도 막혔을 때가 제일 좋았어요. 그런 일이 누구에게나 일어날 수 있다는 걸 보는 게 좋거든요." 또는 "당신이 그 문제를 해결하려고 노력하는 모습을 보는 게 좋아요." 같은 말을 합니다. 그럼에도 불구하고 정말 짜증나고 스트레스 받을 때도 있습니다. 마르코프 체인(Markov Chain)[1] 같은 것을 설명하려 할 때는 정말 머리가 복잡해져서, "그 설명은 정말 최악이었어. 미리 연습했어야 했는데."라는 생각이 들었습니다.

골란 레빈 연습을 한다니 흥미롭네요. 당신의 경우에는 다른 사람들보다 더 공개적으로 유튜브 채널을 통해 설명하기 때문에 확실히 연습이 필요할 것 같습니다. 연습을 통해 끈기 있게 설명을 다듬고 수정한다는

걸 알 수 있습니다.

저는 비디오를 만들어온 지는 얼마 되지 않았지만, 최근에는 더 집중하다 보니 점점 설명이 잘 맞는 것 같습니다. 예전에는 수업 준비를 위해 비디오를 만들었지만, 이제는 수업을 통해 영상 연습을 하고 있습니다. 마치 코미디언들이 TV 특집을 녹화하기 전에 코미디 클럽에 가서 소재를 시험해 보는 것과 비슷합니다.

같은 수업을 이틀 연속으로 진행하면 두 수업이 모두 잘 진행될 수 없습니다. 첫째 날이 놀라울 정도로 잘 풀리면, 둘째 날에도 똑같이 하려다 실패하곤 합니다. 또는 첫째 날 수업이 엉키면, 그것이 동기가 되어 다음 날에 하는 모든 것을 수정하려고 합니다.

위니 순

바로 2주 전에 그런 경험이 있었습니다. 최악의 날은 아무것도 작동하지 않는 날입니다. 모든 것이 잘 작동하는 것 같다가도 실제로 실행해 보면 여러 가지 문제가 발생합니다. 그 문제가 시스템, 버전, 또는 브라우저 때문인지 파악해야 하며, 왜 작동하지 않는지조차 모를 때도 있습니다. 그런 때 괜찮은 척

---

[1] (옮긴이) 마르코프 체인은 각 상태가 이전 상태에만 의존하는 확률적 과정을 모델링하는 수학적 모델입니다. 이 '무기억성' 특성은 상태 전이가 현재 상태에 의해서만 결정됨을 의미합니다. 이 확률 모델은 날씨 예측, 주식 시장 분석, 언어 모델링 등 다양한 분야에서 시퀀스 데이터를 분석하고 예측하는 데 효과적으로 사용됩니다.

해야 하지만, 속으로는 '아, 왜 이렇게 안 되는 거지?' 하고 답답해 합니다. 이런 문제적 상황이 생기면 학생들이 프로그래밍의 불완전한 면을 볼 수 있다는 점에서 좋다고 생각할 수도 있지만, 동시에 이런 상황을 감당하기 위해서는 정신적으로 강해야 합니다. 또한, 현장에서 상황을 전환하고 즉석에서 내용을 대체하여 진행할 수 있는 방법도 익혀야 합니다.

R. 루크 두부아

저는 수업에서 실패를 경험한 적이 많습니다. 클라우드 환경과 비슷하게 Node 서버를 설정하려고 처음 시도했는데 최악의 상황이 한꺼번에 몰아쳤습니다. 클라우드에 무언가를 올려서 응답을 받을 수 있는 소켓 I/O 사용법을 보여주고 싶었던 건데요. 도무지 작동하지 않더군요. .ssh 디렉터리에 문제가 있어서 서버에 로그인할 수 없었고, 디버깅하는 데 오랜 시간이 걸렸습니다. 실제로는 15분밖에 안 걸렸지만, 학생들 앞에서 디버깅해야 했기 때문에 45분처럼 느껴졌습니다. 모든 것이 엉망이었고, 정말 안 좋았습니다.

음악 관련해서는 디스클라비어(Disklavier, 디지털 피아노)를 다루는 정말 끔찍한 수업을 진행한 적이 있습니다. 기본 설정에 항상 0.5초의 지연이 있어서 안전 스위치를 꺼야 했는데, 저는 이를 파악하지 못했습니다. 음악을 연주하다 피드백으로 인한 하울링 등으로 음악을 망치지 않도록 제조사에서 디지털 피아노에 피드백 방지 기능을 넣었더라고요.

핀란드의 계관 작곡가인 카이야 사리아호(Kaija Saariaho)가 작곡한 멋진 레퍼토리가 있었는데, 그중에 정말 훌륭한 디스클라비어 곡이 있었습니다. 이 곡은 90년대에 그녀가 쓴 학부 교습법 연구의 일부로 그다지 어렵지 않았고, 저는 피아노를 4년 배우고 대학원에서 공부했기 때문에 실제로 이 곡을 연주

할 수 있습니다. 그러나 저는 이 500밀리초 지연을 해제할 수 없었고, 피아노 연주를 하다 미칠 지경에 이르렀습니다. 70년대 독설 코미디 쇼에서의 돈 리클스(Don Rickles)처럼 속으로 계속 욕설을 퍼부었습니다. 그날은 제가 가르치면서 겪은 최악의 날이었어요.

드 안젤라 L. 더프

꼭 최악의 날이라기보다는 방식이 잘못되었다는 것을 깨달은 날이 있었습니다. 저는 수업 시간에 코드를 한 줄 한 줄 분석하고 설명하는 일이 많았습니다. 코딩을 할 줄 아는 사람에게는 명확하게 들리겠지만 초보자에게는 소음과도 같은 것이죠. 많은 학생들이 자신은 프로그래밍이나 수학을 잘하지 못한다고 생각하고, 제가 수업 중에 누군가에게 "제가 방금 무슨 말을 했는지 말해보세요"라고 하면, 제가 말한 지 1분도 지나지 않았지만 그들은 제 말을 되풀이하지 못합니다. 결국, 코드를 한 줄 한 줄 설명하는 것은 시간 낭비라는 것을 깨달았습니다. 제가 가장 힘들었던 날은 저는 무언가를 가르치고 있다고 생각했지만 사실은 그렇지 않은, 학생들에게는 그저 소음에 불과했다는 것을 깨달은 날인 것 같습니다.

앨리슨 패리시

제게 있어 최악의 날들은 영문학과에서 프로그래밍 수업을 가르치던 날들이었습니다. 절반 정도 학생들이 수업 내용을 따라오지 못하고 있었지만, 처음에 정한 목표치에 도달할 수 있도록 매우 엄격하게 수업 일정을 고수했습니다. 학생의 절반 정도가 따라오지 못한다는 것을 알면서도 이를 악물고 튜토리얼을 진행한 날도 하루 이틀 정도 있었습니다. 제강의 경험의 대부분은 NYU ITP와 같은 대학원 환

경에서 이루어졌는데, 이 학생들은 내적인 동기 부여가 강해서 수업이 제대로 진행되지 않더라도 어떻게든 가치를 끌어내고 싶어 합니다. 반면, 학부생들은 강사와 제대로 연결되지 않으면 수업에서 멀어집니다. 영문학과에서 학생들이 처음으로 나를 외면하는 것을 경험했고 정말 힘들었습니다. 하지만 그 경험을 통해 많은 것을 배웠습니다.

로렌 맥카시

저는 교사로서 모두에게 동기를 부여하고 격려하는 역할을 해야 한다고 생각하지만, 때로는 그것이 힘들 수 있습니다. 그런 상황은 사람을 지치게 하고 때로는 그것을 인정하는 것이 기분 좋지 않을 수 있습니다. 다른 직업에서는 왠지 어려운 점에 대해 이야기하는 것이 더 쉬운 것 같고, 우리도 가끔 동료 교사들과 그렇게 하는 것 같습니다. 하지만 항상 "좋아, 다 잘 되고 있어! 훌륭해!"처럼 말해야 한다는 압박감을 느낍니다. 재미없는 얘기일 수도 있지만, 가끔은 그렇게 말하는 것이 좋다고 생각합니다.

제르 소프

저는 밴쿠버 영화 학교에서 몇 년 동안 프로그래밍을 가르쳤습니다. 필수 과목이었는데, 학생의 절반이 수강을 원하지 않아서 정말 힘들었습니다. 학생들은 언제든 와서 수강할 수 있었지만, 일부는 관심이 없습니다. 대부분 학부모가 등록금을 내고 자녀를 보내는 학교이기 때문에, 학생들은 자신이 무엇을 하고 싶은지 모릅니다. 관심 없는 학생들로 가득 찬 교실에서 수업하는 것은 정말 힘들었습니다. 저는 그렇게 관심이 없는 사람들을 끌어들이는데 꽤 능숙하다고 생각하지만 말이죠.

최태윤

한번은 플립플롭 메모리 장치를 만들기 위해 저항기를 수업에 가져온 적이 있습니다. 트랜지스터 2개, 저항기 2개, LED 1개로 만들어진 정말 간단한 부품이었습니다. 일부 저항기는 갈색이지만 어두울 때는 빨간색으로 보일 수 있습니다. 급한 마음에 실수로 다른 값의 갈색 저항기를 가져왔고, 강의실에서 어떤 예제도 작동하지 않았습니다. 수 차례 테스트했음에도 불구하고 미쳐버릴 것 같았고, 너무 답답해서 식은땀이 줄줄 흐르고 당황스러웠습니다. 스스로 잘못된 사람처럼 느껴졌고 이런 공개적인 실수가 학생들이 전자 기기와 기술을 탐구하는 데 방해가 될 것 같았습니다.

학생들은 처음에 '이게 작동해야 한다'는 식의 즉각적인 피드백을 받아야 합니다. 다행히도 수업이 끝날 무렵에 이유를 알아냈고 제대로 된 저항기를 가지고 있는 몇몇 학생들은 적절한 값의 저항기로 교체해서 모든 것이 작동했습니다. 어찌됐든 저는 확실히 준비가 부족했고 길을 완전히 잃었으며 준비되지 않은 제 자신이 미웠습니다.

가장 기억에 남는 응답

과제를 내주었을 때 가장 기억에 남는 반응은 무엇인가요?

과제의 교육적 잠재력을 증명하는 데에 학생의 놀라운 반응보다 더 좋은 증거는 없을 것입니다. 여기에서는 교육자에게 파격적이거나 예상치 못한 방식으로 과제에 응답했거나 중요한 학습적 진전을 보여준 학생에 대해 회상해 보도록 요청합니다. 이러한 기억을 통해 과제가 학생 성장의 발판이 될 뿐만 아니라 교수자 자신에 대한 이해도 높일 수 있음을 알 수 있습니다.

최태윤

가장 감동적인 반응은 SFPC의 첫 번째 수업을 들었던 앤디 클라이머(Andy Clymer)가 프로그램을 마치고 2년이나 지난 후에 저를 만나 "아직도 교수님이 주신 숙제를 하고 있어요"라고 말했을 때였습니다. 그는 제너레이티브 글꼴을 만드는 뛰어난 서체 디자이너였고, 저는 그가 전자 공학에 흥미를 갖도록 도와주었습니다. 그는 제가 진행한 몇 가지 워크숍을 통해 신디사이저와 로봇 공학에 정말 빠져들었습니다. 재미있는 게, 워크숍 자체는 그다지 성공적이지 않았거든요. 제가 기술적인 것을 가르치는 첫 수업 중 하나였기 때문에 아직은 가르칠 준비가 미흡했던 것 같아요. 그래도 학생들이 수업이 끝날 때 주도권을 잡고 배운 것을 이야기하는 협력적인 접근 방식을 채택하려고 노력했고, 우리가 중단한 부분부터 계속 이어나갔다는 말을 들은 것이 최고의 강의 경험 중 하나인 것 같습니다.

위니 순

한 과제가 아니라 한 학기 전체에 대한 반응이긴 한데요. 학생 중 한 명은 코딩이 신사들만의 클럽이 아니라는 것을 깨달았다고 강의 평가서에 적었습니다. 그 한 줄만으로도 저는 실제로 무언가를 성취한 것 같은 기분이 들었습니다. 뉴욕의 코딩 현장이 다양성에 훨씬 더 초점을 맞추고 있다는 것을 알고 있지만, 전 세계 많은 지역에서 성별은 여전히 문제가 되고 있습니다.

피닉스 페리

나쁜 사람이 되는 것을 두려워하지 마세요. 누군가를 무너뜨리는 것을 두려워하지 마세요. 제가 받은 가장 보람 있는 반응 중 일부는 제가 수업 초반에 나쁜 아이디어에 대해 매우 부정적인 피드백을 준 학생들로부터 온 것이었습니다. 그들은 제 피드백을 불을 지피는 연료로 삼아, 제가 완전히 잘못 판단했음을 증명하거나 그들의 콘셉트를 크게 개선한 것을 볼 수 있었습니다. 예를 들어, 한 학생이 오큘러스 리프트(Oculus Rift)용 VR 게임을 만들고 싶다면서 자신의 아이디어를 말했는데, 저는 "이건 완전 쓰레기예요. 전혀 마음에 들지 않아요. 재미도 없고, 새롭지도 않고, 그냥 뻔한 우주 슈팅 게임이나 만들지 말라고요. 왜 오큘러스 리프트로 우주 슈팅 게임을 만들죠? 이걸로 무엇을 얻을 수 있나요?" 그래서 그는 리듬 기반 우주 슈팅 게임을 만들기로 결정하고 조종석의 디제시스[1]를 게임의 컨트롤 시스템으로 사용하기로 했습니다. 조종석 내부에서 나는 소리들을 이용해 게임을 컨트롤하도록 만들었습니다. 플레이어는 그 리듬이 조종석의 어느 위치에서 나는 소리인지 파악해서 쳐다봐야 하고, 다양한 리듬을 계층화해서 설계했습니다. 그래서 톰톰 드럼이 울리면 어떤 물체가 튀어나오고 그 위치를 찾아서 멈

---

1 (옮긴이) 이야기 속에서 일어나는 사건들의 시간과 공간을 말합니다. 여기서는 조종석 내부에서 벌어지는 일련의 상황들, 즉 조종사들의 행동, 조작, 대화 및 그 상황이 일어나는 시간과 공간을 상세히 묘사하는 것을 의미할 수 있습니다.

취야 했습니다. 베이스 드럼 비트가 들리면 다른 위치를 살펴봐야 합니다. 그렇게 하면 베이스 드럼을 치는 물체가 파괴될 수도 있었죠. 고개를 돌리고 위아래를 살피고 주위를 둘러보는 행위가 리듬과 박자에 맞춰 이루어지기 때문에 정말 재미있었어요.

또 다른 예로 제임스 카메론(James Cameron)이라는 학생이 만든 프로젝트 때문에 머리가 깨지는 것 같았는데, 실제로 이런 작업을 하는 사람을 본 적이 없습니다. 제가 게임 과제를 내줬는데, 그는 현실 세계와 연결되는 공포 게임을 만들고 싶어 했습니다. 그가 만든 공포 비디오 게임은 시나리오가 정말 끔찍했어요. 살인 사건이 발생했는데 갑자기 VR에 휴대폰이 나타나고 휴대폰을 터치하면 실제 휴대폰에서 벨이 울리는 것이었습니다. 그런 다음 캐릭터가 전화를 걸고 메시지를 남기면서 이 이야기를 진행하라는 메시지를 표시합니다. 초기 아이디어가 대단하지는 않았지만 정말 놀라웠어요. 저는 이 학생이 시험에서 세미콜론을 빼먹었을 때 해적을 그려넣고 "이제 널빤지를 걸어라"[2]라고 옆에 써주는 식으로 정말 엄하게 혼냈어요. 교사는 학생들을 정말 기분 좋게 만들고 싶을 때도 있지만 그게 목표가 아닐 때도 있다고 생각합니다. 때로는 학생들에게 무언가가 시간을 투자할 가치가 있는지, 어떻게 하면 새로운 것을 가져올 수 있는지 의문을 갖도록 해야 할 때가 있습니다.

로렌 맥카시

저에게 가장 기억에 남는 것은 대개 결과물보다는 그 과정에 관한 것입니다. 예를 들어 처음 몇 주 동안은 정말 힘들어하던 학생이 매주 과제를 수행하

는 데 그치지 않고 그 과제를 다섯 가지 버전으로 작업하는 것을 본 적이 있습니다. 그러다 마지막에는 최종 프로젝트에서 정말 강력한 콘셉트를 갖춘 훌륭한 프로그래머가 되었죠. 그런 예가 저에게 정말 기억에 남습니다. 구체적인 사례를 들자면, 제 학생 중 한 명이 코딩을 배우기 시작했을 때 사람들에게 가서 그들의 프로세싱 스케치(코드 자체)를 요청하는 프로젝트를 진행했습니다. 그녀는 그 후에 스케치를 실행하여 실제 결과와 얼마나 가까울 수 있는지를 보기 전에, 결과물이 어떨지를 손으로 그려보려고 시도했습니다.

테가 브레인 참신하고 초보자치고는 용감하네요.

네, 어디 보자, 또 다른 예가 있는데 그 자체로 그렇게 대단한 건 아니지만 두 학생의 아이디어가 정말 마음에 들었습니다. 프로젝트 이름은 "번역에서 길을 잃지 않기"였고, 두 학생은 기본적으로 자신들을 위한 채팅 앱을 만들었습니다. 두 학생 모두 영어를 사용했지만 억양이 강했어요. 그리고 사람들이 자신들을 잘 이해하지 못한다고 느꼈습니다. 처음에는 상대방 언어로 번역해 주는 앱을 만들고 싶었지만, 기술적 장벽에 부딪히자 개념을 바꿔 사용자가 영어, 힌두어, 한국어 등 원하는 언어를 선택해 말할 수 있도록 했습니다. 그런 다음 구글 번역과 구글 이미지 검색을 연속해서 수행합니다. 자신이 말한 내용을 픽토그램으로 보여주면 상대방이 이에 대답하고, 똑같은 절차에 따라 번역하고 이미지 검색을 수행해 또 다른 픽토그램을 표시합니다. 결과는 완전히 말도 안 되지만 훌륭하게 실행되었습니다.

마지막으로 기억에 남는 것은 생활의 일부분을 제어할 수 있는 API를 만드는 과제를 냈을 때 벤 카우프만(Ben Kauffman)이 제출한 과제물이었습니

---

2 (옮긴이) 해적이 배 밖으로 널빤지를 놓고 그 위로 걸어가게 하여 바다에 빠뜨리던 처형 방법

다. 그의 프로젝트는 매우 간단했습니다. 그에게 해시태그 #brainstamp와 함께 메시지를 보내면 그는 주머니에서 엽서를 꺼내서 그 순간 무슨 생각을 하고 있었는지 적은 다음 눈에 띄는 우편함에 넣는 것이었습니다.

재커리 리버만

학과장으로부터 예술적 데이터 시각화에 관한 수업을 맡아달라는 요청을 받았는데, 저는 예술적 데이터 작업은 좋아하지만 데이터 시각화는 별로 좋아하지 않아서 수업을 진행하는 내내 갈등을 겪었고, 그 부정적 기운을 강의실에 고스란히 가져왔습니다. 하지만 그 수업에는 에반 로스(Evan Roth)와 크리스틴 수그루(Christine Sugrue) 같은 사람들이 있었습니다. 그들은 이러한 프롬프트를 가지고 예술 작품을 만들었습니다. 랩 앨범에서 발췌한 욕설로만 구성된 에반 로스의 프로젝트 *Explicit Content Only*와 같은 것이죠. 그들은 제가 주는 프롬프트를 받아 갤러리에 전시되거나 블로그에 소개될 만한 작품을 만들었습니다. 학생들이 주목할 만한 작품, 사람들이 그것에 대해 글을 쓰거나 이야기하게 만드는 작품을 만들면 교사로서 정말 흥분됩니다. 문화와 함께 피드백 루프가 형성되는 것을 볼 수 있기 때문입니다. 실무자로서 무언가를 만들고, 청중에게 다가가고, 피드백을 받는 피드백 루프가 있습니다. 이러한 순환이 없으면 자신이 하는 일의 가치를 이해하기 어렵습니다. 저에게 가장 흥미진진한 자극은 세상에 공개되는 작품으로 이어질 때입니다.

R. 루크 두부아

창의적 코딩 수업에서 알함브라 궁전의 바닥을 보여주며 이것이 어떻게 린덴마이어 시스템인지, L-시스템으로 어떻게 재현할 수 있는지 설명하는 과제를 수행합니다. 그런 다음 학생들에게 p5.js의 기본 거북이 그래픽 스케치를 제공하고 린덴마이어 시스템을 수행하는 방법에 대한 몇 가지 아이디어와 여러 링크를 제공한 다음 알아서 해결하라고 말합니다. L-시스템을 사용해서 자신의 고향인 캘커타에 위치한 3세기 힌두스탄 사원에 있는 만다라를 완벽하게 복제한 학생이 있었습니다. 그는 이 만다라를 눈앞에 있는 것처럼 또렷이 기억하고 있었고, "이걸 만들 수 있는 방법이 있을 거야"라고 생각했죠. 코흐 곡선처럼 공간을 채우는 곡선과 비슷하기 때문에 그리 어렵지 않아요. 대부분의 학생들은 미로나 시에르핀스키 삼각형 같은 이상한 거북이 그래픽을 만들거나 프랙털 101류의 거지같은 걸 만들었습니다. 하지만 이 학생은 사원의 천장 이미지가 담긴 구글 어스 사진을 보여주더니 스케치를 재생하고는 자리를 떴어요. 분명히 알 수 있었던 건 그가 이 형태와 개인적인 관계를 맺고 있다는 점이었으며, 이것이 그의 작품에 분명한 동기를 부여했습니다. 다른 아이들은 모두 "와 씨…대박…"이라고 말했죠.

앨리슨 패리시

제 제자인 수잔 스톡(Susan Stock)의 작품으로, 시를 창작하는 프로그램입니다. 이 프로그램은 그녀가 친구에 대해 쓴 시를 기반으로 합니다. 그녀는 텍스트의 작은 부분을 무작위로 반복하는 이 절차적 프로그램에 시를 통과시켰는데, 이 때문에 마치 기록이 건너뛰는 것처럼 느껴졌습니다. 시가 계속 텍스트 속으로 되돌아가서 스스로 따라잡을 수 있도록 하는 것이죠. 이걸 "수잔의 스크래치"라고 부릅니다. 수잔이 수업 시간에 이 작품을 낭독했는데, 개인적인 이야기라서 정말 감동적이었어요. 일반적으로 절차적 예술에서는 서정적이거나 감정적이거나 개인적인 것을 표현하기가 더 어렵거나 바람직하지 않다고 생각합니다. 수잔의 경우 이 과정을 통해 원래 텍스트에 없던 무언가를 끌어낸 것이 분명했습니다.

새로운 시 형식을 고안한 다음 그 형식으로 시를 쓰는 컴퓨터 프로그램을 작성하는 중간 과제였던 것 같아요. 수잔이 이 과제를 발표하자마자 제 머릿속에 스위치가 켜진 것 같았습니다. 이걸로 학생들에게 농담을 하는 방법을 가르칠 수 있고, 이걸로 데이터 분석을 하는 방법을 가르칠 수 있고, 절차적 텍스트로 포스트모던한 바보가 되는 방법을 가르칠 수 있다는 것을 깨달았죠. "수잔의 스크래치"를 보고 이런 생각이 들었습니다. '아, 잠깐만, 내가 생각했던 것보다 훨씬 더 넓은 감정적 범위가 있네.'

테가 브레인 물론 컴퓨터는 감정적이라는 프레임을 씌우거나 감정을 탐구하는 데 사용되는 경우는 거의 없고, 모호하거나 예측할 수 없는 것으로 인식되지도 않죠.

당연하죠. 매체의 역사를 고려하면 이해할 수 있는 부분이라고 생각합니다. 일반적으로 사람들은 시스템이 표현력을 발휘할 수 있다고 생각하지 않습니다. 의도성이 있다고 인식하지 않죠. 사람들은 규칙을 만드는 행위와 시를 쓰는 행위가 같다고 생각하지 않는 경우가 많습니다. 이 부분이 제가 강의를 통해 깨뜨리고 싶어 하는 부분입니다. 사실 컴퓨터 프로그램을 설계하는 과정, 시의 형식을 설계하는 과정, 게임을 설계하는 과정 모두 하나의 과정이며, 이러한 아티팩트를 만드는 시스템 자체가 서정성과 감정, 개인적인 관점을 담을 수 있는 것임을 깨달았으면 합니다. 사실, 개인적인 관점이 있어야 하고 그런 종류의 제작에서 개인적인 측면을 무시해서는 안됩니다.

신규 교육자를 위한 조언

예술 프로그래밍을 처음 가르치는 교육자에게 어떤 조언을 해주고 싶으신가요?

미디어 아티스트와 컴퓨터 코드를 활용하는 디자이너를 가르칠 때는 예리한 안목, 비판적 시각, 기술적인 기교, 해당 분야에 대한 열정 등 다양한 기량을 길러야 합니다. 그리고 이러한 역량을 실제로 키울 수 있도록 학생을 뒷받침해주어야 합니다. 이번 대화에서는 이러한 영역을 탐색하고 다양한 전술, 팁 및 어려운 과정을 통해 얻은 교훈을 간략하게 설명합니다.

제르 소프

프로그래머가 아닌 사람, 특히 디자이너와 아티스트에게 프로그래밍을 가르칠 때는 처음에 "내 의도는 당신을 프로그래머로 만들려는 것이 아니다"라고 말하는 것이 정말 중요하다고 생각합니다. "여러분은 계속 판화가나 타이포그래퍼 등 자신이 하고 싶은 일을 하면 됩니다. 제 의도는 여러분에게 도움이 될 몇 가지 컴퓨터 활용 기술을 제공하는 것입니다."라고 말하세요. 또한 학생들이 가능한 한 빨리 무언가를 만들도록 하세요. 제 경우에는 수업 시작 10분 이내에 진행합니다. 아주 간단한 네 줄짜리 프로세싱 스케치를 작성하여 학생들이 바로 무언가를 만들 수 있도록 합니다. IDE가 무엇인지, 구문이 어떻게 생겼는지, 세미콜론이 무엇을 의미하는지에 대해 이야기를 꼭 해야 하긴 하지만 그런 건 지겨워요. 꼭 필요하지만 짜증나죠. 먼저 만들어 보고 그 다음에 다시 돌아가서 이야기하세요.

재커리 리버만

숙제를 내줄 때마다 저는 항상 모든 숙제는 천재성을 발휘할 수 있는 기회라고 말합니다. 가장 중요한 조언은 학생들에게 무언가를 하라고 하거나 무언가에 참여하라고 할 때마다 그런 낙관적인 태도, 그런 에너지를 가지라는 것입니다. 코드를 배우는 것은 좌절스러울 수 있으며 많은 시간과 많은 실패, 시행착오가 필요합니다. 여기에 낙관적인 태도를 불어넣는 것은 매우 중요합니다. 이를 새로운 작업 방식으로 축하하고 학생들이 아직 개발되지 않은 아이디어가 많다는 점을 깨닫도록 돕는 것이죠. 또한 교실을 작은 영화제로 바꿀 수 있다면 뭐든지 정말 좋습니다. 교사가 호기심을 갖고 있는 것, 영감을 주는 것을 보여주고 자신을 감동시키는 것에 대해 우아하고 열정적으로 이야기하는 것은 학생들이 자신이 감동받은 걸 표현하는 데 도움이 되므로 교사로서 중요한 일이라고 생각합니다. 다양한 참고 자료를 보여주고 이를 코드에 대해 이야기하는 맥락으로 활용하면 학생들이 자신이 관심 있는 것을 해석하고 표현하는 데 도움이 될 수 있습니다.

로렌 맥카시

제가 읽은 책에서 정말 인상 깊은 내용이 있었는데, 사람이 혼란스럽던 무언가를 이해하자마자 뇌는 그 혼란스럽다는 느낌을 즉시 망각한다는 것이었습니다. 시냅스가 더 이상 혼란을 느끼지 않은 방식으로 작동합니다. 그래서 코딩을 배우면 금방 이해가 됩니다. 자전거를 탈 줄 알게 된 사람은 자전거를 못 타던 때가 어땠는지, 그 혼란스러운 느낌을 기억하기 정말 어렵습니다. 그래서 저는 근무 시간 전에 정말 혼란스러웠던 일을 떠올리거나 학생 시절 실험실에 있는 제 모습을 상상해 봅니다. 저는 그 좌절감, 일이 잘 풀리지 않을 때의 혼란스러움을 활용하려고 노력합니다. 특히 도와야 할 학생이 많은 경우, 자신의 학생 시절을 생각해 보면 학생들과 더 많이 소통하는 데 도움이 됩니다.

테가 브레인 흥미롭네요. 처음 수업을 가르쳤을 때, 특히 제 능력을 약간 벗어난 내용이었음에도 예상치 못한 좋은 결과와 평가를 받은 적이 있습니다. 하지만 몇 번 더 가르치고 내용을 잘 알게 되면 공감하기가 더 어려워지는 것 같아요. 처음 몇 번을 가르치고 나면 실제로 제가 가르치는 방법이 점점 더 나빠지고 있다는 느낌이 들 때가 많습니다. 처음 교육할 때는 학생들과 공감하고 그들이 겪는 일을 더 잘 이해할 수 있기 때문에 미숙함이 오히려 긍정적인 요소가 될 수 있습니다.

전적으로요. 다른 하나는 믿음을 모델링하는 것인데, 이는 학생의 세상을 바꿀 수 있기 때문입니다. 무언가를 해냈거나 성공한 사람이라면 누구나 자신을 믿어주고 그 사실을 분명히 알려주며 학생에게 자신을 믿는 방법을 이해하도록 도와준 사람이 있었을 것입니다. 저는 그런 생각을 많이 합니다.

룬 마드센
자신이 충분히 알지 못한다고 두려워하지 마세요. 저는 어떻게 대답해야 할지 모르는 질문을 받을까 봐 너무 두려웠어요. 하지만 그게 좋은 선생님이 되는 길은 아니죠. 제가 아는 최고의 선생님들 중 일부는 ITP(Interactive Telecommunications Program)에서 프로그래밍을 배우고 몇 년 후에 프로그래밍을 가르치기 시작했습니다. 그들 역시 동일한 수업 자료로 공부했기에 개념을 설명하는 방법을 잘 알고 있었습니다. 몰랐을 때 자신들이 어떤 기분이었는지 기억하고 있기 때문입니다. 처음 가르칠 때 두려움에 사로잡히면 지나치게 준비하고 자료를 따라가기 바쁩니다. 충분히 가르치지 못할까봐 두려워서 긴 강의에 모든 정보를 다 욱여넣습니다. 그러면 수업에 참여한 모든 학생이 "도대체 뭘 배운 거지?"라고 말합니다. 저는 천천히 하라고 말하고 싶습니다. 숨을

고르세요.

그리고 강의와 실습 사이의 균형을 유지하는 것도 중요합니다. 강의와 실습을 자주 전환하면서 "자, 이제 제가 이야기할 테니 노트북을 내려놓으세요. 제가 설명하겠습니다. 제 코드를 복사할 필요는 없습니다. 그냥 보기만 하면 됩니다. 제가 화면에 코드를 띄울 테니 15분 후에 노트북을 열고 함께 작업해 봅시다." 강의실에서는 자신이 하고 있는 일에 대해 목소리를 높여야 합니다. 강의와 실습을 혼합하는 방식은 저에게 정말 잘 맞는 스타일입니다.

드 안젤라 L. 더프
처음 교육하는 분들께는 대니얼 시프먼의 동영상을 추천해드리고 싶습니다. 저는 이 비디오를 좋아합니다. 제 학생들 중 일부는 진지하지 않다고 생각해서 좋아하지 않아요. 그들은 왠지 재미있게 배우면 안 된다고 생각하는데, 그럴 때마다 마음이 아픕니다. 하지만 처음 프로그래밍을 가르치는 선생님들이 댄 시프먼의 열정을 보는 것은 정말 중요하다고 생각합니다.

또한 제가 학생들에게 권하는 방법인데요, 학생들에게 여러 권의 책을 살펴보게 하고 그중에서 어떤 책을 선호하는지 알아보는 것을 추천하고 싶습니다. 가능한 한 많은 강의 계획서를 살펴보세요. GitHub에 많은 자료가 있습니다. 강의 계획서를 작성하는 것도 창의적인 과정이어야 하며, 다른 사람의 강의 계획서를 그대로 따라해서는 안 된다고 생각하기 때문에 누군가가 이전에 했던 것을 따라하는 것은 권장하지 않습니다. 하지만 과제 아이디어를 얻고 어떤 과제가 고전에 속하는지 알 수 있는 좋은 방법입니다.

또한 저는 학생들과 함께 '퇴실 티켓'이라고 부르는 과정을 진행합니다. 수업이 끝날 때면 저는 스티

커 메모나 종이를 나눠줍니다(온라인으로도 할 수 있지만). 그리고 학생들에게 수업에서 다룬 내용에 대해 궁금한 점 세 가지와 그날 수업에서 얻은 핵심 사항 세 가지를 적으라고 말합니다. 이렇게 하면 막히는 부분이 어딘지, 무엇이 문제였는지 알 수 있습니다. 다음 수업이 시작될 때 질문에 답하고 전반적으로 이해가 안 되는 부분을 확인할 수 있기 때문에 정말 좋은 도구라고 생각합니다. 그러면 다시 복습을 하죠.

헤더 듀이 해그보그

저는 처음 교육하는 강사들에게 자신이 열정을 가지고 있는 분야, 실제로 관심 있는 분야를 가르치라고 조언합니다. 코드나 기술적인 부분에 너무 얽매이지 말고, 자신이 정말로 흥미를 느끼고 열정을 가진 부분을 학생들에게 전달하는 것이 더 중요하다고 생각합니다. 다양한 방법으로 학생들의 참여를 유도할 수 있습니다. 가장 중요한 것은 프로그래밍 실습에 대한 흥미를 공유하는 것입니다.

제가 신입생이었을 때는 기술을 전혀 접해본 적이 없었고, 사실 기술에 반감을 갖고 있었어요. 그러다 1학년 때 미디어 아트, 다다이즘(Dadaism)과 플럭서스(Fluxus)의 시작, 설치 미술에 대한 참고 자료를 많이 보여주는 개념 미술 수업을 듣게 되었고, 이때 새로운 미디어의 도구를 배우는 것에 흥미를 느껴 사운드와 비디오 작업을 시작하게 되었습니다. 그러다가 특히 사운드 작업을 더 많이 하게 되면서 매체에 대한 거리감을 느꼈습니다. 조각이나 설치와 같이 소재를 다루는 작업을 해왔기 때문에 사운드로 작업할 때는 소재로부터 멀어지는 느낌이 들었습니다. 소프트웨어 인터페이스를 사용하고 있었지만 거리감이 느껴져서 프로그래밍 입문 수업인 파이썬 수업에 등록했습니다. 부분적으로는 '물체(object, 객체)로 생각하기'라는 제목 때문에 등록했습니다. 매우 물리적이고 시각적으로 들렸기 때문에 마음에 들었습니다. 물론 그게 그냥 객체 지향 코드를 의미하는 것인지 몰랐지만 운 좋게도 교수님은 신경망, 유전 알고리즘에 대한 아이디어와 코드를 연결하기 시작한, 정말 훌륭하고 현명한 분이었습니다.

초보자라 무슨 말인지 잘 이해하지 못했지만 신경망과 유기체에 대해 매우 시각적으로 설명해 주셔서 정말 흥미로웠습니다. 그래도 교수님이 저에게 직접 찾아와서 "인공 지능 수업을 들어보는 게 어떻겠느냐"고 말하지 않았다면 아마 계속 듣지 않았을 것입니다. 교수님이 저에게 이 수업을 들으라고 권유하지 않았다면 저는 제가 이 수업을 소화할 실력이 안 된다고 생각했을 텐데, 권유 받았기 때문에 호기심이 생겼고 수업을 들었고 정말 좋아하게 되었습니다. 학생에 대한 이런 믿음이 큰 차이를 만들 수 있습니다. 그것이 제가 이 알고리즘의 길로 들어서게 된 계기가 되었죠.

최태윤

5명 미만의 학생을 가르치는 경험이 정말 유익할 수 있습니다. 자료가 어떻게 받아들여지고 있는지에 대한 훨씬 더 높은 수준의 피드백을 얻을 수 있기 때문입니다. 또한 그림을 그리는 것도 정말 도움이 된다고 생각합니다. 저는 수업 전과 수업 중에 그림을 많이 그리는데, 같은 그림을 반복해서 그리기도 하죠. 제가 그림을 그리는 동안 학생들은 지식이 어떻게 처리되는지 저와 함께 생각할 시간을 갖게 됩니다. 저는 학생들에게 스케치북에 그림을 그리도록 독려하는데, 그러면 학생들은 자신만의 교과서, 즉 자신이 직접 만든 설명 텍스트를 갖게 됩니다.

모든 학생이 여러분의 가르침에 감사하는 것은 아니라는 점을 이해하는 것도 도움이 됩니다. 저는

20%의 학생이 제 수업에 흥미를 느끼면 그날은 성공했다고 생각합니다. 가르치는 일은 정말 어려운 일입니다.

위니 순

저는 보살핌이라는 개념을 강조하고 싶고, 보살핌에는 다양한 방식이 있음을 강조하고 싶습니다. 보살핌은 학습과 토론을 위한 동기를 부여하고 긍정적인 공간을 만들고 유지하며, 무언가 잘 안 될 때 이런 자신의 약점을 쉽게 말할 수 있는 분위기를 만들어 주는 것입니다. 또한 교사는 기술적으로 뛰어난 작품이 있는가 하면 파라미터의 값만 변경하는 등 학생들이 어려움을 겪고 있는 작품도 볼 수 있으므로 다양한 반응에 관심을 가져야 합니다. 하지만 여전히 학생들은 격려와 인정이 필요합니다. 의욕이 없고 뒤처지는 학생, 두려움과 스트레스가 있는 학생에게 정말 세심하게 신경써야 한다고 생각합니다. 교실의 에너지를 조절하기 위해 어떤 속도로 말해야 하는지, 얼마나 많은 반복이 필요한지 생각해야 합니다.

피닉스 페리

제 조언은 학생들이 이미 알고 있는 동료와 협업하지 않도록 하라는 것입니다. 새로운 아이디어나 새로운 종류의 것을 접할 수 있는 그룹에서 작업하도록 하세요.

한 가지 더 조언을 드리자면 '브로' 문화가 생겨나기 시작할 때, 즉 여성은 커피를 가져온다거나 남성은 코드를 작성하고 여성들이 모든 '예술'을 하는 식으로 양분되는 것을 볼 때 정말 조심해야 합니다. 이런 일이 일어날 수 있다는 사실을 반드시 인지하세요.

R. 루크 두부아

NYU IDM(Integrated Design&Media)의 크리에이티브 코딩 커리큘럼에는 4개의 서로 다른 섹션이 있습니다. 저는 음악에 초점을 맞춘 섹션을 가르칩니다. 앨리슨 패리시는 텍스트, 케빈 시워프(Kevin Siwoff)는 그래픽과 3D, 캐서린 베넷(Katherine Bennett)은 피지컬 컴퓨팅에 중점을 두고 가르칩니다. 한 섹션을 홈 섹션으로 선택할 수 있지만 수업이 동시에 진행되지 않으므로 섹션 사이를 이동할 수 있습니다. 다른 섹션으로 가서 보강을 받을 수 있습니다… 이상적인 세계에서는 네 가지를 모두 한 섹션에서 가르치는 방법을 찾아내고 강사들이 돌아가면서 강의하겠지만, 충분한 시간이 없습니다.

제 조언은 그래픽 수업으로만 만들지 말라는 겁니다. 먼저 방해가 되지 않을 정도로만 그래픽을 가르친 다음 텍스트, 사운드, 하드웨어에 대해 이야기하세요. 아니면 웹에 대해서도요. Rest API에 대해 이야기하거나 오늘날의 닷컴 집착(dot-com fetish)[1]과 관련한 모든 불만을 이야기하세요. 작년에 LA에 있는 집 전체를 해킹해서 엄마가 조금 더 자려고 스누즈(snooze) 버튼을 누르면 커피 메이커가 켜지고, 엄마가 커피 포트를 집어들면 샤워기가 켜지도록 한 학생이 있었어요. 굉장하죠! 그 무렵 구글 네스트[2]의 베타 버전이 나왔고, 저는 그에게 네스트를 해킹해서 어떻게 하면 유용한 기능을 사용할 수 있는지 알아내라고 했어요. 그 학생은 처음에 "장비실에서

---

1 (옮긴이) 1990년대 후반에서 2000년대 초반 인터넷 붐 시기에 인터넷 기반 비즈니스를 과도하게 이상화하고 추종한 현상을 가리킵니다. 당시 주식시장과 투자자들이 관련 회사들에 현실 이상의 가치를 부여하며 집착하는 상황이 벌어졌습니다.

2 (옮긴이) 구글 네스트(Google Nest)는 구글이 제공하는 스마트 홈 제품군입니다. 이 제품군에는 스마트 스피커, 스마트 디스플레이, 온도 조절기, 보안 카메라, 도어벨, 스마트 잠금 장치 등이 포함되어 있습니다. 네스트 제품들은 사용자의 일상을 더 편리하고 안전하게 만들어 주기 위해 인터넷을 통해 서로 연결되며, 음성 넝닝이나 모바일 앱을 통해 제이할 수 있습니다.

쓸 로봇 팔을 만들겠다"고 했는데, 나중에는 폭탄처럼 생긴, 자동으로 움직이면서 삑삑 소리를 내는 작은 물건들로 이루어진 이상한 정원을 만들었죠. 그는 이 끔찍한 상업 기술을 해킹하여 근사한 예술 작품을 만들었습니다. 정말 멋졌어요.

앨리슨 패리시

ITP에서 마리나 주르코우(Marina Zurkow)로부터 여러 수업을 들을 기회가 있었는데, 수업 첫날 그녀는 정말 못되게 굴었어요. 그녀는 정말 엄격했고 매우 까다로운 성격이 그대로 투영되어 있었어요. ITP의 다른 수업에서는 선생님들이 조금은 무성의한 경향이 있는데, 저는 그 점이 매우 신선하게 느껴졌어요. 저는 적어도 첫날만큼은 마리나의 접근 방식을 채택하려고 노력했습니다. 자신이 가르치는 사람이라는 생각, 자신이 설계한 수업이나 자신이 가르치는 수업이 학생들의 관심을 끌 만한 진지한 것이라는 생각에 대해서는 어떤 근거도 제시하지 말고 처음부터 엄격하게 대하려고 노력했습니다. 그렇지 않으면 학생들은 자신에게 같은 수준을 적용하지 않을 것입니다. 수업이 진행됨에 따라 태도는 부드러워지더라도 특정 기준에 부합하지 않는 작업이나 행동은 받아들이지 않을 것이며, 여러분이 진심으로 관심을 갖고 있다는 것을 학생들이 알도록 하는 것이 중요합니다. 저는 이 방법이 성공적이라는 것을 알았습니다.

대니얼 시프먼

저는 같은 실수를 반복해서 저지르는데, 한 가지 조언을 드리자면 자신이 할 수 있다고 생각하는 것보다 훨씬 적게 하라는 것입니다. 저는 오랜 신경증 환자로서 지나치게 많은 것을 준비하는 편입니다. 예를 들어 이번 학기에 새로운 강의를 진행했는데

시간상 수업 중에 예제를 두세 개 정도만 볼 수 있는데도 30개의 예제를 만들었습니다. 제가 자주 하는 실수 중 하나는 이 모든 자료를 만들었으니 다 봐야 한다고 가정하는 것입니다. 그러다가 수업 시간이 10분밖에 남지 않았을 때 서둘러 나머지 내용을 다 보려고 하곤 했죠. 제 생각에는 속도를 늦추고 불필요한 부분은 생략하는 것이 훨씬 낫습니다. 나중에 다시 보거나 이메일을 보내거나 아예 하지 않을 수도 있죠.

저는 동영상(유튜브의 Coding Train)을 많이 활용하고 있는데, 이는 자기 주도적 학습이 가능한 환경을 조성하기 위한 시도의 일환입니다. 이렇게 하거나 일종의 워크숍 환경에서 학생들이 소규모 그룹으로 또는 개별적으로 작업하는 협업 학습을 촉진할 수 있다면 정말 좋습니다. 15분 동안 500개의 예시를 보여주며 서둘러 강의를 진행하는 것보다 훨씬 낫습니다.

또한 학생들에게 도움을 요청하는 방법을 가르치는 것도 간과하지 마세요. 이는 학습 과정에서 매우 중요한 부분입니다. 프로그래밍만 가르칠 것이 아니라 도움을 요청하는 방법도 가르쳐야 합니다. "어떻게 물어볼까요? 어떤 질문을 해야 할까요? 언제 작성하고 디버깅은 어떻게 하나요?"와 같은 질문도 가르쳐야 합니다. "여기서 배우고자 하는 내용은 이겁니다"라는 식의 접근 방식에서는 이러한 모든 것을 쉽게 놓칠 수 있습니다.

대니얼 시프먼의 Coding Train 사이트

Code as Creative Medium
A Handbook for Computational Art and Design

수업 기술

교실의 역동성을 관리하려면 연습이 필요합니다. 컴퓨테이셔널 아트 수업은 미술 또는 디자인 비평과 학생의 코드 디버깅을 동시에 감독할 수 있는 교육자를 필요로 하는 특별한 과제를 안고 있습니다. 이 섹션에서는 건강한 교실 커뮤니티를 관리하고, 학생들과 주고받은 피드백을 체계적으로 정리하고, 소통할 수 있는 채널을 열기 위한 몇 가지 팁과 요령을 소개합니다.

존중과 편의 제공

포용성이란 비전은 그저 단순히 사람들의 다양성만을 얘기하는 게 아니라 사람들, 특히 인종적/성적 소수자들을 끌어안고 힘을 실어주는 배움의 터전을 만드는 접근 방식입니다.

— **최태윤**[1]

자세히 알아보세요. 수업 첫날에 이름을 적어 내는 설문지를 배포하여 각 학생의 배경, 목표, 관심사, 기술 수준 및 우려 사항에 대한 정보를 얻으세요. 이를 통해 각 학생의 이름과 사회적 성별(pronouns)을 익히고 학습상의 어려움을 조기에 파악할 수 있습니다. 또한 다양한 학문 분야와 사회 경제적 배경을 가진 학생들과 함께 작업할 때 맥락 파악에 도움이 됩니다. 수업에 대해 고민이 있는 학생과 일대일 대화를 나누며 후속 조치를 취합니다.[2]

구체적인 행동 강령을 사용하세요. 현재 많은 학교에서는 교사가 강의 계획서에 행동 강령을 포함하도록 요구하고 있습니다. 일반적으로 괴롭힘 및 기타 차별적, 공격적, 억압적인 행동을 금지하는 내용이 포함되어 있습니다. 기술 개념을 다루는 강의실에는 종종 추가 요구 사항이 있습니다. 해커 스쿨은 이러한 특정 문제를 다루는 사회적 규칙의 주요 예를 제공합니다. 놀란 척하지 않기 (예: "뭐?! 터미널이 뭔지 모르다니 믿을 수 없어!"), 지적질 금지(대화 중에 사소하고 종종 관련 없는 수정을 하는 경우), 뒷좌석 운전 금지(누군가 사람들이 문제를 해결하는 것을 엿듣고 초대 없이 끼어드는 경우) 등이 있습니다. 이러한 규칙은 "협동적이고 생산적이면서 즐거운 학습 환경을 파괴하는 것으로 밝혀진 특정 행동을 줄이기 위해 고안되었습니다."[3]

1 최태윤, "Worms, Butterflies, and Dandelions: Open Source Tools for the Arts," *Medium.com*, 2018년 6월 20일, *https://medium.com/@tchoi8/worms-butterfliesand-dandelions-open-source-tools-for-thearts-9b4dcd76a1f2*

2 레베카 피브링크(@Rebecca Fiebrink), 트위터, 2019년 8월 8일, 7:18 AM,*https://twitter.com/RebeccaFiebrink/status/1159423540392812546*

3 "User's Manual," The Recurse Center, *https://www.recurse.com/manual*

이 새롭게 떠오르는 미디어 분야에서 다양한 커뮤니티, 정체성 그룹, 가치 체계, 지식 분야의 사람들이 각기 자신의 역할과 지위에서 활발하게 참여할 수 있도록 설계해야만 합니다. 이를 통해 혼란의 위험을 완화하고 정의와 형평성을 핵심 가치로 삼는 변화를 이끌어낼 수 있습니다.

       — **카말 싱클레어**[4]

4 카말 싱클레어(Kamal Sinclair), "The High Stakes of Limited Inclusion," Making a New Reality, November 29, 2017, *https://making anewreality.org*, 카라 메르테스 (Cara Mertes)의 말 인용. "Now Is the Time for Social Justice Philanthropy to Invest in Emerging Media," Equals Change Blog, 2018년 6월 22일, *https://www.fordfoun dation.org/news-and-stories/stories/ now-is-the-time-for-social-justice -philanthropy-to-invest-in-emerging -media*

5 루카 다마스코(@Lucapodular), 트위터, 2019년 8월 8일, 8:14 AM, *https://twitter.com/Lucapodular/ status/1159437696663789569*

6 (옮긴이) 가면 증후군은 자신의 기술이나 능력, 성취를 스스로 의심하여 자격이 없다고 생각하고, 자신의 실력이 드러날까봐 두려워하는 심리적 현상을 말합니다.

7 더글라스 E. 스탠리(Douglas E. Stanley, @abstractmachine), "Break code, then try to find your way back, asking students for help," 트위터, 2019년 8월 8일, 6:10 AM, *https://twitter.com/abstractmachine/ status/1159406642947121152*

8 젠 시몬스(@jensimmons), 트위터, 2018년 7월 26일 1:20 PM, *https://twitter.com/jensimmons/ status/1022532183733481472*

말할 때 주의하세요. 기술적인 개념을 설명할 때 "이건 쉬워요" 같은 식으로 얘기하지 마세요. 대신 "할 수 있습니다"라고 말하세요. 이렇게 하면 입문 개념을 배우는 데 어려움을 겪고 있는 학생이 소외감을 느끼지 않는 데 도움이 됩니다.[5]

교실에서의 디버깅

누구나 버그를 가지고 있습니다. 강단에서 코드를 디버깅하는 것을 두려워하지 마세요. 학생들에게 문제에 대한 의견을 물어보세요. 학생들이 "모르겠어요"라고 말하는 것을 허용하면 자신의 가면 증후군(Imposter Syndrome)[6]을 줄이는 데 도움이 될 수 있습니다.

코드는 소중한 것이 아닙니다. 학생들 앞에서 일부러 코드를 깨뜨리세요. 코드를 고칠 때는 큰 소리로 이야기하세요.[7]

짝을 지어 프로그래밍하세요. 수업 시간에 연습 문제를 출제할 때는 학생들이 한 대의 컴퓨터에서 짝을 이루어 공동으로 작업하도록 지시합니다. 한 학생은 타이핑을 하고 다른 학생은 관찰하고 의견을 제시하고 제안합니다. 각 연습마다 서로 역할을 바꾸게 합니다.

필요한 유일한 기술은 ① 뭔가를 모른다는 사실을 어떻게 알아내는가/ 언제 그것을 알아내는가, ② 검색하는 방법, 문서를 읽는 방법, 실패해도 계속 시도하고 시도하는 방법, 작동할 때까지 계속 시도하는 방법 등을 아는 것뿐입니다. 말 그대로 코드를 작성하는 일이죠.

       — **젠 시몬스**[8]

도움을 요청하는 방법을 가르칩니다. 학생들이 도움을 요청하는 방법을 알고 있을 거라고 가정하지 마세요. 로렌 맥카시는 학생들이 혼란스러워할 때 물어볼 수 있는 질문의 예를 제공합니다. "방금 말한 것을 반복해 주시겠어요?" "다른 예를 들어 주시겠어요?" "천천히 다시 설명해 주시겠어요?" "다른 방식으로 설명해 주시겠습니까?" "방금 말한 단어를 설명해 주시겠어요?" "조금 더 천천히 말씀해 주시겠어요?"[9]

타이핑하지 마세요. 학생이 도움을 요청할 때 코드를 직접 고치고 싶은 충동을 참으세요. 학생은 스스로 문제를 해결하는 직접적인 경험이 필요합니다. 프란시스 헝거(Francis Hunger)는 이렇게 조언합니다: "학생의 컴퓨터의 키보드, 마우스, 트랙패드를 절대 만지지 마세요. 키보드는 학생의 소유이고 문제는 학생의 책임입니다."[10]

'세 명에게 먼저 묻기' 정책을 채택합니다. 한 학생의 문제가 있는 코드를 디버깅하는 데 시간을 많이 쓰면 다른 학생의 수업 흐름이 방해 받을 수 있습니다. 학생이 코드에서 버그를 발견하면 교육자에게 도움을 요청하기 전에 동료 세 명에게 도움을 요청하도록 하세요. '세 명에게 먼저 묻기' 수업 방침은 수업 시간 동안 협력하고 동료애를 느낄 수 있는 분위기를 조성하는 데도 도움이 됩니다.

종이를 활용하세요. 학생들에게 수업에 스케치북을 가져오도록 합니다. 스케치북은 신속한 문제 해결, 브레인스토밍, 종이 프로토타입 제작에 필수적인 도구입니다.[11] 또한 노트북이 없는 강의 환경을 지원하는 데 도움이 됩니다. 연구 결과에 따르면 무언가를 적는 것이 학생들의 기억력과 이해력을 향상시킨다는 사실이 밝혀졌습니다.[12]

비평 교육

비평을 위한 구조를 따르세요. 학생들은 창의적인 작업에 대해 서로에게 의미 있는 피드백을 제공하는 데 어려움을 겪곤 하는데, 이를 위한 어휘나 템플릿이 부족하기 때문입니다. 다양한 교육자, 교육 이론가 및 비평가들이 학생들이 서로의 작품에 더 잘 참여할 수 있도록 돕는 단계를 설명했습니다. 일반적인 패턴은 설명("무엇이 보이나요?")으로 시작하여 분석("어떻게 만들어졌나요? 무

9   로렌 맥카시, "Are You All In?"(강의, Learning to Teach, Teaching to Learn II, Postlight, NY, 2017년 1월), video, 1:12:35, https://www.youtube.com/watch?v=D7-m6NJ90RE

10   프란시스 헝거(@database culture), 트위터, 2019.8.7, 4:35 PM, https://twitter.com/databaseculture/status/1159201338112319491

11   레베카 피브링크(@Rebecca Fiebrink), 트위터, 2019년 8월 8일, 7:16 AM, https://twitter.com/RebeccaFiebrink/status/1159423246745382912

12   팸 A. 뮐러, 대니얼 M. 오펜하이머, "The Pen Is Mightier than the Keyboard: Advantages of Longhand over Laptop Note Taking," Psychological Science 25, no. 6(2014년 4월 23일): 1159-1168, doi:10.1177/0956797614524581

엇을 생각하거나 느끼게 하나요?"), 해석("무엇에 관한 것이죠? 탐구하는 주요 아이디어는 무엇인가요?"), 마지막으로 평가("성공적이었나요? 작품을 설득력 있고, 흥미롭고, 독특한 방식으로 탐구하고 있나요?")로 이어집니다.[13] 이 마지막 단계에서는 일반적으로 작품을 판단하는 데 어떤 기준이 적합한지에 대한 대화가 필요합니다.

13 테리 배럿(Terry Barrett)의 두 권의 책, *CRITS: A Student Manual*, Bloomsbury Visual Arts, 2018, 69-154, *Criticizing Art: Understanding the Contemporary*, Mayfield Publishing Company, 1994 참고.

비평에는 공동 작업 메모장을 사용하세요. 12~20명의 학생이 있는 스튜디오 강의실에서 비평하는 것은 모든 학생 프로젝트에 대해 토론하는 데 필요한 총 시간과 이 정도 규모의 그룹이 갖는 사회적 역학 관계를 고려할 때 비현실적이고 난감할 수 있습니다. 보다 효율적인 비평을 위해 각 학생이 강단에서 자신의 프로젝트를 간략하게 발표하도록 하고, 그동안 발표를 듣는 학생들은 온라인 공동 작업용 실시간 텍스트 편집기(예: 구글 문서나 이더패드)에 의견을 입력하도록 지시하세요. 이 방법은 여러 가지 이점이 있습니다. 동료 피드백을 즉시 캡처하고 정리할 수 있고, 익명으로 참여할 수 있어 더욱 솔직한 의견을 제시할 수 있으며, 수줍음이 많은 학생도 더 쉽게 피드백을 제공할 수 있고, "다른 사람들이 이미 말한 내용에 동의합니다"와 같은 말을 반복하지 않아도 됩니다. 노트북이 없는 교실의 경우, 스티커 메모를 이용하여 동료에게 피드백을 제공할 수 있습니다.

연구 장려

주간 저널링을 장려합니다. 정기적인 온라인 조사를 통해 학생들이 해당 분야에 익숙해지도록 돕습니다. 예를 들어, 골란은 학생들에게 특정 블로그와 동영상 공유 사이트를 검색한 다음 매주 특정 예술 작품이나 발견한 다른 프로젝트에 대한 가벼운 에세이인 "Looking Outwards" 보고서를 작성하도록 요구합니다. 학생은 Looking Outwards 보고서에서 프로젝트가 무엇이며 어떻게 운영되는지 설명하고, 프로젝트에서 영감을 받은 점을 설명하며, 프로젝트의 영향력을 조사하고, 프로젝트가 제시하는 가능성이나 놓친 기회에 대해 논의하여 프로젝트를 비평해야 합니다. Looking Outward 보고서는 특정 미디어를 사용하는 프로젝트나 특정 아티스트의 작업으로 제한하는 등 다양한 방식의 생산적인 제약을 가할 수 있습니다.

리서치 스프린트를 준비하세요. 스튜디오 시간을 기술 콘텐츠에만 할당하지 마세요. 코드가 항상 문화적 맥락에서 존재한다는 원칙을 보장하기 위해, 15~20분 동안 "리서치 스프린트"를 진행하세요. 이 시간 동안 학생들은 특정 유형의 실행 방법을 보여주는 프로젝트 링크를 빠르게 모으는 과제를 받습니다. 편집 가능한 슬라이드 덱(deck)를 만들고 각 그룹이 한 개의 슬라이드를 작성하도록 합니다.[14]

강의에 대한 피드백 받기

질문 시간을 할당하세요. 학기 내내 학생들이 혼란스러워 하는 부분에 대해 안심하고 판단 없이 질문할 수 있도록 시간을 할당합니다. 많은 교육자들은 더 많은 답변을 이끌어내기 위해 "질문 있습니까?"라고 묻기보다는 "뭘 더 알고 싶어요?"라고 학생들에게 물어볼 것을 권장합니다.[15] 질문을 잘 보이는 곳에 게시하고 다음 세션에 각 질문에 대해 토론합니다.

'퇴실 티켓'을 요청합니다. 수업이 끝나면 학생들에게 그날의 수업 내용에 대해 한두 가지 질문을 제출하도록 요청합니다. 손으로 쓴 메모, 온라인 메시징 도구 또는 전자 설문조사 형식을 통해 이 작업을 수행할 수 있습니다. 이 방법으로 수업에 대한 즉각적인 피드백을 받을 수 있으며 학생들의 이해도를 파악하는 데 도움이 됩니다.[16] 출석 체크용으로도 활용할 수 있습니다.

> 학생들은 특정 숙제를 기억하는 것보다 여러분의 친절을 훨씬 더 오래 기억할 것입니다.
>
> — 홀리 오드웨이(Holly Ordway)[17]

14 미첼 화이트로(Mitchell Whitelaw, @mtchl), 트위터, 2019년 8월 7일, 5:23 PM, *https://twitter.com/mtchl/status/115921338745834 7009*

15 크리스 토바니(Cris Tovani), "Let's Switch Questioning Around," *Educational Leadership* 73, no. 1 (2015), 30-35.

16 엘리자베스 F. 버클리 (Elizabeth F. Barkley), K. 패트리샤 크로스(K. Patricia Cross), 클레어 하웰 메이저(Claire Howell Major), *Collaborative Learning Techniques: A Handbook for College Faculty,* Jossey-Bass, 2014, 35.

17 홀리 오드웨이(@Holly Ordway), 트위터, 2020년 3월 13일 5:47 PM, *https://twitter.com/Holly Ordway/status/1238582577461702 657*와 *https://twitter.com/Holly Ordway/status/123857634384096 8710*의 스레드

기원

할머니들과의 이야기를 채취해 동화를 엮은 그림 형제나 예술가와 교사로부터 기억에 남는 미술 과제에 대한 이야기를 수집한 두쉬코 페트로비치(Dushko Petrovich)와 로저 화이트(Roger White)처럼, 저희는 친구, 동료, 멘토, 학생들로부터 좋아하는 컴퓨테이셔널 아트 및 디자인 과제를 수집하여 코드를 통해 창의적인 시각적 창작물 제작을 가르치는 커뮤니티의 전략과 교육학을 문서화했습니다. 페트로비치와 화이트는 전설적인 과제는 평생 함께할 수 있으며, 교사가 되어 교실에 들어갔을 때 다시 떠오르는 경우가 많다고 말합니다. "대부분의 예술가는 가르치기 시작하면 의식적이든 그렇지 않든 한때 자신이 받았던 과제를 전달하게 됩니다."[1] 과제는 적응을 위한 재료이며 지속적으로 공유, 분기, 재맥락화, 전복, 갱신되는 과정에서 종종 저자가 복수적이고 모호해질 수 있습니다.

1 *Draw It with Your Eyes Closed: The Art of the Art Assignment*, Paper Monument, 2012, 122.

예술과 디자인 교육학을 문서화한 공공 기록은 부족하고 제대로 관리되지 않습니다. 특히 비평적 텍스트에서 논의되고 박물관에서 수집하는 유명한 예술 및 디자인 작품과는 대조적입니다. 그래픽 디자인 과제를 모아놓은 특별한 편집본인 《Taking a Line for a Walk: Assignments in Design Education》에서 저자인 니나 파임(Nina Paim), 에밀리아 버그마크(Emilia Bergmark), 코린 지젤(Corinne Gisel)은 디자인 교육에서 "이 과정과 함께 진행되는 언어의 층위가 종종 무시된다"고 한탄합니다. 교사나 학생의 입에서 나온 말은 금방 허공으로 사라져 버립니다. 지침과 사양, 수정과 질문은 실제 작업과 융합됩니다. 그리고 과제는 기록되어 있더라도 저장할 가치가 있는 것으로 여기는 경우가 거의 없습니다."[2] 컴퓨테이셔널 미디어 아트 및 디자인 분야에서는 강의 계획서와 커리큘럼을 온라인으로 제공하는 것이 일반적이지만, 이러한 자료는 웹페이지가 폐쇄되거나 이전되는 등 변수가 많습니다. 오래된 강좌의 웹 서버는 유지 관리하는 경우가 드물고, 많은 코스웨어(courseware) 시스템의 '벽으로 둘러싸인 정원'은 일반인의 접근을 제한합니다. 1994년 이전의 컴퓨테이셔널 아트 강좌는 월드 와이드 웹보다 선행하여 생성된 것이라 검색 엔진에 잡히지 않는 경우가 많습니다. 인터넷은 놀라울 정도로 취약하며, 이 책을 집필하는 몇 년 동안에도 많은 주목할 만한 리소스에 대한 링크가 사라지고 크리에이터의 포트폴리오에서 프로젝트가 조용히 사라지는 등 이 분야 전반에 걸쳐 부인할 수 없는 기억상실증이 나타나고 있습니다.

2 니나 파임(Nina Paim), 에밀리아 버그마크(Emilia Bergmark), 코린 지젤(Corinne Gisel) 편집, *Taking a Line for a Walk: Assignments in Design Education*, Spector Books, 2016, 3.

이 섹션에서는 1부의 과제를 접하거나 알려지게 된 출처를 소개합니다. 여기에 있는 정보가 최종적인 것이라고 주장할 수도 없고 주장하지도 않습니다. 이러한 과제의 기원, 역사 및 출처를 추적하려면 광범위한 구술사 연구가 필요하며, 이는 미래의 예술 및 교육 역사가들에게 가치 있는 도전으로 남아 있습니다. 문서의 부재 또는 유실로 인한 지식의 격차 외에도, 여기 서술한 정보에는 비영어권 예술 및 기술 교육 커뮤니티에 익숙치 못해 간과한 부분과 사각지대가 포함되어 있으며, 저희의 관점이 전 세계를 대표하지 못한다는 점을 충분히 인정합니다.

이 책에 수록된 많은 과제는 선생님과 동료들의 강의 계획서에서 발췌한 것이지만, 일부는 우리가 존경하는 프로젝트에서 영감을 얻은 것입니다. 책에서 과제의 출처를 논의할 때 핌, 버그마크, 지젤은 이러한 역형성 과정을 '재구성'이라고 부르며, 여기에서도 비슷한 어휘를 사용했습니다. 특히 개인 보철물, 파라메트릭 오브젝트, 가상 공공 조형물 과제는 각 모듈을 설명하는 작품에서 영감을 얻었으며, 아래에서 따로 설명하지 않습니다.

음성 인식, 3D 프린팅, 증강 현실, 머신 러닝과 같이 최근에야 널리 보급된 기술을 활용한 과제도 있습니다. 교육자와 실무자가 이러한 도구를 실험할 수 있는 시간이 비교적 짧았기 때문에 예술 및 디자인 맥락에서 이러한 기술을 창의적으로 사용하는 방법을 가르치는 방법은 계속 (빠르게) 등장하고 있습니다. 이러한 경우, 우리는 과제 개요를 직접 고안할 수 있는 자유를 얻었습니다. 음성 기계, 붓, 개인 보철, 파라메트릭 오브젝트, 가상 공공 조형물 등의 과제가 이에 해당합니다.

마지막으로, 이 책에 소개된 교육적 접근법 중 일부는 이 책의 저자 중 한 명(골란 레빈)이 케이시 리스, 벤 프라이(프로세싱 이니셔티브의 공동 창립자)와 함께 대학원생으로 있던 MIT 미디어 랩 존 마에다의 미학+컴퓨테이션 그룹 커뮤니티에서 퍼져 나간 것입니다. 이러한 맥락에서, 이 책에 제시된 과제 중 일부는 개인적인 경험과 동료들의 직접적인 설명에서 가져온 것입니다. 다른 일부는 서로 밀접하게 연결된 예술가, 교사, 학생 커뮤니티의 연구, 교육 자료, 소셜 미디어 게시물을 바탕으로 시대 정신을 농축한 것입니다.

반복 패턴

반복 패턴 연습은 1970년대 초중반에 생겨난 최초의 대학 과정인 플로터 기반 컴퓨테이셔널 아트[3]의 초기 실습에서 확장된 것입니다. 1977년, 치코에 있

3 (옮긴이) 1970년대에 시작된 예술 형식으로, 컴퓨터 코드에 의해 제어되는 플로터(자동화된 그리기 장치)를 사용해 기하학적이고 반복적인 패턴을 종이에 그려내는 작업입니다. 초기 컴퓨터 아트의 한 형태로, 예술가들이 알고리즘을 설계하고 이를 기계가 실행하여 독특한 그래픽 작품을 창조했습니다.

는 캘리포니아 주립대학교 컴퓨터 공학과 교수인 그레이스 헤틀린(Grace C. Hertlein)은 당시 고등 교육에서 활발히 사용되던 눈에 띄는 '컴퓨테이셔널 아트 시스템'을 만들어 주목받던 작가/교수의 목록을 소개했습니다. "예루살렘에서 활동하는 블라디미르 보나치치(Vladimir Bonacic), 뮌헨 대학교의 라이너 슈니베르거(Reiner Schneeberger), 조지아 주립 대학교의 장 베비스(Jean Bevis), CSU의 그레이스 C. 헤틀린, 덴버 대학교의 존 스켈튼(John Skelton), 미네소타 대학교의 캐서린 내쉬(Katherine Nash)와 리처드 윌리엄스(Richard Williams)."[4]

아래 그림은 라이너 슈니베르거의 제자 중 한 명인 로버트 스토이버(Robert Stoiber)가 만든 중첩된 사각형 그리드입니다.[5] "각 사각형의 중간 점이 우연히 얻어졌다"는 이 그림에서 학생들은 반복적인 루프와 무작위성을 탐구하도록 지시받았음을 알 수 있습니다. 1976년 기사에서 슈니베르거는 미술학과 한스 다우쉐(Hans Daucher) 교수와 공동으로 진행한 여름 강좌에서 이 작품이 제작된 배경에 대해 다음과 같이 설명했습니다. "이것은 뮌헨 대학교 미술학과 학생들을 위한 최초의 컴퓨터 그래픽스 강좌에 대한 보고서입니다. [...] 모든 학생이 한 학기만 듣고도 미학적으로 매력적인 컴퓨터 그래픽을 제작할 수 있도록 하는 것이 목표였습니다." 슈니베르거는 모든 컴퓨터 프로그래밍 작업을 '교육 현장에서 약 10km 떨어진 컴퓨팅 센터에서 직접 수행해야' 했기 때문에 미술

4 그레이스 헤틀린, "Design Techniques and Art Materials in Computer Art," *Computer Graphics and Art* 2, no. 3(August 1977), 27, *http://dada.compart-bremen.de/docUploads/COMPUTER_GRAPHICS_AND_ART_Aug1977.pdf*

5 라이너 슈니베르거, "Computer Graphics at the University of Munich(West Germany)," *Computer Graphics and Art* 1, no.4 (November 1976), 28, *http://dada.compart-bremen.de/docUploads/COMPUTER_GRAPHICS_AND_ART_Aug1976.pdf*

Figure 4 (BELOW) — SEE DESCRIPTION AT RIGHT.

COMPUTER GRAPHICS and ART for November, 1976

과 학생들은 평소보다 더 큰 어려움을 겪었다고 언급합니다.[6]

반복적 패턴 만들기는 이제 창의적 코딩에 관한 교재, 특히 반복 기법이 소개되는 교재에서 표준적인 연습 문제입니다. 예를 들어 케이시 리스와 챈들러 맥윌리엄스(Chandler McWilliams)의 《Form + Code: 코드에서 만들어지는 예술》[7]과 하르트무트 보나커(Hartmut Bohnacker)의 《Generative Design》[8]이 있습니다.

얼굴 생성기

브루노 무나리(Bruno Munari)는 그의 저서 《Design as Art》(Pelican Books, 1966)에서 '사람의 얼굴을 얼마나 다양한 방법으로 그릴 수 있을까'라는 과제의 결과를 제시합니다.[9] 마크 윌슨(Mark Wilson)은 이후 《Drawing with Computers》(Perigee Books, 1985)에서 이 과제를 컴퓨테이셔널 아트 교육의 영역으로 전환했습니다. 윌슨은 이 책에서 도널드 커누스(Donald Knuth)의 METAFONT (1977)와 유사한 'METAFACE'라는 가상의 얼굴 생성 소프트웨어 프로그램을 설명하며 독자들에게 개발을 권유합니다.

알파벳에 대한 최소한의 설명과 비슷한, 최소한의 선과 원으로 사람의 얼굴을 도식적으로 렌더링할 수 있습니다. 얼굴의 특별한 변형을 모방하는 프로그램(METAFACE라고 부르겠습니다)을 작성할 수 있을 것입니다. 눈의 크기, 눈의 위치 등 얼굴의 다양한 시각적 묘사에 대한 파라미터가 프로그램에 주어집니다. 의욕이 지나치게 과하면, 프로그램이 극도로 복잡해질 수 있으니 유의하세요.[10]

6   슈니베르거, "Computer Graphics," 28.

7   《Form + Code: 코드에서 만들어지는 예술》(2014, 길벗)에서 "코드 예제: 내재된 반복"을 참고하세요.

8   하르트무트 보나커(Hartmut Bohnacker), 베네딕트 그로스(Benedikt Groß), 줄리아 라우브(Julia Laub), *Generative Design: Visualize, Program, and Create with Processing*, Princeton Architectural Press, 2012, 214~217쪽의 예제 "Complex Modules in a Grid"를 참고하세요.

9   브루노 무나리, *Design as Art*, Pelican Books, 1971, "Variations on the Theme of the Human Face"

10   마크 윌슨, *Drawing with Computers*, Perigee Books, 1985, 18, *http://mgwilson.com/Drawing%20with%20Computers.pdf*

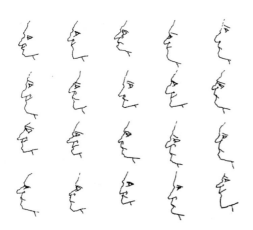

윌슨은 또한 이러한 프로그램이 생성할 수 있는 다양한 얼굴에 대해서도 설명했습니다:

베니스의 IUAV 디자인학과와 우르비노의 ISIA에서 교육자로 활동한 로렌조 브라비(Lorenzo Bravi)는 2010년에 "파라메트릭 마스크"라는 영향력 있는 제너레이티브 페이스 과제를 출제했습니다. 브라비의 학생들이 컴퓨터 코드를 사용해 만든 얼굴 디자인은 아이폰과 아이패드용 사운드 반응형 애플리케이션인 *Bla Bla Bla*를 만드는 데 사용되었습니다.[11] 2011년에 발표한 글에서 케이시 리스는 무나리와 브라비의 작업에 사의를 표하며 UCLA 학생들에게 마이크 반응형 얼굴을 만들도록 했습니다.[12] 이후 얼굴 생성기 연습은 크리에이티브 기술 입문 과정에서 흔히 볼 수 있게 되었으며 줄리아 피에르(Julia Pierre), 스테펜 클라우에(Steffen Klaue), 리치 펠(Rich Pell), 아이작 무로(Isaac Muro), 안나 마 델 코랄(Anna Ma del Corral) 같은 교육자가 작성한 수십 개의 예제를 *Open Processing.org*에서 확인할 수 있습니다.

시계

시계는 창의적인 코딩 과제 중 하나로, 이 책에 영감을 준 작품입니다. 2019년 8월 *OpenProcessing.org*의 847개 교실을 대상으로 실시한 설문조사에 따르면 에이미 카트라이트(Amy Cartwright), 셩 펜 닉 치엔(Sheng-Fen Nik Chien), 토미 두흐바(Tomi Dufva), 스콧 피츠제럴드(Scott Fitzgerald), 허우 준하오(June-Hao Hou), 세드릭 키퍼(Cedric Kiefer)를 비롯한 수많은 국제 교육자들이 시계 프로젝트의 설문조사 점수를 공개했습니다. 그 외에도 마이클 콘토풀로스(Michael Kontopoulos), 브라이언 루시드(Brian Lucid), 모니카 모닌(Monica Monin), 마티 니니마키(Matti Niinimäki), 벤 노르스코프(Ben Norskov), 파올로 페데르치니(Paolo Pedercini), 리치 펠(Rich Pell), 줄리아 피에르, 러스티 로비슨(Rusty Robison), 린 토마스제브스키(Lynn Tomaszewski), 안드레아스 바너(Andreas Wanner), 와타나베 미츠야, 마이클 죌너(Michael Zöllner) 등이 있습니다. 이 책에 제시된 시계 과제의 특정 텍스트는 골란의 '추상 시계'를 가장 비슷하게 각색한 것입니다. 그는 CMU에서 2004년 가을에 개설한 인터랙티브 이미지 강좌에서 이 과제를 냈습니다.[13]

시간을 그래픽으로 표현하는 것은 오랫동안 아날로그와 디지털 디자인 교육에 모두 포함되어 왔습니다. 1982년 예일대 미술대학에서 그리어 앨런(Greer Allen), 앨빈 아이젠만(Alvin Eisenman), 제인 그린필드(Jane Greenfield)가 16가지 달

11 필립 비슈니치(Filip Visnjic), *Bla Bla Bla*, Creative Applications Network, 2011.4.26, *https://www.creativeapplications.net/processing/bla-bla-bla-iphone-of-processing-sound*

12 케이시 리스, 인터랙티비티 강의 계획서(UCLA, 2011 봄과 2011 가을), *http://classes.design.ucla.edu/Spring11/28/exercises.html*과 *http://classes.design.ucla.edu/Fall11/28/projects.html*

13 *https://web.archive.org/web/20060519010135/http://artscool.cfa.cmu.edu/~levin/courses/dmc/iig_04f/ejercicio.php*

력(아즈텍, 중국, 그레고리력 등)의 리듬을 표시하고 대조하는 그래픽 시스템을 고안하는 과제를 수행했습니다.[14] 우리가 알고 있는 최초의 컴퓨터 시계 과제는 1999년 가을 MIT 미디어 랩에서 존 마에다가 유기적 형태(Organic Form) 과목을 강의할 때 수행한 과제입니다. 이 과목은 골란뿐만 아니라 엘리스 코(Elise Co), 벤 프라이, 아이슬링 켈리허(Aisling Kelliher), 악셀 킬리안(Axel Kilian), 케이시 리스, 톰 화이트(Tom White) 등 미래의 컴퓨테이셔널 미디어 교육자들이 수강했는데, "시간이라는 개념을 단순히 시계 바늘의 움직임으로 보여주는 것이 아니라, 시간의 흐름과 그것이 우리 내부 상태와 외부 환경에 어떻게 반응하는지를 표현하는 데 초점을 맞추어 탐구했습니다. 이는 학생들이 시간의 전통적인 표현 방식을 넘어서, 시간의 본질과 그것이 우리 삶에 끼치는 영향을 창의적으로 탐구하고 표현하도록 도전하는 과제를 의미합니다. 다음 그림의 시계 과제에서 마에다는 학생들에게 DBN(Design by Numbers) 프로그래밍 환경을 사용하여 "시간의 정확한 진행 상황을 묘사하는 것이 아니라 시간이라는 추상적인 개념을 묘사하는 시간 표시를 만들도록" 요청했습니다.[15]

마에다의 과제는 1996년 *12 O'Clocks* 프로젝트에서 시간 표시에 대한 예술적 탐구를 확장한 것입니다. 마에다는 1999년 저서인 《Design by Numbers》에서 단순화된 시계 프로젝트를 소개하면서 "시간은 역동적으로 변화하는 형태

14 니나 파임, 에밀리아 버그마크, 코린 지젤, *Taking a Line for a Walk: Assignments in Design Education*, 135.

15 존 마에다, 강의 계획서 MAS,961: Organic Form(MIT 미디어 랩, 1999년 가을), *https://web.archive.org/web/200009010426 32/http://acg.media.mit.edu/courses/organic*

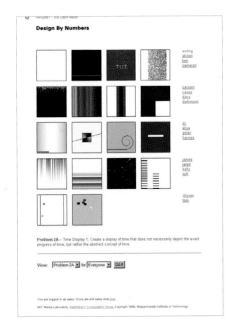

16 존 마에다, *Design by Numbers*, Rizzoli, 1999, 208.

를 통해 묘사하기에 가장 적합한 주제입니다. [...] 시간의 진행을 계산적으로 관찰할 수 있다면 시간을 반영할 수 있는 형태를 쉽게 만들 수 있습니다."[16]라고 썼습니다.

컴퓨터 시계 과제는 2000년대 초반에 다른 대학으로 빠르게 확산되었습니다. RCA(런던 왕립예술대학)의 컴퓨터 관련 디자인 대학원 과정은 창의적인 코딩 교육의 초기 중심지였습니다.[17] RCA 강사인 로리 해밀턴(Rory Hamilton)과 도미닉 롭슨(Dominic Robson)은 마에다의 시계에서 영감을 얻어 2002년 2월에 인터랙션 디자인 과정에서 대학원생들에게 시계를 디자인하도록 요청했습니다. 해밀턴과 롭슨의 개념 지향적인 프로젝트는 매체에 구애받지 않습니다.

17 질리언 크램튼 스미스(Gillian Crampton-Smith), "Computer-Related Design at the Royal College of Art," *Interactions* 4, no. 6(1997년 11월), 27-33, *https://doi.org/10.1145/267505.267511*

시계와 기타 시간 측정 장치의 특성을 살펴보는 간단한 프로젝트였습니다. 우리는 그걸 어떻게 사용할까요? 왜 사용할까요? 시계의 의미는 무엇일까요? 시계의 리스타일링은 무수히 많지만, 우리는 리스타일링이 아니라 다시 생각해 보기를 요청합니다. 기존 시계를 재가공하는 것이 아니라 시간을 바라보는 완전히 새로운 시각을 제시해야 합니다. 디자인은 아름답고 매력적이며 작동해야 합니다. 어떤 매체를 선택하든 우리 모두가 여러분의 시스템을 이해하고 사용할 수 있어야 합니다.[18]

18 *https://joelgethinlewis.com/oldrcasite/clock.html*

2005년 조지아 공대 교수진이 작성한 논문에서는 마이클 마테아스(Michael Mateas) 교수가 가르치는 대학원 필수 과정인 '표현 매체로서의 컴퓨팅'의 핵심 과제로 시계를 강조하고 있습니다. 마테아스는 학생들에게 '전통적이지 않은 방식으로 시간의 진행 상황을 표시'하도록 요구합니다. 시계는 실용적인 디자인 연습이 아니라 "학생들이 입력(이 경우 시스템 시계와 잠재적으로는 마우스 입력)에 대한 반응성뿐만 아니라 이미지의 절차적 생성에 대해 생각하게 하는 것이 목표"인 "표현적인 프로젝트"입니다.[19]

19 이안 보고스트(Ian Bogost), 마이클 마테아스(Michael Mateas), 자넷 머레이(Janet Murray), 마이클 니체(Michael Nitsche), "Asking What Is Possible: The Georgia Tech Approach to Game Research and Education," *iDMAa Journal* 2, no. 1(Spring 2005): 59-68.

2008년 가을 MIT에서 열린 비교 미디어 연구 워크숍에서 닉 몽포트(Nick Montfort)는 학생들에게 시계('현재 시, 분, 초를 시각적으로 표시하는 컴퓨터 프로그램')를 개발하도록 요청했습니다.[20] 케이시 리스는 2011년 봄에 이 시계 과제를 UCLA에 도입했습니다. 리스의 버전은 학생들의 시계가 문자 그대로의 시계여야 하는지 추상적인 시계여야 하는지에 대한 의문을 남겨두고 대신 스케치와 아이디어의 반복적인 디자인 프로세스에 중점을 둡니다. 학생들에게 "시간 시각화(일명 시계)를 만들고, 시계가 시간에 따라 어떻게 변하는지를 보

20 닉 몽포트, CMS.950 강의 계획서: 비교 미디어 연구 워크숍 1(MIT, 2008년 가을), *http://nickm.com/classes/cms_workshop_i/2008_fall*

여주기 위해 최소 5개의 서로 다른 아이디어를 6개의 그림과 함께 가져오도록 요구합니다."[21]

2017년 9월, NYU ITP의 교육자인 댄 시프먼은 유튜브의 인기 있는 채널인 The Coding Train에서 시계 과제를 고전의 반열에 올리며 많은 청중에게 공개했습니다. 마에다의 12개의 시계와 골란 레빈의 2016년 가을 강의 자료를 인용한 시프먼의 "코딩 챌린지 #74: 시계와 p5.js" 동영상은 누적 조회수 49만 회 (2024년 3월 기준) 이상을 기록했습니다.[22]

풍경 만들기

조지 켈리(George Kelly)와 휴 맥케이브(Hugh McCabe)의 2006년 조사에서 알 수 있듯이, 프로그래밍을 통해 풍경과 지형을 생성하는 문제는 1980년대 중반부터 게임 디자인과 컴퓨터 그래픽스 문헌에서 꾸준히 제기되어 왔습니다.[23] 대부분의 초기 컴퓨터 그래픽스 연구는 사실감을 구현하는 데 중점을 두었지만, 2000년대 초 예술 학교에 소프트웨어 개발 환경이 도입되면서 개념 미술, 공연, 영화, 미술사의 전통에 익숙한 학생들이 이 문제를 상상력으로 해결할 수 있는 환경이 조성되었습니다. 1부에서 제시한 풍경 만들기 과제(신체 부위, 머리카락, 해초, 우주 쓰레기, 좀비 등으로 채워진)는 2005년 가을 인터랙티브 이미지 강좌에서 골란이 제시한 프롬프트에서 채택한 것입니다.[24]

2008년 닉 몽포트의 비교 미디어 연구 워크숍에서도 이 과제를 다루었습니다. 탐색 가능성은 몽포트 과제의 핵심 요구 사항으로, 사용자가 "넓은 가상 공간을 이동하면서 이 공간의 창을 한 번에 하나씩 볼 수 있어야 한다."고 규정합니다.[25] 이 과제는 몽포트의 2016년 저서인 《Exploratory Programming for the Arts and Humanities》에 포함되어 있으며, 독자가 "탐색 가능한 가상 공간을 만들 수 있는 샘플 코드를 제공합니다."[26] 보다 엄격하게 제한된 '노이즈 랜드스케이프' 과제는 《Generative Design》에도 나와 있습니다.[27]

가상 생명체

존 마에다는 1999년 가을 MIT에서 '컴퓨테이셔널 미디어 디자인의 기초 (MAS.110)'를 강의하면서 학생들에게 가상 생명체를 만들도록 했습니다. "《The Biology Coloring Book》(Collins Reference, 1986)의 세포 다이어그램에서 영감을 받아 학생들에게 원하는 매체로 아메바의 표준 그림을 재해석하도

21 http://classes.design.ucla.edu/Spring11/28/exercises.html

22 https://www.youtube.com/watch?v=E4RyStef-gY

23 조지 켈리, 휴 맥케이브, "A Survey of Procedural Techniques for City Generation," *The ITB Journal* 7, no. 2(January 2006), doi:10.21427/D76M9P, https://arrow.dit.ie/itbj/vol7/iss2/5

24 https://web.archive.org/web/20060617092315/http://artscool.cfa.cmu.edu/~levin/courses/dmc/iig_05f/ejercicio.php

25 http://nickm.com/classes/cms_workshop_i/2008_fall

26 닉 몽포트, *Exploratory Programming for the Arts and Humanities*, MIT Press, 2016, 260.

27 보나커, 그로스, 라우브, *Generative Design: Visualize, Program, and Create with Processing*, 330.

28 존 마에다, *Creative Code: Aesthetics + Computation*, Thames and Hudson, 2004, 53.

29 골란 레빈(편집), *http://single cell.org/singlecell.html*, 2001.

30 *https://web.archive.org/web/20090304170310/http://rmx.cz/monsters*

31 마크 드 빈크(Marc De Vinck), "Processing Monsters by Lukas Vojir," Make:magazine(블로그), 2008.11.11, *https://makezine.com/article/craft/processing-monsters-by-lu/*

록 요청했습니다."28 이 과제에 영향을 받은 골란은 2001년 1월 *Singlecell.org* 프로젝트를 시작하고 리아(Lia), 마리우스 와츠(Marius Watz), 케이시 리스, 마틴 와텐버그(Martin Wattenberg) 같은 크리에이터를 초대하여 '다양한 컴퓨테이셔널 아티스트와 디자이너 그룹이 키운 온라인 생명체의 온라인 도감'을 보여주는 인터랙티브 생명체(creature)를 만들도록 요청했습니다.29 훨씬 더 개방적인 가상 생명체 과제로는 2008년에 전 세계 수많은 기여자로부터 프로세싱 기반 코드 스케치를 수집한 루카스 보이르(Lukas Vojir)의 영향력 있는 프로세싱 몬스터 프로젝트가 있습니다.30

저는 가능한 한 많은 사람들이 프로세싱에서 간단한 흑백 괴물을 만들 수 있도록 노력하고 있으며, ... 핵심은 소스 코드를 보여줌으로써 다른 사람들이 프로세싱을 배울 수 있도록 장려하는 것입니다. 여러분도 이 프로젝트에 참여하고 싶으시다면 규칙은 단 두 가지입니다. 흑백 + 마우스 반응형입니다.31

"2007년부터 2009년까지 챈들러 맥윌리엄스와 존 호크가 UCLA에서 가르친 강의의 '크리처' 과제에는 보이르의 프로세싱 몬스터와 Braitenberg Vehicle과 같은 애니미즘 시뮬레이션 모델이 명시적으로 언급되어 있습니다. UCLA 과제에서는 파라미터화된 외형과 동작을 가진 가상 크리처를 개발하기 위해 자바 클래스와 객체 지향 프로그래밍의 사용을 강조했습니다.[32] 최근에는 *OpenProcessing.org*에서 티파니 부차라(Tifanie Bouchara), 마가레타 호우트(Margaretha Haughwout), 캐롤라인 카시모 잔드(Caroline Kassimo-Zahnd), 세드릭 키퍼, 로즈 마샤크(Rose Marshack), 매트 리차드(Matt Richard), 매트 로비넷(Matt Robinett), 케빈 시워프(Kevin Siwoff) 등의 교육자가 크리처 만들기 과제를 진행하고 있습니다. 이러한 과제 중 일부는 크레이그 레이놀즈(Craig Reynolds)의 1999년 논문 〈Steering Behaviors For Autonomous Characters〉[33]에서 설명하고 댄 시프먼의 《Nature of Code》와 관련 동영상에서 널리 알려진 군집 동작을 사용하도록 학생들을 안내합니다.[34]

커스텀 픽셀

컴퓨테이셔널 아트에서 사용자 지정 그림 요소의 개념은 1960년대 벨 연구소의 레온 하몬(Leon Harmon)과 켄 놀턴(Ken Knowlton)의 실험, 대니 로진(Danny Rozin)의 유명한 *Wooden Mirror*(1999)와 기타 인터랙티브 거울 조각, 조셉 프란시스(Joseph Francis)와 롭 실버스(Rob Silvers) 등의 포토모자이크 작업에서 비롯되었습니다. 이미지 픽셀 데이터에 직접 액세스할 수 있는 프로세싱 및 기타 크리에이티브 코딩 툴킷의 기능 덕분에 '사용자 지정 픽셀' 과제가 이미지 처리 입문 교육을 지원하는 생산적인 방법이 되었습니다. 이러한 종류의 연습은 케이시 리스와 벤 프라이의 《Processing: A Programming Handbook for Visual Designers and Artists》,[35] 아이라 그린버그(Ira Greenberg)의 《Processing: Creative Coding and Computational Art》,[36] 댄 시프먼의 《Learning Processing》,[37] 앤드류 글래스너의 《Processing for Visual Artists: How to Create Expressive Images and Interactive Art》,[38] 케이시 리스, 챈들러 맥윌리엄스의 《Form+Code》,[39] 보나커 외 2인의 《Generative Design》[40]에서 찾아볼 수 있습니다.

여기에 제시된 과제는 골란의 2004년 가을 인터랙티브 이미지 강좌에서 파생된 것입니다. 그는 학생들에게 다음과 같이 요청했습니다. "이미지를 렌더링할 '사용자 지정 그림 요소'를 만드세요. 어떤 경우에도 원본 이미지가 직접 보여서는 안 됩니다."[41]

32 챈들러 맥윌리엄스의 인터랙티비티 강의 계획서(UCLA, 2007년 겨울 및 2008년 봄), *http://classes.dma.ucla.edu/Winter07/28*과 *http://classes.dma.ucla.edu/Spring08/28*, 존 호크의 인터랙티비티 강의 계획서(UCLA, 2009년 봄), *http://classes.dma.ucla.edu/Spring09/28/exercise*

33 크레이그 레이놀즈, "Steering Behaviors For Autonomous Characters," Proceedings of Game Developers Conference 1999, San Jose, California(Miller Freeman Game Group, 1999), 763-782.

34 대니얼 시프먼, *The Nature of Code*, 독립출판, 2012 및 유튜브 채널 The Coding Train

35 케이시 리스, 벤 프라이, "Image as Data," *Processing: A Programming Handbook for Visual Designers and Artists*, MIT Press, 2007, 364쪽 "Convert pixel values into a circle's diameter" 및 "Convert the red values of pixels to line lengths" 등이 그 예입니다.

36 아이라 그린버그, *Processing: Creative Coding and Computational Art*, Apress, 2007, 441~451쪽 "Pixilate" 및 "Pixel Array Mask" 예제를 참조하세요.

37 댄 시프먼, *Learning Processing: A Beginner's Guide to Programming Images, Animation, and Interaction*, Morgan Kaufmann, 2008, 324~327쪽 예제 15-4 "Pointillism(점묘법)" 및 예제 16-10 "낙서 거울(The Scribbler Mirror)"과 같은 연습을 참조하세요.

38 앤드류 글래스너(Andrew Glassner), *Processing for Visual Artists: How to Create Expressive Images and Interactive Art*, A K Peters/CRC Press, 2010, 468-470.

39 케이시 리스, 챈들러 맥윌리엄스, 《Form + Code: 코드에서 만들어지는 예술》(2014, 길벗)에서 "코드 예제: 변환된 풍경"을 참조하세요.

40 보나커, 그로스, 라우브, *Generative Design*, 302~317쪽 "Graphic from pixel values", "Type from pixel values", "Real-time pixel values" 등의 연습 문제를 참조하세요.

41 *https://web.archive.org/web/20060519010135/http://artscool.cfa.cmu.edu/~levin/courses/dmc/iig_04f/ejercicio.php*

드로잉 머신

드로잉 머신 과제는 1980년대 후반과 1990년대에 예술가들이 개발한 실험적인 인터랙티브 페인트 프로그램의 전통에서 비롯된 것으로, 폴 해벌리(Paul Haeberli)의 *DynaDraw*, 스콧 스니브(Scott Snibbe)의 *Motion Sketch* 및 *Bubble Harp*, 이와이 토시오(Toshio Iwai)의 《Music Insects》, 존 마에다의 개념 지향적 그리기 도구인 *Radial Paint, Time Paint, A-Paint*(또는 *Alive-Paint*) 등이 있습니다.[42] 1999년에 마에다는 이러한 유형의 질문을 교육 과제로 만들었습니다. 그의 저서 《Design by Numbers》에서 그는 커서 위치에서 캔버스 픽셀을 계속 검은색으로 설정하는 초소형 페인트 프로그램을 만드는 연습 문제를 제시했습니다. 마에다는 '특수 브러시'라는 제목의 섹션에서 "디지털 페인트를 공부할 때 가장 재미있는 연습은 나만의 특수 브러시를 디자인하는 과정일 것입니다. 가장 단순한 것부터 완전히 무의미한 것까지, 만들 수 있는 브러시의 종류에는 제한이 없습니다. 이 창의적인 시도에 어떻게 접근하는지는 여러분에게 달려 있습니다."[43] 마에다는 시간이 지남에 따라 잉크 색이 변하는 펜, 끝이 사선으로 된 캘리그래피 브러시, 폴리라인을 위한 벡터 그리기 도구 등 이 과제에 대한 몇 가지 가능한 응답을 제시했습니다. 이 과제에 대한 학생들의 모범적인 반응은 2001년 JT 니모이(JT Nimoy, 당시 MIT 마에다 그룹의 학부 인턴)가 20개의 인터랙티브 "Scribble Variations"[44] 모음집으로 발표했으며, 재커리 리버만은 2002년 파슨스 디자인 스쿨의 석사 논문인 〈Gesture Machine〉에서 발표했습니다. 리버만의 인터랙티브 논문 프로젝트는 지금은 없어진 Remedi Project 온라인 갤러리에 게시되었으며, 2015년 아이오 페스티벌에서 녹화된 강연 프레젠테이션을 위해 다시 부활했습니다.[45]

드로잉 도구 과제의 변형은 2000년대 초반에 확산되었습니다. 2003년 가을 UCLA의 한 강의에서 케이시 리스는 학생들에게 '마우스 기반 드로잉 머신'을 개발하도록 요청했습니다.[46] 2004년 봄 강의에서 그는 학생들에게 다음과 같이 요청했습니다.

기계가 구성할 이미지 유형에 대한 구체적인 아이디어를 갖고 비평 시간에 이 아이디어를 설명할 준비를 하세요. 생성되는 도면의 품질이 다양하고 형식적 대비가 큰 범위로 이루어지도록 프로젝트를 구축하십시오. 구상 이미지를 프로그래밍하는 것은 매우 어렵기 때문에 추상적인 그림을 만드는 데 집중하는 것이 좋습니다. 임의의 값을

42 존 마에다, *Maeda@Media*, Rizzoli, 2000, 94-99.

43 존 마에다, *Design by Numbers*, 166~169.

44 *https://github.com/jtnimoy/scribble-variations*

45 재커리 리버만, "From Point A to Point B"(강연, 아이오 페스티벌, 2015년 6월), *https://vimeo.com/135073747*

46 케이시 리스, 인터랙티브 미디어를 위한 디자인 강의 계획서(UCLA, 2003년 가을), *http://classes.dma.ucla.edu/Fall03/157A/exercises.html*.

사용하지 말고 [...] 형태와 동작을 생성하는 다른 데이터 소스에 의존해야 합니다.[47]

MIT에서 존 마에다의 지도하에 작성된 골란의 2000년 석사 학위 논문인 〈Painterly Interfaces for Audiovisual Performance〉는 동적 이미지와 사운드의 제스처 생성 및 성능을 위한 5개의 인터랙티브 소프트웨어 프로그램 모음을 제시했습니다. 이 작업에서 얻은 통찰을 바탕으로 골란은 2004년 가을 CMU의 '인터랙티브 그래픽 입문' 강의에서 사용자 지정 드로잉 프로그램을 과제로 냈습니다.[48] 2005년 봄에 그는 이 드로잉 프로그램을 사용자의 제스처를 매력적인 방식으로 증강하는 방식으로 개선하여 '사용자의 그림이 살아 움직이는' 프로그램으로 만들었습니다.[49]

2005년 기사에서 마이클 마테아스는 조지아 공대 대학원 과정인 '표현 매체로서의 컴퓨팅'에서 주어진 드로잉 도구 과제를 설명합니다.

마테아스는 학생들에게 알고리즘 생성/수정/조작을 강조하면서 자신만의 드로잉 툴을 만들도록 요구합니다. [...] 이 프로젝트의 목표는 도구의 개념을 탐구하는 것입니다. 도구는 중립적인 것이 아니라 제작자의 선입견, 꿈, 정치적 현실을 문자 그대로 암호화하여 일부 상호 작용에 어포던스를 제공하는 동시에 다른 상호 작용은 수행하기 어렵거나 심지어 상상조차 불가능하게 만드는, 시간의 흐름에 따른 흔적을 지니고 있습니다.[50]

챈들러 맥윌리엄스는 2007년 겨울과 2008년 봄 UCLA에서 진행한 인터랙티비티 강좌에서 마우스 기반의 '드로잉 머신'과 '드로잉 툴'의 미묘한 차이점을 탐구하는 과제를 내주었습니다.[51] 그 이후로 수많은 드로잉 툴 과제가 *Open Processing.org*에 온라인으로 게시되었습니다. 이 과제는 《Generative Design》과 같은 크리에이티브 코딩 입문서에도 소개된 바 있습니다.[52]

모듈식 알파벳

파라미터화와 모듈화라는 디자인 원칙은 코드 및 디지털 기술의 사용과는 별개로 전통적인 타이포그래피 교육에서 기본적으로 고려해야 할 사항입니다. 1982년 오하이오 주립대학교의 한스 루돌프 루츠(Hans-Rudolf Lutz)가 학생들에게 연필과 종이를 사용하여 연속된 글자 사이에 5단계의 전환이 있는 알파벳

47 케이시 리스, 프로그래밍 미디어 강의 계획서(UCLA, 2004 봄), *http://classes.design.ucla.edu/Spring04/160-2/exercises.html*

48 *https://web.archive.org/web/20060519010135/http://artscool.cfa.cmu.edu/~levin/courses/dmc/iig_04f/ejercicio.php*

49 골란 레빈, 인터랙티브 이미지 강의 계획서(CMU, 2005년 봄), *https://web.archive.org/web/20060518224636/http://artscool.cfa.cmu.edu/~levin/courses/dmc/iig_05s/ejercicio.php*

50 이안 보고스트(Ian Bogost) 외, "Asking What Is Possible," 59-68.

51 *http://classes.dma.ucla.edu/Winter07/28*과 *http://classes.dma.ucla.edu/Spring08/28*

52 보나커, 그로스, 라우브, *Generative Design*, 236~245쪽 "Drawing with Animated Brushes"와 "Drawing with Dynamic Brushes" 등의 연습 문제를 참조하세요.

53 나나 파임, 에밀리 바그마르크, 코린 지젤, *Taking a Line for a Walk*, 51.

54 *Taking a Line for a Walk*, 41.

55 존 마에다, MAS.962 강의 설명: 디지털 타이포그래피(MIT 미디어 랩, 1997년 가을), https://ocw.mit.edu/courses/media-arts-and-sciences/mas-962-digital-typography-fall-1997

56 존 마에다, *Maeda@Media*. https://web.archive.org/web/20010124052200/https://acg.media.mit.edu/courses/mas962도 참고하세요.

57 피터 조의 프로젝트는 *Maeda@Media*에도 실려 있습니다.

58 MAS.962 강좌 갤러리 페이지는 더 이상 제공되지 않습니다. 피터 조, *Computational Models for Expressive Dimensional Typography*, MIT 석사 학위 논문, 1999, 34, https://acg.media.mit.edu/people/pcho/thesis/pchothesis.pdf 참고.

59 https://web.archive.org/web/20060519010135/http://artscool.cfa.cmu.edu/~levin/courses/dmc/iig_04f/ejercicio.php

60 보나커, 그로스, 라우브, *Generative Design*, 276-285.

을 렌더링하도록 한 과제를 예로 들 수 있습니다.[53] 2013년 바르셀로나 디자인 대학에서 로라 메세게르(Laura Meseguer)는 학생들에게 손으로 그린 작은 그래픽 요소 세트로 모듈형 서체를 디자인하도록 했습니다. 메세게르는 "이 모듈식 방법으로 작업하면 서체의 구조와 서체 디자인에 내재된 모듈성, 일관성, 조화를 이해하는 데 도움이 될 것"이라고 말합니다.[54]

창의적인 코딩 과제인 모듈식 알파벳 프로젝트는 존 마에다의 1997년 MIT 미디어 랩 디지털 타이포그래피 강좌를 위해 개발된 과제와 학생 작업에서 파생되었습니다. 이는 '단어, 기호, 형태로서의 글꼴의 알고리즘 조작'에 초점을 맞추고 있습니다.[55] 마에다는 학생들에게 잘 변형되는 벡터 기반 서체와 본질적으로 불안정한 속성을 가진 파라미터화된 서체를 디자인하라는 '플라이언트 타입(pliant type)' 및 '언스테이블 타입(Unstable type)' 프로젝트(자바로 작업)를 부여했습니다.[56] 피터 조의 프로젝트 *Type Me, Type Me Not*은 마에다의 프롬프트에서 비롯되었으며 여기에 재구성된 과제의 템플릿을 정립했습니다.[57] 피터 조는 강좌 갤러리 페이지에 올린 글에서 다음과 같이 말했습니다. "수업 중 어느 순간 자바 그래픽 클래스의 fillArc 메서드를 사용하여 원형 파이 조각으로만 글자를 구성하는 아이디어에 시선이 갔습니다. … 각 문자는 두 개의 채워진 호로 만들어지기 때문에 문자 간 전환을 부드럽게 만들 수 있습니다."[58] 이 책에 실린 과제의 텍스트는 골란의 '변형 가능한 알파벳: 사용자 지정 그래픽'에서 발췌한 것으로, 2004년 인터랙티브 이미지 강좌에서 과제로 제시한 것입니다.[59]

'파라메트릭 유형' 과제는 도널드 커누스의 METAFONT(1977)의 논리에서 확장된 것으로, 서체의 연속적인 속성을 제어하기 위해 파라미터를 사용하는 데 중점을 둡니다. 이를 잘 보여주는 과제는 《Generative Design》의 "서체 윤곽선 변경(3.2.2)"[60]으로, 이 과제에서는 코드 변수가 서체의 전체적인 기울기 같은 속성을 어떻게 제어할 수 있는지, 또는 흔들림(wiggliness)과 같은 좀 더 색다른 속성을 어떻게 제어할 수 있는지 탐구하라는 메시지를 전달합니다.

데이터 자화상

2000년대 초반 10년 동안 MIT 미디어 랩의 소셜 미디어 그룹에 속한 주디스 도나스(Judith Donath)와 대학원생들은 '데이터 자화상'을 만들어 피사체의 얼굴이 아닌 축적된 데이터를 묘사하는 미디어 오브젝트를 제작하고 이해하는 원칙을 정립했습니다. 도나스는 "이러한 표현을 '시각화'가 아닌 '초상화'라고 부르면 우리가 생각하는 방식이 바뀐다"고 주장했습니다.[61] 또 현재 MoMA 영구 컬렉션의 일부인, 닉 펠튼(Nick Felton)의 일기인 것도 같고 과제물인 것도 같은 '연례 보고서' 정보 시각화(2005~2014)는 컴퓨터로 디자인한 데이터 기반 자화상의 선례를 확립하는 데 큰 영향을 미쳤습니다.

2010년대 초, 개인용 피트니스 트래커와 스마트폰 셀카의 사용이 널리 보급되면서 데이터 자화상을 구현하고 설명하는 방식이 진화했습니다. 이 책에 나오는 과제의 문구는 CMU의 2014년 봄학기 인터랙티브 아트 및 전산 디자인 과목에서 골란이 학생들에게 "관심 있는 데이터에 대한 인사이트를 제공하는 비주얼리제이션을 개발하라"고 요청한 내용을 응용했습니다. 이 프로젝트는 아마도 '정량화된 자화상', 즉 사용자가 생성하는 데이터 스트림 중 하나 이상의 데이터에서 개발된 컴퓨테이셔널 자화상의 형태를 띠게 될 것입니다.[62]

증강 현실 기반의 프로젝션

이 과제는 마이클 나이마크(Michael Naimark), 크리스토프 워디초(Krystof Wodiczo), 크리스토퍼 베이커(Christopher Baker), 안드레아스 기신(Andreas Gysin)＋시디 바네티(Sidi Vanetti), HeHe(Helen Evans와 Heiko Hansen), 질리언 메이어(Jillian Mayer), 요렉 제르진스키(Joreg Djerzinski), 파블로 발부에나(Pablo Valbuena) 등의 설치 작품에서 영감을 얻었습니다. 2007년 아르스 일렉트로니카 페스티벌에서 발표되어 온라인에서 널리 알려진 발부에나의 컴퓨터 생성 증강 조각 작품[63]은 크리에이티브 기술자들에게 특히 큰 영향을 미쳤으며, 매드매퍼(MadMapper), 밀루민(Millumin)과 같은 상용 프로젝션 매핑 소프트웨어의 개발을 촉진했습니다. 이러한 도구의 도움으로 프로젝션 매핑은 프로그레시브 극장 시노그래피[64]의 필수 요소가 되었으며, 많은 비디오 및 미디어 디자인 대학원 프로그램에서 강의하고 있습니다.

골란은 2013년 가을에 이 과제의 변형 버전("벽에 투영된 시적 제스처")을 과제로 제시했습니다. 학생들은 Box2D 물리 라이브러리를 사용하고 프로세싱에서 코드를 작성하여 전원 콘센트나 문 손잡이 같은 벽의 특징과 시각적, 개념적으로 관련된 실시간 애니메이션 그래픽을 생성하도록 요청받았습니다.[65]

61　주디스 도나스 외, "Data Portraits"(강연, SIGGRAPH '10, 2010년 7월), *https://smg.media.mit.edu/papers/Donath/DataPortraits.Siggraph.final.graphics.pdf*

62　*http://golancourses.net/2014/assignments/project-3*

63　*http://www.pablovalbuena.com/augmented*

64　(옮긴이) '프로그레시브 극장 시노그래피'는 무대 미술의 개념을 확장하여 아날로그와 디지털 매체의 고유한 매체적 성질을 주제와 형식으로 삼는 연극의 새로운 표현 가능성에 주목하는 것입니다. 이는 디지털 미디어의 발달로 인해 더욱 가속화되었으며, 다양한 매체가 서로 상호 작용하며 새로운 감각과 지각을 발생시키는 공연을 포괄합니다.

65　골란 레빈, 60-210 강의 계획서: 전자 미디어 스튜디오 2(CMU, 2013 가을), *http://cmuems.com/2013/a/assignments/assignment-07*

원버튼 게임

우리가 알고 있는 '버튼 하나로만 하는 게임'을 만들기 위한 최초의 공개 대회는 2005년 4월에 독립 게임 개발자들의 온라인 커뮤니티인 Retro Remakes에서 열렸습니다.[66] 얼마 지나지 않아, 가마수트라(Gamasutra)의 기사에서 버뱅크 그린(Berbank Green)은 원버튼 게임의 저수준 메커니즘에 대한 디자인 이슈를 심층적으로 논의했습니다.[67] 이후 이 기사는 게임 디자인 강의에서 널리 인용되었습니다.

2009년 12월, 실험적인 게임 디자인 집단인 코코로미(Kokoromi)는 게임 개발자 컨퍼런스에서 청중에게 원버튼 게임을 위한 GAMMA IV 경연 대회를 발표했고, 2010년 3월에는 우승자를 발표했습니다. 코코로미는 제스처 컨트롤, 멀티터치 패드, 악기, 음성 인식, 심지어 두뇌 제어와 같은 인터페이스를 갖춘 '하이테크' 게임 컨트롤러가 시장에 출시되자 "게임 개발자들은 여전히 절대적인 단순함에서 아름다움을 찾을 수 있다"고 제안했습니다.[68] 2009년 8월, 선풍적인 인기를 끌었던 원버튼 게임 Canabalt가 온라인으로 출시되었습니다.[69] 2009년 겨울 UCLA의 상호 작용성 강좌에서 챈들러 맥윌리엄스는 원버튼 게임을 수업 실습으로 소개했습니다.

인터페이스가 버튼 하나로 이루어진 간단한 원버튼 게임을 개발하세요. 흥미로운 경험을 제공하면서 주제를 표현하는 데 아이디어를 집중하세요. 게임이 기술적으로 어떻게 작동하는지에 지나치게 신경 쓰지 마세요. 훌륭한 게임은 아주 간단하게 만들 수 있습니다. 대신 일반적인 비디오 게임과 보드 게임이 어떻게 작동하는지, 그리고 이러한 게임의 어떤 특징을 흥미로운 방식으로 재해석할 수 있는지 생각해 보세요. 게임에 점수나 레벨을 포함시키지 않아도 재미있는 경험이 될 수 있습니다. 개념 및 시각적 개발은 기술적 성취만큼이나 중요하다는 점을 기억하세요.[70]

파올로 페데르치니(Paolo Pedercini)는 2010년 가을 CMU 실험 게임 디자인 강의에서도 원버튼 게임(및 노버튼 게임)에 대해서 언급했습니다.[71]

원버튼 게임은 이제 인기 있고 확고한 장르로 자리잡았습니다. 예를 들어, 2019년 8월 현재 인디 게임 배포 웹 사이트 Itch.io는 2,800개 이상의 원버튼 게임을 호스팅하고 있다고 보고했습니다.

66 배리 엘리스(Barrie Ellis), "Physical Barriers in Video Games," OneSwitch.org.uk, 2006.3.20, http://www.oneswitch.org.uk/OS-REPOSITORY/ARTICLES/Physical_Barriers.doc

67 버뱅크 그린(Berbank Green), "One Button Games," Gamasutra.com, 2005.6.2, https://web.archive.org/web/20050822041906/http://www.gamasutra.com/features/20050602/green_01.shtml

68 http://web.archive.org/web/20091204142734/http://www.kokoromi.org/gamma4

69 http://adamatomic.com/canabalt

70 http://classes.dma.ucla.edu/Winter09/28/

71 http://gamedesign.molleindustria.org/2010

실험적 채팅

이 과제는 폴 서먼(Paul Sermon)의 *Telematic Dreaming*(1992), 스콧 스니브(Scott Snibbe)의 *Motion Phone*(1995), 라파엘 로자노-헤머(Rafael Lozano-Hemmer)의 *The Trace*(1995)와 같은 1990년대 중반 텔레매틱 미디어 아트 작품의 영향을 받았습니다. 이 과제는 존 마에다가 《Design by Numbers》(1999)에서 논의한 '공유 종이' 연습에 뿌리를 두고 있습니다.[72] 마에다는 사용자 코드로 값을 읽고 수정할 수 있고 1,000개의 숫자를 저장할 수 있으며 공개적으로 액세스할 수 있는 웹 서버를 설명합니다. 이 초간단 플랫폼을 기반으로 마에다는 한 사람에서 다른 사람으로 마우스 좌표를 공유하는 "협업 드로잉" 프로젝트[73]와 한 번에 한 글자씩 보내는 "원시 채팅"을 선보였습니다.[74]

마에다는 이 과제에 대해 《Creative Code》에서 자세히 설명합니다:

> 1997년에 제가 수업을 시작할 때 사용한 표준 최종 과제는 데이터 통신 스트림을 전송하는 것이었습니다. 문제의 통신 스트림은 인터넷 기반 채팅 시스템이 작동하는 방식으로 연결된 클라이언트에서 연결된 모든 클라이언트로 동시에 메시지를 전달하는 서버였습니다. 서버를 안정적으로 실행하는 데 기술적 어려움이 있었기 때문에 이 과제를 중단했습니다.[75]

72 존 마에다, *Design by Numbers*, 204.

73 존 마에다, *Design by Numbers*, 207.

74 존 마에다, *Design by Numbers*, 213.

75 존 마에다, *Creative Code*, 106.

브라우저 확장

브라우저 확장 과제의 전신은 알렉스 갤러웨이(Alex Galloway)의 *Carnivore project*(2000~2001)로, 15명의 아티스트에게 패킷 스니퍼로 캡처한 네트워크 트래픽을 시각화하는 맞춤형 소프트웨어 클라이언트를 제공하도록 요청했습니다. 각 '카니보어 클라이언트'는 인터넷 통신을 바라보는 각기 다른 시각을 제공했습니다.

2008~2009년에 구글과 모질라는 크롬과 파이어폭스 웹 브라우저를 위한 애드온 생태계를 도입하여 공유 가능한 실험의 물결을 일으켰습니다. 당시 온라인 광고를 예술 작품으로 자동 대체하는 브라우저 플러그인인 스티브 램버트(Steve Lambert)의 *Add Art*가 큰 성공을 거두면서 상업용 브라우저 확장 프로그램이 예술 활동의 한 방식으로 등장했습니다. 램버트의 프로젝트는 우리 과제에 영감을 주었고, 앨리슨 버치(Allison Burtch), 줄리안 올리버(Julian Oliver), 로렌 맥카시 등의 작품에서 추가적인 영감을 얻었습니다.

창작 암호화

76 2013년 뉴욕 아이빔 센터에서 열린 프리즘 브레이크업 컨퍼런스 및 전시회(*https://www.eyebeam. org/events/prism-break-up*)와 수많은 크립토파티(*https://www. cryptoparty.in*), 아티스트와 기술자가 함께한 아트 핵 데이 (*https://arthackday.net*)와 같은 행사를 확인하세요.

2013년 스노든의 폭로는 디지털 프라이버시, 보안, 감시, 익명성, 암호화 기술을 둘러싼 이슈에 대한 예술가들의 참여를 촉발시켰습니다.[76] 이러한 주제를 심각하게 여기는 특정 문화적 관행과 예술 작품을 염두에 두고 테가는 2015년 퍼체이스 대학의 수업인 "소셜 소프트웨어"를 위해 이 프롬프트를 개발했습니다. 이 프롬프트는 애디 와게네흐트(Addie Wagenecht), 줄리안 올리버, 아담 하비(Adam Harvey), 데이비드 후에타(David Huerta) 등의 연구와 프로젝트를 바탕으로 개발되었습니다.

77 브라이언 윙켈(Brian Winkel), "Lessons Learned from a Mathematical Cryptology Course", *Cryptologia* 32, no. 1(Jan 2008), 45-55, 닐 코블리츠(Neal Koblitz), "Cryptography as a Teaching Tool", *Cryptologia* 21, no. 4(June 1997), 317-326, 만모한 카우르(Manmohan Kaur), "Cryptography as a Pedagogical Tool", *Primus* 18, no. 2 (March 2008), 198-206, 로렐라이 코스(Lorelei Koss), "Writing and Information Literacy in a Cryptology First-Year Seminar", *Cryptologia* 38, no. 3(June 2014), 223-231.

브라이언 윙켈, 닐 코블리츠, 만모한 카우르, 로렐라이 코스 등 다양한 수학 교육자들도 비기술적 배경을 가진 학생들의 참여를 유도하기 위한 암호학의 교육적 가치에 대해 저술했습니다.[77] 이 저자들은 수학 교육과 일반 교육의 맥락에서 암호학을 논의하며, 설계나 예술적 기술보다는 수학적 역량을 키우는 것을 목표로 하지만 암호학 연구가 수학과 계산의 정치적, 사회적, 기술적 차원을 통합한다는 점에 주목하고 있습니다.

음성 기계

78 *https://experiments.withgoogle. com/collection/voice*

이 책을 집필하던 2010년대 후반 즈음, 인간과 컴퓨터 간 음성 기반의 실시간 상호 작용이 창의적인 실험이 가능할 수준의 현실이 되었습니다. 2017년 구글의 크리에이티브 랩(Creative Lab) 부서는 개발자들이 구글 홈 플랫폼과 다이얼로그플로우(Dialogflow) 음성-텍스트 변환 툴킷을 채택하도록 장려하기 위해 '게임, 음악, 스토리텔링 등에 개방적이고 자연스러운 대화를 도입하면 무엇이 가능한지'에 대한 탐색적 연구를 후원했습니다.[78] 이 '음성 실험' 이니셔티브의 지원을 받은 사람 중에는 컴퓨터가 동물인 척하고 사용자가 음성 질문을 통해 동물이 무엇인지 추측해야 하는 게임인 *Mystery Animal* 같은 프로젝트를 만든 프로그래머이자 아티스트 니콜 헤(Nicole He)가 있습니다. 2018년 가을에는 NYU ITP에서 "Hello, Computer: Unconventional Uses of Voice Technology"이라는 제목으로 강의를 하기도 했습니다.

이 강의의 목표는 학생들에게 음성 기술을 보다 창의적으로 활용할 수 있는 기술적 능력을 제공하는 것이었습니다. 학생들에게 이 새로운 분야의 아직은 낯설고 생소한 방식을 조사하고 실험해 보도록 장려합니다. 인간과 컴퓨터의 대화라는 독특한

경험을 탐구하는 인터랙션, 공연, 예술 작품 또는 앱을 개발할 것입니다.[79]

79 https://nicolehe.github.io/schedule

음성 기계 과제는 니콜 허의 강의 계획서와 학생들의 프로젝트,[80] 구글의 음성 실험 프로그램, 그리고 데이비드 로크비(David Rokeby)의 *The Giver of Names* (1990)와 같은 음성 기반 인터랙티브 미디어 아트의 선구적인 초기 작품에서 영감을 얻었습니다.

80 https://medium.com/@nicole-he/fifteen-unconventional-uses-of-voice-technology-fa1b749c14bf

측정 장치

데이터 수집은 공학, 자연과학, 사회과학, 커뮤니케이션 디자인(예: 정보 시각화), 현대 미술(비판적 문화 실천) 등 다양한 분야에서 교육의 출발점입니다. 몇몇 동료 교수들은 창의적인 코딩을 하는 학생들에게 API를 사용하여 데이터를 수집하도록 요청하거나(NYU ITP의 제르 소프)[81] 인터넷에서 정보를 컴퓨터로 수집하기 위한 웹 스크래핑 도구를 개발하도록 요청하는 과제를 내주었습니다(NYU ITP 및 SFPC의 샘 라빈).[82] 그러나 여기서 제시하는 과제는 학생들이 물리적 세계의 일부 동적 시스템에서 측정값을 수집하기 위한 맞춤형 하드웨어를 개발하도록 요구합니다.

81 제르 소프, 데이터 아트 강의 계획서(NYU ITP, 2016 봄), https://github.com/blprnt/dataart2017a

82 샘 라빈(Sam Lavigne), 스크래피즘 강의 계획서(NYU ITP, 2018년 가을), https://github.com/antiboredom/sfpc-scrapism

예술로서의 데이터 수집이라는 전제는 한스 하케(Hans Haacke), 마크 롬바르디(Mark Lombardi), 온 카와라(On Kawara), 나탈리 예레미옌코(Natalie Jeremijenko), 베아트리즈 다 코스타(Beatriz da Costa), 브룩 싱어(Brooke Singer), 캐서린 디그나치오(Catherine D'Ignazio), 에릭 파울로스(Eric Paulos), 에이미 발킨(Amy Balkin), 케이트 리치(Kate Rich) 등 많은 예술가들이 사용한 접근 방식에서 비롯됩니다. 또한 Safecast, the Air Quality Egg, Smart Citizen Platform, Pachube 등 시민 과학 프로젝트와 DIY 데이터 수집 도구에 대한 많은 지침서 및 온라인 튜토리얼을 활용했습니다. 이 과제는 2013년 CMU의 미술학과 학생들에게 제공된 골란의 전자 미디어 스튜디오 2 강의 계획서에 있는 과제를 각색한 것입니다.[83]

83 골란 레빈, 전자 미디어 스튜디오 2 강의 계획서(CMU, 2013년 가을), http://cmuems.com/2013/a/assignments/assignment-08

신체의 재해석

신체의 재해석 과제는 마이런 크루거(Myron Krueger)의 *Videoplace*(1974~1989년)와 같은 인터랙티브 예술 작품과 오프라인 모션 캡처를 풍부하게 사용해 온 할리우드 컴퓨테이셔널 그래픽의 오랜 역사에서 영감을 받았습니다. 2000년대 중반에 작성된 케이시 리스의 UCLA 강의 계획서는 카메라와 컴퓨터 비전으로 캡처한 신체를 컴퓨터로 실시간 증강하는 과제를 제시한, 현존하는 가장 오래된 기록 중 하나입니다. 예를 들어, 2004년 겨울 학기 과제에서는 학생들에게 "소프트웨어와 상호 작용하는 인터페이스로 제한 없는 신체[84]를 사용하도록 하세요. 프로젝션, 카메라, 컴퓨터를 통해 두 사람 간의 상호 작용에 대한 아이디어를 개발하고 구현합니다. 카메라 데이터 처리를 통해 신체를 추적하고, 색상을 추적하고, 동작 방향을 결정하고, 제스처를 읽는 등의 작업이 가능하다는 것을 기억해야 합니다."[85] 2006년 겨울 학기 과제에서는 학생들에게 "컴퓨터 비전 기술을 활용하는 비디오 거울의 개념을 개발하라"고 요구했습니다."[86]

로렌 맥카시의 "마스크" 과제에서 우리는 학생들에게 신체 반응형 소프트웨어를 개발하는 동시에 그 소프트웨어를 사용하는 퍼포먼스를 제작하라는 전제를 빌려왔습니다. 맥카시는 UCLA의 2019년 겨울 인터랙티브 강좌를 위해 다음과 같은 글을 썼습니다.

> 수업에서 읽거나 공연할 짧은 텍스트(한 문단 이하)를 작성하거나 선택합니다. 텍스트를 기반으로 텍스트를 수행하는 데 사용할 가상 마스크를 디자인하고 제작합니다. 제공된 코드 템플릿을 사용하여 목소리의 볼륨이 변할 때 마스크가 오디오에 반응하여 변경되도록 합니다. 이 프로젝트는 얼굴과 텍스트의 연관성, 마스크의 변형 정도(얼마나 변화하는지), 마스크의 디자인, 마스크의 성능에 따라 평가됩니다.[87]

공감각 기기

공감각 기기 과제는 학생들에게 소리와 이미지를 동시에 연주할 수 있는 도구를 개발하도록 요청합니다. 이 과제는 골란이 MIT 미디어 랩의 석사 학위 논문(1998-2000)으로 수행한 작업에서 확장된 것으로, 특히 이와이 토시오(Toshio Iwai)의 1990년대 시청각 공연 기기에서 영감을 얻었습니다. 2002년 4월, 파슨스 디자인 스쿨의 시청각 시스템 및 기계 대학원 과정에서 골란은 이 연구 문제를 '실시간 그래픽과 사운드 동시 구현'이라는 과제로 전환했습니다.

> 과제는 합성 사운드와 그래픽의 실시간 생성을 통해 어떤 종류의 입력(예: 마우스, 키보드, 어떤 종류의 실시간 데이터 스트림 등)에 반응하는 시스템을 개발하는 것입니다. [...] 미리 준비된 오디오 조각이나 샘플을 시스템에서 사용해서는 안 됩니다. 따라서 디지털 신디사이저를 처음부터 직접 코딩해야 합니다. 이미지와 사운드 사

84 (옮긴이) '제한 없는 신체'는 신체를 직접적인 상호 작용 도구로 사용하는 것을 의미합니다. 즉, 특별한 웨어러블 장비나 추가적인 물리적 도구 없이, 사용자의 신체 움직임, 제스처 등을 통해 소프트웨어와 상호 작용하는 방식을 말합니다.

85 케이시 리스, 인터랙티브 환경 강의 계획서(UCLA, 2004년 겨울), *http://classes.design.ucla.edu/ Winter04/256/exercises.html#B*

86 케이시 리스, 인터랙티브 환경 강의 계획서(UCLA, 2006 겨울), *http://classes.design.ucla.edu/ Winter06/256/exercises.html#A*

87 로렌 맥카시, 인터랙티브 환경 강의 계획서(UCLA, 2019년 겨울), *http://classes.dma.ucla.edu/ Winter19/28/#projects*

이의 관계를 만들려면 시각 시뮬레이션을 설명하는 데이터를 사운드 신디사이저의 입력에 적절하게 매핑해야 합니다. 시스템을 만들 때 '정답'은 없지만 다음과 같은 몇 가지 가능한 문제를 고려하세요. 사운드와 이미지가 형태를 잘 바꾸어 서로 어울리는가, 아니면 한쪽이 다른 쪽에 더 영향을 받는가? 사운드와 이미지가 밀접한 관련이 있는가, 아니면 간접적으로 연결되어 있는가? 사운드와 이미지에서 네거티브 스페이스 사용의 품질은 어떤가? 이미지나 사운드, 또는 둘 다에서 리듬이 분명하게 드러나는가?[88]

88 골란 레빈, 시청각 시스템 및 기계 강의 계획서(파슨스 디자인 스쿨 MFADT 프로그램, 2002년 봄, *https://web.archive.org/web/20020802181442/http://a.parsons.edu/~avsys/homework7/index.html*

저자와 컨트리뷰터에 대한 소개

골란 레빈(Golan Levin)은 CMU의 디지털 아트 교수로 컴퓨터 공학, 디자인, 건축, 엔터테인먼트 기술 센터에서도 겸임 교수로 재직하고 있습니다. 교육자로서 골란의 교습법은 컴퓨테이션을 개인적 표현의 매체로 되찾는 데 관심을 두고 있습니다. 그는 인터랙티브 아트, 제너레이티브 폼, 정보 시각화 등의 주제로 컴퓨터 공학 대학에서 스튜디오 아트 과정을 가르치고 있습니다. 2009년부터 2022년까지 예술, 과학, 기술, 문화 전반에 걸친 비정형적이고 반학문적인 연구를 위한 연구소인 CMU의 The Frank-Ratchye STUDIO for Creative Inquiry의 디렉터로도 활동했습니다.

테가 브레인(Tega Brain)은 호주 태생의 예술가이자 환경 공학자, 교육자입니다. 그녀의 작품은 생태학, 데이터 시스템 및 인프라 문제를 탐구합니다. 그녀의 작품은 변화를 위한 비엔나 비엔날레 (Vienna Biennale for Change), 광저우 트리엔날레, 세계문화의 집(Haus der Kulturen der Welt, KHW), 뉴욕 뉴 뮤지엄(New Museum) 등에서 전시되었습니다. NYU의 Integrated Digital Media 프로그램 조교수이며 프로세싱 재단과 함께 'Learning to Teach' 컨퍼런스 시리즈와 p5.js 프로젝트에 참여하고 있습니다.

대니얼 시프먼(Daniel Shiffman)은 NYU ITP의 예술 부교수입니다. 유튜브 채널인 The Coding Train에서 프로그래밍 언어의 기초부터 물리 시뮬레이션, 컴퓨터 비전, 데이터 시각화와 같은 생성 알고리즘에 이르기까지 다양한 주제의 튜토리얼을 게시하고 있습니다. 시프먼은 프로세싱 재단의 이사이자 《Learning Processing: A Beginner's Guide to Programming Images, Animation, and Interaction》(MK, 2015)의 저자이기도 합니다. 자연 현상을 코드로 시뮬레이션하는 방법에 관한 오픈 소스 책인 《The Nature of Code: Simulating Natural Systems with Processing》(2012)의 저자이기도 합니다.

드 안젤라 L. 더프(De Angela L. Duff)는 NYU 탠던공과대학의 산학협력 중점 교수이자 NYU 부총장입니다. 1999년부터 고등 교육 분야에서 가르치고 있는 그녀는 디자인, 예술, 기술의 교차점에서 학생들을 교육하는 데 열정을 쏟고 있습니다. 이러한 열정을 인정받아 2018년 NYU 탠던공과대에서 공로 교육상을 수상했습니다. 더프

는 메릴랜드 예술대학에서 스튜디오 아트(사진) 석사 학위를, 조지아 주립대에서 그래픽 디자인 학사 학위를, 조지아 공과대에서 섬유학 학사 학위를 받았습니다.

로렌 맥카시(Lauren Lee McCarthy)는 로스앤젤레스에서 활동하는 아티스트로 감시, 자동화, 알고리즘이 만연한 생활 속에서 사회적 관계를 탐구합니다. 그녀는 p5.js의 창시자이자 프로세싱 재단의 공동 이사입니다. 로렌의 작품은 바비칸 센터, 아르스 일렉트로니카, 빈터투어 사진 미술관, 스위스 전자예술 박물관(HEK), ACM 시그라프, 뉴욕 오나시스 문화센터, IDFA 다큐랩, 서울시립미술관 등 국제적인 전시를 통해 소개된 바 있습니다. 크리에이티브 캐피탈 어워드, 선댄스 펠로우십, 아이빔 레지던시, 나이트 재단, 모질라 재단, 구글, 리좀(Rhizome)[1]의 보조금 등 수많은 영예를 얻었습니다. 로렌은 UCLA 디자인 미디어 아트 부교수입니다.

1 (옮긴이) 리좀(Rhizome)은 미국의 비영리 예술 기관으로, 새로운 미디어 아트를 지원하고 플랫폼을 제공합니다. 1996년에 설립되어 뉴 뮤지엄에서 활동하고 있습니다. 이 조직은 디지털 예술과 문화의 혁신적인 작업을 발굴하고, 그 가치를 인정받을 수 있도록 다양한 프로그램과 전시를 마련합니다.

룬 마드센(Rune Madsen)은 디자인 소재로서 코드를 탐구하는 디자이너, 아티스트, 교육자입니다. 그래픽 디자인 및 디지털 미디어의 시스템을 탐구하는 디자인 스튜디오인 Design Systems International의 공동 창립자인 그는 실험적인 인터페이스, 브랜드 시스템 및 사용자 지정 디자인 도구를 전문으로 합니다. 그는 그래픽 디자인의 새로운 기초를 실용적으로 소개하는 무료 온라인 서적인 《Programming Design Systems》의 저자이기도 합니다. 이전에 뉴욕타임스, 오라일리 미디어에서 근무했으며 NYU 상하이에서 예술 조교수로 있었습니다. 코펜하겐 대학교에서 학사 학위를, NYU ITP에서 석사 학위를 받았습니다.

스기모토 타츠오(Tatsuo Sugimoto)는 정보 디자인, 미디어 아트, 미디어 연구 등 다양한 분야에서 활동하고 있습니다. 도쿄도립대학교 시스템 디자인 대학원 교수로 재직 중인 스기모토는 그림책 박물관, 삿포로 국제 예술제 등의 전시회에 참여했으며, 일본 미디어 아트 페스티벌과 탐구형 IT 인재 프로젝트에서 수상한 경력이 있습니다. 교과서 《メディア技術史—デジタル社会の系譜と行方(미디어 기술사:디지털 사회의 계보와 행방)》(北樹出版, 2013)의 공저자이자 《Processing》 일본어판의 공동 번역가이기도 합니다.

앨리슨 패리시(Allison Parrish)는 컴퓨터 프로그래머이자 시인, 교육자, 게임 디자이너로, 인공 지능과 컴퓨테이셔널 창의성에 중점을 두고 언어와 컴퓨터가 만났을 때 나타나는 특이한 현상에 대해 강의와 실습을 진행하고 있습니다. 2008년에 석사 학위를 취득했고 현재 NYU ITP의 예술 조교수입니다. 2016년 빌리지 보이스에서 '최고의 시(詩) 봇 제작자'로 선정되었고 영어의 모든 단어를 모아 트윗하는 장기간에 걸친 자동 글쓰기 프로젝트의 결과물을 모아서 《@Everyword: The Book》(Instar, 2015)를 출간했습니다. 그녀의 트위터는 이 프로젝트로 10만명이 넘는 팔로워를 확보했습니다. 또한 첫 번째 컴퓨테이셔널 생성 시집인 《Articulations》(Counterpath Press, 2018)도 출간했습니다.

2 (옮긴이) Liveness는 작품이나 공연의 '생생함'이나 '현재 진행성'을 나타내는 용어로 사용됩니다. 특히 디지털 미디어를 포함한 현대 미술에서는, 작품이 관객과 실시간으로 상호 작용하거나, 관객이 작품에 참여함으로써 생성되는 경험의 생동감을 강조할 때 이 용어가 적용될 수 있습니다.

위니 순(Winnie Soon)은 덴마크에서 활동하는 홍콩 출신의 아티스트 겸 연구자로, 기술의 문화적 함의에 관심이 있습니다. 특히 인터넷 검열, 데이터 정치, 실시간 처리(Liveness)[2], 보이지 않는 인프라, 코드 실행 문화와 관련된 기술에 관심이 많습니다. 현재 그녀는 비판적 기술 및 페미니스트 실천에 초점을 맞춘 연구를 진행하고 있으며, 《Aesthetic Programming: A Handbook of Software Studies》(Open Humanities Press, 2020)와 《Fix My Code》(EECLECTIC, 2021)를 공동 집필했습니다. 오르후스 대학교의 조교수입니다.

재커리 리버만(Zachary Lieberman)은 예술가, 연구자, 교육자, 해커로서 단순한 목표를 가지고 있습니다. 사람들이 자신의 작업을 통해 놀라기를 바랍니다. 그는 사람의 제스처를 입력으로 받아 다양한 방식으로 증폭하는 퍼포먼스와 설치물을 제작하며, 그림에 생명을 불어넣고, 목소리가 어떤 모습일지 상상하고, 실루엣을 음악으로 바꾸는 등 다양한 시도를 하고 있습니다. 패스트 컴퍼니(Fast Company)에서 선정한 가장 창의적인 사람 중 한 명으로 선정되었으며, 그의 작품은 아르스 일렉트로니카의 골든 니카상과 런던 디자인 박물관에서 수여하는 올해의 인터랙티브 디자인상을 수상했습니다. 그는 소프트웨어를 작성하여 예술 작품을 만들고 있으며, 창의적인 코딩을 위한 오픈 소스 C++ 툴킷인 openFrameWokrs의 공동 제작자이기도 합니다. 리버만은 코드의 서정적 가능성을 연구하는 SFPC의 공동 설립자이며, MIT 미디어 연구소의 미디어 예술 및 과학 겸임 부교수로서 미래 스케치 연구 그룹을 이끌고 있습니다.

제르 소프(Jer Thorp)는 캐나다 밴쿠버 출신의 예술가, 작가, 교육자로 현재 뉴욕에 거주하고 있습니다. 유전학을 전공한 그의 디지털 아트 작업은 과학, 데이터, 예술, 문화 사이의 다양한 경계를 탐구합니다. NYU ITP의 겸임 교수이자 The Office for Creative Research의 공동 설립자입니다. 제르는 뉴욕타임스의 첫 번째 데이터 아티스트 레지던스였으며, 2017년과 2018년에는 미국 의회 도서관의 혁신가 레지던스를 역임했습니다. 그는 내셔널 지오그래픽 익스플로러이자 록펠러 재단 펠로우입니다. 2015년에 캐나다 지오그래픽은 제르를 캐나다 최고의 탐험가 중 한 명으로 선정했습니다.

최태윤(Taeyoon Choi)은 뉴욕과 서울을 기반으로 활동하는 예술가이자 교육자입니다. 그는 SFPC(School for Poetic Computation)의 공동 설립자이자 NYU ITP(Interactive Telecommunications Program)의 연구 교원으로 재직했습니다. 최 대표는 Making Lab과 Poetic Science Fair initiatives를 통해 청소년과 지역 사회에 예술과 기술을 가르친 경험이 풍부합니다. 그는 아이빔 아트 앤 테크놀로지 센터, 로어맨해튼 문화위원회, CMU의 Frank-Ratchye STUDIO for Creative Inquiry, 로스앤젤레스 카운티 미술관의 아트+테크놀로지 랩에서 아티스트 레지던시를 진행했습니다. 휘트니 미술관에서 크리스틴 선 킴(Christine Sun Kim)과의 협업을 선보였습니다.

케이시 리스(Casey Reas)는 UCLA의 디자인 미디어 아트 교수이자 UCLA 아트 컨디셔닝 스튜디오의 공동 설립자입니다. 구체 예술, 개념 미술, 실험 애니메이션, 드로잉을 기반으로 하는 그의 창의적인 작업은 제너레이티브 프린트부터 도시 규모의 설치 작품, 스튜디오에서의 개인 프로젝트, 건축가 및 음악가와의 협업에 이르기까지 다양합니다. 벤 프라이와 함께 시각 예술의 맥락에서 코딩하는 방법을 배울 수 있는 유연한 오픈 소스 소프트웨어 스케치북이자 언어인 프로세싱을 개발한 것으로도 유명합니다. 또한 시각 예술 분야의 소프트웨어 역사와 실무에 대한 비기술적 입문서인 《Form + Code: 코드에서 만들어지는 예술》(2014, 길벗)

과 《Processing: A Programming Handbook for Visual Designers and Artists》(MIT Press, 2007/2014)의 공동 저자이기도 합니다.

피닉스 페리(Phœnix Perry)는 신체 활동을 이용한 게임과 설치 작품을 제작합니다. 그녀의 작품은 사람들이 함께 모여 서로와 환경에 미치는 영향을 탐구하도록 유도합니다. 게임 개발 분야에서 여성의 역할을 지지하고 대변하는 그녀는 코드 해방 재단(Code Liberation Foundation)을 설립했습니다. 현재 런던예술대학교의 크리에이티브 코딩 인스티튜트에서 크리에이티브 컴퓨팅 석사 과정을 이끌고 있습니다. 1996년부터 서머셋 하우스, 웰컴 컬렉션, 링컨 센터, GDC(Game Developers Conference), A Maze, IndieCade 등 다양한 문화 공간과 게임 이벤트에서 전시를 진행했습니다. 2009년부터 2014년까지 뉴욕 브루클린에서 디보션 갤러리를 운영하면서 예술, 기술, 과학 연구 간의 대화를 이끌어냈습니다.

헤더 듀이 해그보그(Heather Dewey-Hagborg)는 연구와 비평으로서의 예술에 관심이 있는 예술가이자 교육자입니다. 그녀는 세계 경제 포럼, 중국 심천 건축/도시 계획 비엔날레, 뉴욕 뉴 뮤지엄, MoMA PS1을 비롯한 여러 행사 및 장소에서 국제적으로 작품을 선보였습니다. 그녀의 작업은 뉴욕타임스, BBC, TED, WIRED 등 미디어에서 널리 논의되었습니다. 현재 NYU 아부다비의 인터랙티브 미디어 객원 조교수이며 예술, 과학, 기술의 교차점에서 포용적이고 정치적으로 참여하는 협업 플랫폼인 REFRESH의 공동 창립자입니다.

R. 루크 두부아(R. Luke DuBois)는 작곡가, 예술가, 연주자로서 문화적 및 개인적 사건들의 시간적, 언어적, 시각적 구조를 탐구합니다. 컬럼비아대학교에서 음악 작곡 박사 학위를 받았으며, 인터랙티브 사운드 및 비디오 퍼포먼스에 대해 전 세계에서 강의하고 가르치고 있습니다. 시각 및 음악 분야에서 활발한 활동을 펼치고 있는 두부아는 샌프란시스코에 본사를 둔 소프트웨어 회사 Cycling'74에서 개발한 매트릭스 데이터의 실시간 조작을 위한 소프트웨어 제품군인 Jitter의 공동 제작자이기도 합니다. 두부아는 뉴욕대학교 탠던공과대학의 브루클린 실험 미디어 센터의 책임자이며 ISSUE 프로젝트 룸의 이사로 활동하고 있습니다.

연관 자료

이 책은 컴퓨테이셔널 아트 및 디자인 교육과 학습을 위한 안내서로, 우리가 다루는 주제를 보완하는 많은 관련 텍스트가 있습니다. 여기에는 우리가 특히 유용하다고 판단한 일부가 포함되어 있습니다.

아트 과제의 개요

Bayerdörfer, Mirjam, and Rosalie Schweiker, eds. *Teaching for People Who Prefer Not to Teach.* London: AND Publishing, 2018.

Blauvelt, Andrew, and Koert van Mensvoort. *Conditional Design: Workbook.* Amsterdam: Valiz, 2013.

Cardoso Llach, Daniel. Exploring Algorithmic Tectonics: A Course on Creative Computing in Architecture and Design. State College, PA: The Design Ecologies Laboratory at the Stuckeman Center for Design Computing, The Pennsylvania State University College of Arts and Architecture, 2015.

Fulford, Jason, and Gregory Halpern, eds. *The Photographer's Playbook: 307 Assignments and Ideas.* New York: Aperture, 2014.

Garfinkel, Harold, Daniel Birnbaum, Hans Ulrich Obrist, and Lee Lozano et al. *Do It.* St. Louis, MO: Turtleback, 2005.

Heijnen, Emiel, and Melissa Bremmer, eds. *Wicked Arts Assignments: Practising Creativity in Contemporary Arts Education.* Amsterdam: Valiz, 2020.

Johnson, Jason S., and Joshua Vermillion, eds. *Digital Design Exercises for Architecture Students.* London: Routledge, 2016.

Ono, Yoko. *Grapefruit.* London: Simon & Schuster, 2000.

Paim, Nina, Emilia Bergmark, and Corinne Gisel. *Taking a Line for a Walk: Assignments in Design Education.* Leipzig, Germany: Spector, 2016.

Petrovich, Dushko, and Roger White. *Draw It with Your Eyes Closed: The Art of the Art Assignment.* Paper Monument, 2012.

Smith, Keri. *How to Be an Explorer of the World: Portable Life Museum.* New York: Penguin Books, 2008. 번역본은 《예술가들에게 슬쩍한 크리에이티브 킷 59: 온 세상을 나만의 플레이그라운드로 만드는 법》(갤리온, 2010)

컴퓨테이셔널 아트와 디자인 역사

Allahyari, Moreshin, and Daniel Rourke. *The 3D Additivist Cookbook.* Amsterdam: The Institute of Network Cultures, 2017. Accessed July 20, 2020. *https://additivism.org/cookbook.*

Armstrong, Helen, ed. *Digital Design Theory: Readings from the Field.* New York: Princeton Architectural Press, 2016.

Cornell, Lauren, and Ed Halter, eds. *Mass Effect: Art and the Internet in the TwentyFirst Century.* Vol. 1. Cambridge, MA: MIT Press, 2015.

Freyer, Conny, Sebastien Noel, and Eva Rucki. *Digital by Design: Crafting Technology for Products and Environments.* London: Thames & Hudson, 2008.

Hoy, Meredith. *From Point to Pixel: A Genealogy of Digital Aesthetics.* Hanover, NH: Dartmouth College Press, 2017.

Klanten, Robert, Sven Ehmann, and Lukas Feireiss, eds. *A Touch of Code: Interactive Installations and Experiences.* New York: Die Gestalten Verlag, 2011.

Kwastek, Katja. *Aesthetics of Interaction in Digital Art.* Cambridge, MA: MIT Press, 2013.

Montfort, Nick, Patsy Baudoin, John Bell, Ian Bogost, Jeremy Douglass, Mark C. Marino, Michael Mateas, Casey Reas, Mark Sample, and Noah Vawter. *10 PRINT CHR $(205.5+ RND (1));: GOTO 10.* Cambridge, MA: MIT Press, 2012.

Paul, Christiane. *A Companion to Digital Art.* Hoboken, NJ: John Wiley & Sons, 2016.

Paul, Christiane. *Digital Art (World of Art)*. London: Thames & Hudson, 2015.

Plant, Sadie. *Zeros and Ones: Digital Women and the New Technoculture*. London: Fourth Estate, 1998.

Reas, Casey, and Chandler McWilliams. *Form + Code in Design, Art, and Architecture*. New York: Princeton Architectural Press, 2011, 번역본은 《Form + Code: 코드에서 만들어지는 예술》(2014, 길벗)

Rosner, Daniela K. *Critical Fabulations: Reworking the Methods and Margins of Design*. Cambridge, MA: MIT Press, 2018.

Shanken, Edward A. *Art and Electronic Media*. London: Phaidon Press, 2009.

Taylor, Grant D. *When the Machine Made Art: The Troubled History of Computer Art*. New York: Bloomsbury Academic, 2014.

Tribe, Mark, Reena Jana, and Uta Grosenick. *New Media Art*. Los Angeles: Taschen, 2006.

Whitelaw, Mitchell. *Metacreation: Art and Artificial Life*. Cambridge, MA: MIT Press, 2004.

예술과 디자인 교육학

Barry, Lynda. *Syllabus: Notes from an Accidental Professor*. Montreal: Drawn & Quarterly, 2014.

Davis, Meredith. *Teaching Design: A Guide to Curriculum and Pedagogy for College Design Faculty and Teachers Who Use Design in Their Classrooms*. New York: Simon and Schuster, 2017.

Itten, Johannes. *Design and Form: The Basic Course at the Bauhaus and Later*. New York: Van Nostrand Reinhold Company, 1975.

Jaffe, Nick, Becca Barniskis, and Barbara Hackett Cox. *Teaching Artist Handbook, Volume One: Tools, Techniques, and Ideas to Help Any Artist Teach*. Chicago: University of Chicago Press, 2015.

Klee, Paul, and Sibyl Moholy-Nagy. *Pedagogical Sketchbook*. London: Faber & Faber, 1953.

Lostritto, Carl. *Computational Drawing: From Foundational Exercises to Theories of Representation*. San Francisco: ORO Editions / Applied Research + Design, 2019.

Lupton, Ellen. *The ABC's of Triangle, Circle, Square: The Bauhaus and Design Theory*. New York: Princeton Architectural Press, 2019.

Schlemmer, Oskar. *Man: Teaching Notes from the Bauhaus*. Cambridge, MA: MIT Press, 1971.

Tufte, Edward R. *The Visual Display of Quantitative Information*. Cheshire, CT: Graphics Press, 2001.

Wong, Wucius. *Principles of Two-Dimensional Design*. New York: John Wiley & Sons, 1972.

컴퓨테이셔널 아트 그리고 디자인을 위한 핸드북

Bohnacker, Hartmut, Benedikt Groß, and Julia Laub. *Generative Design: Visualize, Program, and Create with JavaScript in p5.js.Ed.* Claudius Lazzeroni. New York: Princeton Architectural Press, 2018.

De Byl, Penny. *Creating Procedural Artworks with Processing: A Holistic Guide*. CreateSpace Independent, 2017.

Fry, Ben. *Visualizing Data: Exploring and Explaining Data with the Processing Environment*. Sebastopol, CA: O'Reilly Media, Inc., 2008. 번역본은 《데이터 시각화(Visualizing Data)》 (에이콘출판사, 2016)

Gonzalez-Vivo, Patricio, and Jennifer Lowe. *The Book of Shaders*. Last modified 2015. *https://thebookofshaders.com/*.

Greenberg, Ira. *Processing: Creative Coding and Computational Art*. New York: Apress, 2007.

Igoe, Tom. *Making Things Talk: Practical Methods for Connecting Physical Objects*. Cambridge, MA: O'Reilly Media,

Inc., 2007. 번역본은 《재잘재잘 피지컬 컴퓨팅 DIY》(인사이트, 2014)

Madsen, Rune. *Programming Design Systems.* Accessed July 20, 2020. *https://programmingdesignsystems.com/.*

Maeda, John. *Design by Numbers.* Cambridge, MA: MIT Press, 2001.

McCarthy, Lauren, Casey Reas, and Ben Fry. *Getting Started with P5.js: Making Interactive Graphics in JavaScript and Processing.* San Francisco: Maker Media, Inc., 2015.

Montfort, Nick. *Exploratory Programming for the Arts and Humanities.* Cambridge, MA: MIT Press, 2016.

Murray, Scott. *Creative Coding and Data Visualization with p5.js: Drawing on the Web with JavaScript.* Sebastopol, CA: O'Reilly Media, Inc., 2017.

Parrish, Allison, Ben Fry, and Casey Reas. *Getting Started with Processing.py: Making Interactive Graphics with Processing's Python Mode.* San Francisco: Maker Media, Inc., 2016.

Petzold, Charles. *Code: The Hidden Language of Computer Hardware and Software.* Redmond, WA: Microsoft Press, 2000. 번역본은 《CODE》(인사이트, 2015)

Reas, Casey, and Ben Fry. *Processing: A Programming Handbook for Visual Designers and Artists.* Cambridge, MA: MIT Press, 2014.

Shiffman, Daniel. *Learning Processing: A Beginner's Guide to Programming Images, Animation, and Interaction.* San Francisco: Morgan Kaufmann, 2009. 번역본은 《러닝 프로세싱》(비제이퍼블릭, 2016)

Shiffman, Daniel. *The Nature of Code: Simulating Natural Systems with Processing.* 2012. 번역본은 《Nature of Code: 자연계 법칙을 디지털 세계로 옮기는 컴퓨터 프로그래밍 전략》(한빛미디어, 2015)

Wilson, Mark. *Drawing with Computers.* New York: Perigee Books, 1985.

컴퓨터 문화에 대한 해설

Baudrillard, Jean. *Simulacra and Simulation.* Ann Arbor: University of Michigan Press, 1994.

Benjamin, Ruha. *Race after Technology: Abolitionist Tools for the New Jim Code.* New York: Wiley, 2019.

Bridle, James. *New Dark Age: Technology and the End of the Future.* London: Verso, 2018.

Browne, Simone. *Dark Matters: On the Surveillance of Blackness.* Durham, NC: Duke University Press, 2015.

Cox, Geoff, and Alex McLean. *Speaking Code: Coding as Aesthetic and Political Expression.* Cambridge, MA: MIT Press, 2013.

D'Ignazio, Catherine, and Lauren F. Klein. *Data Feminism.* Cambridge, MA: MIT Press, 2020.

Haraway, Donna J. *Simians, Cyborgs and Women: The Reinvention of Nature.* New York: Routledge, 1991: 149–181. 번역본은 《영장류, 사이보그 그리고 여자》(arte, 2023)

Hayles, N. Katherine. *How We Became Posthuman: Virtual Bodies in Cybernetics, Literature, and Informatics.* Chicago: University of Chicago Press, 1999.

Kane, Carolyn L. *Chromatic Algorithms: Synthetic Color, Computer Art, and Aesthetics after Code.* Chicago: University of Chicago Press, 2014.

McNeil, Joanne. *Lurking: How a Person Became a User.* New York: Macmillan, 2020.

Odell, Jenny. *How to Do Nothing: Resisting the Attention Economy.* London: Melville House, 2019. 번역본은 《아무것도 하지 않는 법》(필로우, 2023)

Quaranta, Domenico. *In Your Computer.* LINK Editions, 2011.

Steyerl, Hito. *Duty Free Art: Art in the Age of Planetary Civil War.* London: Verso, 2017. 번역복은 《면세 미술: 지구 내전 시대의 미술》(워크룸프레스, 2021)

일러스트레이션 목록

특별히 명시되지 않은 모든 이미지는 해당 예술가(들)의 제공으로 이루어졌습니다.

반복 패턴

Todo. Spamghetto. 2010. Wall coverings with computer-generated patterns. *https://flickr.com/photos/todotoit/albums/72157616412434905.*

Pólya, Georg. "Über die Analogie der Kristallsymmetrie in der Ebene." Zeitschrift für Kristallographie 60 (1924): 278–282.

Alexander, Ian. "Ceramic Tile Tessellations in Marrakech." 2001. Ceramic tile. *https://en.wikipedia.org/wiki/Tessellation#/media/File:Ceramic_Tile_Tessellations_in_Marrakech.jpg.*

Reas, Casey. One Non-Narcotic Pill A Day. 2013. Print, 27× 48″. *https://www.unlikelystories.org/art/reas0913c.html.*

Gondek, Alison. Wallpaper. 2015. Generative wallpaper design. *http://cmuems.com/2015c/deliverables/deliverables-03/project-03-staff-picks/.*

Molnár, Vera. Untitled. 1974. Computer drawing, 51.5 x 36 cm. Courtesy of the Mayor Gallery, London. *https://www.mayorgallery.com/artists/190-vera-molnar/works/10579.* Courtesy of The Mayor Gallery, London.

Buechley, Leah. Curtain (Computational Design). 2017. Lasercut wool felt. *https://handandmachine.cs.unm.edu/index.php/2019/12/02/computational-design/.*

얼굴 생성기

Dörfelt, Matthias. Weird Faces. 2012. Archival digital print on paper. *http://www.mokafolio.de/works/Weird-Faces.*

Dewey-Hagborg, Heather. Stranger Visions. 2012. 3D-printed full-color portraits. *http://deweyhagborg.com/projects/stranger-visions.*

Chernoff, Herman. "The Use of Faces to Represent Points in K-Dimensional Space Graphically." Journal of the American Statistical Association 68, no. 342 (June 1973): 361–368. *http://doi.org/b42z6k.*

Compton, Kate. Evolving Faces with User Input. 2009. Interactive software. *https://vimeo.com/111667058.*

Pelletier, Mike. Parametric Expression. 2013. Video loops. *http://mikepelletier.nl/Parametric-Expression.*

Sobecka, Karolina. All the Universe Is Full of the Lives of Perfect Creatures. 2012. Interactive mirror. *https://www.karolinasobecka.com/All-The-Universe-is-Full-of-The-Lives-of-Perfect-Creatures.*

National Safety Council, Energy BBDO, MssngPeces, Tucker Walsh, Hyphen-Labs, RMI, and Rodrigo Aguirre. Prescribed to Death. 2018. Installation wall with machine-carved pills. *https://hyphen-labs.com/Everyday-Painkillers.* Courtesy of National Safety Council and U.S. Justice Department.

시계

Byron, Lee. Center Clock. 2007. Abstract generative clock. *http://leebyron.com/centerclock.*

Ängeslevä, Jussi, and Ross Cooper. Last Clock. 2002. Interactive slit-scan clock. *https://lastclock.net.*

Levin, Golan. Banded Clock. 1999. Abstract clock. *https://www.flong.com/archive/projects/clock/index.html.*

Puckey, Jonathan, and Studio Moniker. All the Minutes. 2014. Twitter bot. *https://twitter.com/alltheminutes.*

Formanek, Mark. Standard Time. 2003. Video, 24:00:00. *https://www.standard-time.com/.*

Diaz, Oscar. Ink Calendar. 2009. Paper and ink bottle, 420 ×595 mm. *http://www.oscar-diaz.net/project/inkcalendar.*

풍경 생성하기

Brown, Daniel. Dantilon: The Brutal Deluxe, from the series Travelling by Numbers. Generative Architecture. 2016. Collection of digital renderings. *http://flic.kr/s/aHskyNR2Tz.*

Solie, Kristyn Janae. Lonely Planets. 2013. Stylized 3D terrain. *https://www.instagram.com/kyttenjanae.*

Mandelbrot, Benoît B. The Fractal Geometry of Nature. San Francisco: W. H. Freeman, 1982. Image courtesy of Richard F. Voss.

Pipkin, Everest. Mirror Lake. 2015. Virtual landscape generator. *https://everestpipkin.itch.io/mirrorlake.*

Tarbell, Jared. Substrate. 2003. Virtual landscape generator. *http://www.complexification.net/gallery/machines/substrate.*

가상 생명체

Watanabe, Brent. San Andreas Streaming Deer Cam. 2015–2016. Live video stream of modified game software. *http://bwatanabe.com/GTA_V_WanderingDeer.html.*

Design IO. Connected Worlds. 2015. Large-scale interactive projection installation. New York: Great Hall of Science. *http://design-io.com/projects/ConnectedWorlds.*

Walter, William Grey. Machina Speculatrix. 1948–1949. Context-responsive wheeled robots. *http://cyberneticzoo.com/cyberneticanimals/w-grey-walter-and-his-tortoises.*

Sims, Karl. Evolved Virtual Creatures. 1994. Animated simulated evolution of block creatures. *https://archive.org/details/sims_evolved_virtual_creatures_1994.*

커스텀 픽셀

Bartholl, Aram. 0,16. 2009. Light installation, 530×280×35 cm. *https://arambartholl.com/016.*

Albers, Anni. South of The Border. 1958. Cotton and wool weaving, 4 1/8×151/4". Baltimore Museum of Art. *https://www.albersfoundation.org/art/highlights/south-of-the-border.* Image courtesy of Albers Foundation.

Harmon, Leon, and Ken Knowlton. Studies in Perception #1. 1966. Print. *https://buffaloakg.org/artworks/p20142-computer-nude-studies-perception-i.* Image used with permission of Nokia Corporation and AT&T Archives.

Odell, Jenny. Garbage Selfie. 2014. Collage. *http://www.jennyodell.com/garbage.html.*

Gaines, Charles. Numbers and Trees: Central Park Series II: Tree #8, Amelia. 2016. Black and white photograph, acrylic on plexiglass, 95×127×6". *https://vielmetter.com/exhibitions/2016-10-charles-gaines-numbers-and-trees-central-park-series-ii.* Image courtesy of the artist and Hauser & Wirth.

Koblin, Aaron, and Takashi Kawashima. 10,000 Cents. 2008. Crowdsourced digital artwork. *http://www.aaronkoblin.com/project/10000-cents.*

Rozin, Daniel. Peg Mirror. 2007. Interactive sculpture with wood dowels, motors, video camera, and control electronics. *https://www.smoothware.com/danny/pegmirror.html.* Image courtesy of bitforms gallery, New York.

Blake, Scott. Self-Portrait Made with Lucas Tiles. 2012. Digital collage. *http://freechuckcloseart.com.*

드로잉 머신

Wagenknecht, Addie. Alone Together. 2017–. Mechanically assisted paintings. *https://www.placesiveneverbeen.com/works/alone-together.*

Chung, Sougwen. Drawing Operations. 2015–. Robot-assisted drawings. *https://sougwen.com/project/drawing-operations.*

Knowles, Tim. Tree Drawings. 2005. Tree-assisted drawings. *http://www.cabinetmagazine.org/issues/28/knowles.php.*

Front Design. Sketch Furniture. 2007. Hand-sketched

3D-printed furniture. *http://www.frontdesign.se/sketch-furniture-performance-design-project.*

Graffiti Research Lab (Evan Roth, James Powderly, Theo Watson et al.). L.A.S.E.R. Tag. 2007. System for projecting "graffiti." *http://www.theowatson.com/site_docs/work.php?id=40.*

Warren, Jonah. Sloppy Forgeries. 2018. Painting game. *https://playfulsystems.com/sloppy-forgeries.*

Maire, Julien. Digit. 2006. Performance, writing printed text with fingers. *https://www.youtube.com/watch?v=IzDtVR0-0Es.*

Haeberli, Paul. DynaDraw. 1989. Computational drawing environment. *http://www.graficaobscura.com/dyna.*

모듈식 알파벳

Pashenkov, Nikita. Alphabot. 2000. Interactive typographic system. *https://tokyotypedirectorsclub.org/en/award/2001_interactive.*

Huang, Mary. Typeface: A Typographic Photobooth. 2010. Interactive type system that translates facial dimensions into type design. *https://mary-huang.com/projects/typeface/typeface.html.*

Lu, David. Letter 3. 2002. Interactive typographic system.

Cho, Peter. Type Me, Type Me Not. 1997. Interactive typographic system. *https://acg.media.mit.edu/people/pcho/typemenot/info.html.*

Katsumoto, Yuichiro. Mojigen & Sujigen. 2016. Robotic typographic system. *http://www.katsumotoy.com/mojisuji.*

Munari, Bruno. ABC with Imagination. 1960. Game with plastic lette-composing elements. Corraini Edizioni. *https://corraini.com/en/abc-con-fantasia.html.* Courtesy of The Museumof Modern Art, New York. Digital Image © The Museum of Modern Art/Licensed by SCALA / Art Resource, NY.

Soennecken, Friedrich. Schriftsystem. 1887. Modular type system. *http://luc.devroye.org/fonts-49000.html.*

Devroye, Luc. Fregio Mecano. 1920s. Modular font. *http://luc.devroye.org/fonts-58232.html.*

Popp, Julius. bit.fall. 2001–2016. Physical typographic installation. *https://www.youtube.com/watch?v=AICq53U3dl8.* Photograph: Rosa Menkman.

데이터 자화상

Huang, Shan. Favicon Diary. 2014. Browser extension. *http://golancourses.net/2014/?s=Browser+extension.*

Lupi, Giorgia, and Stephanie Posavec. Dear Data. 2016. Analog data drawing project. *https://www.dear-data.com/theproject.*

Emin, Tracey. Everyone I Have Ever Slept With 1963–1995. 1995. Appliquéd tent, mattress, and light, 122×245×214 cm. *https://en.wikipedia.org/wiki/Everyone_I_Have_Ever_Slept_With_1963%E2%80%931995.* Image courtesy of Artists Rights Society, NY.

Viégas, Fernanda. Themail (2006). Email visualization software. *https://web.archive.org/web/20111112164734/http://www.fernandaviegas.com/themail/.*

Rapoport, Sonya. Biorhythm. 1981. Interactive computer-mediated participation performance. *https://www.sonyarapoport.org/biorhythm.* Image courtesy of the Estate of Sonya Rapoport.

Elahi, Hasan. Stay. 2011. C-print, 30×40″. *https://elahi.wayne.edu/elahi_stay.php.*

증강 프로젝션

Wodiczko, Krzysztof. Warsaw Projection. 2005. Public video projection. Zachęta National Gallery of Art, Warsaw. *http://www.art21.org/artists/krzysztof-wodiczko.* © Krzysztof Wodiczko. Photograph: Sebastian Madejski, Zachęta National Gallery of Art. Image courtesy of Galerie Lelong & Co., New York.

Naimark, Michael. Displacements. 1980. Rotating projector in exhibition space. Art Center College of Design, Pasadena, CA. *http://www.naimark.net/projects/displacements.html.*

McKay, Joe. Sunset Solitaire. 2007. Custom software. *http://www.joemckaystudio.com/sunset.php.*

HeHe. Nuage Vert. 2008. Laser projection on vapor cloud. Salmisaari power plant, Helsinki. *https://vimeo.com/17350218.*

Mayer, Jillian. Scenic Jogging. 2010. Video. The Solomon R. Guggenheim Museum, New York City. *https://youtu.be/uMq9Th3NgGk.* Image courtesy of David Castillo Gallery.

Obermaier, Klaus, and Ars Electronica Futurelab. Apparition. 2004. *http://www.exile.at/apparition.*

Peyton, Miles Hiroo. Keyfleas. 2013. Interactive augmented projection. Carnegie Mellon University, Pittsburgh. *https://vimeo.com/151334392.*

Valbuena, Pablo. Augmented Sculpture. 2007. Virtual projection on physical base. Medialab Prado, Madrid. *http://www.pablovalbuena.com/augmented.* Courtesy of Ars Electronica.

Sugrue, Christine. Delicate Boundaries. 2006. Interactive projection. Medialab Prado, Madrid. *http://csugrue.com/delicateboundaries.* Courtesy of the Science Gallery Dublin.

Sobecka, Karolina. Wildlife. 2006. Public projection from car. ZeroOne ISEA2006, San Jose, CA. *http://cargocollective.com/karolinasobecka/filter/interactive-installation/Wildlife.*

원버튼 게임

Nguyen, Dong. Flappy Bird. 2013. Mobile game. *https://flappybird.io.*

Rozendaal, Rafaël, and Dirk van Oosterbosch. Finger Battle. 2011. Mobile game. *https://www.newrafael.com/new-iphone-app-finger-battle.*

Hummel, Benedikt, and Marius Winter (Major Bueno).

Moon Waltz. 2016. Video game. *https://studioseufz.com/seufzWP/3797-2.*

Rubock, Jonathan. Nipple Golf. 2016. Online game. *https://jrap.itch.io/obng.*

Abe, Kaho. Hit Me! 2011. Two-player physical game. *http://kahoabe.net/portfolio/hit-me.* Photograph: Shalin Scupham.

Bieg, Kurt, and Ramsey Nasser. Sword Fight. 2012. Two-player physical game. *https://swordfightgame.tumblr.com.*

봇

Thompson, Jeff. Art Assignment Bot. 2013. Twitter bot. *https://twitter.com/artassignbot.*

Parrish, Allison. Ephemerides. 2015. Twitter bot. *https://twitter.com/the_ephemerides.*

Pipkin, Everest, and Loren Schmidt. Moth Generator. 2015. Twitter bot. *http://everestpipkin.com/#projects/bots.html.*

Kazemi, Darius. Reverse OCR. 2014. Tumblr bot. *http://reverseocr.tumblr.com.*

!Mediengruppe Bitnik. Random Darknet Shopper. 2014. Bot. *https://bitnik.org/r.*

Lavigne, Sam. CSPAN 5. 2015. YouTube bot. *https://twitter.com/CSPANFive.*

집단 기억

McDonald, Kyle. Exhausting a Crowd. 2015. Video with crowdsourced annotations. *https://www.exhaustingacrowd.com.*

Klajban, Michal. Rock Cairn at Cairn Sasunnaich, Scotland. 2019. Photograph. *https://commons.wikimedia.org/wiki/File:Rock_cairn_at_Cairn_Sasunnaich,_Scotland.jpg.*

Goldberg, Ken, and Santarromana, Joseph. Telegarden. 1995. Collaborative garden with industrial robot arm. Ars

Electronica Museum, Linz, Austria. *http://ieor.berkeley. edu/~goldberg/garden/Ars.*

Vasudevan, Roopa. Sluts across America. 2012. Digital map with user input. *http://slutsacrossamerica.org/.*

Bartholl, Aram. Dead Drops. 2010. *http://deaddrops.com/.*

Studio Moniker. Do Not Touch. 2013. Interactive crowdsourced music video. *https://studiomoniker.com/ projects/do-nottouch.*

Davis, Kevan. Typophile: The Smaller Picture. 2002. Collaborative pixel art gallery. *https://kevan.org/smaller.cgi.*

Reddit. /r/place. 2017. Crowdsourced pixel art. *https:// reddit.com/r/place.*

Asega, Salome, and Ayodamola Okunseinde. Iyapo Repository. 2015. *http://www.salome.zone/iyapo-repository.*

실험적인 채팅

Galloway, Kit, and Sherrie Rabinowitz. Hole in Space. 1980. Public communication sculpture. *http://y2u.be/SyIJJr6Ldg8.* Courtesy of the 18th St Arts Center.

Lozano-Hemmer, Rafael. The Trace. 1995. Telepresence installation. *http://www.lozano-hemmer.com/the_trace.php.*

Horvitz, David. The Space Between Us. 2015. App. *https:// rhizome.org/editorial/2015/dec/09/space-between-us.*

Snibbe, Scott. Motion Phone. 1995. Interactive software for abstract visual communication. *https://www.snibbe.com/ projects/interactive/motionphone.*

Varner, Maddy. Poop Chat Pro. 2016. Chatroom. *https:// cargocollective.com/maddyv/POOPCHAT-PRO.* Photograph: Thomas Dunlap.

Fong-Adwent, Jen, and Soledad Penadés. Meatspace. 2013. Ephemeral chatroom with animated GIFs. *https:// chat.meatspac.es/.*

Pedercini, Paolo. Online Museum of Multiplayer Art. 2020. Collection of chatrooms with interaction constraints. *https://likelike2.glitch.me/?room=firstFloor.*

Artist, American. Sandy Speaks. 2017. Chat platform based on video archive. *https://americanartist.us/works/sandy-speaks.*

브라우저 확장

Hoff, Melanie. Decodelia. 2016. Browser extension. *https:// melaniehoff.github.io/DECODELIA/.*

Lund, Jonas. We See in Every Direction. 2013. Web browser. Mac OS X 10.7.5 or later. *https://jonaslund.com/ works/we-see-in-every-direction.*

Lambert, Steve. Add Art. 2008. Browser extension. *http:// add-art.org/.*

Oliver, Julian, and Daniil (Danja) Vasiliev. Newstweek. 2011. Custom internet router. *https://julianoliver.com/ output/newstweek.*

McCarthy, Lauren, and Kyle McDonald. Us+. 2013. Google Hangout video chat app. *http://lauren-mccarthy.com/us.*

창작 암호화

Wu, Amy Suo. Thunderclap. 2017. Steganographic zine. *http://amysuowu.net/content/thunderclap.*

Sherman, William H. "How to Make Anything Signify Anything: William F. Friedman and the Birth of Modern Cryptanalysis." Cabinet 40 (Winter 2010–2011): n.p. *http:// www.cabinetmagazine.org/issues/40/sherman.php.* Courtesy of New York Public Library.

Varner, Maddy. KARDASHIAN KRYPT. 2014. Browser extension. *https://cargocollective.com/maddyv/KARDASHIAN-KRYPT.*

Dörfelt, Matthias. Block Bills. 2017. Digital print on paper, 5.9×3.3". *https://www.mokafolio.de/works/BlockBills.*

Plummer-Fernández, Matthew. Disarming Corruptor. 2013. Encryption software. *https://www.plummerfernandez.com/works/disarming-corruptor*.

Tremmel, Georg, and Shiho Fukuhara. Biopresence. 2005. Trees transcoded with human DNA. *https://bcl.io/project/biopresence*.

Katchadourian, Nina. Talking Popcorn. 2001. Sound sculpture. *http://www.ninakatchadourian.com/languagetranslation/talkingpopcorn.php*. Courtesy of the artist, Catharine Clark Gallery, and Pace Gallery.

Kenyon, Matt, and Douglas Easterly. Notepad. 2007. Microprinted ink on paper. *http://www.swamp.nu/projects/notepad*.

음성 기계

Leeson, Lynn Hershman. DiNA, Artificial Intelligent Agent Installation. 2002–2004. Interactive network-based multimedia installation. Civic Radar, ZKM Museum of Contemporary Art, Karlsruhe. *https://www.lynnhershman.com/art-film/artificial-intelligence/*. Programming: Lynn Hershman Leeson and Colin Klingman. Courtesy of Yerba Buena Center for the Arts. Photograph: Charlie Villyard.

Dinkins, Stephanie. Conversations with Bina48. 2014–. Ongoing effort to establish a social relationship with a robot built by Terasem Movement Foundation. *https://www.stephaniedinkins.com/conversations-with-bina48.html*.

Everybody House Games. Hey Robot. 2019. A party game involving smart speakers. *https://everybodyhousegames.com/heyrobot.html*.

Rokeby, David. The Giver of Names. 1990–. Computer system for naming objects. Kiasma Museum of Contemporary Art, Helsinki. *http://www.davidrokeby.com/gon.html*. Photograph: Tiffany Lam.

Lev, Roi. When Things Talk Back. An AR Experience. 2018. Mobile augmented reality artificial intelligence app. *http://www.roilev.com/when-things-talk-back-an-ar-experience*.

Lublin, David. Game of Phones. 2012–. Social game of telephone transcription. *http://www.davidlubl.in/game-of-phones*.

Thapen, Neil. Pink Trombone. 2017. Interactive articulatory speech synthesizer. *https://experiments.withgoogle.com/pink-trombone*.

Dobson, Kelly. Blendie. 2003–2004. Interactive voice-controlled blender. *https://www.media.mit.edu/projects/blendie/overview.*.

He, Nicole. ENHANCE.COMPUTER. 2018. Interactive speech-driven browser game. *https://www.enhance.computer*.

측정 장치

Jeremijenko, Natalie, and Kate Rich (Bureau of Inverse Technology). Suicide Box. 1996. Camera, video, and custom software. *http://www.bureauit.org/sbox*.

Oliver, Julian, Bengt Sjölen, and Danja Vasiliev (Critical Engineering Working Group). The Deep Sweep. 2016. Weather balloon, embedded computer, and RF equipment. *https://criticalengineering.org/projects/deep-sweep*.

Varner, Maddy. This or That. 2013. Interactive poster. *https://www.youtube.com/watch?v=HDWxq1v6A2k*.

Ma, Michelle. Revolving Games. 2014. Location-based game and public intervention. *https://vimeo.com/83068752*.

D'Ignazio, Catherine. Babbling Brook. 2014. Water sensor with voice interface. *http://www.kanarinka.com/project/the-babbling-brook/*.

Sobecka, Karolina, and Christopher Baker. Picture Sky. 2018. Participatory photography event. *https://karolinasobecka.com/filter/matterOfAir/Picture-Sky*.

Onuoha, Mimi. Library of Missing Datasets. 2016. Mixed media installation. *https://mimionuoha.com/the-library-of-missing-datasets*. Photograph: Brandon Schulman Photography.

개인 보철물

Clark, Lygia. Dialogue Goggles. 1968. Wearable device. *https://laboralcentrodearte.org/en/dialogue-goggles-1968.* Image courtesy Associação Cultural O Mundo de Lygia Clark.

Sputniko!. Menstruation Machine – Takashi's Take. 2010. Installation with video and wearable device. Scai the Bathhouse, Tokyo. *https://sputniko.com/Menstruation-Machine.*

Dobson, Kelly. ScreamBody. 1998–2004. Wearable device. MIT Media Lab, Cambridge. *https://techtv.mit.edu/videos/553-screambody.* Photograph: Toshihiro Komatsu.

Ross, Sarah. Archisuits. 2005–2006. Wearable soft sculpture. Los Angeles. *https://insecurespaces.net/archisuits-2005-2006/.*

Woebken, Chris, and Kenichi Okada. Animal Superpowers. 2008–2015. Series of wearable devices. *https://chriswoebken.com/Animal-Superpowers.* Photograph: Haeyoon Yoo.

Hendren, Sara, and Caitrin Lynch. Engineering at Home. 2016. Documentation and discussion of adapted household implements. Olin College of Engineering, Needham, MA. *http://engineeringathome.org.*

Montinar, Steven. 2019. Entry Holes and Exit Wounds. Performance with wearable electronics. Carnegie Mellon University, Pittsburgh. *https://www.youtube.com/watch?v=KBsTpQgyvhk.*

McDermott, Kathleen. Urban Armor #7: The Social Escape Dress. 2016. Bio-responsive electromechanical garment. *https://www.kthartic.com/index.php/wearables/urban-armor-7/.*

Okunseinde, Ayodamola. The Rift: An Afronaut's Journey. 2015. Afronaut suit. *http://www.ayo.io/rift.html.*

파라메트릭 오브젝트

Desbiens Design Research. Fahz. 2015. System for rendering profiles as 3D-printed vases. *http://www.fahzface.com/.* Photograph: Nicholas Desbiens.

Nervous System. Kinematic Dress. 2014. System for 3D-printing custom one-piece dresses. *https://n-e-r-v-o-u-s.com/projects/sets/kinematics-dress.* Photograph: Steve Marsel Studio.

Eisenmann, Jonathan A. Interactive Evolutionary Design with Region-of-Interest Selection for Spatiotemporal Ideation & Generation. 2014. Ph.D. defense slides, Ohio State University. *https://slides.com/jeisenma/defense#* and *https://etd.ohiolink.edu/acprod/odb_etd/r/etd/search/10?p10_accession_num=osu1405610355&clear=10&session=16713869827948.*

Epler, Matthew. Grand Old Party. 2013. Political polling data visualized as silicone butt plugs. *http://dataphys.org/list/grand-old-party-political-satire.*

Lia. Filament Sculptures. 2014. Computational and organically formed filament sculptures. *https://www.liaworks.com/theprojects/filament-sculptures.*

Csuri, Charles A. Numeric Milling. 1968. Computational wood sculpture created with punch cards, an IBM 7094, and a 3-axis milling machine. *https://csuriproject.osu.edu/index.php/Detail/objects/769.*

Ijeoma, Ekene. Wage Islands. 2015. Interactive installation and data visualization. New York. *https://studioijeoma.com/Wage-Islands.*

Segal, Adrien. Wildfire Progression Series, 2017. Data-driven sculpture. *https://www.adriensegal.com/wildfire-progression.*

Ghassaei, Amanda. 3D Printed Record. 2012. System for rendering audio files as 3D-printed 33RPM records. *https://www.instructables.com/id/3D-Printed-Record.*

Binx, Rachel, and Sha Hwang. Meshu. 2012. System for rendering geodata as 3D-printed accessories. *https://*

rachelbinx.com/product/meshu.

Chung, Lisa Kori, and Kyle McDonald. Open Fit Lab. 2013. Performance producing custom-tailored pants for audience members. *http://openfitlab.com.*

Allahyari, Moreshin. Material Speculation: ISIS; King Uthal. 2015–2016. 3D-printed resin and electronic components. 12×4×3.5″ (30.5×10.2×8.9 cm). *http://www.morehshin. com/material-speculation-isis/.*

가상 공공 조형물

Matsuda, Keiichi. HYPER-REALITY. 2016. Augmented reality futuristic cityscape. *http://km.cx/projects/hyper-reality.*

Shaw, Jeffrey. Golden Calf. 1994. Augmented reality idol with custom hardware. *https://www. jeffreyshawcompendium.com/portfolio/golden-calf.* Image: Ars Electronica '94, Design Center Linz, Linz, Austria, 1994.

Bailey, Jeremy. Nail Art Museum. 2014. Augmented reality miniature museum. *https://www.jeremybailey.net/products/ nail-art-museum.*

Y&R New York. The Whole Story. 2017. Augmented reality public statuary. *https://www.commarts.com/exhibit/the- whole-story-project-ar-app.*

Skwarek, Mark, and Joseph Hocking. The Leak In Your Hometown. 2010. Augmented reality protest app triggered by BP's logo. *https://theleakinyourhometown.wordpress.com.*

Shafer, Nathan, and the Institute for Speculative Media. The Exit Glacier Augmented Reality Terminus Project. 2012. Augmented reality climate data visualization app. Kenai Fjords National Park. *http://nshafer.com/exitglacier.*

Raupach, Anna Madeleine. Augmented Nature. 2019. Augmented reality project series using natural objects with data visualization. *http://www.annamadeleine.com/ augmented-nature.*

신체의 재해석

Jones, Bill T., and Google Creative Lab. Body, Movement, Language. 2019. Pose model experiments. *https:// experiments.withgoogle.com/billtjonesai.* Image courtesy of Google Creative Lab.

Akten, Memo, and Davide Quayola. Forms. 2012. Digital renderings. *https://vimeo.com/38017188.* This project was commissioned by the National Media Museum, with the support of imove, part of the Cultural Olympiad programme. Produced by Nexus Interactive Arts.

Universal Everything. Walking City. 2014. Video sculpture. *https://vimeo.com/85596568.*

Groupierre, Karleen, Adrien Mazaud, and Sophie Daste. Miroir. 2011. Interactive augmented reality installation. *http://vimeo.com/20891308.*

YesYesNo. Más Que la Cara. 2016. Interactive installation. *https://www.instagram.com/p/BDxsVZ0JNpm/.* Discussed in Lieberman, Zach. "Más Que la Cara Overview." Medium, posted April 3, 2017. *https://medium.com/@zachlieberman/ m%C3%A1s-que-la-cara-overview-48331a0202c0.*

공감각 기기

Pereira, Luisa, Yotam Mann, and Kevin Siwoff. In C. 2015. Evolving web-based interactive audiovisual score and performance. *http://www.luisapereira.net/projects/project/ in-c.*

Pitaru, Amit. Sonic Wire Sculptor. 2003. Audiovisual composition and performance instrument. *https://www. youtube.com/watch?v=ji4VHWTk8TQ.*

Van Gelder, Pia. Psychic Synth. 2014. Interactive audiovisual installation powered by brain waves. *https://www.artbrain.org/chaoid-gallery/chapter-3-neuro- modulating-the-neural-material-substrate/pia-van-gelder- psychic-synth.*

Brandel, Jono, and Lullatone. Patatap. 2012. Audiovisual composition and performance instrument. *https://works.*

jonobr1.com/Patatap.

Clayton, Jace. Sufi Plug Ins. 2012. Suite of music-making apps with poetic interface. *https://jaceclayton.com/Sufi-Plug-Ins.*

Hundred Rabbits (Rekka Bellum and Devine Lu Linvega). ORCA. 2018–2020.

연습 문제

(p. 152) Aliyu, Zainab. p5.js Self-Portrait. Student project from 15-104: Computation for Creative Practices, Carnegie Mellon University, 2015. *https://ems.andrew.cmu.edu/2015/index.html. .*

(p. 178) Blankensmith, Isaac. ANTIFACE-TOUCHING MACHINE. Interactive software presented on Twitter, March 2, 2020. *https://twitter.com/Blankensmith/status/1234603129443962880.(p.* 179) MSCHF (Gabriel Whaley et al.). MSCHF Drop #12: This Foot Does Not Exist. Software and text message service. 2020. *https://thisfootdoesnotexist.com/.*

(p. 179) Pietsch, Christopher. UMAP Plot of the OpenMoji Emoji Collection. Presented on Twitter, April 15, 2020. *https://twitter.com/chrispiecom/status/1250404420644454406/.*

출처

(p. 239) Stoiber, Robert. Student artwork. In Schneeberger, Reiner. "Computer Graphics at the University of Munich (West Germany)," Computer Graphics and Art 1, no. 4 (November 1976): 28, *http://dada.compart-bremen.de/docUploads/COMPUTER_GRAPHICS_AND_ART_May1976.pdf*

(p. 240) Wilson, Mark. "METAFACE". Generated face designs. In Drawing with Computers (New York: Perigee Books, 1985), 18. *http://mgwilson.com/Drawing%20with%20Computers.pdf.*

(p. 241) Maeda, John. "Problem 2A — Time Display". Assignment from MAS.961: Organic Form (MIT Media Lab,

fall 1999). *https://web.archive.org/web/20000901042632/http://acg.media.mit.edu/courses/organic/,* accessed January 18, 2000. Screenshot courtesy Casey Reas.

(p. 242) Vojir, Lukas. Processing Monsters. 2008. Website with contributed interactive sketches. *https://web.archive.org/web/20090304170310/http://rmx.cz/monsters/.*

찾아보기